职业规划创新与实战

夏季春　著

科学出版社
北　京

内 容 简 介

作者通过近30年在世界500强欧美企业和国企高管的丰富实战经验，以及给南京大学 MBA 学生授课时的感悟和升华，凝炼出职业规划方面的创新理论：水论理论、N驱理论、职业规划乾坤掌。对政府、国企、外企、民企内，诸如海归、公务员、军人、医生、科研人员的职业规划，做了创新和实战分析；实现了"实战—理论—实战"的职业规划创新飞跃，倡导应用为王、实战为帅的思想！为了增强可读性，每章设置了寓言故事和古代案例拓展阅读等。

本书可作为众多职场上鏖战者职业发展的必备武器；可作为父母对子女职业发展教育的参考书；还可作为大学公共课教材、MBA 教材和职业培训资料。

图书在版编目（CIP）数据

职业规划创新与实战 / 夏季春著. —北京：科学出版社，2017.3

ISBN 978-7-03-048313-3

Ⅰ. ①职… Ⅱ. ①夏… Ⅲ. ①职业选择 Ⅳ. ①C913.2

中国版本图书馆 CIP 数据核字（2016）第 108729 号

责任编辑：胡云志　任俊红　郭亚会 / 责任校对：桂伟利
责任印制：徐晓晨 / 封面设计：华路天然工作室

科学出版社出版
北京东黄城根北街 16 号
邮政编码：100717
http://www.sciencep.com

北京九州迅驰传媒文化有限公司 印刷
科学出版社发行　各地新华书店经销
*
2017 年 3 月第 一 版　开本：787×1092 1/16
2017 年 7 月第二次印刷　印张：16 3/4
字数：403 000

定价：58.00 元

（如有印装质量问题，我社负责调换）

自　　序

记得20世纪80年代中期，在报考大学、选择专业时，我第一志愿报的是武汉某高校的城市规划专业，当时，由于不知道该专业的具体要求（需要画一张草图放进档案袋内）而被调到其他专业，多年来，一直引以为憾。到了20世纪90年代，在我报考硕士研究生时，也曾报考过某知名大学的城市与区域规划专业，但因某种原因，也与该专业失之交臂。

后来，在职场上打拼，职业生涯相对丰富，经历过政府公务员、国企、民企、外企等管理职位，逐渐对职业规划感起兴趣。近10年期间，在南京大学和其他高校陆续作过一些职业规划讲座，反响强烈，遂孜孜以求，持续研究，直至今日，渐成体系。几年前，通过了南京大学MBA中心严格的AACSB教学认证，为MBA专门开设了一门职业规划课程，获得了广大同学们的认可和喜爱。

因此，我与"规划"是有缘的。现在看来，研究人力资源方面的职业规划，意义则更大。个人、家、国、天下，是一个统一体，如果每个人都进行职业规划，少走弯路，少做无用功，那么群体叠加，必然能为社会节省更多资源。

很多人对职业规划概念理解不清，比如，大家前去听一个职业规划师的讲座，较多人是抱着听听成功人士的经验，甚至有的人是抱着听听有趣故事的态度，凑凑热闹。可想而知，听过则忘，收效甚微。

有这样一副对联：

上联——若不撇开终是苦
下联——各自捺住即成名
横批——撇捺人生

其中，"若"字的撇，如果不撇出去，就是"苦"字；"各"字的捺笔，只有收得住，才是"名"字；一撇一捺即"人"字。凡世间事，撇开一些利益纠葛，就不苦了，能按捺住情绪，才是人生大智慧。这当中也蕴涵着丰富的职业规划哲学思想。

其实，个人的职业规划和团队的成功关系，从大雁身上能找到很多启示。雨霁鸡栖早，风高雁阵斜。仁、义、礼、智、信，是人类追求的五常高尚品德，野生大雁自古被视为"五常俱全"的灵物。一队雁阵当中，壮年大雁，绝不会弃老弱病残不顾，此为仁者之心；大雁雌雄相配，从一而终，其中一个死亡，剩下落单的另一只孤雁，这只孤雁到死也不会再找别的伴侣，此为情义之心；天空中的雁阵，从头到尾依长幼之序而排，称作雁序，飞行时为"一"或"人"字，老雁引领，壮雁飞得再快，也不会赶超到老雁前边，此为谦让有礼之意；大雁机敏有智，落地歇息或觅食之时，群雁中会由孤雁放哨警戒，此为智者之心；野生大雁因时节变换而迁动，从不爽期，至秋而南翔，此为雁之信。

20 世纪 80 年代的大学生流行学习弹吉他，我当时也想学，同时，非常想买一把属于自己的吉他。于是，写信给父亲，按照传统套路，在写了很多铺垫的废话后，提出实质内容，要多寄 50 元钱来买吉他（当时每月生活费只需要 30 元就可以了）。那时家里还有几个弟弟妹妹在上学，经济非常困难。不久，收到父亲的汇款单，虽然多寄了 50 元钱，但是，在汇款单附言栏里，却多了一行字：这不是吉他，是急我！后来，很惭愧，弹吉他的水平始终也不高，仅会抹面手法而已。像学弹吉他这么有兴趣的事，最后都流于形式，更遑论实施职业规划这类枯燥的事呢？要想做好，殊为不易！

2004 年左右，我开始从事投资并购工作。那段时间，在江城芜湖有个项目，每次工作之余，就来到芜湖的滨江公园，信步长江大堤，观赏长江。尤其在夏日暴雨过后，水位暴涨，浩浩长江，波涛汹涌，义无反顾，一路向东，深感共鸣！有时，看着满满一江之水，不禁感慨万端，这里包含了多少“长江之源”的追求？从古至今，又倾注了多少仁人志士的向往！有感于此，遂作词一首：

沁园春 · 长江

江水悠悠，汇聚涓涓，载万年船。驾滚滚红尘，滔滔不绝；层层波浪，把盏风帆。峨眉山中，风生水起，引来翩翩雄鹰瞰。枕昆仑，仗炎黄之剑，巡视江岸。

千年历史圈点，展画卷轻翻华夏山。念星转斗移，月落日升；龙腾虎跃，马踏平川。放眼天际，气追北斗，大洋深深潜龙欢。吾中国，击长江中流，复兴今天。

本书的职业规划创新理论——水论理论的创作灵感，也源于此。

伯特兰 • 罗素基于对普通生活的观察认为：“大多数人宁愿去死也不愿意去思考。许多人真的这样做了。”同时，朱熹的《朱子语类》中亦有“天不生仲尼，万古如长夜”一说。可见，即使在职业规划这个领域，我们也需要学习孔子博大精深的儒学思想，努力推动职业规划向前发展。

夏季春

2017 年 1 月 1 日

前　言

18 世纪，诗人亚历山大·波普给牛顿写的墓志铭：天降牛顿，万物生明。它属于启蒙时代人类自信的呐喊。1726 年，法国哲学家伏尔泰曾谈到，牛顿是最伟大的人，因为“他用真理的力量统治我们的头脑，而不是用武力奴役我们”。

笔者偶有感悟，作了一个比喻，将人生看成一场足球赛，分上半场、下半场、加时赛、点球大战。照这样的时间比对，人要挺到 100 岁以上，才能将这场球踢完，而且在最后点球大战中获胜，如此，人生才真正完美。那么，在这场比赛中，是后卫、前锋，还是守门，这就需要一种职业规划的工具来谋划。规划得好，团队才可能赢，个人也有成就感；规划得不好，个人发挥不好，团队也许败北。

在历史的长河中，个体的人非常渺小，也许只有伟人或圣人能有所作为，扑腾出些许浪花，而大多数人都是渺小到随波逐流，无声无息。虽然，人类有对外界的认知，有对内心的认知，然而，认知是有限的，未知是无限的，这当中，就包括对自我的认识。职业发展，是我们每个人生命中最重要的事，恰恰，正是由于认知的原因，人们对职业规划的理解、使用、调整、发展出现偏差。以前，职业规划，更多的是关于理论方面的研究，实操性低，那么，自从有了创新性、实战性的职业规划作为指导以后，相信在未来熙熙攘攘的职场，必将菜鸟减少，达人迭现。

当前，就业压力非常大，无论是象牙塔内的莘莘学子，还是在职场上打拼的忙碌人士，在职业生涯方面，都或多或少遇到这样那样的困惑、难题。是无所适从，得过且过？还是盲目跳槽，处处逃避？抑或另立门户，艰苦创业？至今还没有哪个老师，也没有哪一本现成的职业规划方面的教科书能够完全解答。本书结合笔者多年在政府、外企、国企、科研等职业生涯历练方面的感悟，访谈了很多不同行业的高管朋友，结合他们的经历，分析了失败教训和成功经验，使大家耳目一新。本书在写作上有以下几个特点：

（1）系统介绍了职业规划理论的基本概念、方法和应用。分成国外和国内两部分来介绍。国外部分重点阐述职业锚等理论和启示，国内部分重点阐述历史上有代表性人物的职业规划方面的思想。洋为中用，古为今用。

（2）提出职业规划创新理论：水论理论、N 驱理论，并结合案例，用水论理论对相关案例进行点评。

（3）剖析职业规划设计与管理，以及如何设计，如何管理，如何优化，并给出对策与办法。阐述职业规划决策方法、条件，如何才能做到决策正确。

（4）针对海归，分析不同国家留学的具体情况，对留学准备、实施到学成后就业，做了详细的剖析，并对海归的职业规划做出中肯的建议。

（5）在给南京大学工商管理硕士（MBA）进行职业规划授课过程中，通过问卷调查、实际案例分析、情景模拟、行业概况综合、互动分享等教学模式，对一些影响职业规划的因素进行演绎、归纳、推理，得出“职业规划成功者”是如何成功的结论。

（6）乾坤八卦掌，是笔者根据儒释道的理论，结合自己30年的思考，创立、演练、发展、创新出的一套掌法，每天习练，每天都有新的心得，达到了很好的强身健体的作用。而职业规划乾坤掌正是源自乾坤八卦掌，通过心法，提炼出职业发展中的思、谋、蓄、冲、游、至字口诀，一招一式，一拳一掌，反复演练，最后达到“道法自然，乾坤归一”的职业规划理想境界。拳无拳，意无意，无意之中是真意；掌有掌，形有形，有形之外乃象形。

（7）从实战的角度，分析政府、外企、国企、科研、民营等职场上人士，在职业规划方面的应对策略、注意事项，以及合理建议。

作为一个在职场上打拼的人士，要想获得更大的成功，就应该树立长远的目标，激励自己不断前进。寻求以最小的时间、经济、精力等成本，获得最大化的收益。那么，职业规划是任何一个想要获得成功的人，在职场上不可或缺的工具之一。在竞争激烈的职场，为了提高自己的竞争力，实现目标，应该给自己做一个切合实际的职业规划。只有这样，才能更好地适应社会，为社会做出更大贡献，实现自己的人生价值。

笔者从当前中国特殊的职业环境入手，从实践的角度阐述了如何避免职业生涯发展过程中的陷阱和误区，不同学历、不同专业的职场上人士，如何有效地提升自己的职业能力，做到职业生涯发展步步登高。

本书有理有据，引古喻今，文笔朴实，发人深省。期望引导职场上需求人士或高校毕业生，在读过本书后，在职业发展过程中，如鱼得水，游刃有余。同时，也少走弯路，少做无用功，节省全社会的有限资源。

笔者在写作过程中，得到了许多朋友的帮助，得到了南京大学MBA中心老师和学生们的大力支持，同时，也参考了一些同行的观点，在此，一并表示衷心感谢！

由于作者水平有限，在写作过程中，难免会存在一些不妥之处，敬请谅解。

夏季春

2017年1月1日

目　　录

第一章 职业规划导论

三十辐共一毂（gǔ），当其无，有车之用。埏埴（shān zhí）以为器，当其无，有器之用。凿户牖以为室，当其无，有室之用。故有之以为利，无之以为用。

——《道德经》

意思是，三十根辐条与轴心部分连接，组成车的一部分，当还没有这一部分的时候，可以通过选择，创造出一个供车使用。用黏土可以做成器皿，当还没有这个东西的时候，可以通过选择，创造出做器皿的材料。门和窗，是房子的一部分，当还没有这个东西的时候，可以通过选择创造出门和窗，来供房子使用。所以，有条件的时候，可以利用现成的条件来满足需要。当还没有这个条件的时候，可以根据现实情况，通过选择，去创造这种条件来满足需要。

寓言

蚯蚓比龙[1]

在广场上，有条母龙雕塑，九子雕塑围绕四周，煞是好看。在旁边树林中，有条蚯蚓，约筷子长。每到半夜，于草丛中悠然自鸣，得意非凡。一日午夜，忽心血来潮，离开草地，爬到母龙雕塑旁，洋洋自得，一挺一缩，炫耀胸肌。

秀过劲后，蚯蚓转到老大囚牛（qiú niú）旁，手舞足蹈，浅吟低唱；跳到老二睚眦（yá zì）旁，击拳弹腿，杀气腾腾；蹦到老三嘲风（cháo fēng）旁，纵身跳跃，险象环生；伸长脖子，跑到老四蒲牢（pú láo）旁，捏嗓低吼，脸憋通红；迈着方步，踱到老五狻猊（suān ní）旁，蹲坐地上，貌似雄狮；耸着双肩，凑到老六赑屃（bì xì）旁，形神似龟，能背负江山；志得意满来到老七狴犴（bì àn）旁，似乎头戴大律师帽，天下法官皆可玩于股肱之中；酸唧唧，靠到老八负屃（fù xì）旁，摇头晃脑，咬文嚼字；探头探脑，翻到老九螭吻（chī wěn）旁，东张西望，赛过齐天大圣孙悟空。

蚯蚓绕了一圈，十分高兴，得意忘形。然则因为近日天气干燥，广场水泥地坪上，积尘甚多，黏附蚓体，加上之前的过度躁动，灰尘越裹越紧，蚯蚓挣扎良久，终于一命呜呼。翌日，一黑鸟眼尖，俯冲下来，叼去美餐一顿，自不必说。

在树林中，另一条饱经世故的老蚯蚓，见此情形，自言自语：“唉，这厮游戏职场，无事何必惹尘埃，真是不自量力，不知自己能吃几碗干饭？”说完后，吞下一口林中落下的腐叶，于松软的土壤中畅游而去。

---

① 本书中的11个寓言，都是作者的原创作品，从中体现了作者的观察、归纳、思考和感悟，也是作者对职业规划领域的一次创新。

第一节　职业规划概述

职业生涯规划（下面统称职业规划），简称生涯规划、职业规划，又叫职业生涯设计，指个人与组织相结合，在对一个人职业生涯的主、客观条件进行测定、分析、总结的基础上，对自己的兴趣、爱好、能力、特长、不足等各个方面，进行综合分析与权衡，结合时代特点，根据自己的职业倾向，确定最佳的职业奋斗目标，并为实现这一目标，做出行之有效的安排。在此过程中，可以把个人利益与组织利益有机结合起来。广义上的职业规划，实际上已涵盖了人生规划的大部分概念，而人生规划，不同的人有不同的理解，比如，有幸福规划、生命规划、工作规划、学习规划、休闲娱乐规划、博爱规划、家庭规划等。

有几个 70 多岁的老年人，他们从这个岁数开始，制定了“生命规划”，采取很多可量化的措施，包括合理饮食、规律起居、勤于锻炼、培养兴趣爱好、和睦家庭等方面，每天持之以恒。大目标是保八十，争九十，冲击百岁。这些长者，通过计划，活得有滋有味，精神实在可嘉。

如果从个人和组织关联的角度来看，职业规划又可定义为：个人发展与组织发展相结合，在对个人和内、外部环境因素进行分析的基础上，确定一个人的职业发展目标，并选择实现这一目标的职业或岗位，编制相应的工作、教育、培训、发展等行动方案，从路径、时间、措施、支持、资源等方面，作出合理的安排。

人的一生，其职业经历，各有不同。有的人从事这种职业，有的人从事那种职业；有的人一生变换多种职业；有的人终身位于一个岗位；有的人不断追求，事业成功；有的人穷困潦倒，无所作为。造成人们职业生涯差异的原因，有个人能力、心理、机遇方面的问题，也有社会环境的影响。

很多人是在职业遇到困境时，才想起职业规划，或求助于职业规划师，恰如有些人，生病时才想到医生，或者病急乱投医。殊不知，通过平时的锻炼、保养，采取主动的、积极的做法，保持身体健康。人的职业规划道理也一样。每个人都有职业规划，只不过大多存在于潜意识或自觉不自觉之间。成功的职业规划，就像一个经验丰富的歌唱家唱歌一样，运好气，起好调子，处理好演唱中的高音、中音和低音，恰当运用滑音、和声，摒弃噪声、杂音，将整首歌曲完美地展现给大家，最后，还要让人找到余音绕梁、三日不绝的感觉。因此，职业发展过程中，就要有意识注重职业规划，积极对待，精心谋划，职业之树自然会常青不败。

第二节　职业规划的作用与意义

职业规划是在个人目标与现实可行机会的配合上，员工可以在组织帮助下沿着一条既定的职业道路，获得职业生涯发展。如果一个人的职业规划，在组织内部无法实现，那么这个人迟早会离开组织。因此，组织应该在职业规划方面帮助员工，使双方的需要都得到满足。如果员工缺乏进行自我发展计划的意识，而企业也并未认识到进行职业生涯管理的重要作用以及自身应承担的责任，不能深入了解员工身上的优势和劣势，就不能正确地在人与事之间进行有效的匹配，从而，也无法将个人目标与企业目标进行有机结合，实现员工与企业的共同发展、共同进步。

一、职业规划的作用

1. 发挥潜能

做一份好的职业规划，需要正确了解自己，判断个性，引导分析自身的综合优势与劣势，发现潜在价值，帮助自身的潜能得到发挥，选择正确的职业生涯发展道路，并适时修正和管理，在一定的时间节点上进行检查和评估，采取措施优化和改进，最终实现目标。

2. 确定职业目标

职业规划中的一个重要内容，就是可以帮助自己确定正确的职业目标，并且很好地完成这个目标。比如，根据职业锚，能够清楚地反映出个人的职业追求与目标，还可以判断个人达到职业成功的标准。对于技术型职业锚的人来说，专业技术上能够攻坚克难，形成成果，取得成绩，自然会有较大的成就感；对于管理型职业锚的人来说，如果能够升迁至更高的职位，获得更大的管理机会，自然会踌躇满志，志得意满。因此，明确了自己的职业锚，就可以帮助确定自己的职业目标及成功的标准，从而确定职业角色形象。现实中，由于情况复杂，干扰因素很多，确定正确的职业目标，还是有相当难度的。

3. 增强职业发展的可行性

职业生涯发展，要有计划，有目的，不可脚踩西瓜皮，滑到哪跌到哪。职业生涯受挫，在很大程度上，就是由于职业规划没做或做得不好。好的计划是成功的开始，有了一个良好的开端，事情也就成功了一半。凡事预则立，不预则废。做一个切合实际的职业规划，职业发展的可行性程度自然会提高，实现起来也有抓手。

4. 提高工作技能

工作技能的提高，是在职业规划的大框架下进行的，何时需要提高，提高什么技能，应该在职业规划中都有描述和表达。现在，职场上竞争十分激烈，要想在激烈的竞争中脱颖而出，并立于不败之地，就必须设计好自己的职业规划。有计划、有目的地付诸行动，随着个人工作经验的丰富，知识的扩展，职业技能将不断增强，职业竞争力也随之增加。

二、职业规划的意义

以既有的成就为基础，确立人生的方向，提供奋斗的策略；突破生活的框框，塑造全新、充实的自我；准确评价个人特点和强项；评估个人目标和现状的差距；准确定位职业方向；重新认识自身价值并使其增值；发现新的职业发展机遇；增强职业发展竞争力；把个人职业生涯发展与家庭联系起来。

1. 应对就业

社会在发展，经济形势起伏不定，学校大规模扩招，就业形势也越来越严峻。人们对就业的认识模糊，态度焦虑，不知什么工作适合自己，迷迷茫茫，找不准自己的合适位置，在“真我”与“假我”中，困惑徘徊。因此，有一个良好的职业规划，自然就更能做到顺应形势，应对挑战。

2. 社会管理的需要

对于全社会来说，就像物理学里的电流，如果每个电子都理顺了方向，电阻必然减小，运动更加顺畅。个体通过职业规划，提高了效率和效价，必将提高全社会总体效率，管理有序，各得其所，节约社会总体成本。

3. 自我管理

职业规划是人生非常重要的自我管理手段之一，采取科学的方法，行走正确的职业路径，更快地达到职业目标。享受到职业活动过程中带来的愉悦，减少痛苦，提升职业生涯的质量和品味。

4. 造就职场达人

职场是没有硝烟的战场，人们身在其中，自然会遇到学习、积累、晋升、瓶颈、转换、选择、决策、机会、成本等方面的诸多问题，很多人把工作仅仅当成谋生的手段，一辈子平平庸庸。然而，要想在职场上有所作为，成为职场达人，就必须有一个科学的职业规划，扎实推进才行。

第三节 职业规划在中国的发展

在中国，职业规划由来已久。古时就有“万般皆下品，唯有读书高”的说法。学而优则仕，人们通过参加科举考试，踏上仕途，实现自己的抱负。

古人通过自身的学识才华，抑或浑身武艺，为国建功立业，从某种程度上来说，也都闪烁着朴素的职业规划思想，其中孔子就具有一定的代表性（详见本章拓展阅读）。

一、20世纪初期的职业规划

1. 1916年

清华大学的周寄梅先生，觉得职业规划非常重要，引入并实施相关的课程辅导。

2. 1917 年

为大力推动职业规划教育，吴廷芳、梁启超等发起中华职业教育社。

3. 1918 年

《职业指南》出版。

4. 1919 年

黄炎培先生发表《职业指导号》。

5. 1923 年

皱恩润编译的《职业指导》出版。

6. 1924 年

教育部门更是推动中小学建立职业指导委员会，随后许多学校设立了就业指导机构。

二、20 世纪中后期的职业规划

1. 20 世纪 60—70 年代

港台地区的职业规划教育开始兴起，并且发展较快，这个时期，出现了一批专业从事职业规划的专家，如金树人、林幸台、郑崇祯等。心理学、管理学、经济学等新兴学科，在职业规划这一领域也得到广泛的拓展应用。

2. 20 世纪 80 年代—20 世纪末

有的大学毕业生国家还包分配，学生毕业更多呈现双向选择和自主择业相结合的方式，就业指导逐渐加强，职业规划也越来越得到重视。当时大部分大学生对自己将来的职业生涯没有规划；小部分大学生不明确或有明确的职业规划。由此可见，大学生的就业存在严重的盲目性。这个时期国外的 MBA 教育传播到中国，很多职场上的管理者们如遇甘霖，纷纷走进课堂回炉深造，结合实际，系统学习管理理论知识，无形当中也推动了职业规划的发展。

三、21 世纪的职业规划

进入 21 世纪以来，中国国内职业规划教育发展迅猛，不仅高校加强了指导，而且商业培训机构也对职业规划领域进行了广泛开发，培训师们也越来越多，各种介绍职业规划的图书层出不穷。比如，向阳生涯管理咨询集团洪向阳老师就曾经根据前人经验，总结出一个向阳生涯规划模型，该模型主要由职业取向系统（包括性格/兴趣/价值观/需要/使命）、商业价值系统（知识/技能/天赋/经历/人脉）、职业机会系统（宏观/产业/组织/职业/家庭）构成，三大系统相互影响、相互作用。

目前，职业规划呈现如下特点。

1. 高校就业指导现象

高校大量扩招，导致就业压力巨大。各个高校相继成立了就业指导中心，对高校学生进行职业规划指导，举办职业规划大赛等。由于就业指导中心的老师很多未从事过实际的企业管理，缺少实战经验，给学生的指导有时会局限于理论，实用性、针对性不强。

2. 迷糊状态

人进入职场，会遇到各种各样的问题和困惑，而身在职场上的人，有的有模模糊糊的职业规划，有的是得过且过无想法。跳槽有时意气用事，很多人成为“跳蚤”，一段时间不跳心就痒痒，职业发展难以有一个稳定的上升通道。

3. 被动式的就业指导

目前，国内某些高校与社会上一些机构采取的职业指导方法，是自上而下地指导被咨询者，让其被动接受职业发展方案，这样容易遇到抵触心理，使职业规划浮于表面。以人为本是职业规划的核心理念，让被指导者发自内心地接受科学的职业规划方案才是最终目标。

4. 职业规划方法欠妥

针对高校毕业生找工作、办手续的需求，高校就业指导中心提供的职业指导方法有职业测评、就业信息提供、就业政策咨询、就业手续办理等，这些只能算是职业规划的一些皮毛。高校毕业生走上工作岗位，开始职业生涯时，往往缺乏规划，目标不清晰，发展道路不通畅。有些职业规划教材，照搬国外的职业生涯理论，不符合中国国情。很多职业规划咨询机构缺乏理论深度和实战经验，在做咨询时看图说话，泛泛而谈，无法取得实际效果。

5. 缺乏合格的职业规划专家

现在，中国国内在校的高校学生已达 3000 多万人，许多高校就业指导中心还没有专业的职业规划师，一般由做学生工作的老师或者思想政治辅导员来客串，而这些指导者往往缺乏相应的专业知识和技能。职业规划指导是一项浩大的工程，这需要大批精通职业咨询、职业发展、人才测评、良好沟通能力的专业人才。职业规划行业人才匮乏程度令人担忧。笔者在教学过程中，对 MBA 的学生做过调查，有 30%的 MBA 学生在读大学期间做过职业规划，70%的未专门做过或者仅听过讲座。做过职业规划的学生又只有 1/3 觉得效果较好，2/3 觉得效果一般或差。

第四节 职业规划在国外的发展

随着工业化进程的加速，国外一些早期发展的国家，在职业发展道路上，逐渐构建了比较完善的职业规划理论体系，丰富的职业规划教育的实践经验也应运而生。国外职业规划教育，职业指导工作具有全程性，开展较早，从事职业指导人员队伍的专业化程度较高，并在全社会普及职业规划理念，职业指导方式个性化特征明显。20 世纪初，职业规划在美国开始，到 60 年代末逐渐取代职业辅导；70 年代，得到广泛推广和实施，之后，在英国、日本、加拿大等国得到广泛传播；80 年代，职业规划成为发达国家学校教育与心理辅导的重要组成部分。

美国、日本等国已将职业规划教育列入必修的课程，在教学计划安排中，进行测试、讲座、咨询和实践等活动，并贯穿整个大学教育过程。发达国家的大学生就业指导，已完全突破了就业安置指导，成为大学生在大学时期及毕业后，找到工作前的一种全程职业规划辅导和教学安排。帮助大学生进行以心理测试和职业咨询为方式的自我认识指导，鼓励学生根据自己的特长、兴趣、爱好等，选择自己未来的发展方向。

一、美国

美国曾涌现出很多职业规划方面的理论家，建树颇多。他们从人性、心理学、管理学角度等不同视角，研究出各种关于职业规划方面的理论。1990 年以来，涌现出大批代表世界职业规划最高水平的专家和学者，比如霍兰德、舒伯等。这些专家的研究成果，对学术界的理论发展和全球性职业规划实践的提升，以及广泛运用到了包括大学生在内的各类人群的职业科学发展，都起到了积极的作用。

美国联邦教育总署署长马伦（Mar Land）博士于 1971 年提出生计教育，这是一种新的教育观念，当时反响强烈，并由此通过了第一个生计教育法案。1987 年，美国联邦政府成立了联邦职业协调委员会（The National Occupational Information Coordinating Committee，NOICC），监督学校职业规划的指导工作，以此规范职业教育。随后，《国家职业发展指导方针》也由该委员会首次颁布，引导青少年从学校的学习生活，转向自己未来的生计计划及职业的发展，将学校教育与职业教育有效衔接起来。美国政府和社会各界一直关心着学生的职业规划教育，孩子从小开始就会接触到职业发展教育方面的内容。美国的学校中涉及职业规划方面的工作人员，不仅要有丰富的从商或从政经历，而且要具有辅导学、咨询学或高等教育学硕士学位及以上学位。美国劳工部每年出版一部《岗位需求手册》，在网站发布大量职业信息和职业辅导知识，收集不同时期美国就业市场的需求状况，预测未来经济发展对就业需求的影响。

美国的职业教育与社会各界有着非常密切的联系，并不是孤立的。大学期间，让学生将理论应用到实际中，更多地了解社会，每个暑期都会让学生参加一定量的暑期实习，参与社会实践。为了随时掌握职场上的实际情况和新的动态，学校每年都要派老师到企业进修锻炼。美国重视学校与工商企业界的合作关系，使学校与企业之间形成了一种互惠互利的双赢纽带。美国的高校鼓励学生根据个人兴趣和职业倾向选择专业，学生可以跨专业、跨学校自主选择课程，自主选择实习单位。学生有大量机会实现综合素质的全面发展和就业竞争力的快速提升，鼓励学生最大限度地挖掘自己的潜力。因此，学生适应能力强、视野开阔、知识面宽、举一反三、富有创造能力。

在美国，很多大学都设立了职业规划课程，一般都设专职人员对学生进行职业规划教育，开展相应的辅导和咨询工作，鼓励学生选修或必修一门职业入门课程。职业规划教育可以划分为职业了解、职业探索和职业抉择三个阶段，使学生了解各种职业知识和职业观念，培养良好的职业意识。学生通过对职业的认识，明确有关职业的分类和各类职业的要求，尝试性地在确定的职业类别中做出选择。

二、英国

英国的一些法令中规定，社会各相关部门，要为学生熟悉各种职业提供便利条件。各企业单位要与学校建立广泛的合作关系，为学生提供参观和实习机会，让学生熟悉不同的职业和工种，有利于学生在选择职业时做出正确的决策。学校也注意从小对学生进行职业意识的灌输，锻炼学生的独立能力，定期举办针对家长的培训，获得家长的支持。

英国的职业规划教育，主要是帮助学生正确了解自己，比如了解自己在能力、兴趣、需要和价值方面的差异，评价个人的生理和心理特征，客观判断何种职业适合自己。学校要帮助学生培养自我、做出正确职业决策的能力，引导他们科学评价和分析职业信息，认识职业选择的重要性及产生的后果；向学生介绍他们可能选择的职业范围和获得职业的途径；帮助学生适应工作领域，独立走向社会，顺利从事职业和适应职业生活。

三、法国

法国虽然没有成熟的职业生涯指导理论，然而，职业教育的开展却丰富多彩。1984年，法国通过的《高等教育法》规定，班主任和辅导员有责任为学生的职业规划做指导，其他如心理学、管理学、教育学等相关学科背景的教师，也应在日常思想教育和教学过程中，为学生提供必要的就业指导。

法国的职业规划教育涉及人的态度、动机、气质、能力、需要、价值观、发展取向等各个方面，尤其侧重主观感情的满足，看重自身所取得的职业成就的同时，要考虑到工作、家庭与个人休闲等各种需求之间的平衡。大学可以通过所属教学和科研单位，为学生组织短期培训，还可以通过适当手段，举办专题讲座培训等活动，不定期开展经验交流会，了解学生的兴趣爱好、智力能力，收集有关的系统材料，为学生建立个人档案。对学生进行个性分析、心理测验、职业生涯设计等方面的培养，并帮助学生了解社会发展，选择正确方向，以适应社会的需要。学业与能力评估，是学校对每个学生做出方向指导的重要依据。大学各个阶段都要依据各自的目标，对学生进行职业规划教育指导，使学生获得从事某种职业资格所要求的基本知识。

四、德国

德国十分重视职业教育。德国教育机构建立了一个全国通行的专业化的职业网络平台，学生求职和用人单位招聘时都可以共享资源。德国还设置了各种不同形式的职业教育机构，向学生提供专业的职业咨询、服务。

德国将大学教育与就业市场相连接，这种就业服务模式，俗称德国高校的“慕尼黑就业模式”。其主要方式有：搭建一条贯穿大学、企业界及劳动局的全方位的合作链条；企业界常年为大学毕业生提供社会实践岗位，并且负责对学生进行岗位培训与考核；在大学里设立就业市场学院，专门负责培训学生专业知识以外的求职能力。

五、瑞典

瑞典的学校将职业指导课程化，把职业指导课程列入学校的课程设置中，作为学生学习期间必修的课程之一。教师讲授的不仅是职业理论方面的知识，还指导学生进行职业规划的社会实践活动，课程贯穿于学生的全部学习过程。

学校经常对家长进行宣传，使家长帮助学生确定职业方向和学习专业，经常邀请学生家长到学校，接受职业规划方面的教育和培训，增强家长全面了解职业需求状况；为增强学生对社会的了解，安排学生到社会上各种机构参观；根据学生自身的特质，聘请职业规划专家进行职业指导，指导学生制订个人发展计划，帮助学生确定职业发展方向，做到职业培训教育与学校文化有机结合在一起。

六、澳大利亚

澳大利亚相关部门制定了《职业发展纲要》，对职业成熟程度、职业规划的内容、考试及评估等方面做出具体规定。

学校将职业和劳动力市场信息渗透到各学科中，使课程内容与日常生活密切相关，培养学生研究和思考能力及正确的生活态度；开设了职业和个人发展课程，内容包括正确评价自己的能力、潜力、需要和志向，培养自控和自助能力；制订个人未来发展计划。

七、加拿大

加拿大的职业规划指导起点较早，贯穿于高中和大学阶段。在大学阶段，为了更好地开展职业规划教育，提高大学生择业就业能力，采取政府、大学、企业三部门联动机制，共同致力于职业规划工作的贯彻落实。

加拿大对从事职业规划专业指导的人员要求非常高，不是任何人都能从事，需要有一定的工作经验，具有相当的生活经验、社会阅历和多方面的专业知识，同时应具有较高的专业学历要求，一般都具有心理学或者高等教育学的硕士、博士学位，其他人员最低要求为学士，具备获取信息和处理信息的能力。

八、日本

日本政府设置了负责职业规划教育的部门，制定了相关的政策、法规，负责学校的组织、指导、协调，推动学校与企业等社会组织更好地配合实施。该项工作被称为进路指导或出路指导，教育部门规定中学以上的学生必须参与职业辅导，职业辅导应作为必修课程写入教学计划当中。由此可见，日本是世界上最重视教育的国家之一，不管是学校还是用人单位，都非常重视并积极参与高校毕业生就业和职业指导工作。

日本文部科学省、经济产业省和厚生劳动省联手合作，打破了行政框架，由政府和学校共同承担职业规划工作，共同推进职业生涯教育实践。为推动学生职业规划的形成和发展，来自学校以外的社会力量，也为学生架起了从学校通向社会的桥梁，并及时给学校传递社会就业需求信息。政府部门和产业界相互联动，在接受高校学生的实际业务体验式学习活动时，也派遣工作在第一线的员工担任高校职业生涯教育和专业研究课的辅导老师，以此推动学生的职业生涯发展。这群校外经验丰富的职员或行业带头人，主要来自于学校定点合作的单位，还有一部分是活跃在各行业的校友们，他们往往乐意奉献。

日本的职业规划教育与传统意义上的职业教育既有联系又有区别，贯穿于幼儿至成人的整个过程，与终身教育的目标相一致但内涵更丰富，是通过教育促进人生价值实现，从而为社会提供适应时代要求的优质劳动者而进行的新的探索。根据教育部门的要求，为使出路指导更好地实施，要加大管理力度，增加课程指导，进入大学应更加重视相关方面指导信息的更新工作。各高校通过心理测试、咨询等手段，引导新入学的学生进行正确的自我评价，帮助其确定职业方向。高校每年开设不同内容的职业规划教育课程，让学生对职业有关的劳动力市场有一个比较明确的了解，以便学生正确地做出自己的职业选择。关于职业发展方面的内容则十分细致，包括职业的知识、性质、特点、发展前途、意义、经济收入、工作环境、晋升机会、就业难易程度、对从业人员的需求等。

第五节　职业规划的未来展望

现在高校的就业指导中心和团委，承担了大量职业规划的工作，多为说教式或强制式的，效果不太明显。许多大学生不懂得合理职业定位，不懂得科学规划未来，致使职业选择往往带有很大的盲目性，从而影响了个人的职业生涯发展。因此，需要借鉴国外高校的经验，转换就业指导的工作思路，确立职业规划教育的基本理念，这样，职业规划才有积极的现实意义。

在指导大学生择业的过程中，要注意引导学生发现自我，认识自我，掌握正确的择业观和全面的职业技能，培养挖掘潜能和规划决策的综合能力。要把培养和输送具有健全人格，培养独立能力和创新精神的人才，作为大学生职业规划教育的核心目标和根本任务。改革现行的就业指导，完善就业指导服务体系，大力开展职业规划教育，使得各个阶段的教育活动相互衔接、互为补充，共同构建一个完整的就业指导服务体系，使得职业规划更加专业化、全程化、个性化。

目前，就业压力越来越大，职场上对职业规划的需求越来越强烈。国内外研究职业规划的专家学者也越来越多，各种研究方兴未艾。未来，职业规划必将发展成为一门新兴学科。在实践中产生新的理论，新的理论又反过来促进职业规划实践的发展。实践是认识发展的动力，马克思说过，社会一旦有技术上的需要，则这种需要会比 10 所大学更能把科学推向前进。

拓展阅读

孔子的职业生涯[1]

孔子（公元前 551 年 9 月 28 日～公元前 479 年 4 月 11 日），生而头上圩顶，别名尼父，鲁国陬邑（zōu yì）人，开创儒家学派，创办私学，打破传统贵族垄断教育。培养了七十二贤人，三千多弟子。代表作品有《春秋》《六经》《十翼》。曾任大司寇，授孔圣人、大成至圣先师爵位。

孔子主张为政以德，德治就是主张以道德去感化育人。儒家认为，无论人性善恶，都可以用道德去感化。而所谓“礼治”，即遵守严格的等级制度，君臣、父子、贵贱、尊卑都有严格的区别。孔子的有教无类思想，在教育发展史上具有划时代的意义。它主张无分贵贱，不分国界，只要有心向学，都可以入学受教，开创了教育普及的先河。

一、职业性格培养——少小贫穷，胸怀大志

孔子的祖上是殷商王室的后裔，宋国的贵族，叔梁纥是孔子的父亲，其官职为陬邑大夫。叔梁纥的正妻施氏，生了九个女儿却没有一个儿子。于是，叔梁纥立颜徵在为妾，生下孔子。孔子三岁的时候，叔梁纥病逝，颜徵在失去庇佑，被叔梁纥正妻施氏所逐，于是带孔子庶兄孟皮与孔子至曲阜阙里，过着清贫的生活。

孔子日见其长，已意识到要努力学习做人和掌握生活本领，志向在于做学问。

二、职业经历之一——初入职场，步入仕途

孔子自 20 多岁起，开始为委吏，管理仓库。对天下大事非常关注，对治理国家经常进行思考，发表一些独到见解。公元前 531 年，孔子改作乘田，管理畜牧。

随后，孔子开办私人学校，到 30 岁时，已有些名气。这一年，齐景公与晏婴来出访鲁国时，召见了孔子，与他讨论秦穆公称霸的问题，孔子由此结识了齐景公。公元前 518 年，孟懿子和南宫敬叔学礼于孔子。相传孔子与南宫敬叔适周，问礼于老聃，问乐于苌弘。

① 杨书案．2014．孔子．北京：东方出版社．

三、职业经历之二——逃亡齐国，致仕鲁国

公元前 517 年，鲁国发生内乱。孔子离开鲁国到了齐国，齐景公问政于孔子，孔子说君王要像个君王，臣下要像个臣下，父亲要像个父亲，儿子要像个儿子。后来，孔子得到了齐景公的赏识，想以尼溪之田封孔子，被晏子阻止。孔子在齐，闻《韶》乐，如醉如痴，三月不知肉味。

公元前 515 年，齐国的大夫想加害孔子，孔子回到鲁国。几年后，孔子升为鲁国大司寇，摄相事，七日而诛少正卯，曝尸三日，鲁国大治。

孔子为削弱三桓（季孙氏、叔孙氏、孟孙氏三家世卿，因为是鲁桓公的三个儿子的后代，故称三桓。当时的鲁国政权实际掌握在他们手中，而三桓的一些家臣又在不同程度上控制着三桓），采取了隳（huī）三都的措施，拆毁三桓所建城堡。后来隳三都的行动半途而废，孔子与三桓的矛盾也随之激化。孔子在不得已的情况下离开鲁国，到外国去寻找出路，开始了周游列国的旅程，这一年，孔子 55 岁。

四、职业经历之三——周游列国，一路坎坷

公元前 496 年，孔子带领弟子离开鲁国来到了卫国，卫灵公开始非常尊重孔子，按照鲁国的俸禄标准发给孔子俸粟 6 万，但并没给他什么官职，没让他参与政事。此后，孔子几次离开卫国，又几次回到卫国。

公元前 492 年，孔子 60 岁，称自己这时候，能正确对待各种言论，不觉得不顺。孔子过郑到陈国，在郑国都城与弟子失散，独自在东门等候弟子来寻找，被人嘲笑，称自己颓丧的样子如同丧家之犬。

公元前 484 年，齐国派师讨伐鲁国，孔子弟子冉求率领鲁师与齐战，获胜。季康子问冉求指挥才能从何而来，冉求说是向孔子学来的。68 岁的孔子在其弟子冉求的努力下，季康子派人迎孔子归鲁国。孔子周游列国 14 年，至此结束。孔子仍有心从政，但被敬而不用。季康子欲施行田赋，孔子反对。对冉求说，判断一个人的行为是不是君子的行为，应该用他的礼数来判断：施舍的时候，会从重付出；做事的时候，会中庸而行之；死的时候，会对自己薄葬。

公元前 479 年，孔子患病不愈而卒，终年七十三岁，葬于鲁城北泗水岸边。不少弟子为之守墓三年，唯独子贡为孔子守墓六年。弟子及鲁国人从墓而家者上百家，得名孔里。孔子的故居改为庙堂，孔子受到人们的奉祀。

五、职业成就——思想光芒，照耀后世

1. 道德思想

孔子构建了完整的思想体系：在个体层面主张仁、礼之德性与德行。思想体系是以性善论为基础，以立人极为旨归，以人道与天道、地道相会通，人道中庸又适时之变。

孔子的仁说体现了人道主义，礼说则体现了礼制精神，这种人道主义和礼制精神，

是中国古代社会政治思想的精华。

2. 政治思想

孔子的政治思想核心内容是礼与仁，在治国的方略上，他主张为政以德，用道德和礼教来治理国家是最高尚的治国之道。这种治国方略也叫德治或礼治。孔子的最高政治理想是建立天下为公的大同社会，其特点是：大道畅行，天下为公，选贤与能，讲信修睦，人不独亲其亲，不独子其子，使老有所终，壮有所用，幼有所长，矜寡孤独废疾者皆有所养，阴谋欺诈不兴，盗窃祸乱不起。

3. 经济思想

重义轻利、见利思义与富民思想是孔子最主要的经济思想。所谓义，是一种社会道德规范，利指人们对物质利益的谋求。孔子把义摆在首要地位，利次之。罕言利，见利思义，义然后取。干不符合道义的事而获得富贵，就如同浮云一样。对待义与利的态度，可以区别君子与小人。君子喻于义，小人喻于利。有道德的君子，容易懂得义的重要性，而缺乏道德修养的小人，则只知道利而不知道义。

4. 教育思想

孔子提出，性相近也，习相远也。他提倡有教无类，创办私学，广招学生，打破了奴隶主贵族对学校教育的垄断，把受教育的范围扩大到平民，顺应了当时社会发展的趋势。主张学而优则仕，学习了还有余力，就去做官。教育目的是要培养从政的君子，即弟子入则孝，出则悌，谨而信，泛爱众，而亲仁。行有余力，则以学文。

在教学方法上要求老师有教无类，因材施教。教育学生要谦虚好学，温故而知新。

孔子道德教育的主要内容是礼和仁。其中，礼为道德规范，仁为最高道德准则。礼是仁的形式，仁是礼的内容，有了仁的精神，礼才真正充实。在道德修养方面，孔子提出树立志向、克己、践履躬行、内省、勇于改过等方法。学而知之、不耻下问、虚心好学、学以致用。学而不思则罔，思而不学则殆。

孔子热爱教育事业，毕生从事教育活动，最早提出启发式教学。他学而不厌，诲人不倦。不仅言教，更重身教，以自己的模范行为感化学生。他爱护学生，学生也很尊敬他，师生关系非常融洽。他是中国古代教师的光辉典范。

5. 人生观念

发愤忘食，乐以忘忧。孔子带领弟子周游列国的 14 个年头，历尽艰辛，不仅未得到诸侯的任用，还险些丧命，但孔子并不知难而退，仍然乐观向上，坚持自己的理想，甚至是明知其不可为而为之。

安贫乐道。孔子认为，不义而富且贵，于我如浮云。贫富与道义发生矛盾，宁可受穷也不会放弃道义。富与贵，人之所欲也；不以其道，得之不处也。贫与贱，人之所恶也；不以其道，得之不去也。富而可求也，虽执鞭之士，吾亦为之。如不可求，从吾所好。

学而不厌，诲人不倦。孔子以好学著称，若圣与仁，则吾岂敢？孔子学无常师，认为三人行，必有我师焉，择其善者而从之，其不善者而改之。

直道而行。孔子生性正直，又主张直道而行，他曾说，吾之于人也，谁毁谁誉？如有所誉者，其有所试矣。斯民也，三代之所以直道而行也。老子赠言，聪明深察而近于死者，好议人者也。博辩广大危其身者，发人之恶者也。为人子者毋以有己，为人臣者毋以有己。老子指出孔子看问题太深刻，讲话太尖锐，伤害了一些有地位的人，会给自己带来很大的危险。

与人为善。孔子创立了以仁为核心的道德学说，乐于助人，待人真诚、宽厚。己所不欲，勿施于人，君子成人之美，不成人之恶，躬自厚而薄责于人。

六、职业成就——学富五车，著作丰硕

孔子曾修《诗》《书》《礼》《乐》，序《周易》(称《易经》十翼，或称易传)，撰《春秋》。诗歌有《去鲁歌》《蟪蛄歌》《龟山操》《盘操》《猗兰操》《将归操》《获麟歌》。知名弟子三千，贤者七十二。

《论语》是儒家学派的经典著作之一，集中体现了孔子的政治主张、伦理思想、道德观念及教育原则等。《论语》《大学》《中庸》《孟子》在南宋后并称“四书”。

七、职业见解——与众不同，独领风骚

1. 义利之辩

当时鲁国规定，如果鲁国人在外国见到同胞沦落为奴隶，只要能够把这些人赎回来，就可以从国家获得金钱的补偿和奖励。孔子的学生子贡，把鲁国人从外国赎回来，但不领取金钱。孔子说，赐(端木赐，即子贡)，你错了！圣人做的事，可用来改变民风世俗，教导百姓，这不仅仅是有利于自己的行为。现在鲁国富人少，穷人多，领取补偿金，没有任何损失；但不领取补偿金，鲁国就没有人再去赎回自己遇难的同胞了。

子路救起一名溺水者，那人感谢他送了一头牛，子路收下了。孔子高兴地说，鲁国人从此一定会勇于救落水者了。

2. 孔子学琴

孔子在学习方面很虚心，非常刻苦。有一次，孔子随师襄子学鼓琴。曲名是《文王操》。孔子苦苦地练了很多日子，师襄子说，可以了。孔子说，我已经掌握了这个曲子的弹法，但未得其数。又练了很多日子，师襄子又说，可以了，你已得其数。可是孔子仍说，不可以，未得其志。又过了相当长一段时间，师襄子认为这回真的可以了，可是孔子仍然认为自己没有弹好这首乐曲。于是，孔子反复钻研，体会琴曲的内涵，直到他将文王的形象在乐曲中表现出来了，才罢休。

3. 孔子相师

一日，孔子乘着一辆马车周游列国，来到一个地方，见有一孩子用土围成了一座城，坐在里面。孔子就问，你看见马车为什么不躲开呀？那孩子回答，人们说您孔老先生上晓天文，下知地理，中通人情。可是，今天我见您却并不怎么样。因为自古到今，只听说车子躲避城，哪有城躲避车子的道理呢？孔子愣了一下，问，你叫什么名字？孩子答道，我叫项橐（tuó）。孔子为了挽回面子，就想出了一连串问题来刁难项橐，但是都被项橐巧妙地化解了。孔子觉得这孩子知识渊博，连自己也辩不过他，只得长叹一声，俯下身子对项橐和蔼地说，后生可畏，我当拜你为师。回头对弟子们讲，三人行，必有我师焉。

4. 实验欹（qī）器

《荀子·宥坐》记载，孔子观于鲁桓公之庙，有欹器焉。孔子问于守庙者曰，此为何器？守庙者曰，此盖为宥（yòu）坐之器。孔子曰，吾闻宥坐之器，虚则欹，中则正，满则覆。孔子顾弟子曰，注水焉。弟子挹水而注之，果中而正，满而覆，虚而欹。孔子喟然而叹曰，吁！恶有满而不覆者哉！

5. 藏书始祖

孔子于 68 岁返回鲁国，开始整理图书典籍。尤其是在晚年，孔子的主要精力用在校勘、整理典籍方面，孔子是中国最早的图书整理者，相传他整理《诗经》《尚书》等文献，并把鲁史官所记《春秋》加以删修，成为中国第一部编年体的历史著作。孔子在整理文献中，创立了揭示文献为之作序、言其作意的目录学方法。为《诗》《书》作序，或附于书后，或临于书首，或另出单行，这在揭示文献的内容上起到重要作用。孔子整理图书所定的《六艺》，对汉代刘向、刘歆（xīn）父子在《别录》《七略》书目分类上产生了极大的影响。

八、职业见解——思辨睿智，语录闪光

（1）大学之道，在明明德，在亲民，在止于至善。（大学的目的，在于显明高尚的品德，在于使人们革除旧习，在于达到善的最高境界。）

（2）所谓诚其意者，毋自欺也，如恶恶臭，如好好色，此之谓自谦，故君子必慎其独也。（所谓意念诚实，就是说不要自己欺骗自己，像厌恶难闻气味那样厌恶邪恶，像喜爱美丽的女子一样喜爱善良，这样才能心安理得，所以君子在一个人独处时一定要谨慎。）

（3）富润屋，德润身，心广体胖，故君子必诚其意。（财富可以修饰房屋，道德可以修饰身心，心胸宽广可以使身心舒坦，所以君子一定要做到意念诚实。）

（4）人莫知其子之恶，莫知其苗之硕。（人未必知道自己孩子的不足，也未必知道

自己庄稼的好坏。）

（5）君子有诸己，而后求诸人。（自己有善德，才能要求别人行善。）

（6）《诗》云：桃之夭夭，其叶蓁蓁（zhēn）。之子于归，宜其家人。（《诗经》说：茂盛的桃树开着鲜艳的花朵，这位姑娘出嫁了，能与婆家和睦相处。）

（7）喜怒哀乐之未发，谓之中，发而皆中节，谓之和。致中和，天地位焉，万物育焉。（人的喜怒哀乐的感情没有表现出来，叫做中；表现出来合乎法度，叫做和。达到中和，天地就各居自己的位置，万物也就生长了。）

（8）施诸己而不愿，亦勿施于人。（不愿意别人加给自己的，也不要加给别人。）

（9）好学近乎知，力行近乎仁，知耻近乎勇乎。（爱好学习接近智慧，努力行善接近仁德，知道耻辱就接近勇敢。）

（10）凡事预则立，不预则废。（任何事情，有准备就能成功，没准备就会失败。）

九、职业成就——名人评价，至圣先师

伏尔泰：东方找到一位智者。

德国莱布尼茨：热烈地赞美儒学。

李约瑟：孔子是无冕皇帝。

爱默生：孔子是哲学上的华盛顿。

司马迁：诗有之：高山仰止，景行行止。虽不能至，然心向往之。余读孔氏书，想见其为人。适鲁，观仲尼庙堂车服礼器，诸生以时习礼其家，余祗回留之不能去云。天下君王至于贤人众矣，当时则荣，没则已焉。孔子布衣，传十余世，学者宗之。自天子王侯，中国言六艺者折中于夫子，可谓至圣矣！

第二章 职业规划理论

夫志当存高远，慕先贤，绝情欲，弃疑滞，使庶几之志，揭然有所存，恻然有所感；忍屈伸，去细碎，广咨问，除嫌吝，虽有淹留，何损于美趣，何患于不济。若志不强毅，意不慷慨，徒碌碌滞于俗，默默束于情，永窜伏于平庸，不免于下流矣。

——《诸葛亮集·诫外甥书》

意思是，一个人应当有高尚远大的志向，仰慕先贤，戒绝情欲，抛弃阻碍前进的因素，使先贤的志向，在自己身上显著地得到存留，在自己内心深深地引起震撼；要能屈能伸，丢弃琐碎，广泛地向人请教咨询，去除猜疑和吝啬，这样即使因受到挫折而滞留，也不会损伤自己的美好志趣，又何必担心达不到目的。倘若志向不刚强坚毅，意气不慷慨激昂，那就会碌碌无为地沉湎于流俗，默默无闻地被情欲束缚，势必永远沦入凡夫俗子之列，甚至免不了成为庸俗的下流之辈。

寓言

心静灵起

大别山余脉一路逶迤，辗转来到龙舒大地，遂孕育而成著名景点——万佛湖、万佛山，景色秀丽，游人如织。万佛湖周围，群山环抱，水面开阔，绿岛浮动，波光潋滟，港汊通幽，一碧万顷，鸥岛翔集，舟楫点点。万佛湖以其博大的胸襟，集山、水、泉、岛、石、壁、崖、池、洞、鱼、林于一体，五彩斑斓，妖娆多姿，实是人间仙境。

一日，山湖众佛，童心顿现，比试佛法。瞬间，佛山点头，佛水潋滟，鱼虾摆尾，轻雾飘飘，霓虹迭现。

此时，唯见湖中堤上，稳坐一钓翁，手挥竹枝，频点堤左之鱼，扔到堤右水中，万佛山倒影在水中活灵活现，而堤左则平静如镜。

众佛观此，羞惭乃退。盖因佛性自在心中也。

有道是，职场高手大比拼，百般技艺随身形。心静灵起可致远，为亦不为事竟成。

第一节　国外代表理论

一、职业兴趣理论——霍兰德[①]

1959 年，美国约翰·霍普金斯大学心理学教授约翰·霍兰德（John Holland），提出了职业兴趣理论。该理论认为，凡是具有职业兴趣的职业，都可以提高人们的积极性，促使人们积极、愉快地从事该职业，而且职业兴趣与人格之间存在很高的相关性，人的人格类型、兴趣与职业密切相关，兴趣是人们活动的巨大动力。此后，职业兴趣理论经过不断丰富和发展，1991 年，Gati 提出了三层次模型；Prediger 加上人和物的维度、数据和观念维度，使职业的类型和性质有机地结合起来（表 2-1）。

表 2-1　劳动者类型与职业类型的对应关系

类型	共同特点	劳动者类型	职业类型
实际型	愿意使用工具从事操作性工作，动手能力强，做事手脚灵活，动作协调；偏好于具体任务，不善言辞，做事保守，较为谦虚；缺乏社交能力，通常喜欢独立做事	1）愿意使用工具从事操作性工作； 2）动手能力强，做事手脚灵活，动作协调； 3）不善言辞，不善交际	1）主要是指各类工程技术工作、农业工作。通常需要一定体力，需要运用工具或操作机器； 2）主要职业有工程师、技术员；机械操作、维修、安装工人，矿工、木工、电工、鞋匠等；司机，测绘员、描图员；农民、牧民、渔民等
调研型	思想家而非实干家，抽象思维能力强，求知欲强，肯动脑，善思考，不愿动手；喜欢独立的和富有创造性的工作；知识渊博，有学识才能，不善于领导他人；考虑问题理性，做事喜欢精确，喜欢逻辑分析和推理，不断探索未知的领域	1）抽象思维能力强，求知欲强，肯动脑，善思考，不愿动手； 2）喜欢独立的和富有创造性的工作； 3）知识渊博，有学识才能，不善于领导他人	1）主要是指科学研究和科学实验工作； 2）主要职业有自然科学和社会科学方面的研究人员、专家；化学、冶金、电子、无线电、电视、飞机等方面的工程师、技术人员；飞机驾驶员、计算机操作员等
艺术型	有创造力，乐于创造新颖、与众不同的成果，渴望表现自己的个性，实现自身的价值；做事理想化，追求完美，不重实际；具有一定的艺术才能和个性；善于表达、怀旧、心态较为复杂	1）喜欢以各种艺术形式的创作来表现自己的才能，实现自身的价值； 2）具有特殊艺术才能和个性； 3）乐于创造新颖的、与众不同的艺术成果，渴望表现自己的个性	1）主要是指各类艺术创作工作； 2）主要职业有音乐、舞蹈、戏剧等方面的演员、艺术家编导、教师；文学、艺术方面的评论员；广播节目的主持人、编辑、作者；绘画、书法、摄影家；艺术、家具、珠宝、房屋装饰等行业的设计师等
社会型	喜欢与人交往、不断结交新的朋友、善言谈、愿意教导别人；关心社会问题、渴望发挥自己的社会作用；寻求广泛的人际关系，比较看重社会义务和社会道德	1）喜欢从事为他人服务和教育他人的工作； 2）喜欢参与解决人们共同关心的社会问题，渴望发挥自己的社会作用； 3）比较看重社会义务和社会道德	1）主要是指各种直接为他人服务的工作，如医疗服务、教育服务、生活服务等； 2）主要职业有教师、保育员、行政人员；医护人员；衣食住行服务行业的经理、管理人员和服务人员；福利人员等
企业型	追求权力、权威和物质财富，具有领导才能；喜欢竞争，敢冒风险，有野心，有抱负；为人务实，习惯以利益得失，即权利、地位、金钱等来衡量做事的价值，做事有较强的目的性	1）精力充沛、自信、善交际，具有领导才能； 2）喜欢竞争，敢冒风险； 3）喜爱权力、地位和物质财富	1）主要是指那些组织与影响他人共同完成组织目标的工作； 2）主要职业有经理、企业家、政府官员、商人、行业部门和单位的领导者、管理者等

① 任正臣．2012．职业生涯管理．南京：江苏科学技术出版社．

续表

类型	共同特点	劳动者类型	职业类型
常规型	尊重权威和规章制度，喜欢按计划办事，细心、有条理，习惯接受他人的指挥和领导，自己不谋求领导职务；喜欢关注实际和细节情况，通常较为谨慎和保守，缺乏创造性，不喜欢冒险和竞争，富有自我牺牲精神	1）喜欢按计划办事，习惯接受他人指挥和领导，自己不谋求领导职务； 2）不喜欢冒险和竞争； 3）工作踏实，忠诚可靠，遵守纪律	1）主要是指各类与文件档案、图书资料、统计报表之类相关的科室工作； 2）主要职业有会计、出纳、统计员、打字员、秘书、文书、图书管理员、导游、保管员、邮递员、审计员、人事工作者等

霍兰德的职业兴趣理论，反映了他长期专注于职业指导的实践经历，他把对职业环境的研究与对职业兴趣个体差异的研究有机地结合起来。该理论主要从兴趣的角度出发，探索职业指导的问题。他明确提出了职业兴趣的人格观，使人们对职业兴趣的认识有了质的变化。霍兰德以职业兴趣理论为基础，先后编制了职业偏好量表和自我导向搜寻表两种职业兴趣量表，作为职业兴趣的调查工具，力求为每种职业兴趣找出两种相匹配的职业能力。兴趣测试和能力测试的结合，在职业指导和职业咨询的实际操作中起到了促进作用。

霍兰德编纂了“霍兰德职业代码词典”，为各类人员按照自己的职业兴趣类型搜寻合适的职业，提供了广泛的应用前景。霍兰德将其职业人格类型理论，运用于美国劳工部制定的职业条目词典，借助职业分析的有关内容，将 12 099 种职业赋予霍兰德人格类型代码。

二、心理动力论——鲍丁①

20 世纪 60 年代，美国心理学家鲍丁（Bordin），以弗洛伊德个性心理分析理论为基础，研究了大量的职业团体，提出了一种强调个人内在动力和需要等动机因素，在个人职业选择过程中的重要性的职业选择和职业指导理论，称为“心理动力论”。该理论认为，如果心理问题获得解决，则包括职业选择在内的日常生活问题，将可顺利完成而不再需要加以指导。职业指导的重点，应着重自我功能的增强。个人在人格与冲动的引导下，通过升华作用，选择可以满足其需要与冲动的职业。

鲍丁等认为，人的生命的前六年，决定着他未来的需要模式，而这种需要模式的发展受制于家庭环境，成年后的职业选择，就取决于早期形成的需要。如果个人有自由选择的机会，则必将选择能以自我喜欢的方式，寻求满足其需要而又可免于焦虑的职业。如果缺少职业信息，职业期望可能因此受到挫折，在工作中会显示出一种婴儿期冲动的升华。它们影响个人的能力、兴趣及态度的发展，进而左右其日后的职业选择与行为有效性。依据传统精神分析学派的观点，探讨职业发展的过程，视工作为一种升华作用，而影响个体职业选择的动力来源，则是个人早期经验所形成的适应体系、需要等人格结构。

① 张博．2014．职业生涯规划与管理．北京：中国电力出版社．

三、择业动机理论——佛隆①

1964 年，美国心理学家佛隆（Victor H. Vroom）认为，个体行为动机的强度取决于效价的大小和期望值的高低，动机强度与效价及期望值成正比，期望理论公式如下

$$F=VE$$

其中，F 为动机强度，V 为效价，E 为期望值。

员工个体行为动机的强度，取决于效价的大小和期望值的高低。效价越大，期望值越高，员工行为动机越强烈。

佛隆将这一期望理论用来解释个人的职业选择行为，具体化为择业动机理论。该理论的应用，即个人如何进行职业选择。

确定择业动机，公式为

$$择业动机=职业效价\times职业概率$$

其中，职业效价是指择业者对某项职业价值的评价；职业概率是指择业者获得某项职业可能性的大小。

择业动机公式表明，对择业者来讲，某项职业的效价越高，获取该项职业的可能性越大，择业者选择该项职业的意向或者倾向越大；反之，某项职业对择业者而言其效价越低，获得此项职业的可能性越小，择业者选择这项职业的倾向也就越小。

四、认知信息加工理论——彼得森②

1991 年，盖瑞 · 彼得森（Gary Peterson）等合著了《生涯发展和服务：一种认知的方法》一书，阐述了认知信息加工（简称 CIP）的方法。认知信息加工理论认为，生涯发展就是看一个人如何做出生涯决策，以及在生涯问题解决和生涯决策过程中如何使用信息的。

该理论的提出者按照信息加工的特性，构成了一个信息加工金字塔。位于塔底的领域是知识的领域，包括自我知识和职业知识。中间领域是决策领域，包括了沟通、分析、综合、评估和执行五个阶段。最上层的领域是执行领域（元认知），元认知是一个人所具有的关于自己思维活动和学习活动的知识及其实施的控制，是任何调节认知过程的认知活动，即是任何以认知过程与结果为对象的知识。该理论把生涯发展与咨询的过程，视为学习信息加工能力的过程。

五、职业生涯发展理论

1. 格林豪斯③

格林豪斯是美国心理学博士，他的研究，侧重于不同年龄段职业生涯所面临的主要

---

①③ 任正臣．2012．职业生涯管理．南京：江苏科学技术出版社．

② 宋成学．2009．职业生涯发展与规划．北京：中国财政经济出版社．

任务，并以此为依据将职业生涯划分为五个阶段（表 2-2）：职业准备阶段、进入组织阶段、职业生涯初期、职业生涯中期和职业生涯后期。

表 2-2　职业生涯五个阶段主要任务

阶段	年龄段（岁）	主要任务
职业准备阶段	0～18	发展职业想象力，对职业进行评估和选择，接受必须的职业教育
进入组织阶段	18～25	在一个理想的组织中获得一份工作，在获取足量信息的基础上，尽量选择一种合适的、较为满意的职业
职业生涯初期	25～40	学习职业技术，提高工作能力；学习组织纪律和规范，逐步适应职业工作，适应和融入组织；为未来的职业成功做好准备，是该期的主要任务
职业生涯中期	40～55	需要对早期职业生涯重新评估，强化或改变自己的职业理想；选定职业，努力工作，有所成就
职业生涯后期	55 岁至退休	继续保持已有职业成就，维护尊严，准备隐退

2. 金斯伯格[①]

金斯伯格是美国著名的职业指导专家，他研究的重点是从童年到青少年阶段的职业心理发展过程。他将职业生涯的发展分为幻想期、尝试期和现实期三个阶段（表 2-3）。金斯伯格的职业发展论，事实上是前期职业生涯发展的不同阶段，揭示了初次就业前人们职业意识或职业追求的发展变化过程。金斯伯格的职业生涯理论，对实践活动曾产生过广泛的影响。

表 2-3　职业生涯发展三个时期

阶段	年龄段（岁）	职业心理发展过程
幻想期	0～11	儿童对大千世界，特别是对于他们所看到或接触到的各类职业工作者，充满了新奇、好玩的感觉。此时期职业需求的特点是，单纯凭自己的兴趣爱好，不考虑自身的条件、能力水平和社会需要与机遇，完全处于幻想之中
尝试期	11～17	人的心理和生理在迅速成长发育和变化，有独立的意识，价值观念开始形成，知识显著增加，能力增强，初步懂得社会生产和生活的经验。在职业需求上呈现出的特点是：有职业兴趣，但不仅限于此，更多的和客观的审视自身各方面的条件和能力；开始注意职业角色的社会地位、社会意义，以及社会对该职业的需要
现实期	17 岁以后的青年年龄段	即将步入社会劳动，能够客观地把自己的职业愿望或要求，与自己的主观条件、能力，以及社会现实的职业需要紧密联系和协调起来，寻找适合于自己的职业角色。此时期所希求的职业不再模糊不清，已有的具体的、现实的职业目标，表现出的最大特点是客观性、现实性，讲求实际

3. 施恩[①]

施恩，著名的职业生涯管理学家，美国麻省理工学院斯隆管理学院教授，立足于人生不同年龄段面临的问题和职业工作主要任务，将职业生涯分为九个阶段（表 2-4）：成长、幻想、探索阶段；进入工作世界；基础培训；早期职业的正式成员资格；职业中期；

① 任正臣．2012．职业生涯管理．南京：江苏科学技术出版社．

职业中期危险阶段；职业后期；衰退和离职阶段；离开组织退休。

施恩虽然基本依照年龄增大顺序划分职业发展阶段，但并未囿于此，其阶段划分更多是根据职业状态、任务、职业行为的重要性进行的。各人经历某一职业阶段的年龄差别，他只给出了大致的年龄跨度，并在职业阶段上所示的年龄有所交叉。

表 2-4　施恩的职业生涯发展理论

阶段	年龄段（岁）	主要任务
成长、幻想、探索阶段	0～21	发展和发现自己的需要和兴趣，发展和发现自己的能力和才干，为进行实际的职业选择打好基础；学习职业方面的知识，寻找现实的角色模式，获取丰富信息，发展和发现自己的价值观、动机和抱负，做出合理的受教育决策，将幼年的职业幻想变为可操作的现实；接受教育和培训，开发工作中所需要的基本习惯和技能。在这一阶段所充当的角色是学生、职业工作的候选人、申请者
进入工作世界	16～25	首先，进入劳动力市场，谋取可能成为一种职业基础的第一项工作；其次，个人和雇主之间达成正式可行的契约，个人成为一个组织或一种职业的成员，充当的角色是应聘者、新学生
基础培训	16～25	与上面正在进入职业工作或组织阶段不同，要担当实习生、新手的角色。也就是说，已经迈进职业或组织的大门。此时主要任务已是了解、熟悉组织，接受组织文化，融入工作群体，尽快取得组织成员资格，成为一名有效的成员。适应日常的操作程序，应付工作
早期职业的正式成员资格	17～30	取得组织新的正式成员资格。面临的主要任务：承担责任，成功的履行与第一次工作分配有关的任务；发展和展示自己的技能和专长，为提升或进入其他领域的横向职业成长打基础；根据自身才干和价值观，根据组织中的机会和约束，重估当初追求的职业，决定是否留在这个组织或职业中，或者根据自己的需要，在组织约束和机会之间寻找一种更好的配合
职业中期	一般在 25 岁以上	选定一项专业或进入管理部门；保持技术竞争力，在自己选择的专业或管理领域内继续学习，力争成为一名专家或职业能手；承担较大责任，确定自己的地位；开发个人的长期职业计划
职业中期危险阶段	35～45	现实地估计自己的进步、职业抱负及个人前途；就接受现状或者争取看得见的前途做出具体选择；建立与他人的良师关系
职业后期	40 岁以后到退休	成为一名良师，学会发挥影响，指导、指挥别人，对他人承担责任；扩大、发展、深化技能，或者提高才干，以担负更大范围、更重大的责任；如果求安稳，就此停滞，则要接受和正视自己影响力和挑战能力的下降
衰退和离职阶段	一般在 40 岁之后到退休期间	学会接受权力、责任、地位的下降；基于竞争力和进取心下降，要学会接受和发展新的角色；评估自己的职业生涯，着手退休
离开组织退休	退休年龄	在失去工作或组织角色之后，面临两大问题或任务：保持一种认同感，适应角色、生活方式和生活标准的急剧变化；保持一种自我价值观，运用自己积累的经验和智慧，以各种资源角色对他人进行传帮带

六、职业生涯发展阶段理论——萨柏[①]

美国的职业管理学家萨柏，其职业生涯发展阶段理论，是一种纵向职业指导理论，重在对个人的职业倾向和职业选择过程本身进行研究。萨柏以美国白人为自己的研究对象，把个人的职业生涯划分为五个主要阶段（表 2-5）：成长阶段、探索阶段、确立阶段、维持阶段和衰退阶段。

① 任正臣．2012．职业生涯管理．南京：江苏科学技术出版社．

表 2-5　萨柏的职业生涯发展阶段理论

阶段	年龄段（岁）	主要任务
成长阶段	0～14	认同并建立起自我概念，对职业好奇占主导地位，并逐步有意识地培养职业能力。萨柏将这一阶段，具体分为幻想期、兴趣期和能力期三个成长期
探索阶段	15～24	主要通过学校学习进行自我考察、角色鉴定和职业探索，完成择业及初步就业。可分为试验期、过渡期和尝试期三个时期
确立阶段	25～44	获取一个合适的工作领域，并谋求发展。这一阶段是大多数人职业生涯周期中的核心部分。该阶段可分为尝试期、稳定期两个阶段。致力于实现职业目标，该阶段是富有创造性的时期。职业中期危机阶段。职业中期可能会发现自己偏离职业目标或发现了新的目标，此时需重新评价自己的需求，处于转折期
维持阶段	45～64	开发新的技能，维护已获得的成就和社会地位，维持家庭和工作两者间的和谐关系，寻找接替人选
衰退阶段	65 岁之后	逐步退出职业和结束职业，开发社会角色，减少权利和责任，适应退休后的生活

七、职业决策模型理论[①]

从 1960 年开始，人们希望在各种不同的因素作用下，对如何做出职业决策的过程和行为进行研究，能够理性地选择和决策。产生的理论主要由三种模型（表 2-6）组成：描述型模型、诊断型模型、描述诊断混合型模型。

表 2-6　职业决策的三种模型

模型	提出者	内容
描述型模型	由泰特曼（Tiedeman）和奥哈拉（O. Harn）分别提出	职业生涯决策是一个完整的过程，由一系列不断递进阶段组成。第一阶段是参与阶段，完成探索→定型→抉择→正式等工作，即了解和收集信息，确定几种可选择方案，并选择其中一种，再进一步给予检验；第二阶段是履行和调整阶段，完成定向→变动→调整等几项工作，即初步接受并履行所作的选择，努力完成工作任务并希望得到发展，然后在这一过程，取得个人选择和环境要求之间的平衡
诊断型模型	奇兰特（Gelatt）等	应该运用科学方法进行职业生涯决策。在强调主体价值观、期望值和客观可能的重要性的同时，以理性的方式进行决策，经过循环往复，以一定的标准计算出收益和投入成本之比，最大值者即是最优方案
描述诊断混合型模型	—	提出谨慎的决策者具有的七个方面的特征：对各种选择方案进行广泛而全面的考虑；审查各种方案的价值和目标；认真权衡各种选择方案的正反两方面结果；获得相关信息；吸收所有得到的新信息；决策之前对选择方案进行反复审视；为实施方案准备条件

决策理论运用了经济决策原理来分析和研究职业行为，为编制职业决策能力量表和计算机辅助指导提供了理论基础。其中，理性的诊断职业选择和职业发展的障碍的思维方法，成为职业设计和职业管理良好的工作思维方式。

八、职业-人匹配理论——帕森斯[②]

职业生涯管理理论的奠基人，美国波士顿大学教授帕森斯于 1908 年 1 月 13 日，创

① 汪莉．2008．职业生涯规划与管理．北京：中国华侨出版社．

② 任正臣．2012．职业生涯管理．南京：江苏科学技术出版社．

立了“波士顿职业局”，并于 1909 年 5 月出版了《选择职业》著作。职业-人匹配理论由帕森斯创立，也称特质因素理论。帕森斯认为，一个人的职业选择要考察三个方面的因素：自我的爱好、价值观、能力、资源、限制条件等；不同行业工作性质、要求、成功要素、优缺点、薪酬水平、发展前景和机会；二者的协调和匹配。从此“人职匹配”成为职业指导中不变的核心理念，广泛应用于人们的职业选择。

九、职业发展主动建构理论——克朗伯兹[①]

1996 年，美国斯坦福大学教育和心理学教授约翰·克朗伯兹，从自我效能的角度提出了职业规划的“主动建构理论”。职业生涯的自我效能，是指我们相信自己能够成功地完成职业生涯的决策活动。他认为，职业生涯的发展，不是被动，而应该是一个主动建构的过程，是一个了解我们自身并做出各种可能性选择的过程，其中个人信念与期望是职业生涯发展的一个重要组成部分，而过去的学习、经验以多种方式影响我们的生涯决策。

十、职业锚理论——施恩[②]

职业锚理论，产生于美国埃德加·H. 施恩教授领导的专门研究小组，是对该学院毕业生的职业生涯研究中演绎成的。

所谓职业锚又称职业系留点。锚是使船只停泊定位用的铁制器具。职业锚实际上就是人们选择和发展自己的职业时所围绕的中心，是指当一个人不得不做出选择的时候，他无论如何都不会放弃的职业中的那种至关重要的东西或价值观。是自我意向的一个习得部分。个人进入早期工作情境后，由习得的实际工作经验所决定，与在经验中自省的动机、价值观、才干相符合，达到自我满足和补偿的一种稳定的职业定位。职业锚强调个人能力、动机和价值观三方面的相互作用与整合。职业锚是个人同工作环境互动作用的产物，在实际工作中是不断调整的。

职业锚以员工习得的工作经验为基础，产生于早期职业生涯。员工的工作经验进一步丰富发展了职业锚。1978 年，美国施恩教授提出的职业锚理论包括五种类型：自主/独立型、创业型、管理型、技术/职能型、安全/稳定型。20 世纪 90 年代，施恩教授又发现了三种类型的职业锚：挑战型、生活型、服务型。施恩教授将职业锚增加到八种类型，并推出了职业锚测试量表。

职业锚在员工的工作生命周期中，在组织的事业发展过程中，发挥着重要的功能作用。

使组织获得正确的反馈；为员工设置可行、有效的职业渠道；增长员工工作经验；为员工做好奠定中后期工作的基础。

---

① 姬振旗．2011．职业生涯发展．北京：高等教育出版社．

② 石建勋．2012．职业生涯规划与管理．北京：清华大学出版社．

第二节　国内代表理论

一、古代理论（以孔子为代表）

以孔子的人生阶段划分为理论代表。其中，在《论语·为政篇》中，孔子将人生划分为七个阶段，其中，每个阶段侧重点也不相同。

第一阶段：从学前期（0～15 岁）；

第二阶段：立志学习时期（15～30 岁）；

第三阶段：自立时期（30～40 岁）；

第四阶段：不惑时期（40～50 岁）；

第五阶段：知天命时期（50～60 岁）；

第六阶段：耳顺时期（60～70 岁）；

第七阶段：从心所欲不逾矩时期（70 岁以上）。

从培养学生方面来说，主要从道德、仁义、学识、技能等下手，学而优则仕。确实，也有几个得意门生学成后为当时的统治者所用，取得了很好的成绩。德行优者：颜渊、闵子骞、冉伯牛、仲弓；言语强者：宰我、子贡；政事通者：冉有、季路；文学好者：子游、子夏。

二、当代理论

1. 廖泉文的理论[①]

1）红叶子理论

该理论提出职业成功与个人优点的个数无关，而跟优点的大小有关。红叶子是指能对社会的进步和社会的发展做出贡献的优点，如果只是对个人的修养或家庭的发展有关的优点，不在此列。每个人的树上都有很多的红叶子、绿叶子，要选对并开发亮点，不是所有的红叶子都必须去开发，人生的时间、精力有限，要面临许多强迫性选择，选择开发的红叶子也是人生必须面临的重要选择。

当选择了独特的富有发展的红叶子之后，接下来就必须发展它，使其比其他红叶子更大，人们远远就能见到它，才能引起人们和社会的重视。足够大的红叶子能够突显，同时遮盖了某些绿叶子，使人们注意优点，忽略或宽容了缺点。足够大的红叶子有丰富的内涵来支撑。

红叶子的多少不是职业成功的关键，特别硕大、特别红艳的红叶子，才是职业成功的关键。开发亮点，足以引导你走向职业成功。人都有缺点，不必追求完美；某一方面的出色、卓越，才是职业成功之所在。红叶子与绿叶子之间，此消彼长，要主动减少自

① 廖泉文．2003．人力资源管理．北京：高等教育出版社．

身的绿叶子的数量和大小，克服缺点，扩大优点。

2）交点理论

该理论认为，只要你认真地去做每一件事情，获得有益的经验，积累人力资本，发展核心能力，就总能在远处找到一点，该点交融了努力的结晶，交汇了知识的融合，积累了奉献的结果。该点预示着你获得了职业成功的新起点，预示了未来可能获得的成功。这样的交点，人生可能会有若干个，也可能只有一个，这些交点，是职业成功十分宝贵的新起点。

由于环境、个人的原因，我们从踏上社会那一刻起，并不总是朝着自己的目标笔直地前进。在环境和个人条件的制约下，必须去从事、面对许多事情，有时感觉到目标似乎离你越来越远，但只要认真去做每一件事，这些事就可能会有交点，是朝着职业目标前进的一种积累，这些事会有从量变到质变的飞跃。

在汇集了知识、经验、信息、力量、创新、机会等之后，就会拥有重要的交点，有高成就需求的人，这个交点汇集了各种力量，是一个新起点。有高成就需求的群体，最容易获得机会，赢得交点。

3）绣花理论

当一个人的职业生涯开始或者处于低谷时，都必须努力借助他人的资源，并免费或低价为提供资源的人工作，在此过程中，完成自己技能、关系、资金的积累，促使职业发展的成功。

早些时候，在农村有的地方，出嫁的女孩必须有几件绣花物件，如门帘、床帘、枕套等作为陪嫁，许多姑娘或忙或不通此行，要花钱请人代工。有位老大娘，做小媳妇时就想学绣花，家贫买不起针线和布料，无师可拜，凭借勇气和有一点针线活的底子，主动要求为邻居出嫁的姑娘绣花。通过十年的义务劳动，她不仅练出了极好的绣花技艺，而且打出了名声（无形资产），积累了许多的花式图样。第二个十年，她开始了有偿服务，价格略低于市价。第三个十年，她以高于市场的价格仍然赢得众多的顾客。

无论你想做什么事，都要拥有一定的资源，当你刚进入职业阶段，或者你处于职业低谷时，遇到的困难就是你手中没有资源。如何去获取资源，这是非常困惑的事，绣花理论提出的是用义务劳动去换取资源，或用低廉的报酬去做更多的事，这种方式就是先吃亏。

为他人绣花，资源是他人的，成品是他人的，你的工钱没有，是不是很吃亏呢？其实不然，学到的技艺都是自己的，而且并不会随成品而陪嫁出去，相反，则成为个人的人力资本而被强化在体内。

4）职业生涯发展的“三三三”理论

职业生涯发展的“三三三”理论如表 2-7 所示。

表 2-7　职业生涯的“三三三”理论

阶段	输入阶段	输出阶段	淡出阶段
时间段	从出生到从业前	从就业到退休前	退休以后
主要任务	输入信息、知识、经验、技能，为从业做重要准备；认识环境和社会，锻造自己的各种能力	输出自己的智慧、知识、服务、才干；进行知识的再输入、经验的再积累、能力的再锻造	精力渐衰，但阅历渐丰、经验渐多，逐步退出职业，适应角色的转换。该阶段是夕阳无限好阶段，有更加广阔的时空以实现以往的宿愿

第一个“三阶段”包括输入阶段、输出阶段、淡出阶段。输入是指对知识、信息、经验的输入，输出是指输出服务、知识、智慧和其他产品。该理论提出的人生三大阶段是一个弹性边界，弹性产生的原因受教育程度、工作行业、职位高度、身体状况和个人特质、成就欲望等因素所影响。进入职业阶段的时间，因为学历背景不同而不同。有的人在输入阶段更长一些，受到更多的教育，获取知识在广度、深度上更进一步；有的人在输入阶段时间更短，受教育更少，这些人进入职业的年龄不同，因而也决定了其今后职业发展道路的不同，职业发展高度的起点不同，尽管人的人力资本不完全受学历所决定，但受教育程度显然是一个十分重要的因素（表 2-8）。

表 2-8　人生输入阶段与输出阶段的弹性焦点

阶段	输入阶段	输出阶段
1	18 岁左右，大专教育	从业于高级技工、医护师、农村初等教育工作等
2	20 岁左右，大学本科教育	从业于中学教师、医生、政府公务员和企业中基层管理者
3	24 岁左右，硕士研究生学位教育（包括 MBA、MPA）	从业于大专教师、企业中高级管理人员、政府公务员等
4	27 岁左右，博士研究生学位教育	从业于大学教师、研究院研究员、政府高级公务员、企业中高级管理人员等
5	30 岁左右，博士后等教育	教授、政策研究，属于高级研究人员等

第二个“三阶段”指输出阶段中职业发展的阶段，是职业生涯发展的第二个“三阶段”。该阶段的发展特点与第一个人生三大阶段一样，依然是弹性的、开放的、动态的，有显著的个性化特征，受多维环境因素和个体因素影响。人的输出阶段是职业生涯成功与否的决定性阶段，是人生最重要的阶段。这个阶段饱含着人生的酸甜苦辣，既包含着环境与人文的影响，如机遇、社会关系、毕业学校、家庭、朋友等因素，也包含着个性的特质、智慧、勤勉、欲望、健康、能力、毅力等个体要素的影响。

第三个“三阶段”指再适应阶段中职业发展的阶段，是职业生涯发展的第三个“三阶段”。这一阶段不是人生最辉煌的阶段，却是人生到达辉煌的必经阶段。在进入职业阶段后，要适应环境，适应工作；独当一面，展示自己。当具备独立工作能力和独当一面，肩挑重担之时，通常遇到三种情况，即顺利晋升、原地踏步和下降波谷的情况。这是人生的关键时期，需要智慧和勇气，需要虚心和学习，需要帮助和支持。再适应阶段，比任何时候，都更需要智慧、导师、容忍、毅力、沉着、素质和内涵。重新调整自己，使自己的思路、工作态度、工作行为，更加适应工作环境，适应个人的职业状况，从而登上职业高峰。

2. 黄英忠理论

1997 年，台湾著名学者黄英忠博士从以下几个方面，对职业规划提出了自己的观点：职业生涯开发的意义是什么、职业生涯开发与人性需求的关系如何、开发的阶段有哪些、影响职业决策的因素是什么、职业生涯如何规划、职业生涯如何管理等。

黄英忠教授对职业生涯发展的理论阐述了这样一个道理：每个人的一生都会经历不同的事情，会积累很多的经验。个人的前程与组织利益息息相关，个人应结合组织的目标来制定自己的目标，组织也应给予个人适当的协助与辅导，使目标得以实现。

3．职业规划培训师的理论

目前，以盈利为目的的职业规划咨询类公司如雨后春笋，层出不穷，给职业规划领域带来了勃勃生机。在职业规划培训领域，以洪向阳老师为代表的培训师们，在专注于职业规划的研究、咨询、培训事业的同时，带领团队为众多职场精英及无数家企业提供专业服务，并总结出向阳生涯规划与职业定位理论，该理论及相应的向阳职业规划模型，为我国职业规划咨询服务领域提供了快速而高效的操作模式。

第三节　职业规划理论发展趋势

职业规划理论，国外研究的比较早，理论性强，也很系统。国内研究的也比较多，理论和实战方面都还有待提高和改进。随着社会的发展和演变，移动互联网的蓬勃发展，新的职业不断涌现，旧的职业有的被不断淘汰甚至消失。那么，就必须要掌握产业政策方向，把握职业发展先机，认清大势，赢在当下。

有的职场人士高估或低估自己；没有明确的职业发展方向，造成职业断层，使很多行业经验、职业积累被随意浪费。为此，就需要与时俱进，不断发展现有的职业规划理论，举一反三，提出新的理论。

近年来，在传统的职业发展理论被很多学者继续研究和探索的同时，有的学者提出了建构主义的理论，其中，系统职业理论和混沌职业理论就是建构主义背景下新发展出的理论成果。建构主义和叙事方法成为新的研究动向，该动向关注人生信念、人际关系和生存价值的建构，提供了一个可理解的、历史的、具有语境意义的职业生涯视角，强调员工在工作和生活中发现和创造自我。

基于人的主体性和社会性，职业生涯管理理论的核心理念可归结为：以人为本，追求人自由而全面的发展，是职业生涯管理的终极目标；超越自然生命，每一个人的职业发展，都应力争做到退而不休；组合式人生，工作、家庭和社会的和谐平衡，即工作组合除了有偿工作，还应做些无偿工作，比如家政、志愿、研习等，此外还应兼顾休闲；过程重于结果，职业生涯发展重在体验、探索、创造生命意义，而不只是追求实际的功利目标。

心理学是职业生涯管理核心的理论依据；管理学给予职业生涯管理以重要的理论支持；经济学中的人力资本理论，也是职业生涯管理理论依据之一。职业高原是指个体职业生涯发展进一步晋升的可能性非常小。如何从根本上解决职业高原问题，依然是职业生涯管理理论关注的难点。职业倦怠（burnout）是指个体在工作重压下产生的身心疲劳与耗竭的状态，如何有效地消除职业倦怠，是职业生涯管理的一大难点。如何培养员工的职业韧性，是职业生涯管理极为重要的问题。在国外心理学界，关于职业韧性的研究是个热点问题，但国内关于员工职业韧性的研究仍很缺乏。

职业生涯管理理论与操作模型，由理论和操作两部分内容组成。理论部分包括职业生涯管理核心理念、代表性理论、理论基础。操作部分包括职业考察（人格测试、职业情境）→目标设定→战略实施→职业成功或遭遇职业高原→倦怠→职业韧性→职业成功→职业评价→职业考察，不断循环上升。

职业生涯成功研究。传统的职业生涯管理理论的逻辑演进，从职业选择理论（1909年）到职业发展主动建构理论（1996年），表明该理论的发展由静态转向了动态，人们在职业生涯管理的实践中，由被动转向了主动。传统的职业生涯发展中人们主要关注的是，个人的既定的兴趣、态度、特长、资源等及职业本身的特点，关心的是人和职业如何匹配、适应，而不是锁定如何才能获得职业生涯的成功。然而，以知识和信息为主导的新经济时代的到来，特别是无边界职业生涯的兴起，追求职业生涯的成功，业已成为人们职业生涯管理的出发点和归宿。因此，对职业生涯成功的研究，将成为职业生涯管理理论研究的前瞻性问题。

综合国内外学者们有关职业成功因素的考察，可以将影响职业成功的因素大致归纳为以下四个层次：心理因素，即职业使命、自我效能、动机、人格特质等；能力素质因素，即职业胜任力、专业知识、技能等；技巧策略因素，即职业规划、目标设置等；组织和社会因素，即种族、组织性质规模绩效、社会资源等。如何在人的职业生涯管理实践中，构建人的心理资本，即一种积极的心理状态包括希望、自我效能感、乐观、积极归因、自我恢复力等，从而转化成职业生涯成功的心理因素，是职业生涯管理理论在未来的研究中亟待解决的问题。

未来，由于信息技术的日益发达，大家在享受信息快餐的同时，在职场上也减少了很多耐心。知识经济和信息技术革命从根本上改变了工作的结构和性质，职业规划理论，讲究以结果为导向，实战为王的思想。职业规划理论发展会逐渐呈现如下趋势。

（1）广泛提炼和糅合国外的职业规划理论和经验，使之为我所用，形成一些基础性方面的职业规划理论。

（2）以高等院校为代表，逐渐形成指导大学生就业方面的“学院派”职业规划理论。

（3）以高考学生为研究对象，一些教育咨询机构，穿插了部分职业规划内容（如填志愿、选专业），辅导高考学生家长，以此形成职业规划的启蒙理论。目前，由于国内高考的残酷性，考生家长一般都舍得投资和花时间给这些教育咨询机构，从而，推动了职业规划启蒙理论的发展。

（4）随着就业形势逐渐严峻，专业性的职业规划公司，也纷纷在一些大城市应运而生。这些公司从商业运营角度，给职场人士答疑解惑，进行规划。因而，这种形式会出现一些实用性、商业性较浓厚的职业规划理论。

（5）曾经有过丰富的优秀大公司工作经验，拥有扎实的理论功底，仍在职场鏖战并且给高校 MBA 授课的实战派精英们，他们会创新性地提出卓有成效的职业规划实战理论。

拓展阅读

阴丽华——东汉王朝股东之一[1]

阴丽华（公元 5—64 年），南阳郡新野县（今河南新野）人。恭谨俭约，不好赏玩珍品，不喜欢嬉笑戏谑。生性仁爱孝顺，怜悯慈爱。家族背景造就了她良好的家庭教育，与刘秀一道开创东汉王朝。以美貌著称。皇后、皇太后，谥号“光烈”。

一、职业准备——巧机缘，联姻潜力股

职场上的女性，相对男性来说，婚姻对其职业生涯发展更为重要，尤其是在古代一夫多妻时代。

阴丽华的家族，是曾经辅佐了齐桓公成就了一代霸业的春秋名相管仲之后。阴氏家族是当时南阳新野的豪门大户。阴家的土地、车马和奴仆的规模可以同当时分封的诸侯王相比，富甲一方。

刘秀是汉高祖刘邦的九世孙，身长七尺三寸，美须眉，大口，隆准，日角。王莽天凤年间，刘秀前往长安求学。刘秀的姐夫名叫邓晨，家住南阳新野，而邓晨与阴氏有亲缘关系。借助于这层机缘，刘秀有机会接触到了阴丽华。阴家小姐的美貌给了刘秀极为深刻的印象，刘秀曾感叹：做官就要做执金吾这种有声势的官，娶妻子就要娶阴丽华那样美貌的妻子！

刘秀 29 岁时，迎娶了阴丽华，三个月后，受更始帝所遣西去洛阳，只得将阴丽华送回新野娘家。不久，刘秀行大司马事，北渡黄河，只带着一根代表更始政权的节杖，开始在河北各地镇慰。此时，王郎冒称汉成帝之子，在邯郸被拥立为天子，四处悬赏通缉刘秀。但是，刘秀以出色的个人能力，迅速拿下河北数县。派部下刘植去刘扬处游说，而刘扬在王朗政权中没有占据高位，并不愿意把自己的家底拿出来跟刘秀血拼，最终决定归附更始政权。虽然刘扬归降，但当时河北诸县经常摇摆不定。为了促成双方合作，共同征讨王郎，刘秀亲自来到真定（今河北正定），同意迎娶刘扬的外甥女郭圣通加强双方的互信。政治联姻本来就是利益需要，也只是刘秀扩大实力必行的一个手段，但这件事却改变了原配阴丽华的一生。

公元 25 年，刘秀于河北鄗地称帝，建年号为建武。建武元年，郭圣通为刘秀生下了第一个皇子刘疆。同年冬 10 月，刘秀入主洛阳，很快他就派傅俊率兵 300 人，将阴丽华接到了身边。阴丽华到来之前，郭圣通并未直接被立为皇后，而是封为贵人，刘扬他们早就知道刘秀有一位原配。阴丽华两年多之前，与刘秀离别，回到新野，没想到有一天刘秀竟派兵来接她。别离两载，早已物是人非，昔日的夫君不但已登基称帝，身边还多了一个她不曾相识的女子，而且这个女子还有了他们的骨血，阴丽华当时的心境实在是难以言表。

---

① 范晔．2007．后汉书．北京：中华书局出版社．

二、职业选择——识大体，坚辞皇后位

阴丽华到来不久，刘秀便封其为贵人，与郭圣通相同。刘秀以阴丽华“雅性宽仁，有母仪之美”，希望能够立原配阴丽华为后。面对诱人的皇后位置，阴氏坚辞不受，认为自己不够资格承担皇后之位，也恰恰反映出其与众不同的一面。这一重要选择，决定了其未来人生轨迹，甚至于对东汉王朝都影响深远。

刘秀即位后迟迟不立后，而随着阴丽华的到来，阴氏又受到刘秀的优遇。这时，刘扬拥兵自重，企图谋反，被击杀。刘秀没有牵连其他真定族人，还将刘扬之子刘得封为真定王。郭家不过是刘扬的妹夫家族，未参与谋反，按律不当牵连，更何况郭圣通有诞育皇嗣的大功。建武二年（公元 26 年），刘秀面对错综复杂的形势，立郭圣通为后，刘强为太子，向真定王室表明皇帝无意牵连刘扬族人的态度，缓和了真定王室族人焦虑情绪。

阴丽华以原配名分让出后位，成为刘秀后宫特殊的存在，刘秀得以有嫡子作为正式继承人，稳定朝堂，郭圣通得到皇后之位。

三、职业管理——默默耕耘，哺育皇太子

建武四年，阴丽华生下长子刘阳。刘阳在刚一出生时，便得到了父亲的特别喜爱，刘秀见这个孩子颜色红润、丰下锐上，认为其像圣君尧，并且以皇朝国运所系的赤色为之命名——刘阳。同时，阴丽华也越来越受宠爱。之后又相继生下刘苍、刘荆、刘衡、刘京四子。

阴丽华身居贵人之位十来年，俸禄较低，与刘秀同甘共苦，见证着这个王朝的建立。建武之初，天下兵戈四起，甚至达官显贵的安全也得不到保障。建武六年（公元 30 年），刘秀赐给隗嚣的财宝竟在运送途中被偷走。建武九年，阴丽华的母弟被贼人劫持，在官府捉拿时，被盗贼杀害。刘秀甚为悲伤，为了安慰阴丽华，专门下诏追思二人，嘉其宠荣。

皇妃家眷遇害，皇帝下诏安抚，也在情理之中，但皇帝的诏书却偏重于强调自己不忘与原配的患难之情。最重要的是，在立郭圣通为后七年之后，刘秀再次旧事重提，诏书很直白地说拥有“母仪之美”的阴丽华才是皇后的最佳人选，而郭皇后能成为皇后，完全是贵人阴丽华“固辞”的结果，也是在暗示，给阴家的一切待遇都是阴丽华理所应当、不容置疑的。

刘阳 10 岁时，刘秀摸着他的头说“吴季子”。吴季子是吴王寿梦的第四子，本来没有资格继承皇位，但寿梦却希望他继承，于是他的哥哥纷纷辞让储位，希望他即位，他却推却了。联系阴丽华和阴家兄弟让后，推让爵位的举动，不难看出，刘秀希望刘阳能够继承大统，却又担心他受母族谦让的家风影响，不肯接受父亲的一片苦心。而 10 岁稚龄便通晓《春秋》的刘阳，却毫无所惧，以一句“愚戆无比”，评价吴季子的行为，也向父亲表明了自己当仁不让的态度。

四、职业素养——顾大局，善待竞争者

建武十七年（公元 41 年），也就是在天下平定四年之后，光武帝决定废皇后郭氏，

立贵人阴丽华为后。刘秀认为郭氏心怀怨恨，对她性情的评价是像鹰鹯，无后妃之德，认为她在自己死后不会善待阴丽华母子，而阴丽华是原配，与自己情深义重，应该侍奉宗庙，居国母之位。因此，在国家政局稳定之后，便开始行废立之事。西汉废后之后，立新后，间隔少则半年，多则两年，但因郭氏生有五个嫡子，郭氏被废之后，刘疆仍然可以以长子身份合法居于太子之位。为了解决这个问题，刘秀将废立皇后同时进行；并强调因皇后失德而导致中宫易位，进而致使国本动摇，是异常之事，不是国家之福，因此不得庆祝。将废后引起的政治动荡降到了最小。

教导太子读书的郅恽，小心翼翼的在大殿之上，替郭皇后说了一些劝谏光武帝的话。他说，臣听说夫妇之间的感情，连儿子都无法干涉父亲，何况臣下怎么能干涉君王呢，这是臣下不敢说的。即便如此，希望陛下衡量事情轻重，不要违背父子人伦，不要让天下人横加议论。郅恽用高宗、吉甫这等贤君名臣，因娶后妻，放逐前妻之子的例子，劝刘疆主动让位。

郭氏被废，即被封为中山王太后，移居皇宫北宫居住。刘秀给其娘家诸人封侯，赏赐他们大批金钱，亲自莅临郭府，后来又给郭氏的儿子们增封。

诏书一下，导致郭氏所生的长子刘疆，一下子由嫡长子变成了庶长子，而刘阳则由庶子变成了嫡长子。从此，东海王刘阳以嫡长子身份在朝堂之上参与政务。建武十九年（公元 43 年），刘阳在平定妖巫单臣、傅镇在原武之乱中，显露出自己出色的政治才华。刘阳优秀的表现昭示着，经过两年的准备，在刘秀的细心栽培下，刘阳在朝堂上具备了足够的资历、声望和参政的经验，可以承担储君的重责。同时，成为庶子的刘疆也在太子位上更加感到不安，最终刘秀同意了刘疆辞掉太子位的请求，将帝国皇位的继承权交托到刘阳手中。

建武十九年，刘秀决定改立阴丽华的儿子刘阳为太子，前太子刘疆退位东海王，下诏：《春秋》之义，立子以贵。东海王阳，皇后之子，宜承大统。皇太子疆，崇执谦退，愿备藩国。父子之情，重久违之。其以刘疆为东海王，立刘阳为皇太子，改名刘庄。

建武二十八年（公元 52 年），郭氏的前四子刘疆、刘辅、刘康、刘延和许美人之子刘英皆就国，阴丽华诸子都留在洛阳，明帝即位后数年，才陆续就国。阴丽华所生的次子刘苍，也受到父亲的重视，在建武时期，也撰写奏章，参与朝政。

光武帝驾崩之后，明帝即位，对阴氏、郭氏的族人一视同仁，当时在京师洛阳，郭氏家族与樊氏、阴氏、马氏，并称为“四姓小侯”。并且，明帝让郭氏最小的儿子刘焉，可以往来于京师。就连到了章帝时代，身为阴丽华嫡系子孙的汉章帝还亲自到郭氏家中，大会郭氏族人，君臣非常和睦。阴氏黯然地做了十六年的贵人，但仍能厚待郭氏一族，一是因为一直备受宠爱，没有受什么委屈；二是因为身为管仲后人，家风品行良好。

因为刘秀、阴丽华和刘庄用理性、平和、宽容的态度对待废后易储，也让东汉后来的三位废太子皆得以保全，甚至汉顺帝刘保被废太子后，又重新登上帝位。

五、职业传承——好眼光，择立新皇后

明帝即位，阴丽华被尊为皇太后。东汉一朝，女主之盛，极为罕见。外立者四帝，

临朝者六后。二十四史中，对后妃的记载都是后妃列传，唯有东汉一朝，是皇后本纪。阴丽华作为东汉开基之后，相对于后来的邓、梁等女主，在政治上毫不逊色，默默支持了一代开国明主刘秀，生育并教育了一个好皇帝刘庄，并帮助明帝刘庄，册立开国功臣马援的小女儿为后，也就是被尊为中国历代贤后典范的东汉明德皇后。

六、职业评价——好评如潮，后世多点赞

范晔：后在位恭俭，少嗜玩，不喜笑谑。性仁孝，多矜慈。——《后汉书·皇后纪·光烈阴皇后》

第五伦（东汉初期重臣、三公之一）：近世光烈皇后，虽友爱天至，而抑损阴氏，不假以权势。——《资治通鉴·卷四十五》

李贽：此后（指阴丽华皇后）手段不减武才人（即武则天）。英雄到头来往往在妻子上乱弄。——《史纲评要·卷十世祖光武皇帝》

李白：丽华秀玉色，汉女娇朱颜。——《李太白全集·卷七南都行》

南怀瑾：自秦、汉以后，可以称为帝王体制时代较为贤良的后妃，为数实在寥寥无几。以开国创业的那些帝王来说，除了汉光武的阴丽华和朱元璋的马皇后以外，即如李世民的长孙皇后，还当退居其次才对。——《原本大学微言》（复旦大学出版社，《南怀瑾选集》第十卷第六篇《齐家治国》）

第三章 职业规划创新理论

曲则全，枉则直，洼则盈，敝则新，少则得，多则惑。是以圣人抱一为天下式。不自见，故明；不自是，故彰，不自伐，故有功；不自矜，故长。夫唯不争，故天下莫能与之争。古之所谓“曲则全”者，岂虚言哉？诚全而归之。

——《道德经》

意思是，委曲便会保全，屈枉便会直伸；低洼便会充盈，陈旧便会更新；少取便会获得，贪多便会迷惑。所以有道的人坚守这一原则，作为天下事理的范式，不自我表扬，反能显明；不自以为是，反能是非彰明；不自己夸耀，反能得有功劳；不自我矜持，所以才能长久。正因为不与人争，所以遍天下没有人能与他争。古时所谓“委曲便会保全”的话，怎么会是空话呢？它实实在在能够达到。

寓言

狐狸吟诗

自从狐假虎威故事弄的家喻户晓以后，动物们不免对狐狸轻视起来，狐狸很郁闷。不过，狐狸灵机一动，又有了新的创意。

最近，狐狸忽然对离地十万八千里的广寒宫里的玉兔感起兴趣来。玉兔不食人间烟火，冰清玉洁，很难套上近乎，怎么办？狐狸眼珠一转，计上心头。

这段时间，只见狐狸特别忙，天天泡图书馆，埋首书堆，狂做功课，查阅了大量关于玉兔的文献资料。

文献 1：玉兔的出身

古印度佛经中，把月中之兔，理解成佛祖的化身。在佛教的《一切经音义》中记载：月中兔者，佛昔作兔王，为一仙人投身入火，以肉施彼。天帝取其体骨，置于月中，使得清凉，又令地上众生，见而发意。

北美印第安神话中，大白兔叫马纳博佐，是大地和生命的创造者，大白兔杀死了吞食人类和动物的鱼怪、巨蛇，它还像普罗米修斯似的，为人类盗来火种。南美的齐楚亚人相信，大兔神率领诸兽，在水上定居，从海底采来沙粒，创造了陆地，将诸兽造化为人，但身为水魔王的虎神，拒绝变化，于是二神争斗，直至今日。

古埃及人认为，天神威普哇威特，是人身兔子头。兔子在西方基督教国家，被视为新生命的创造者，所以兔子成了复活节的象征，孩子们要玩寻找彩蛋的游戏。复活节彩蛋，传说为兔子所生或为兔子所藏。

蒙古民间故事，在一个月圆之夜，兔子和羊结伴出游，遇到野狼，狼要吃羊的时候，兔子灵机一动，说自己是帝释天的使臣，来猎取千张狼皮，于是，狼惊慌逃走。

俄罗斯的故事说，兔子嘲笑幼熊，并向熊吐口水，母熊大怒，要教训兔子，兔子飞快逃脱，熊却掉进了陷阱。

文献 2：赞美玉兔的诗篇

辛弃疾《满江红·中秋》：著意登楼瞻玉兔，何人张幕遮银阙。

李白《观猎》：太守耀清威，乘闲弄晚晖。江沙横猎骑，山火绕行围。箭逐云鸿落，鹰随月兔飞。不知白日暮，欢赏夜方归。

白居易《中秋月》：照他几许人肠断，玉兔银蟾远不知。

曹冠《桂飘香》：律应清商，嫩凉生，金风乍飘林叶。玉兔腾精，光浸楼台，宛似广寒宫阙。

高道宽《望蓬莱》：真消息，明月照天涯。玉兔彩蟾十五夜，金乌飞去吐红霞。

黄庭坚《更漏子·余甘汤》：庵摩勒，西土果。霜后明珠颗颗。凭玉兔，捣香尘。称为席上珍。

韩琮《春愁》：金乌长飞玉兔走，青鬓长青古无有。

黄滔《和同年赵先辈观文》：玉兔轮中方是树，金鳌顶上别无山。

侯善渊《归来曲》：长生道，日用在虚无。一气初分明动静，三才应化见沈浮。玉兔趁灵乌。

贾岛《登田中丞高亭》：玉兔玉人歌里出，白云难似莫相和。

陆游《春愁曲》：金丹九转徒可闻，玉兔千年空捣药。

陆游《月夕》：姮娥顾我笑，手抚玉兔儿；莫怪世人生白发，秋风桂老欲无枝。

刘克庄《踏莎行·巧夕》：玉兔迷离，金鸡嘲哳，二星无语空惆怅。

自此以后，每到月圆之夜，狐狸就登上山顶，对着月亮，盛赞玉兔出身高贵，气质文雅。并且，每次都搔首弄姿，说写出了赞美玉兔的很多新作。当然，无外乎是把上述各位诗人关于描写玉兔的诗，移花接木而已。这样，狐狸一直持续坚持了一年。

长期以来，玉兔已被称赞得飘飘欲仙。终于，有一天，玉兔不好意思地说：你需要我为你做点啥？狐狸见此，心中窃喜，巧舌如簧：也不需要什么，如果你实在不好意思，就把你平时在捣长生不老药时，洒在药臼旁的药粉，给我一点好了。不给你为难，这样，你也不会触犯天规条律。

狐狸自从得到玉兔捎来的药粉以后，边哼着小曲，边干起活来。将药粉掺进玉米面，做成三粒药丸，实在忍不住，自己先尝了一粒，感觉很好！然后，眼珠一转，摇摇摆摆，跑到天鹅那里，花言巧语，骗来一只漂亮的锦盒，把其中一粒药丸放进去包装好，放在家里。

在一个阳光明媚的午后，狐狸搔首弄姿，拜访狮子："大王，我从广寒宫玉兔那里求得一粒长生不老药，想献给您，但路上又怕被狗熊抢走，只好放在了家里。请您辛苦一趟，跟我一起回家去取吧。"狮子秀了秀胸大肌，低吼一声，非常高兴。一路上，狮子与狐狸有说有笑，其他动物，见此情形，纷纷逃避："哎呀妈呀，快跑！这个狐狸，可是越来越厉害啦！"

自此，狐狸在动物界名声远播。狐狸在其职业生涯发展中，又有了创新，狡猾抑或智慧，贪婪还是勤奋，有些东西，值得动物们深思。

当然，狐狸还留了一手。因为，还有一粒药丸，他还未用哩。

第一节　水论理论

一、概述

水，透明清澈，温柔美丽，纯净清凉，潋滟温馨。

水乃万物之源，功勋卓著，资本雄厚。可它却心态平常，不张扬，和其光，同其尘。哪里低，流哪；哪里洼，聚哪；越深邃，越安静。宁静达观，难以企及。从职业规划的角度来说，我们应该学习水的精神，水的品格，水的涵养柔软的心性，水的修炼谦卑的美德。效法水的无私善行，让自己的身心达到至善至美的境界。从而，在职场上，对职业生涯能科学规划，顺其自然，游刃有余。

二、水有三态

水在自然界以三种形态（图 3-1）存在：固态、液态、气态。具体表现形式：固态包括冰、雪、霜、冰雹；液态包括云、雨、雾、露；气态主要是水蒸气。

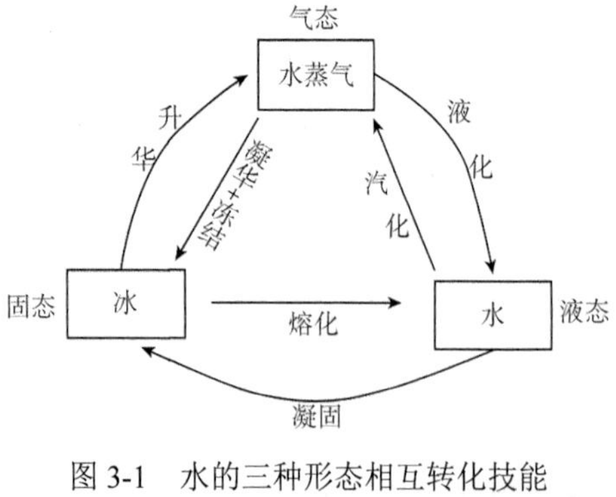

图 3-1　水的三种形态相互转化技能

水有三态，这三态也正是其技能凝聚的结晶。有此三态技能，则变化多端，做事能成。

固态技能：水遇到严寒环境，则凝结成冰，抱成一团，坚如钢铁，韬光养晦，孕育力量。待到春暖花开，则变成液态，自由舒展，追寻理想和目标。

液态技能：至柔无力，向低处流淌，遇到阻挡，则迂回绕过，遇挡道之石，亦可将其打磨消失。形态虽柔，意志尤坚。

气态技能：水遇到高温或适合的环境，则变成水蒸气，成为“空军”，随风就势，动力无穷。有时，能将不可达到之目标，瞬间完成。

水的三种形态成因如表 3-1 所示。

表 3-1　水的三种形态成因

三态	液态	气态	固态
表现形式	云、雨、雾、露	水蒸气	雪、霜、冰、雹
成因	云：水蒸气在高空遇冷，凝结成小水滴飘浮在空中。太阳照在地球的表面，水蒸发形成水蒸气，一旦水汽过饱和，水分子就会聚集在空气中的微尘（凝结核）周围，水滴或冰晶将阳光散射到各个方向，就产生了云。 雨：是从云中降落的水滴。陆地和海洋表面的水，蒸发变成水蒸气，水蒸气上升到一定高度之后，遇冷液化成小水滴。这些小水滴组成了云，它们在云里互相碰撞，合并成大水滴。当它大到空气托不住的时候，就从云中落了下来，形成了雨。 露：空气中水汽以液滴形式，液化在地面覆盖物体上的液化现象。夜间气温下降，越近地面冷却越快，形成与白天相反的下冷上热的温度分布，当地面温度冷却到使贴近地面空气中的水汽含量达到饱和时，地面物体上开始观察到露滴生成。如果温度持续降至0℃以下时，露滴冻结成冰珠，称为冻露。 雾：在水汽充足、微风及大气层稳定的情况下，气温接近零点，相对湿度达到 100%时，空气中的水汽便会凝结成细微的水滴悬浮于空中，使地面水平的能见度下降，这种天气现象称为雾	水蒸气：简称水汽或蒸汽，是水（H_2O）的气体形式。当水达到沸点时，水就变成水蒸气。在海平面一标准大气压下，水的沸点为99.974℃或 212°F 或 373.15K。当水在沸点以下时，也可以缓慢地蒸发成水蒸气。而在极低压环境下（小于 0.006 大气压），冰会直接升华为水蒸气。水蒸气可能会造成温室效应，是一种温室气体	雪：在很冷的温度及温带气旋的影响下，导致云中的小水滴结成冰晶，落至地面仍是片片雪花就是“雪”。 霜：空气中的小水滴遇冷凝固成碎冰状的结晶。是水汽在温度很低时，一种凝华现象。 冰：常压下，水温度降到 0℃以下，则会凝结成固态的“冰”。 雹：空中水蒸气遇冷结成的冰粒或冰块，常在夏季随暴雨下降。冰雹是雷雨云中水汽凝华和水滴冻结相结合的产物。直径小于 5 毫米的小冰雹，又称为冻雨或冰丸。雹形成时需要有强上升气流的对流云（如积雨云），因此常伴有雷暴

三、古人解水

1. 老子解水

春秋战国时期，百家争鸣，对水性和水德的认识，常常被自觉地引进思想文化领域。老子对水德的认识，是其中最具影响力的。老子说：“上善若水。水善利万物而不争，处众人之所恶，故几于道。居善地，心善渊，与善仁，言善信，政善治，事善能，动善时。夫唯不争，故无尤。”（意思是：上善之人像水一样。水善于施利万物而不与万物相争，甘心停留在众人所讨厌的低洼之地，所以差不多符合道的原则。上善之人居处好选择卑下之地，用心好虚静深沉，对人好仁慈友爱，说话好真实诚信，为政好清静安定，处事好顺应圆通，行动好顺时任运。正因为不与人争，所以才没有过失）。这里根据水润泽向下性质，悟出的水德是“善利万物而不争，处众人之所恶”。这种水德在上善人身上的具体表现，则是“居善地，心善渊，与善仁，言善信，政善治，事善能，动善时”。不仅如此，老子根据水不断浸润啮蚀的性质，又概括出了水德的另一重要内容，那就是“攻坚强”。他说：“天下莫柔弱于水，而攻坚强者莫之能先，以其无以易之也。”世界上最柔的东西莫过于水，然而它却能穿透最为坚硬的东西，没有什么能超过它，例如滴水石穿，这就是“柔德”所在。所以说弱能胜强，柔可克刚。不见其形的东西，可以进入没有缝隙的东西中去，由此我们知道了“不言”的教导，“无为”的好处。老子还说：“以其不争，故天下莫能与之争，此乃效法水德也。水几于道；道无所不在，水无所不利，避高趋下，未尝有所逆，善处地也；空处湛静，深不可测。善为渊也；损而不竭，施不求报，善为仁也。”“道”是产生天地万物的总根源，是先于具体事物而存在的东西，也是事物的基本规律及其本源，因此，“道”是我们每个人都应该认知与理解的。水的德行就是最接近于“道”的，“道”无处不在，因此，水无所不利，避高趋下，不会受到任何阻碍。它可以流淌到任何地方，滋养万物，洗涤污物。它处于深潭之中，表面清澈而平静，但深不可测。它源源不断地流淌，造福于万物却不求回报。这样的德行，乃至仁至善。

2. 孔子解水

孔子对水德的认识更具体而深刻。《荀子·宥坐》篇中，孔子有次在观看东流之水的时候，他的学生子贡问：君子看见大水一定要观看，是为什么？孔子回答说：那水呀，孕育万物而无所图，就好像施惠于人的德；水不停地向低处曲折流去，总是要遵循一定的路径，就好像行为总要遵循合理的义；汇聚的水浩瀚深广，就好像包罗万象而无穷尽的道；汇聚的水一旦决口，就汹涌奔腾向百丈深的山谷扑去，就好像无所畏惧的勇；水流遇到坑洼，一定会注满后再往前流，就好像公正而有度的法；水势充盈后不待外力而自平，就好像不用刑法而自治的政；水以柔弱而浸润到最细微的地方，就好像明察秋毫的察；万物经过水的洗刷后鲜亮而洁净，就好像经过仁义熏陶后的善；水流虽然经过数不尽的曲折，却最终一定流向东方，就好像坚定不移的意志。所以君子看见大水一定要观看。孔子通过对水性的深刻认识，差不多把水的美德都说尽了。这真可以看成是他宣扬仁德教化的水德之歌。

3. 淮南王刘安解水

《淮南子》中说：“橘生淮北为枳，其实味不同，水土异也。”水土异，导致果实的性质都改变，可见水土之重要。

“欲致鱼者先通水，欲致鸟者先树木；水积而鱼聚，木茂而鸟集。”说明因果联系，是一种先行后续的关系，事物之间的因果联系是具体的、客观性的。

四、水的哲学

1. 品性素养

水无私，润万物而不争；水无畏，四处流淌而不溯回；水温顺，谦谦如君子般儒雅；水凶猛，可吞噬高山平原；水隐忍，独守寂寞千年如一日。水不汲汲于富贵，不戚戚于贫贱，不管置于瓷碗还是置于金碗，均一视同仁，而且器歪水不歪，物斜水不斜，是谓水平、中正。倘遇坑蒙拐骗，水便奔腾咆哮，此乃不平则鸣。人若以水为尺，可裁出天地长短。

清浊融合，无所不容。水在流动时，不管清水、浊水皆能并合。在任何环境下，皆需让自己有勇气下决心开始去学习，开始去做，就如同经济有景气、不景气，人生亦有起有伏，重要的是对待当下，即知即行，而非等待和观望。

水清洁亮，映物本色。水，总是客观地映照着世间万物，刚正不阿，不因亲疏而有所毁誉。这是许多人难以做到的。出淤泥而不染，清澈透明。

2. 精神

舍我其谁：铁肩承精神，洗清别人，哪怕脏了自己。水总是扮演着这样一种角色，无私于清洁世界。

至柔穿石：柔若无骨，锲而不舍，却存在于任何一个角落，谁也无法彻底斩断它的生命。即使娇弱，也要勇于谱写生命的赞歌。

生命之源：人若缺水，则无法生存，水可谓生存至宝。

3. 道义

海纳百川，有容乃大：大海之所以浩瀚，是因为它处在地平面的最低处。它谦卑而包容，所以江河湖川，奔流到海。管理者要用宽广的胸襟去包容下属；要用谦卑的心去接纳别人的意见和批评；管理者要低调，低调的实力派会赢得更多的支持者。

积细流成江河：滔滔江海，由一点一滴汇聚而成。一名管理者，不可能一下子就能学会管理的艺术，也不可能短时间内，就能善于管理团队。遵循事物的自然发展法则，不断积累和尝试，在漫长的探索过程中，练就过人的管理造诣。

水至清则无鱼：水太清澈，鱼无藏身之所，亦无食物可吃，则少有鱼类存在。管理要科学与艺术结合，指责人不要太苛刻，否则容易使人因害怕，而不愿意与你打交道，就像水过于清澈，养不住鱼儿一样。从管理艺术角度来说，对待下属不应过于苛刻，只要不犯原则性或不可挽回性的错误，说教达到反省悔改目的即可。

4. 本领

超渗能力：水具有渗透、扩散的能力，这是许多物体都无法办到的。人生的成长、学习过程亦应像水一样，目标不断提高，才能让自己有更多的收获；就如同水一样，泼到地上，便马上润湿干涸的地面，并不断地渗透、扩散。

流急清澈：在水流很快的地方，水一般特别干净；就如同瀑布之首，因水流湍急，所以澄清。在人生的成长道路上，要给自己增加压力，如同急流而下的高速水流，产生强大的力量，澄澈清明，完成任务。

5. 变通

水有三态，随形而象：水存在着各种不同的形态，以水、水蒸气、雨水、冰块等不同的形式存在，在不同情况下会发生不同的转化。人的思想，千变万化。人在面对变化无穷的环境时，要学会变通，才能取得成功。水在任何容器中皆可依容器之形状，而呈现出不同形状的风貌，不管我们如何摆弄它，永远能展现出其最好的一面。人亦同，逆境要加倍努力，顺境要更加谦虚。像水，适应环境、克服困难，成就事业。

上流下涌，久置变味：流水不腐，户枢不蠹。生命在于运动。表面上，水流动，波浪起伏，水面下，看似平静无波，却暗流涌动。人们应该学习水的这种精神，专注、持续地学习、去做，一定会有所成就，否则，随波逐流，终将一事无成。水静置盛放，时间久了就会发臭。人生不进则退，要让自己像水一样，不断地去流动，才会有力量，才不致久储必臭。

缓流静思，急流飞扬：层流和紊流是水的两种流动状态。水在管内流动时，其质点沿着与管轴平行的方向，作平滑直线运动，此种流动称为层流。一般用雷诺数判定。雷诺数小，意味着水流动时，各质点间的黏性力占主要地位，水的各质点，平行于管路内壁有规则地流动，呈层流流动状态。雷诺数大，意味着惯性力占主要地位，水呈紊流流动状态。

五、“长江之源”职业生涯

1. “长江之源”形成

“长江之源”，位于世界屋脊青藏高原腹地，青海省南部唐古拉山主峰各拉丹东大冰峰，环抱于号称“亚洲屋脊”的昆仑山脉和青海、西藏交界处的唐古拉山脉两大山脉之间。藏族所谓“人越不过去”的意思即是“姜根迪如”，海拔 6542 米，其大冰川的融水，就是万里长江的最初水源。而藏语“高高尖尖的山峰”之意的“各拉丹东”，海拔 6621 米，高耸入云，山势巍峨，冰塔林立，银光四射。各拉丹东雪峰和姜根迪如冰川，均为巨大的冰雪山体，是流之不尽、淌之不竭的天然固体水库，有“江河之母”

之称。它们的融水即是长江的源头之水，为冰川源。长江源头的景观十分壮丽，雪山冰峰，无垠的草地，蓝天白云倒映在河水中，美景令人心旷神怡。长江自西向东，先后流经青海、四川、云南、湖北、湖南、江西、安徽、江苏等省区，在上海市注入东海。

沱沱河，又称托托河、乌兰木伦河、红河，位于长江源头，发源于唐古拉山脉主峰各拉丹冬西南侧的姜根迪如冰川，冰川尾端海拔近 5500 米。这里有庞大的雪山群，海拔 6000 米以上的雪山共有 20 座，永久雪线高达 5800 米，群峰上有 40 条现代冰川和许多冰斗。沱沱河从各拉丹冬的姜根迪如冰川发源时，是一些冰川、冰斗的融水汇成的小溪流，当时水面只有 3 米宽，20 多厘米深，向北流过 9000 米后，在巴冬山下汇集了尕（gǎ）恰迪如岗雪山的冰川融水，经过一条长约 15 000 米的谷地，继续向北，分成了两条宽 4 米和 6 米的小河，小河两边的谷地中，还有许多密如蛛网的水流，这里是沱沱河的上源。在这片谷地的出口，河谷突然下切，形成了一条长约 5000 米的陡峭峡谷，高达 20 多米。河水经过这条峡谷，流到葫芦湖附近，急转东去。再经过 130 000 米的流程后，河道变得开阔起来，当流到青藏公路的沱沱河沿时，它已是深 3 米，宽 20～60 米的大河了。沱沱河从这里继续向东，到囊极巴陇时，与当曲、布曲、朵尔曲汇合，形成 30 多米宽的大河，名为通天河。

长江源头，明代以前一般沿用“禹贡”“岷山导江”。明代徐霞客写的《江源考》中说江源应属金沙江，但按照“河源唯远”的原则，沱沱河才是真正的源头。我国曾在 1956 年和 1977 年两次考察长江源头，最终在 1977 年的考察中确定发源于各拉丹冬的沱沱河，是万里长江的正源。

2. “长江之源”职业生涯

“长江之源”乃冰川雪山融化的水，涓涓细流，汇成小溪，洋溢着青春，小小的漩涡透出笑意，映蓝天白云和两岸绿树，欢快地向前。然后，渐渐长大成壮丽长江，或从容向前，或奔流湍急，所经之处，虽有万种风情，但无论旱湿冷暖，飞沙走石抑或灌木丛生，都挡不住一往直前的信念！期间，虽然也有浑水、污水，甚至臭水加入，但慢慢也会被同化得清澈透明。它以光明磊落、无欲无求、堂堂正正的作风，奔向大海。海纳百川，才使其浩浩荡荡，无边无际，魄力连天，日出的光芒也遮不住它博大的胸襟。

“长江之源”在奔向大海的职业生涯途中，会遇到千难万险，重重困扰，但是，凭着三态技能和过人的本领，最终实现汇入大海这一职业目标。它从冰川固态融化成水，利用高原势能，执着地向大海进发，路上假如被蓄积到湖泊内，也不急不躁，等待时机，一旦暴雨水涨，则又进入河流长江，继续征程。它从液态水变成水蒸气，则会腾云驾雾，天马行空，有的会提前飞到大海，实现目标；有的会变成雨水降落到其他地方，继续直奔大海；有的说不定会飘飘荡荡，化成雪花，落回到冰山，则继续积蓄力量，从头再来。

3. “长江之源”职业生涯优点

纵观“长江之源”职业生涯历程，有诸多优点：咬定目标、坚韧不拔、兼容并包、讲究策略、百折不挠、审时度势、善于变通、勇往直前、实现抱负。

六、职业成功生命历程

个体的人如同水分子，其职业兴趣、定位、决策、发展、管理、成就等，有诸多异曲同工之处。比如，一个水分子，从孕育“长江之源”处的高山冰川上融化，顺势而下，左曲右拐，汇成涓涓细流，到达浩浩长江，经得住鄱阳湖的诱惑，婉谢奇花异草的吸引，挥别云彩的邀请，冲破三峡大坝的阻拦，坚定信念，奔向大海，实现生命的升华。

那么，人亦如是。一个人，把所从事的职业当成一份事业时，就会积极主动，勇于做事，敢于担责，职业就会与人血脉相融，凝成一体。一个人，以高中毕业为界，毕业之前，各人的学习生活区域，分布于大江南北，尚未成年。高中毕业以后，有的进入大学，选择相关专业，继续学习深造；有的参军，进入部队锻炼；还有的则进入社会，艰辛谋生活。针对第一种上大学的情况，人要像水分子，吸收山川的灵气和养分，汇成小溪，个人则要利用大学时代的资源、氛围，学习一切有用的知识，提高能力。大学毕业后，选择继续深造或就业。如果深造，则是蓄积势能，增加未来动能；如果就业，就要合理谋划。一如水分子，树立流向大海这一目标，培养职业兴趣，遇到障碍或十字路口，科学决策，艺术性地管理，融入团队，一路上，马不停蹄，成就梦想。针对第二种参军入伍的情况，在部队大学校，要学习军人的优良作风：遵守纪律，听从指挥；有机会还要学一些专业技能。这样，经过部队大熔炉的锤炼，以后无论是在社会上就业，还是继续做职业军人，都能做得更棒。针对高中毕业后开始在社会上谋生活的情况，职业生涯相对要更加艰难、辛苦，但是，只要不怕吃苦，边干边学，肯努力，在自己所从事的职业中，也一定能取得成功。

第二节　N 驱 理 论

一、概述

行业内研究的职业规划对象，绝大多数指的是单个人，就人论人，极少会顾及其他。那么，笔者的 N 驱理论，恰恰填补了这个空白。该理论做出如下假设：单个个体的职业规划，称为单驱论；夫妻双方的职业规划，称为双驱论；夫妻双方加上孩子或父母的职业规划，称为多驱论。单驱论、双驱论和多驱论合起来就是 N 驱理论。

随着社会的进步，移动互联网+的迅猛发展，人们的工作方式发生了很大变化，工作形式多种多样，日益丰富。N 驱职业规划理论，将渐成潮流，以应对职场上越来越激烈的竞争。

二、单驱论

1. 现状

多年来，国内或国外的职业规划研究者，研究的对象主要是针对个体的人，对个体的职业性向、职业兴趣、职业锚、职业决策、职业管理、职业转换等方面的研究取得了很多成果，确实给职场人士提供了不少的指导和帮助。目前，就国内而言，随着就业竞争日趋激烈，职业规划指导师的队伍也在不断壮大。这些职业规划指导师，大体可分为三类：一是高校就业指导中心或相关部门的老师；二是人力资源公司的研究者；三是具有丰富职场经验，并具有相当理论水平的精英分子，客串或转型成职业规划指导师。其中，第三类的职业规划指导师，具有丰富的实战经验和技能，其能量不可小觑，在做职业规划指导时，大受欢迎。

2. 特点

单驱职业规划过程中，自由度很大，不受其他人的影响或制约。理论上来说，单驱职业规划成功了，个体的职业规划也就成功了。因此，对于单驱职业规划，一般是就个体而论个体，职业规划的空间广，范围大，创造性的东西多。

3. 理论

从数学角度来看，单驱职业规划对应的是一个点，在立体空间里，这个点具有很强的灵活性，向任何方向发展皆有可能。在规划时，恰恰是要根据个体所处的各种环境，选择一个较优的方向位移。

4. 关注度

单驱职业规划，是行业里研究的主流和重点，因为这里包含了绝大部分研究对象，而这些对象中又有相当多的人是初次就业者。因此，无论从社会还是个体的角度，关注度都非常大。

三、双驱论

1. 现状

双驱职业规划，注重男女平等，夫妻共同发展，双方都有职业成功需求，已经成为一个新的动向。夫妻双方要考虑到经济来源、家庭维护、小孩养育等问题，夫妻双方在就业过程中，要考虑到现在和未来，权衡得失，适度进行双驱职业规划，也渐成潮流。

个人职业生涯发展，也要考虑家庭，要把各方平衡协调好，就一定要做好双驱职业规划，才能建立稳定的事业基地，拥有和谐的家庭生活。人到三十，正值立业的关键阶段，同时也是建立家庭的重要阶段。既要解决个人的职业发展问题，又要考虑到家庭的平衡和稳定，综合权衡日常生活，孕育宝宝，教育孩子，赡养老人，常常需要面对来自事业和家庭的双重压力。婚姻是两个人生活的融合，在职业发展上，能互补、共同进步，才是比较理想的状态。夫妻双方的职业生涯发展，要跟家庭规划相结合，必要时，要对各自的职业发展做出调整。基于家庭生活，哺育后代等问题，内外分工，确定各自的角色，提高两人在生活和工作中的协调、协作，减少矛盾。以个人为中心容易引起矛盾，此时以家庭为大局，以家庭利益为出发点，以家庭需要作为抉择判断的基准，才容易达成共识，同时也不影响个人职业发展需要。个人发展，只有充分考虑到家庭这个中心，才能长治久安。

2. 特点

在双驱职业规划过程中，自由度较小，一驱受到另外一驱的影响或制约。理论上来说，双驱职业规划成功了，两个个体的职业规划也就成功了。因此，对于双驱职业规划，一般是就两个个体协同发展而论，职业规划的空间较小，范围小，创造性的东西不多。

3. 理论

从数学角度来看，双驱职业规划，对应的是两个点连成的一个线段，在立体空间里，这个线段具有较小的灵活性，其中一个点向任何方向发展，都要受到另一个点的制约。在规划时，要综合考虑，统筹兼顾，根据两个个体所处的各种环境，选择一个较优的方向位移，强调一加一的最大化。

4. 关注度

每年因为男女双方在职业发展上的矛盾使很多有情人难成眷属，也会导致一些已婚人士的感情出现问题，幸福感下降，给社会带来不安定的因素。双驱职业规划，虽然研究的对象少，但是，行业里对这部分群体的研究相当重视。因此，无论从社会角度还是从个体的角度来看，关注度都较大。

四、多驱论

1. 现状

随着社会的发展，经济基础变好，在中国的特定阶段，出现了大量独生子女现象（或两个子女现象），同时，这些子女的父母们文化层次较高，职业发展也正处于上升期、成就期，孩子、父母等形成的宽泛大家庭，对他们的职业规划产生了影响和制约。比如，情况一，如果父母是专业技术人员，在 50 岁以后，跳槽成本低、就业面宽，就有可能前去孩子就业的城市工作，共同生活，相互照应。这是以孩子为中心的情况。情况二，如果父母是创业成功人士，就有可能要求子女在自己的企业工作，在这种情形下，父母和孩子各自的职业规划，往往会局限于这个企业或与之关联的企业。随着创业群体的增多，这种情况必然也会增多。

从某种程度上来说，大家庭的成员们对各自的职业规划影响不可低估。

2. 特点

多驱职业规划过程中，一驱会受到另外几驱的影响或制约，自由度非常小，其中一般会有主导性的一驱或两驱存在。理论上来说，多驱职业规划成功了，其中的单个个体的职业规划从总体上来说也就成功了。因此，对于多驱职业规划，一般是就几个个体协同发展，职业上也许会有交叉，职业规划的空间很小，范围很小，可创造性的东西少。

3. 理论

从数学角度来看，多驱职业规划，对应的是一个面或相连的几个面，在立体空间里，它具有很小的灵活性，其中一个点向任何方向发展，都要受到一个面或相连的几个面的制约。在规划时，要充分考虑，统筹兼顾，体现协同效应，根据多个个体所处的各种环境，选择一个较优的方向位移，强调群体的最大化效应。

4. 关注度

多驱职业规划，研究的对象极少，目前，行业里对这部分群体的研究基本属于空白。从社会角度还是从个体的角度来看，关注度也不大。但是，随着社会的进步和发展，互联网+带来了职业的时空革命，多驱职业规划也会逐渐显现其重要性。

拓展阅读

政才商圣——范蠡[①]

范蠡，字少伯，春秋楚国宛（今河南南阳）人。出身贫贱，勤奋好学。春秋末期著名的政治家、军事家和实业家。曾做到上将军、相国职位。

一、求职手段——佯狂吸眼球

范蠡，出身贫贱，性情倜傥不俗，佯狂癫痴，装疯卖傻，引得众人注意。文种任宛令时，遍访贤人，曾派手下官员去请范蠡，官员汇报称范蠡是狂人，文种认为有本事的人自有独到之处，不足为奇，于是，亲自去拜访。当时，范蠡蓬头垢面，破衣烂衫，从

① 谢世俊．1997．商圣范蠡全传（上下）．黑龙江：北方文艺出版社．

墙边狗洞伸出头来，冲着文种汪汪大叫。文种却下车恭敬地朝范蠡作揖，范蠡也不予理睬。范蠡判断文种还会来，就向兄嫂借了一套衣服。不久，文种果然再来，两人挽手进屋，拊掌而谈，纵论天下大事，见解超凡，众人听得目瞪口呆。范蠡对文种说，天机命运千年轮回一次，今观天象，霸王之气已见于东南。楚国良将伍子胥，已挟长弓持锐箭投奔了吴王。我们为啥还在楚国碌碌无为？因为楚国人才济济，国家安定，我们没有多大的发展空间。

二、职业决策之一——跳槽入越寻机会

范蠡与文种一见如故，相约要建功立业，做一番大事。于是，两人投奔越国为官。初到越国，范蠡和文种并未受到越王的重用，不久，越国被吴国打败，越王勾践兵败会稽山。范蠡与文种对越王不离不弃，因此，得到勾践的重用，范蠡更自愿随勾践赴吴国为奴。

吴王夫差知道范蠡是个人才，几次劝范蠡离开勾践，封赐显爵，范蠡不为所动。为奴的三年时间里，范蠡同勾践夫妻一起耕作劳动，粗食、卧薪，并且不忘和勾践的君臣之别，时刻敬主、护主，三年如一日，不离不弃，让吴王既赞许又羡慕。一次吴王在范蠡经过的路上扔了一块黄金，范蠡经过时丝毫没有犹豫，就跨过黄金，径直离去，从此吴王才打消了劝范蠡降吴的念头。范蠡忠诚的不仅是勾践这个人，更是在履行对自己人格的承诺。具有这样人格魅力的人，再加上聪颖的智慧，何愁大事不成？

三、职业决策之二——卧薪尝胆，三千越甲终吞吴

在吴国为奴时，范蠡与勾践卑膝求全，吴王夫差要出门时，勾践趴在地上，让夫差踩着自己的背上马；夫差生病时勾践舔舐他的粪便，为其诊病，终于感动了吴王，三年后放勾践君臣归国。由于范蠡的奇谋，勾践也成为中国历史上一位能够忍受巨大屈辱与折磨，在逆境中坚韧生存，最终灭敌复国的伟大君王。

勾践被吴王释放归国时，越国百废待兴，国内饥荒不断，瘟疫肆虐，民不聊生，外部吴国时时监控打压，四周又有其他诸侯虎视眈眈。在这样的环境下，生存都成问题，如何迅速走出困境，强大起来，雪耻复国呢？此时，范蠡真正展现出其卓越的领导与管理才能。范蠡与文种规划了“十年生聚”“十年教训”“灭吴九术”等兴越灭吴的策略规划。越国作为战败国，是不允许有国防的，包括不能建城墙，不能组建军队，不能打造武器等。范蠡想出一些妥协的办法：建造只有三面的城墙，面对吴国的一侧不建城墙，并告知吴国，建设城墙是为了防止匪寇与其他诸侯国的侵扰，但面对吴国一侧永不建城墙；不让组建军队，就秘密组建“民兵”，私密进行训练，各户家中藏有武器，遇到战事时，这些百姓随时可以参战；不让打造武器，就把炼造场所搬进深山，与外界隔绝，以密道往来运输。

勾践回国后，转年就想攻打吴国雪耻，被范蠡拦住，范蠡认为，现在天时、地利、

人事，条件都不成熟。三年后，勾践再次提出伐吴，范蠡再次阻止，范蠡认为现在地利条件虽然有了，与周围虎视眈眈的国家都已经建立了邦交，水患也已经清除，但是此时天时与人事还没到机会。7年后，勾践再次提出伐吴，依然被范蠡拦下，范蠡认为，经过7年的休养生息，越国兵强马壮，士气高涨。反观吴国，连年征战，虽然依然强大，但是已显疲态，士兵疲乏，百姓厌战，此时人事已经具备条件，但是现在还缺少天时。10年后，吴国与晋国争霸，发重兵与晋国会盟，吴国空虚，此时范蠡找到勾践，告诉勾践：天时、地利、人事都已齐备，可以出兵了。

出兵后，越军一举攻破吴国国都姑苏，吴王回兵后向越国讲和，勾践想一鼓作气踏平吴国，但范蠡清醒地看出，此时虽然占领了吴国的都城，但是吴国的精兵良将都被夫差带在身边，因此，并没有伤到元气，硬拼的话即使获胜，也将是两败俱伤。而经历此次打击，已触发了吴国国力开始盛极而衰的转折，不应急于一时，而应该顺天时，等待彻底摧毁吴国的机会。《孙子兵法》就有“昔之善战者，先为不可胜，以待敌之可胜。不可胜在己，可胜在敌。故善战者，能为不可胜，不能使敌之必可胜。故曰：胜可知，而不可为”。范蠡就是在等待这个敌人可以被彻底战胜的机会，于是，双方讲和，越国退兵，待到10年后，吴国外患不断，国内又遭遇罕见天灾，越国乘机发倾国之兵，彻底灭掉了吴国。

四、职业决策之三——急流勇退，富甲一方

吴国被彻底灭亡后，勾践举行庆功宴会，分封功臣，范蠡官至上将军，仅在勾践一人之下，百官之上。此时范蠡在巨大的成绩面前没有被冲昏头脑，而是冷静地分析了局势：现在能对越国构成威胁的吴国已经灭亡，其他诸侯国不是离得比较远，就是实力很弱，根本对越国构不成威胁。也就是说，天下已经太平，这个时候，功高盖主就很危险，容易让君王感觉受到威胁，加之多年的相处，范蠡发现勾践是一个可共患难、不可同富贵的人，自己官居极品，树大必然招风。范蠡清醒的认清“飞鸟尽，良弓藏，狡兔死，走狗烹”的道理，在政治生涯达到顶峰的时候，急流勇退，向勾践辞官，勾践以平分国家为条件来挽留范蠡，几天后，范蠡携妻儿悄然离去。

范蠡在离开越国的时候，曾留给文种一封信，信中陈述敌国破、谋臣亡的道理，劝文种也马上离开，可惜文种在高官厚禄面前，没有做出明智的选择，范蠡走后不久，功劳仅次于范蠡的文种被勾践无故杀死。文种是一个典型的儒派，认为食君禄，报君恩，建功业，享封赏，是理所当然的事，没有从更多的角度思考问题，也没有看透事物发展的规律，最终招致杀身大祸。而范蠡凭借冷静的头脑、敏锐的眼光，从事物发展的规律、人性的特点等多角度，洞察了一切，逃离了虎口。

范蠡携妻儿与弟子、门客，悄悄来到齐国，化名鸱（chī）夷子皮，范蠡自此隐姓埋名，开始他另一段同样辉煌的人生旅程。在齐国，范蠡购买了一些靠海边的土地，开垦种田，兼营渔业捕捞、开发盐田等。范蠡与妻儿一起下地耕作，同穿布衣，进粗食。范蠡一反商家精苛细算、盘剥敛财的做法，对待雇工十分慷慨、亲和。遇到灾年减产，

就减免地租，同时，开粥厂赈济灾民。年初，和一些农民、商人签订商品收购合约，到年底，如果商品价格上涨，范蠡按照市场现价收购，如果价格下跌，就严格履行合约价格，因此，各国商人都愿意和范蠡做生意，工匠与农民也愿意为范蠡做工，虽然表面看来这样做吃些亏，但是却拥有了大量优质稳定的合作伙伴，使总成本降低很多。

有一次，范蠡资金周转不灵，向一个富户借了 10 万钱，一年后，这个富户带着各家的借据出门讨债，不慎包裹掉到江中，几十万钱的借据和路费都没了，恰好走到范蠡家，于是投奔范蠡，在没有借据的情况下，范蠡不仅连本带息还了钱，还额外赠送一笔路费给这名富户，由此，范蠡的仁信之名广播天下。之后范蠡为了扩大生意，三次短缺资金，各富户均主动送钱上门，帮助范蠡度过了危机。短短几年时间，范蠡就成为齐国首富，家资巨万。据说在齐国闹灾时，灾民听闻其乐善好施，千里之外都来投奔，领取施舍，被后人颂称为“富行其德者”。

五、职业决策之四——拜齐相，富齐国

范蠡的事迹传到齐国国君的耳中，齐王请范蠡进宫，拜其为相国。为相期间，范蠡大力发展经济，促进齐国与其他诸侯国之间的贸易往来，冲抵灾年对齐国物资短缺的困扰，也奠定了齐国经济与文化繁荣的基础。三年之后，齐国国富民强，百姓奉范蠡为神明，朝野中也是颂德声一片。就在此时，范蠡再次辞官：“居官致卿相，治家达千金，这对于一介布衣来讲，已经到了极致。久受尊名，恐怕不祥。”于是，范蠡挂印封金，尽散家财，分赠给好友与贫苦的百姓，随后带着妻儿悄然离开齐国。

范蠡举家迁至齐国西北的陶地，再次改姓更名——朱公，又以一介布衣之身，空空双手之本，再次开创家业。范蠡认为，陶地地理位置得天独厚，东邻齐、鲁，南通楚、越，西达秦、郑，北连晋、燕，是天下的中心，非常适合经商，果然，不久以后，此地就在范蠡的推动下，成为春秋末期东周的经济枢纽、贸易之都。

范蠡借助地理位置的优势，从事早期的各国贸易，范蠡对经营贸易的理解是：越国盛产蚕桑，齐国广耕种，秦国多冶炼，赵国善土木，各国有各国的特产与需求，经商就是促成各国间的商品交流，互通有无，在使各国受益的同时，我们自然得利。同时，范蠡还经营农业、养殖等，并且总结出了很多经营方略，其精髓为：顺应自然环境与趋势，预测事物发展规律，而后，借其力，驱其势。

范蠡认为，天时决定农业，天时变化是有规律的，所以谷物收成的好坏，也是有规律可循的。他根据五行更替，总结出了丰年与灾年出现的大概规律。在一个农业社会，粮食价格的波动，必然引起其他各类相关商品价格的波动，那时的贸易也以农产品为主，顺应这种变化规律来进行贸易，等于抓住了市场的关键环节，获利自然丰厚。范蠡按照时节、气候、民情、风俗等自然特点，进行灵活差异的经营。经营策略是“人弃我取、人取我与，顺其自然、待机而动”。他提出，“水则资车，旱则资舟”，意思就是，在发生水灾时做车的生意，在旱灾时做船的生意。因为，当水灾时，大家多用

船作为交通工具，这样必然导致船舶的稀缺，价格上涨，而没有用武之地的旱路交通工具车辆，则大量积压，价格便宜，这时大量购入车辆，待水灾过去，车辆必然稀缺，价格就会上涨。

在两千多年前，范蠡就根据市场的供求关系来判断价格的涨落，他提出“论其有余与不足，便知贵贱”。也就是发现市场是供过于求，还是供不应求，据此调整下一步的经营策略。他还发现，价格涨落和自然规律是相同的，即商品的波动规律与幅度极限。一种商品价格上涨到极点后就会下落，价格下跌到极点后就会上涨，出现其所谓的“一贵一贱，极而复反”的规律。这和现代经济学原理的论点完全一致。范蠡根据这一理论提出一套购买与销售的原则与方法：在物价便宜时，要大量收进，他说“贱取如珠玉”，即像重视珠玉那样对待降价的物品，尽量买进，再像收藏珠宝一样精心地把货物存贮起来。等到该商品价格上涨之后，范蠡认为，应该“贵出如粪土”，像抛弃粪土那样，毫不吝惜地将货物全部卖掉，不要期待价格会不断上涨，因为价格的涨跌是要往复的。

六、职业决策之五——察人之明，用人之当

朱公居陶，又生少子，长大后，朱公次子因杀人而被囚禁在楚国。朱公曰：“吾闻千金之子不死于市。”告其少子往视之，乃装黄金千镒，置褐器中，载以一牛车。朱公长子说：“家有长子，今弟有罪，不派我去，而让少弟去，是我不成器。”说完欲自杀。朱公不得已，命其前去，找庄生帮忙，并修书一封，一再叮嘱：“到楚国后就进献千金给庄生，听任他从事，千万别与他争。”长子出发时，却又私带了些银两以备急用。朱公长子到楚国后，把信和重金交给庄生。临别时，庄生告诫说：“你赶快离开，千万别停留，等你弟弟出来后，别问是怎么回事。”长子却私自留下，并把私积的金子，送给他自认为能帮上忙的楚国贵人。庄生虽贫穷却以廉直闻名于国内，自楚王以下百姓都像对待老师一样尊敬他。作为信义之人，庄生对朱公进献的黄金，并无意接受，打算在事情办成后再还给他，而朱公长子并不知其意。庄生入见楚王，禀告说：“我观察到天上有某星停留在某个位置，表明楚国会有灾害。”楚王平素信任庄生，向他询问解决之道。庄生回答说：“只有德行可以消除。”楚王决定以赦免罪犯来消除灾害。楚国贵人得到消息后连忙给朱公长子报信。朱公长子想，既然弟弟可以赦免，千金送给庄生，不是白白浪费了吗？于是就又重返庄生家。庄生惊讶地问：“你怎么还没走？”朱公长子回答说：“我听说楚王要赦免我弟弟，特来告知辞行的。”庄生明白他的想法，便让他自己进房内去取回相送的重金。朱公长子带走了金子，独自欢庆。庄生因朱公长子的行为感到羞辱，就入见楚王说：“您想以德行消除灾难，可我听见路人都说陶的富人朱公之子，因杀人囚禁在楚国，他家人用重金贿赂王左右之人，因而王不是因体恤楚国而行赦免，是为了朱公之子。”楚王大怒说：“寡人虽无德，怎么会因为是朱公之子就特别照顾？”于是令杀掉朱公之子后，次日再下特赦令。当朱公长子带着弟弟的死讯回到家，家人都感到悲

哀，范蠡听了老大的哭诉，却不意外，直言道：“我不让你去，是因为了解你曾经和我一起创业，吃过苦，过日子节俭。这本来是你的优点，可贿赂徇私的事情是不能节俭的。所以我让你那没过过苦日子，花钱大手大脚的小弟去，正是要用他的缺点办成这件事情。现在不过是我的预想成为现实，老天注定我要失去一个儿子。”用人的缺点办好事，范蠡察人之明，用人之当，实在是不可言表。

七、职业评价——政治经济，名高天下

范蠡一生为避名利而三次迁徙，但名利反倒一直跟随他，这其中的哲学值得深思。范蠡一生中两次官至极品，三次富过千金，每次富达千金又都施济天下，但不久后又迅速再至千金。从政时，范蠡奉行了一个臣子的忠义；为商时，他又尽了一个商人的良心。范蠡真可谓是一个宏图大略藏于胸中，又悲悯天下的智者。到了古稀之年，家资富可敌国，儿孙满堂，88 岁时无疾而终，后人尊称陶朱公。范蠡留给后人多部治国之策与兵法，经商方面著有《致富奇书》《陶朱公术》。

唐代诗人李白在《悲歌行》中对范蠡的赞赏：“范子何曾爱五湖，功成名遂身自退。”

元代诗人王昙在《留侯祠》中的描写：“君不见五湖范蠡载西施，一舸鸱夷去已迟。”

第四章 职业规划内在因素

我们要尽我们的义务。人在道德上是自主的，人的行为虽然受客观因果的限制，但是人之所以成为人，就在于人有道德上的自由能力，能超越因果，有能力为自己的行为负责。有两种东西，我对它们的思考越是深沉和持久，它们在我心灵中唤起的惊奇和敬畏就会日新月异，不断增长，这就是我头上的星空和心中的道德定律。

——德国哲学家康德

寓言

飞　马

有一小马，他想在万马奔腾的马类职场上一马当先，有所作为。于是，就潜下心来，不断琢磨，但是，怎么也找不到头绪。有一天，小马奔到山顶，遇到了一只雄鹰，雄鹰对其面临的情况很热心地进行了分析。

首先，了解身世血统，考证发现小马的祖先，就是当年汉武大帝西征时，出生于大宛的汗血宝马，一日千里。所谓：天马出西极，神龙不能追，乃经万里兮归有德。

然后，分析其性格特征。小马极富灵性，充满底蕴，具有聪敏、忠诚、勤奋、坚韧不拔等优良品质。从现在小马的身上，可以看到未来骏马的潜质：昂首向上，横鬃竖尾，飞踏劲蹄，所向披靡，充满阳刚之气、野性之美。小马，有一双鹰的锐目，炯炯迸射光芒，像狮子长着鬣鬃，迎风飘动，十分威风，具有虎的威猛气势，一声长嘶，赫然而立。小马无畏，不怕陡坡，敢于攀登；不怕沟壑，善于飞跨。不怕险障，勇于腾越。

小马能依靠嗅觉，辨别大气中微量的水汽，借以寻觅千里之外的水源和草地，还能根据粪便的气味，找寻同伴。避开猛兽和天敌，生存能力强。小马在嗅到生疏或危险的信息时，还会发出短促的喷鼻声（打响鼻），以示警备，把这一信息通知同伴。

最后，分析其兴趣爱好和职业锚：奔跑。奔跑是马类的爱好和强项，能在风驰电掣、天马行空中找到感觉。那么，小马就要有意识地锻炼奔跑的技能和水平。

听了雄鹰一席话，小马心里透亮，精神倍增。每天晚上，伴着星星夜跑，清晨追着太阳的金色光线飞奔。终于，小马练就了过硬的本领。也许，你现在看到的太空遨游的飞船，就是它的身影，也许，你乘坐的和谐号高铁，就是它的化身。

杜甫有诗为赞:
胡马大宛名，锋棱瘦骨成。
竹批双耳峻，风入四蹄轻。
所向无空阔，真堪托死生。
骁腾有如此，万里可横行。

还有一篇《骏马赞》[①]说得好:
它那飘飘欲舞的轻美长鬃，好像闪闪放光的金伞随风旋转;
它那炯炯发光的两只眼睛，好像一对金鱼在水中游玩;
它那宽阔无比的胸膛，好像滴满了甘露的宝壶;
它那精神抖擞的两只耳朵，好像山顶上盛开的莲花瓣;
它那震荡天地的响亮回音，好像动听的海螺发出的吼声;
它那宽敞而舒适的鼻孔，好像巧人编织的盘肠;
它那洒脱而秀气的尾巴，好像色调醒目的彩绸;
它那坚硬的四只圆蹄，好像风掣电闪的风火轮;
它那宽大的身躯，好像昆仑山深邃的云空;
它那驰骋的步态，好似须弥海的波涛翻滚;
它那秀丽的体态，宛如孔雀回首欢屏……

第一节　人格与职业倾向

一、人格

人格是指一个人与社会环境相互作用表现出的一种独特的行为模式、思维模式和情绪反应的特征，也是一个人区别于他人的特征之一。人格又称为性格，指人类心理特征的整合统一，是一个相对稳定的结构组织，并在不同时间、地域下影响着人的内隐和外显的心理特征和行为模式。一个人的特点、个性正是人格的体现。

人格是一个复杂的结构系统，它包括许多成分，其中主要有气质、性格、认知风格、自我调控等方面。自我调控具有自我认知、自我体验、自我控制三个子系统。人格是构成一个人的思想、情感及行为的特有的统合模式。人格具有独特性、稳定性、统合性、功能性。

社会心理学认为，人格即是指人的个性，它是个体在先天生理素质的基础上，在一定社会历史条件下，通过社会交往而逐渐形成和发展起来的个人稳定的心理特征总和。

---

① 色道尔基，梁一孺等. 1980. 蒙古族历代文学作品选. 呼和浩特：内蒙古人民出版社.

二、名人论人格

好的人格是成功的基石。性相近，习相远。知人最难，但是通过了解其人格特征，大体可以看清这个人。古人有着丰富的人格心理学思想，主要有人格形成思想、分类思想和鉴定思想。

孔子认为，素质是基础，差异来自环境和教养，即“性相近，习相远。”

庄子认为，凡人心险于山川，难于知天，天犹有春秋冬夏旦暮之期。人者厚貌深情（《庄子·杂篇·列御寇第三十二》）。

诸葛亮认为，夫知人之性，莫难察焉。美恶既殊，情貌不一，有温良而为诈者，有外恭而内欺者，有外勇而内怯者，有尽力而不尽忠者（《三国志》）。

范晔认为，峣峣者易缺，皦皦者易污。《阳春》之曲，和者必寡，盛名之下，其实难副（《后汉书·黄琼传》）。

爱默生认为，修养的本质如同人的性格，最终还要归结到道德情操这个问题上。①

巴尔扎克认为，我们爬得比别人高，人们完全可以允许；但如果我们不将自己的人格降到他们那么低，他们是永远不会原谅的。所以，有些人对性格坚强的人，总是怀着几分仇恨和恐惧。对他们来说，别人过多的荣誉是对自己一种无言的指责，无论是活人还是死人，他们都不能宽恕。②

三、人格理论

根据人的思想、情感、感觉、意志等特点来划分，人格有生理类型和心理类型两类。生理类型分类如古希腊体液的气质分类、中国古代阴阳 25 人分类、克雷奇默的体型分类等。心理类型分类如荣格把人格分为外倾和内倾两类；施普兰格尔把人格分为理论、经济、艺术、社会、政治、宗教六型。

1. 特质理论

20 世纪 40 年代，美国医学心理学家奥尔波特和卡特尔提出人格特质理论。该理论认为，特质是决定个体行为的基本特性，是人格的有效组成元素，也是测评人格常用的基本单位。

卡特尔编制的 16 种人格因素调查表，用因素分析方法将众多的人格特质分为表面特质和根源特质。表面特质可解释外表行为的属性和功能，是人的外显特质。根源特质是深层的、代表行为属性和功能的决定因素，共有 16 种因素，是构成人格的基本要素。16 种人格因素，普遍地存在于各个年龄和社会环境不同的人身上，各自独立，每个人的不同行为都由这 16 种因素的不同组合所决定。

---

① 蒲隆，柳鸣九．2014．世界散文八大家：爱默生散文精选．深圳：海天出版社．

② 巴尔扎克．1958．李健吾译．上海：新文艺出版社．

1939 年，中国心理学家林传鼎采用历史评估和心理测量法，对自唐宋到清朝的 34 位历史名人进行了心理特质的分析。他改善了奥尔波特心志图中特质太少、形式不完善的地方。林传鼎的结论是，历史名人生活兴趣广泛，各种主要活动都能兼顾，这主要是基于对 10 种类别下的 50 个特质的分析，其中，包括好奇、斗争、体格、情绪、独断、男女性、暗示性、适应性、志气大小等。

2. 精神分析人格理论

弗洛伊德认为，人格是一动力组织，性力是其能量的来源。心理性欲的发展阶段也就是人格的发展阶段。任何阶段的发展阻止或停滞，都会对个体的人格产生持续的后效。人格有三个部分：本我、自我和超我。本我是人格的原始系统，人格其他部分由它分化而来。本我属于无意识状态，与生俱来，但在幻想、梦、失误、精神病症状等情况中，可以知其运动的真相，以快乐原则行事。自我决定本我的各种要求，是否允许其满足，是人格的指挥部分。因此，自我是本我与超我的调停者，是本我与外界之间的中介，它按照现实原则行事。超我代表良心或道德规范，是进行纠察的人格部分。弗洛伊德创立了人格的动力学说，通过对神经症和心理动机的研究，提出内心冲突及儿时经验对其人格有较大影响。

3. 人本主义理论

人本主义理论以马斯洛和罗杰斯为代表，认为人是积极主动的、追求自我实现的健全的机体，自我实现是人性的本质。该理论提出人格的自我理论，包括自我观念、积极关注、自我和谐和自我实现四个要点。一个人的行为方式作用于环境事物，产生的直接经验与间接经验相一致，就会顺利形成自我观念。否则，自我观念的形成就会遇到困难。自我观念是个体在其生活环境中，对每一经验的评估及与环境相互作用中形成的。如果获得外界的积极关注越多，自我观念将会越来越明确，逐渐形成健康的人格。积极关注就是个体希望别人以积极的态度支持自己。一个人自我观念中没有自我冲突时的心理现象，反映的是自我和谐。直接经验与间接经验之间的不和谐，理想自我与真实自我之间的不一致，则是自我不和谐。个体趋向完美、趋向实现、趋向自我的保持与提高的倾向，则是自我实现，它是激发个体行为和发展的基本推动力。个体要达到自我实现，关键在于自我结构与经验的协调一致，这需要具备五个心理素质特征：开放的经验、协调的自我、客观正确的自我评价、无条件关注和与人和睦相处。

4. 其他理论

奥尔波特的人格理论：人格从来就不是某种固定之物，而是某种正在生成的东西。虽然他在个体的内部具有组织性和延续性，但是它又经常变化，或者说经常转变为某些不相同的东西。

类型理论：主要用来描述一类人与另一类人的心理差异，即人格类型的差异。人格类型理论有三种，即单一类型理论、对立类型理论、多元类型理论。

现象学人格理论：现象学观点致力于解决健全人格的实质问题，试图提出心理发展和完善的措施。人的动机是向上的，具有自我发展、成全的趋向。

人格学习理论：该理论认为学习是人格形成的决定因素。社会学习的作用在人格形成上尤其受到重视。个人和环境彼此影响，每个人的人格特点，是个人和情境持续相互作用的结果。在生长过程中，个人学习经验的差异就是个体差异的原因。

四、人格魅力

人格魅力是指一个人在性格、气质、能力、道德品质等方面具有的吸引人的力量。

人，既是自然的人，又是社会的人。人际关系是一种最基本、最复杂的关系。人们主观上都想处理好各种人际关系，但是，客观上却常常为各种人际关系间的纠葛与矛盾所烦恼。因此，有必要寻找人格魅力的心理学规律，促进人际关系向理想的方向发展。

拥有健全人格的人，经常散发出一种人格的魅力，令人尊敬、爱戴，富有凝聚力。在对待他人和集体时，真诚、热情、友善、有同情心、乐于助人、积极参加集体活动；这类人能严格要求自己，进取心强，谦虚而不自卑；学习、工作上，勤奋认真；感知敏锐，想象力丰富，逻辑性强，富有创新意识和创造能力；善于控制自己的情绪，乐观开朗，振奋豁达，情绪稳定，与人欢乐相处，令人精神舒畅；目标明确，善于自制，行为自觉，勇敢果断，坚韧不拔，积极主动。

在提升人格魅力措施上，要学会微笑，注意倾听，注意细节，目光和善，坦诚交往。在培养人格魅力的方法上，要以礼待人，举止文雅，性格开朗，和蔼可亲，虚心接受批评。要博览群书才能言之有理，慷慨大度，气定神闲。

领导者人格魅力有：品行高洁，才学超群；信仰坚定，矢志不渝；宽以待人，严于律己；沉着果断，潇洒自如；举止得体，平易近人。领导者的人格魅力是经过后天的磨炼、修养而形成的，要有正确的人生态度，重理想轻利益，重品德轻荣誉，重付出轻回报。人的伟大就在于奉献，奉献所获得的满足感、成就感无法形容，品德比荣誉存在得更长久。领导者的道德风范、知识修养、心理素质、仪表等方面的综合素养，体现了其人格魅力，是一种权力之外对他人的影响力，这是与职责、职位无关的影响力，它润物无声，沁人心脾，更持久，也更有效。

第二节　职业能力与素养

一、职业能力

能力是指人们成功地完成某种活动所体现出来的素质，是在活动中形成和表现出来的。能力有实际能力和潜在能力、一般能力和特殊能力的区别，一般能力指大多数活动所共同需要的能力，是人所共有的最基本的能力；特殊能力指某项专门活动所需的能力，只在特殊活动领域内发生作用。知识、能力是掌握技能的前提，并制约着技能掌握的快慢、深浅，而技能的形成与发展又有助于知识的掌握和能力的发展，技能是知识转化为能力的中间环节。

职业能力包括专业能力和素质能力。专业能力又分为专业类的知识和技能、组织类的知识和技能两类。素质能力真正决定了一个人的专业和职业发展潜力，素质能力不是从专门的课程和培训获得的，一部分是天生的人格特质，更多是从小到大养成的行为方式。素质能力具有较高的稳定性，不容易在短时间内发生大的改变。企业对员工素质能力的要求主要包括思维方式、价值判断、自我管理、与人合作、沟通表达、解决问题、应对压力、组织领导、学习方法能力等。

二、职业素养

素质是指人的先天生理解剖特点，主要指神经系统、脑的特性及感觉器官和运动器官的特点。素质是以人的生理和心理实际为基础，以其自然属性为基本前提的。素质是心理活动发展的前提，离开这个物质基础谈不上心理发展。素质只是人的心理发展的生理条件，不能决定人的心理内容与发展水平，人的心理活动是在遗传素质与环境教育相结合中发展起来的。人的素质是以人的先天禀赋为基础，在后天环境和教育影响下形成并发展起来的内在的、相对稳定的身心组织结构及其质量水平。政治素质、思想素质、道德素质、业务素质、劳动素质、审美素质、身体素质、心理素质称为八种素质。

职业素质主要表现在职业兴趣、职业能力、职业个性及职业情况等方面，是劳动者对社会职业了解与适应能力的一种综合体现。受教育程度、实践经验、社会环境、工作经历及身体状况等都是影响和制约职业素质的因素。通常，职业素质越高的人，获得成功的机会就越多，劳动者能否顺利就业并取得成就，在很大程度上取决于劳动者的职业素质高低。

职业道德、职业思想、职业行为、职业技能组成了职业素养的四个方面。其中，职业道德、职业思想、职业行为是职业素养中最根本的部分，需要在生活和工作中逐步学习形成，是关键。职业技能是任职的最基本条件之一，支撑职业内容。员工的总体职业素养程度的高低，决定了组织的未来发展，同时也影响着员工自身的发展。很多高效组织都认为，对职业素养的要求要大于职业技能。

假如把一个员工的全部才能看成一座冰山，那么他所拥有的资质、知识、行为和技能就是浮在水面上的显性素养，这些可用学历证书、职业证书和通过专业考试等来验证。而职业道德、职业意识和职业态度为隐性素养，潜在水面之下。显性素养和隐性素养的总和就构成了一个员工所具备的全部职业素养。职业素养大部分潜伏水底，但正是这些隐性素养，支撑起了一个员工的显性素养。

员工是否具备职业化的意识、道德、态度，是否具备职业化的技能、知识与行为，直接决定了组织和员工自身发展的潜力和成功的可能。员工要想脱颖而出，必须具备优秀人才的特质：良好的沟通、积极进取、强烈责任感、诚信、工作热情、不断学习、结果导向、创新能力、团队合作能力、远大志向、坚韧的毅力、刻苦努力、高超洞察力、诚实、正直、分析归纳能力等。

三、职业价值观

1. 概述

职业价值观指的是人生目标和人生态度在职业选择方面的具体表现，也就是一个人对职业的认识和态度，以及其对职业目标的追求和向往。它是一种具有明确的目的性、自觉性和坚定性的职业选择的态度和行为，对一个人职业目标和择业动机起着决定性的作用。理想、信念、世界观对于职业的影响，集中体现在职业价值观上。

每种职业都有各自的特性，不同的人对职业意义、对职业好坏有不同的评价和认识，这就是职业价值观。基于各人的身体、教育、阅历、家庭、年龄、兴趣和爱好等方面的不同，人们对各种职业有着不同的主观评价。由于社会分工不同，各种职业在劳动性质、强度、条件和待遇上都存在着差别。传统观念，各类职业的声望、地位等，都影响了人们的职业价值观，对就业方向和具体职业岗位的选择产生影响。职业价值观决定了人们的职业期望，决定着人们就业后的工作态度和劳动绩效水平，影响着人们对职业方向和职业目标的选择，从而决定了人们的职业发展情况。

2. 分类

美国心理学家洛特克提出 13 种价值观：成就感、审美追求、挑战、健康、收入与财富、独立性、爱、家庭与人际关系、道德感、欢乐、权利、安全感、自我成长和社会交往。

我国学者阚雅玲将职业价值观分为 12 类：收入与财富、兴趣特长、权力地位、自由独立、自我成长、自我实现、人际关系、身心健康、环境舒适、工作稳定、社会需要、追求新意。

还有些职业专家从人们的理想信念和世界观角度把职业分为九大类：自由型、经济型、支配型、小康型、自我实现型、志愿型、技术型、合作型、享受型。

3. 主要因素

价值观和职业价值观决定了哪些因素对自己重要，哪些不重要；哪些要优先考虑和选择，哪些不是。在为自己做职业规划之前，一定要清楚和明确自己的价值观和职业价值观。对自己的价值观，特别是职业价值观进行分析时，可以参照价值观类型，看自己到底属于哪一种类型。

发展因素：这些职业要素都与个人发展有关，包括符合兴趣爱好、公平竞争、机会均等、工作有挑战性、能发挥才能、能提供培训、工作自主性大、晋升机会多、专业对口、发展空间大、出国机会多等。男女在选择职业时，关于个人发展因素，前者看重职业是否自主性大、没有约束，后者则注重工作的机会均等、公平竞争。

保健因素：这些职业要素与福利待遇和生活有关，包括工资高、保险全、职业稳定、福利好、交通便捷、工作环境舒适、生活方便等。在经济报酬因素中，女生比男生看重职业是否稳定，工作环境是否舒适。

声望因素：这些职业要素都与职业声望有关，包括单位知名度、规模、级别、权力和社会地位等。

职业价值观是一个复杂的多维度的心理因素，各要素起的作用是不同的。人们越来越重视发展因素，而对保健因素和声望因素的重视差别较大。在职业价值分析和测定时，要处理好职业价值观不同要素之间的关系，根据不同情况，明确自己的职业核心需求，合理制定自己的职业规划和相应策略。职业声望也是不断变化的，我们考虑自己的职业选择时，职业声望是一个很重要的因素。

4. 大学生的职业价值观

大学生对职业评价的标准上，主要突出了个人才能的发挥、经济收入高和单位前景好等因素。在注重发挥个人才能的同时，他们又希望获得较高的经济收入。发挥个人才能成为当代大学生择业的首要标准，并不是一味地追求金钱和物质利益，而是更注重个人才能的发挥与特长的施展，追求长远的人生发展目标，追求自我价值的实现。

大学生择业，期望值普遍过高，由于缺乏实践经验，心理准备不足，求职稍遇挫折，就会造成心态失衡，产生偏激心理，同时缺乏对自己、对他人、对事物的客观全面分析，往往把挫折归因于外部因素。

职业取向系统包括性格、兴趣、需要、价值观和使命五个要素。正确的择业价值取向：一是有利于发挥自身的素质优势，二是符合社会的需要，三是能促进企业的发展。求职者要正确了解当前的社会现实，敢于面对现实，摆正位置，发挥优势，敢于竞争。

人不能离开社会而独立存在，个人只有在工作中为社会做贡献才能实现自己的职业价值，事业首先是具有社会性的。培养职业兴趣的方式有，拥有好奇心、主动学习、持之以恒、深入研究、找到好朋友。

大学生职业价值观受社会环境、家庭教育、学校教育和个人因素的影响，加强职业规划和思想政治教育，引导他们在大学期间的学习，准确定位，树立正确的职业价值观。引导大学生提升职业素养，让他们认识到纯洁品质、敬业精神、团队合作、过硬技能等是形成良好职业价值观的重要基础。学校教育与家庭教育相结合，形成合力，促进大学生形成良好的职业价值观。

职业价值观对大学生今后的职业生涯起着关键性的指导作用，不仅直接决定了他们的择业行为，而且对其今后的工作态度、工作积极性，乃至整个社会的发展与进步都将产生深远的影响。总的来看，大学生的职业价值观比以往更趋成熟，更加适应市场经济环境，朝着积极、健康、向上的方向发展。

5. 动物的价值观示例

柳宗元的《蝜蝂传》，很形象地描述了蝜蝂这种小虫子的价值取向，值得深思。

原文：蝜蝂（fù bǎn）者，善负小虫也。行遇物，辄持取，卬（yǎng）其首负之。背愈重，虽困剧不止也。其背甚涩，物积因不散，卒踬仆不能起。人或怜之，为去其负，苟能行，又持取如故。又好上高，极其力不已，至坠地死。

今世之嗜取者，遇货不避，以厚其室，不知为己累也，唯恐其不积。及其怠而踬也，黜弃之，迁徙之，亦以病矣。苟能起，又不艾，日思高其位，大其禄，而贪取滋甚，以近于危坠，观前之死亡不知戒。虽其形魁然大者也，其名人也，而智则小虫也。亦足哀夫！

译文：蝜蝂是一种喜爱背东西的小虫。爬行时遇到东西，总是抓取过来，抬起头背着这些东西。东西越背越重，即使非常劳累也不停止。它的背很不光滑，因而东西堆上去不会散落，终于被压倒爬不起来。有的人可怜它，替它去掉背上的东西。可是蝜蝂如果能爬行，又把东西像原先那样抓取过来背上。这种小虫喜欢往高处爬，用尽了它的力气也不肯停下来，以致跌倒摔死在地上。①

现今世上那些贪得无厌的人，见到钱财就捞一把，用来填满他们的家产，不知道财产已成为自己的负担，还只怕财富积聚得不够。等到一旦因疏忽大意而垮下来的时候，有的被罢官，有的被贬往边远地区，也算吃了苦头。如果一旦被起用，他们又不思悔改，天天想着提高自己的地位，增加自己的俸禄，而且变本加厉地贪取钱财，以致接近摔死的程度，看到以前由于极力求官贪财而自取灭亡的人，也不知接受教训。虽然他们的外形看起来庞大，他们的名字是人，可是见识却和蝜蝂一样，太可悲了！

四、职业道德

职业道德是指人们在职业生活中应遵循的基本道德，同人们的职业活动紧密联系的，符合职业特点所要求的道德准则、道德情操与道德品质的总和，也是职业品德、职业纪律、胜任能力及职业责任等的总称，属于自律范畴。

职业道德是一种职业规范，是长期以来自然形成的，没有确定的形式，受社会普遍的认可，通常体现为观念、习惯、信念等。职业道德既是对本职人员在职业活动中行为的标准和要求，同时又是职业对社会所负的道德责任与义务。职业道德大多没有实质的约束力和强制力，依靠文化、内心信念、习惯等员工的自律实现，承载着企业文化和凝聚力。不同企业可能具有不同的价值观，体现了职业道德标准的多元化。

① 柳宗元：2008．柳河东集．上海：上海古籍出版社．

职业道德的内容要求：忠于职守，乐于奉献；实事求是，不弄虚作假；依法行事，严守秘密；公正透明，服务社会。中国古代的“将之德”就有智、信、仁、勇、严五德。中国古代医生的医德表现为：疾小不可云大，事易不可云难，贫富用心皆一，贵贱使药无别。

良好的职业道德是每一个员工都必须具备的基本品质，养成良好的职业习惯，出色地完成工作任务，树立崇高的职业荣誉感。热爱本职工作，爱岗敬业，诚实守信，遵守制度，注重修养，团结协作，友爱互助，献身事业，勤勤恳恳，任劳任怨，甘于寂寞，乐于奉献。

良好的职业道德培养，能端正人生态度，激励进取。道德是走向成功之路的性格基石，以德立身，以自律为前提；刻苦钻研业务，一专多能；密切配合，齐心协力，勇于创新，不断完善职业道德。

第三节　内在因素与职业规划

一、内在因素

一个玉器雕刻大师，即使水平再高，坐拥上万套趁手的雕刻工具，如果没有可雕刻的好品相的籽料，也只能望洋兴叹。一件上乘的玉雕籽料，其圆润的形体，厚重的内涵，丰富的想象空间，经过大师神来之笔的精雕细刻，最后展示在人们面前的是一件光彩夺目的艺术瑰宝。

一块好的玉石需要千万年的大自然熏陶，山孕育、气包容、雾浸润、水冲刷、光洗礼，才能演变为良玉的籽料。一个优秀的人才，也要经过学、知、挫、磨、惑、问、思、悟、升等过程，方能历练出博大的内涵和优秀的品质。一个人所具备的内在优良品性会为其职业规划的成功设计和良好实施，创造非常重要的条件和前提。

同样的道理，作为一名职场上的成功人士，必然会有很多优良的内在品性，如良好的职业素养、高尚的职业道德、刻苦耐劳的实干精神、坚忍不拔的坚强意志、卓越的领导能力和人格魅力等。

二、职业定位

个人的职业生涯离不开明确的职业定位。仔细思考自己能做什么，想做什么。只有在充分了解自己的能力、性格、兴趣以及所具备的条件后才能做出准确的职业定位。明确自己的职业价值观，做好职业定位，认清自己适合什么样的职业岗位，在什么样的岗位下才能充分发挥自己的才能。同时，职业定位也要参考当前的就业形势，看看你所选择的职业定位，是否与社会发展相符。总之，决定自己适合什么样的职业，要考虑四个原则：喜好原则、擅长原则、价值原则、发展原则。据此则容易找准靶心，敲定理想职业。

职业规划有三个组成要素：职业定位、目标设定和通道设计。明确了职业定位，职业目标的设定就清晰了，职业通道设计也就有了抓手。职业定位是核心，是职业生涯方向性的问题，它决定了一个人职业生涯发展的方向。

三国时期，刘备从摆地摊卖草鞋，到桃园三结义、煮酒论英雄，最后蜀中称帝，他始终以恢复汉室江山为己任。正因为刘备当年树立了远大目标，明确了职业定位，始终不忘初心，才转战南北，奋战东西，三分天下有其一，而没有成为一个始终卖草鞋的小商贩。

三、内在因素与职业规划的关系

哲学上关于事物内外因有这样的理论：内因即事物的内部矛盾，外因即事物之间的矛盾，它们在事物发展过程中是同时存在的，但两者的作用和地位不同，内因是事物发展的根据，是主要原因，是事物存在的基础，是一事物区别于他事物的本质原因；外因是事物发展的外部条件，是次要原因，它能加速或延缓事物发展的进程，局部改变事物发展的面貌。内因起决定性作用，而外因必须通过内因起作用，外因对事物的发展有影响，有时能引起事物的重大变化，但不管外因的作用有多大，都必须通过内因才能起作用。

这些哲学理论对个人的职业发展来说，有其深远的指导意义。如果一个人内在的性格、素质、能力等因素不好，即使外界的环境、人际关系、教育等诸多因素再好，这个人也很难在职场上获得大的成就；同样，如果一个人的内在因素很好，即便外界的因素一般，通过自身的努力和科学的职业规划，获得成功的可能性也非常大。

任何一种职业对从业人员都有其特定的要求，正如个体存在差异一样，各项职业也存在着差异，要想将工作做好，就必须规划好人与职业的匹配。个人的性格、特质、素质、爱好、能力等的差异，要求对应合适的工作才能做到人岗最佳组合，才能最大限度地调动一个人的积极性，充分挖掘和发挥他们的潜能，提高工作效率，有利于个人的职业生涯发展。因此，分析一个人内在因素对职业规划具有非常重要的意义。

拓展阅读

西汉开国 CEO——陈平[①]

陈平，阳武（今河南原阳东南）人，仪表堂堂，自学成才，擅长谋略，最高做到丞相职位。陈平不似张良，报完六国灭国之仇后，即功成身退。他出生微末，功名利禄心重，遂见风使舵，保全了自己的政治地位，享受荣华富贵。

---

① 张春骈．1983．陈平．上海：中华书局．

一、职业目标——公平分肉与治天下

陈平少时，家中十分贫困，可他又偏偏喜欢读书，尤其喜欢黄帝、老子的学说。陈平的哥哥见陈平喜欢交游，便承担了家中的全部劳动，使陈平有时间出外游学。一年，正逢社祭，人们推举陈平为社庙里的社宰，主持祭社神，为大家分肉。陈平把肉一块块分得十分均匀。为此，地方上的父老乡亲们纷纷赞扬他说："陈平这孩子分祭肉，分得真好，太称职了！"陈平却感慨地说："假使我陈平能有机会治理天下，也能像分肉一样恰当、称职。"

二、职业决策之一——跳槽准备，声东击西救刘邦

公元前209年，陈胜在大泽乡起义，并立魏咎为魏王。于是，陈平辞别兄长，前往临济投奔魏王，后来又转入项羽手下做谋士，但得不到项羽重视，郁郁不得志。他在鸿门宴上见到了刘邦，认为刘邦将来必成大器。于是，才华横溢的陈平就处于"身在楚营心在汉"的矛盾之中了。正在这时，刘邦被项羽困在咸阳，等于软禁。刘邦问计于张良，可张良也身陷敌营，一筹莫展。这时，他们想到了陈平，张良决定孤注一掷，暗中去找陈平。没想到两人一见如故，相见恨晚。临别，张良直言来访的意图，陈平思考片刻后说："要从项羽身边救出刘邦，首先要调虎离山，让范增离开项羽几天，不然怎么也不行。"第二天，陈平设计：请项羽给楚怀王上义帝的尊号，送他到郴州去养老，这样项羽就可以此号召天下了。陈平的话，正中项羽下怀。不久，范增上朝见项羽，项羽对范增说："天无二日，民无二主。"接着，把陈平的话变成自己的话说了一遍，说是自己想起来的，范增立即附和说："大王，这事儿还真得解决，宜快不宜迟。而且，这事儿还就得我去。"但范增毕竟老谋深算，临行前向项羽提出三件事，第一件就是不能让刘邦回到汉中，项羽答应后，范增才走。陈平估计范增走远了，就趁着早朝奏上一本说："刚安定下来，必须节约。现在诸侯们聚集咸阳，各路兵马都不下四万人，军粮的负担极重，若不赶快让诸侯们回国，恐怕老百姓就负担不起了。"项羽一听，大吃一惊，马上传旨：天下诸侯，路远的给10天期限，路近的给5天期限，在期限内作好回国的准备；唯有刘邦留在咸阳，陪王伴驾。项羽扣住刘邦也在陈平的意料之中，陈平趁各路诸侯返国的机会，授意张良使用声东击西的计策。于是，刘邦依张良之意上表，向项羽请假回故乡沛县省亲。项羽犹豫不决，张良故意说："不能叫刘邦回乡取家眷，不然他也许就在沛县称王了。您不如派遣他带着残兵败将回汉中去，再派人去沛县取他的家眷做人质，好教他规规矩矩做人。"陈平乘机上奏："陛下既封刘邦为汉王，也已经布告天下，臣民共知，却不让他上任，恐怕不足以取信天下吧。人家也许会说，陛下一登位便说假话，那以后执行法令，也会阳奉阴违了。不如听张良的话，把刘邦的眷属当人质，留在咸阳，遣他回汉中去，这样既可以保全信用，又可以约束刘邦，这不是两全其美吗？"项羽想了很久，同意了。刘邦心里欢喜无比，回营后立即拔寨起程。陈平出的声东击西的计策救出了刘邦，不仅保住了刘邦的性命，更为刘邦日后东山再起，赢得了良机。

三、职业决策之二——坚决跳槽，投奔明主施展抱负

公元前205年春，因司马卯背楚降汉，项羽迁怒于陈平。陈平不仅遭到了项羽的责备，而且他出的计谋项羽也不再采纳。陈平觉得自己成了受气包，说不定哪一天项羽还会杀了自己，尤其是他已看清了项羽是个鲁莽武夫，最终是不可能取得胜利的，于是他挂印封金，偷偷地走了。他想起在刘邦手下的魏无知是自己的老朋友，不如去投奔刘邦。天快黑时，他逃到了黄河边，请船夫送他过河。陈平上了船，从船舱里又出来了一个船夫。他想这两个人可能是水盗，以为他身上带着珠宝，想图财害命。陈平为人机灵，浑身是计。为了保全自己的性命，他马上脱了衣服，扔在船上，光着上身来帮船夫划船。船夫看他腰间什么也没有，衣服掉在船上也没有什么声音，知道他身上什么贵重东西都没有，也就打消了加害他的念头。一场凶险，竟被他轻而易举地化解了。陈平经汉将魏无知推荐，面见刘邦。两人纵论天下大事，十分投机。刘邦破例任陈平为都尉，留在身边做参乘（陪他出行，为他驾驭马车的官员），并命他监护三军将校。这一下引起了众将领的不满，纷纷说他品行不端，贪图贿赂（“昧金”“盗嫂”），认为这种人不能信任重用。刘邦经不住众人再三诋毁陈平，便也心生疑团，召陈平来质问道：“听说你原来是帮助魏王的，后来离开魏王去帮助楚霸王，现在又来帮助我，这怎么不让别人怀疑你的信义呢？”陈平不紧不慢地回答道：“同样一件有用的东西，在不同的人手里的作用就不同了。侍奉魏王，魏王不能用我，我离开他去帮助楚霸王，霸王也不信任，所以才来归附大王。我虽然还是我，但用我的人可不一样了。我久慕大王善于用人，所以才不远千里来投奔大王。我来到这儿什么也没带所以才接受了人家的礼物。没有钱，我就生活不了，也就办不了事。如果大王听信谗言，不起用我，那么，我收下的那些礼物还没有动用，可以全部交出来，请大王给我一条生路，让我辞职回家，老死故乡。”寥寥数语，道明了各方的政治优劣，话中有话。刘邦的疑虑顿消，对陈平倍增好感，并重重地赏赐一番，提升他为护军中尉，专门监督诸将。从此，陈平一心一意辅佐刘邦，六出奇计，夺取天下，成为西汉安邦定国的著名谋臣。

四、职业决策之三——一出奇计，施反间计除敌手

公元前203年，楚汉战争到了最激烈的时刻。刘邦被项羽围困在荥阳城内达一年之久，并被断绝了外援和粮草通道。刘邦向项羽求和，项羽不许，刘邦十分忧虑。这时，陈平献计，让刘邦从仓库中拨出四万斤黄金，买通楚军的一些将领，让这些人散布谣言说：“在项王的部下里，范增和钟离昧的功劳最大，但却不能裂土称王。他们已经和汉王约定好了，共同消灭项羽，分占项羽的国土。”这些话传到霸王的耳朵里，使他起了疑心，果然对钟离昧产生了怀疑，以后有重大的事情也就不再跟钟离昧商量了。他甚至怀疑范增私通汉王，对他很不客气。为了彻底孤立项羽，陈平还要把范增除掉，为此设计嫁祸于范增。有一天，项羽派使者到刘邦营中，陈平让侍者准备好十分精致的餐具端进使者房间。使者刚一进屋，就被请到上座，陈平再三问起范增的起居近况，大赞范增，

并附耳低声问："亚父范增有什么吩咐？"使者不解地问道："我们是霸王派来的，不是亚父派来的。"陈平一听，故作吃惊地说："我们以为是亚父派来的人呢！"便叫几名小卒撤去上等酒席，随后把使者领至另一间简陋客房，改用粗茶淡饭招待。陈平则满脸不高兴，拂袖而去。使者没想到会受此羞辱，大为气愤。回到楚营后，把情形一五一十地都告诉了项羽，霸王更加确信范增私通汉王了。这时，范增向项羽建议应该加紧攻城，但是项羽却一反常态，拒不听从。过了几天，范增也知道了外面说他私通汉王的谣言，并且感到项羽已不再信任自己了，于是他就对项羽说："天下大事已基本定了，希望大王自己好好地干。我年岁大了，身体又不好，请大王准我回家养老吧！"项羽听后竟然毫无挽留之意，同意了他的请求，派人护送他回家乡。范增一路走，一路叹气，吃不下，睡不着，伤心不已。他已经 75 岁了，哪儿受得了这么大的委屈？到彭城的时候，气得背上生了一个毒瘤，就此一病不起，死了。

五、职业决策之四——二出奇计，瞒天过海解荥阳之围

中了陈平的反间计，气死了范增，项羽勃然大怒。公元前 203 年 5 月，项羽猛攻荥阳，形势十分危急，陈平就给刘邦献计："请大王速写一封诈降信给霸王，约他在东门相见。霸王一定会把他的大军布置在东门外，我们再想办法把他在西、北、南各门的卫士引到东门口来，大王就可以从西门冲出去了。"汉王同意了。不一会儿，陈平领着一个貌似汉王的将军纪信来见汉王。说把他化装成汉王的样子，出去诈降，吸引敌人把兵力集中在东门，然后汉王从西门突围。次日，天还没亮，汉军便开了东门，陈平差遣两千名妇女，一批一批地从东门出去。南、西、北门的楚兵一听东门外全是美女，便争先恐后地涌向东门。忽然，有人大喊"汉王来了！"大家抬头一看，果然是"汉王"坐在车里，由仪仗队开道，慢慢地走出东门，一直走到楚营近前，霸王才发现坐车出来的不是汉王。真正的汉王则趁东门一片混乱时，冲出西门，带着陈平、张良、樊哙等杀开一条血路，向关中方向逃去。

六、职业决策之五——三出奇计，封韩信灭项羽

公元前 203 年 11 月，汉军大将韩信在齐地节节胜利，军威大振。而刘邦受伤正屯兵在广武，与楚军相峙，双方处于胶着状态。韩信趁刘邦失利之机，派遣使者来，要求刘邦封他为假王（代理）。刘邦一听，勃然大怒，竟当着韩信使者的面破口大骂"我被困在这里这么久了，天天盼着他到这儿来助我，如今不但不来相助，反而要自立为王！"刚骂到这里，忽然觉得自己在桌案下的脚被人踢了一下，一愣，连忙住口。原来，陈平、张良二人正坐在汉王身边。二人深知韩信文武全才，手握重兵，并且远在三齐，刘邦根本没有能力阻止他称王。这件事倘若处置不当，一旦激成兵变，韩信在齐自立为王，与楚、汉成三足鼎立之势，汉军便又树一敌，天下大事谁胜谁败就更难以预料了。所以，陈平才在桌案下用脚尖踢了刘邦一下。刘邦也很精明，连忙改口说："大丈夫既平定诸

侯，要做就做个真王，何必要做什么假王！”于是，顺水推舟地封韩信为齐王，稳住这支十分重要的力量，避免了汉军的分裂。多亏陈平踢了刘邦一下，刘邦才封韩信为齐王，韩信从此感恩，无论谁再来劝说他，都不忍忘恩背汉，并最终引大军击楚，对刘邦统一天下起了决定性作用。双方划定“楚河汉界”，陈平以其谋略家的敏锐洞察力，看到项羽已到了穷途末路了，因此对刘邦说：“现在我们已经占据了大半个天下，而且各路诸侯也都诚心诚意地来依附我们。相反楚军连年作战，疲惫不堪，粮食也快吃光了，这正是上天要我们灭掉楚国的大好时机。我们必须趁此机会把楚灭掉。假如您不抓紧时机去攻打它，就会养虎遗患！”刘邦采纳了陈平的建议，立即发兵攻打项羽。公元前 202 年 12 月，项羽的军队被围在垓下，汉军采取“十面埋伏”之计，击溃项羽，迫使他退至乌江，自刎而亡。陈平设计封韩信为齐王，以借力杀项羽，使刘邦完成了统一天下的大业。至此，将近四年的楚汉战争结束了。

七、职业决策之六——四出奇计，请君入瓮擒韩信

公元前 202 年 2 月，刘邦登基，史称汉高祖，封韩信为楚王。不久就有人上书告发楚王韩信谋反。刘邦向诸将征询对此事的意见。诸将都说：“赶紧发兵，活埋这个忘恩负义的小子！”高祖自知这些并不是好主意，就没有吭声。这时，张良已经借口有病，功成身退，只有陈平依然是刘邦身边最重要的谋士。刘邦便向陈平请教，陈平开始不肯出主意，直到刘邦再三追问，并说：“我打算派兵前去讨伐他，你看怎么样？”陈平沉着地反问道：“这次有人上书告发韩信造反的这件事，还有人知道吗？”刘邦说：“没人知道。”“那韩信自己知道吗？”“也不知道。”陈平低头沉思了一会儿，又问：“陛下的军队比韩信的军队厉害吗？”刘邦回答：“不见得。”陈平又问：“陛下手下的战将，有谁在战场上能敌过韩信？”刘邦回答：“没有人能敌得过他。”陈平说：“军队实力不如韩信，将领又不是韩信的对手，现在您反而要出兵去打韩信，一旦引起战争的话，胜负就难以预料了。这样做我真是很为陛下担心啊！”刘邦一听，十分着急，连忙问有没有什么稳妥的办法。陈平说：“古时，天子常常在全国各地巡视，会见各地的诸侯。南方有一个地方叫云梦泽。陛下装作出游云梦泽，要在陈州会见各路诸侯。陈州在楚地西界，韩信听到天子出游，又到了他的地盘上，当然会来谒见。当他谒见陛下的时候，您便可以把他抓起来。这样就不用派兵，只需一个武士就足够了。”刘邦依计行事，韩信果然前来谒见，刘邦便让埋伏下来的武士将韩信捆得结结实实，投入囚车中。后来刘邦把韩信贬为淮阴侯，留居京城，不让他到外地任职，韩信也就不能再有所作为了。陈平的这一计谋，避免了一场战争，消除了再度分裂割据的祸根，维护了新王朝的统一与安定。

八、职业决策之七——五出奇计，献美女图解白登之围

汉朝新建时忙于安抚国内，无暇顾及塞外。这时，长城北面的匈奴就趁机南下。公元前 200 年冬，军报雪片似地飞入关中，刘邦统率 32 万大军御驾亲征。刘邦向北行进

到平城（今山西大同市东北）时，匈奴冒顿单于率四十万精锐骑兵将其包围于白登山（今大同市东面），并且派士兵分扎在各个重要路口，截住汉兵的后援。高祖登上山头向四面眺望，只见四面八方都有匈奴的骑兵屯驻把守。当时正值严冬，连日雨雪不断。刘邦和将士们都冻得手脚发僵。在被围了 3 天后，粮食也快吃完了，汉军饥寒交迫，危在旦夕。被围到第 7 天时，陈平忽然又生妙计。他看到冒顿单于对新得的阏氏（单于的王后）十分宠爱，朝夕不离。这次在山下扎营，经常和阏氏一起骑马出出进进，浅笑低语，情深意笃。于是想到冒顿虽能出奇制胜，可也不免被妇人美女所惑，于是就想从阏氏身上打主意。他派遣使臣，趁雾下山。这位阏氏听说有汉军的使者，就悄悄地走到帐篷外面，屏退了左右，召见汉使。汉使向阏氏献上了许多金银珠宝，并且说是汉皇帝送给阏氏的，另取出一幅图画，说是汉帝请阏氏转给冒顿单于的。阏氏毕竟是女流之辈，一见到黄金和珠宝，就目眩心迷，爱不释手，欣然收下。再打开图画，只见画上绘着一个绝色的美女，不禁起了妒意，便问："这幅美人图是干什么用的？"汉使装出一副虔诚的样子，回答说："汉帝被单于包围，非常愿意罢兵言和。所以把金银珠宝送给您，再请您代他向单于求情，可又怕单于不答应，就准备把我们的第一美人献给单于。因为美人现在不在军中，所以先把她的画像呈上。"阏氏气愤地说。"这个用不着，赶快拿回去吧！"。汉使说："汉帝也觉得把美人献给单于，怕会夺了单于对您的宠爱。可是事出无奈，只好如此。如果您能解得了我们的围，那我们当然不会把美人献给单于了，情愿给您多送点金银珠宝。"阏氏说："请你回去告诉汉帝，尽管放心好了。"说完，将图画交还给使者，使者就回去了。阏氏细想，如果汉帝不能突围，就会把美女献给单于，那时我就要受冷落了。于是，她回到后营，就对单于说："军中得到消息说，汉朝有几十万大军前来救援，只怕明天就会赶到了。"单于问："有这样的事？"阏氏回答说："汉匈两主不应该互相逼迫得太厉害，现在汉朝皇帝被困在山上，汉人怎么肯就此罢休？自然会拼命相救。就算你打败了汉人，夺取了他们的城池，也可能会因水土不服，无法长住。万一灭不了汉帝，等救兵一到，内外夹攻，那样我们就不能共享欢乐了。"说到这里，阏氏泪如雨下，呜咽得连话都说不出来。单于一时也不知怎么办才好，于是问："那怎么办呢？"阏氏说："汉帝被围了 7 天，军中没有什么慌乱，想必是有神灵在相助，虽有危险但最终会平安无事的。你又何必违背天命，非得将他赶尽杀绝呢？不如放他一条生路，以免日后有什么灾难降临到咱们头上。"单于将信将疑，可是又怕惹阏氏不高兴，第二天，便传令撤走围兵了。陈平用这一妙计，使匈奴退兵，刘邦逃出重围，一场大难消于无形之中。

九、职业决策之八——六出奇计，机智释樊哙

公元前 195 年，高祖刘邦击败叛军归来，创伤发作病倒了。刚回到长安，又听说燕王卢涫叛变，就派樊哙以相国的身份率军去讨伐。樊哙走后，有人对高祖说："樊哙跟吕后串通一气，想等皇上百年之后图谋不轨。皇上不能不早加提防。"高祖对吕后干预

朝政，早已不满，现在听说吕后又跟她妹夫樊哙串通一气，立时觉得情况严重了，他决意临阵换将，与陈平计议此事，最后，采用陈平的计谋，以陈平的名义前往樊哙军中传诏，在车中暗载大将周勃，等到了军营里才宣布立斩樊哙，由周勃夺印代替。

高祖要陈平尽快地把樊哙的头取来，让他检验。陈平、周勃当即动身，在途中，边走边细心合计。陈平说："樊哙是皇帝的老部下，劳苦功高，又是皇亲国戚，位高爵显。眼下，皇帝正在气头上，万一他后悔了，咱们怎么办？再说皇帝病得这么厉害，再加上樊哙是吕后的妹夫，她们姐妹二人必然会在皇帝身旁搬弄是非，到那时难免会归罪于咱们两人。"周勃一时没有了主张，便问："难道把樊哙放了？"陈平说："放是不能放的，咱们不如把他绑上囚车，送到长安，或杀或免，让皇上自己决定。"周勃也认为这是个好主意。到了樊哙的军营前，陈平命人筑起一座高台，作为传旨的地方，另外又派人持节（一种信符）去叫樊哙。樊哙得知只有文官陈平一个人前来，认为只是传达平常的敕令，也没多想，立即一个人骑马赶来接诏。不料，台后忽然转出武将周勃，当即将樊哙拿下，钉入囚车。周勃又立即赶到中军大帐，代替樊哙，由陈平押解囚车返回长安。走到半路时，陈平听说刘邦病故。心想：现在朝中必然由吕后主持政事，这可糟了。唯一可喜的是，幸亏先前未斩樊哙，还好向吕后交代。可即便如此，也怕夜长梦多，担心有人在吕后面前说他的坏话，一定要先赶到长安，把自己的事解释清楚。他立即策马赶往长安，路上遇到使者传诏，让他屯戍荥阳。于是，他又生一计，跌跌撞撞地跑入宫中，跪倒在汉高祖的灵前，放声大哭，边哭边说："您让我就地斩决樊哙，我不敢轻易处置大臣，现在已经把樊哙押解回来了。"这明明是说给活人听的，是在向吕后表功。吕后姐妹听说樊哙没死，都松了一口气。看着陈平泪流满面的样子，就宽慰陈平。陈平又趁机请求留在长安，吕后也答应了，还拜他为郎中令，辅助新皇。陈平从而避免了一场大灾祸，再次保全了自己。

十、职业定位——妙答丞相之职

文帝有一次上朝，问右丞相周勃说："全国一年有多少案子判决？"周勃谢罪说不知；文帝又问："一年钱粮收入多少？"周勃又谢罪说不知，内心感到惶恐惭愧，汗流浃背。文帝转问左丞相陈平。陈平说："有专主其事的人。"文帝说："专主其事的是谁？"陈平回答说："陛下要知道断案之事，就问廷尉；要知道钱粮之事，就问治粟内史。"文帝说："如果各司其职，那么你所负责的是什么事？"陈平谢罪说："陛下不知道我才智低劣，让我担任丞相。丞相的职责是对上辅佐天子，调理阴阳，顺应四时；对下创造万物生长的条件；对外要镇抚四方夷狄和诸侯；对内要使百姓归附，让卿大夫们都能安心的担任各自的职务。"文帝认为其讲得好。

右丞相周勃很惭愧，出宫门之后就责备陈平说："你平日怎么不教我怎样回答呢！"陈平笑着说："你身居相位，难道不知道自己的职责吗？假如陛下问长安城中盗贼的数目，你想勉强回答吗？"于是周勃自知才能远不如陈平。过了不久，有人劝周勃说："你已灭诸吕，立代王为帝，威名震动天下。而你受到优厚的赏赐，居于高位，时间久了，就会大祸临头。”周勃也感到处境危险，就托病请求辞去丞相之职，文帝应允，由左丞相陈平独任丞相。

十一、职业污点——盗嫂受金

《史记》记载，有人指责陈平早年与其嫂通奸，被流放。通奸一事出自《史记·陈丞相世家》，原文是：“绛侯、灌婴等咸谗陈平曰：‘平虽美丈夫，如冠玉耳，其中未必有也。臣闻平居家时，盗其嫂；事魏不容，亡归楚；归楚不中，又亡归汉。今日大王尊官之，令护军。臣闻平受诸将金，金多者得善处，金少者得恶处。平，反覆乱臣也，原王察之。’”据史书上记载，周勃、灌婴二人，与陈平早年不相识，通奸一事只是“臣闻”，后来司马迁用了“谗”字来载入《史记》。

第五章 职业规划外在因素

选择职业是人生大事，因为职业决定了一个人的未来。铁匠锤打铁砧，铁砧也锤打铁匠；海蛤的壳在棕黑深邃的海洋里变成，人的心灵也受到生命历程的染色，只是所受的影响奥妙复杂，不易为人觉察而已。所以说，选择职业，就是选择将来的自己。

——罗素

寓言

春　燕

海边有一个新建的水厂，厂区环境优美，赛过公园。那个米黄色的三层办公楼，设计很雅致。这个水厂的厂长是个虔诚的环保主义者，这不，公告栏里面的告示上，厂长明确告诉全厂职工，要呵护各种动物，尤其是我们这些春燕。

有一天，我们的邻居在办公楼的门头上搭好窝，由于办公楼粉刷的油漆脱落，燕窝掉了下来。当时，我们看见，厂长把工程部的人喊来，狠狠训了一顿。于是，工程部人员将功补过，在门厅易筑巢处，广设支架，以供我们筑巢。殊不知，咱们春燕却对此视而不见，反而在附近车库等处筑巢产子。呵呵，你们人类，哪知道我们春燕，天生精灵，建筑巧匠，如果投机，恐污名声。

旁边鱼塘众多，鱼饲料致苍蝇乱飞，人类烦甚。可是，这些苍蝇，正是我们春燕的可口食物哦。这不，我们看到，那天，厂长还在百度上面查找证实，春燕是否真的是苍蝇的克星呢？

自此，我们春燕可自由穿越窗户，自由出入厂长办公室，有时，甚至还能旁听会议呢。

当然，每年春天，我们都会回来，因为，这里是洞天福地，是我们的家园，这里更有我们施展才华的广阔职业空间！

第一节　外 部 环 境

环境改变人，环境塑造人，环境造就人。人是社会的人，每个人都生活在一定的环境中，生活、成长和发展都与环境密切相关。在做职业规划时，我们要认清，在社会大环境中自己所选择职业的现状、社会地位、技术含量和发展趋势，分析影响职业生涯发展的各种客观因素，找到制订个人职业规划的依据和理由。在做职业规划时，我们还要分析环境的特点、职业与环境的关系、在特定环境中自己的地位、面临环境的挑战，以及环境对自己的有利或不利条件等。充分了解环境、熟悉环境、尊重环境，使职业规划与环境相适应，在复杂的环境中趋利避害，发展并实现职业规划。

要充分认清外部环境对职业生涯发展的约束，充分认识到外部条件的影响，使职业定位更加合理和现实，脱离现实的职业规划危害很大。

一、发展趋势

从古到今，时代在快速发展，职业发展和演变的速度也越来越快，变化的程度越来越大。今天很热门的职业，明天也许就风光不再；原来少人问津的职业，现在却炙手可热；以前没有的职业，如今却层出不穷。社会制度变革，行业演变，经济发展，技术变革等众多因素的影响，使得社会上的各种职业，呈现出由封闭型向协作型职业转化，由传统型向科技智能型职业转化，由单一型向复合型职业转化的趋势。

关注职业的发展态势，了解职业的发展规律，关注职业当前的地位更要关注它的未来，从而，选择到广阔而又有发展前景的职业。职业发展和变迁的客观规律表明，在选择职业时，要考虑个人职业发展意愿，要考虑社会需求的变化，分清哪些是朝阳职业，哪些是夕阳职业，哪些是恒星职业。对职业发展做出科学的预测，转变职业理念，更好地进行职业规划。

针对职业本身所处的环境，包括社会环境、行业环境、企业环境、岗位环境、家庭环境和学校环境，要有正确的认知。认识职业所处的环境特征，了解职业所处的环境需求，谋求个人职业生涯更好的发展。

员工职业生涯的开发与管理，是一个公司人才战略的核心内容，员工的职业规划是公司战略管理的重要组成部分，更是人力资源管理的重要任务。个人发展，是企业发展和社会发展的基础。要想把企业的人力资源最大限度地变成人力资本，实现企业愿景，就要充分发挥人的主观能动性，以人为本，做好员工的职业生涯开发与管理，帮助员工实现其自我价值。面对不同的工作环境和工作职责，职业发展的各种问题随之而来，解决好职业发展道路上的困惑和问题，才能延长职业生命，快乐工作。职业规划体现了员工发展的需要，也体现了企业发展的需要。

目前，企业管理者很少主动在企业内实施职业规划，其顾虑是，员工因此会不安心本职工作，甚至有的会翅膀硬了后离职。但是，时代在发展，现在的员工，自我意识强，思维活跃，主动要求职业规划的人在不断增加。因此，企业也要与时俱进，为员工个人的长期职业生涯发展服务，鼓励员工的个性成长，引入一种全新的、符合时代发展规律的、员工能接受的职业规划。

二、聚焦就业

1. 兴趣

知人者智，自知者明；当局者迷，旁观者清。看清别人容易，认识自己却很难，我们可以借助旁观者的力量来认知，通过家人、亲戚、朋友、老师和同学的看法，客观地评价自己。

从性格、能力、兴趣、爱好和价值观等方面，分析自身的特点，了解自己；对职业的认知，要了解行业和企业的环境，社会上职业的类别，找到适合自己的位置，以此为基点储备知识，发展自我，实现自身价值，选择适合自己的专业和职业。自我认知和职业认知是职业规划的两块重要基石。

兴趣是个体积极探索某种事物，使得个体对某件事物优先给予注意，带有积极情绪色彩的心理倾向。兴趣+职业，就是职业兴趣，即个体力求认识、接触和掌握某种职业或专业的心理倾向。职业兴趣能够给人们带来工作的满意感和成就感，能提高工作效率，增加工作稳定性，促进个体充分发挥才能，是人们做出职业选择的重要依据。兴趣说明我们喜欢做什么，能带来心理上的愉悦和满足，但仅凭兴趣做事是行不通的，要有能力的支撑。

2. 职业理想

一个人的职业动机、习惯、偏好等，一般以其职业理想为出发点，职业理想在职业规划过程中起着重要作用。社会发展的需要是职业理想的客观依据，职业理想受到社会环境、社会现实的制约。符合人民利益和社会发展需要的职业理想都是高尚的、正确的，并具有现实的可行性。职业理想应把个人理想与国家利益和社会需要有机地结合起来。

3. 外在条件

做好职业规划，还需要分析职业、了解职业，才能恰当定位，制订出合适的职业规划。个体的职业认知能力越强，越能客观地结合实际，使职业规划成功。职业规划的外在条件有如下几个方面。

冷热门职业：现在有冷门职业和热门职业，热门职业一般薪酬高，但不应盲目追求热门。求职者应该分析自己的能力所长，珍惜已经表露出来的职业兴趣和职业特点，寻找符合自己特长的职业。

稳定的职业：职业稳定的概念是相对的，所谓不稳定，不是职业的不稳定，而是企业、单位的不稳定。作为社会分工的各种职业，在社会上永远都是需要的。

就业的组织：大公司优点很多，有良好的福利、晋升、培训体系，从业经历可为以后求职带来便利；同时，缺点也很明显，大企业人才济济，分工太细、太明确，个人优点不易被发现，很多能力可能很难得到锻炼。相对于大公司，小公司的缺点也很多，但在小公司工作可能身兼数职，更能展示自己的才华，职业发展空间可能会更广阔。

就业的地域：就业地域以城市为例，城市大小直接反映出就业机会、薪酬水平、生活成本等相关因素。大城市人才济济，竞争激烈；小城市人才少，竞争相对较小。因此，在做职业规划时，一定要根据专业，考虑就业城市因素，这样才能适得其所。

4. 职业分类

职业分类是运用科学的方法和手段，对不同性质的职业进行划分和归纳。国内外职业分类既有相同点，又有不同处。

1）国内的职业分类

按工作性质的统一性分类：《中华人民共和国职业分类大典》将我国职业分为 8 个大类，64 个中类，301 个小类，细类仍在划分之中。其中，8 个大类包括各类专业、技术人员；国家机关、党群组织、企事业单位负责人；办事人员和相关人员；商业工作人员；服务工作人员；农林牧副渔劳动者；生产工人、运输工人和有关人员；不便分类的其他劳动者。

按所属行业，把职业分为 13 个门类：农、林、牧、副、渔、水利业；工业；地质普查和勘探业；建筑业；交通运输、邮电通信业；商业、公共饮食业、物资代销和仓储业；房地产管理、公用事业、居民服务和咨询服务业；卫生、体育和社会福利事业；教育、文化艺术和广播电视事业；科学研究和技术服务行业；金融、保险业；国家机关、党政机关和社会团体；其他行业。

2）国外的职业分类

按劳动性质分类：按照脑力劳动和体力劳动的性质、层次，把工作人员分为白领和蓝领两类。

按照个体的心理差异，霍兰德将人格和职业对应划分为六种：现实型、艺术型、研究型、社会型、企业型和传统型。

按照各个职业的主要职责或从事的主要工作进行分类：如加拿大《职业岗位分类词典》中将职业分为 23 个主类。

5. 评估职业的方法

在职业评估方法方面的研究，不同的学者给出了不同的方法，其中比较有代表性且运用比较广泛的是由克拉克和威尔德提出的 PLACE 法，这是用来收集与评估职业信息的综合系统。

PLACE 法所给出的五个指标是对职业信息进行分解，从各个层面认知该职业，评估各方面的条件是否符合该职业的需要。

P（Position）：职位、职务，主要指该职位的日常性工作有哪些，需要担负什么样的工作责任，处于什么样的工作层次。

L（Location）：工作地点，包括工作单位的地理位置、所处的环境状况、安全性等。

A（Advancement）：升迁、发展，指升迁的渠道有哪些，是否畅通；升迁速度如何。

C（Condition of employment）：工作状况，如工作时间，工资和福利，培训和学习的机会等。

E（Entry requirements）：雇佣条件，包括所需的学历水平、专业、工作经验、能力、性格、气质类型等。

三、就业政策

目前，我国的就业政策以市场调节为主，毕业生在国家和学校的指导下，自行与用人单位沟通，进行双向选择。就业竞争十分激烈，形势严峻。在做职业规划时，求职者要充分了解就业形势，市场需求大的工作更容易获得。切勿盲目乐观，也不要盲目悲观。一个外表看起来辉煌，里面却已经坏掉的组织最好不要去。最好选择一个正处于上升期，有更强的竞争力，有明确的战略目标，充满活力的组织。如果这是一个企业，即便是一个小公司，也是可以考虑的。

1. 就业政策公约

1997 年 5 月，全国人民代表大会常务委员会批准通过国际劳工组织的《就业政策公约》。

1964 年 6 月，国际劳工组织在日内瓦举行第 48 届会议，确认国际劳工、组织有促进获得充分就业和提高生活水平，防止失业和提供足够维持生活的工资的义务，按照全人类不分种族、信仰或性别都有权在自由和尊严、经济保障和机会均等的条件下，谋求其物质福利和精神发展的基本目标，审查和考虑经济和财政政策对就业政策的影响，保护每个人都有享受工作、自由选择职业、公正和满意的工作条件，以及得到保护免遭失业的权利。这些条款应建立在充分的、自由选择的、生产性就业基础上，以发展经济为目的的国际纲领的更大范围之内，确定这些提议应采取国际公约的形式，条款于 1964 年 7 月 9 日通过，称为《就业政策公约》。

为了促进经济增长和发展，提高生活水平，解决失业问题，国家应实行积极的政策，促进充分的、自由选择的、生产性就业。政策实施的目的：向一切有能力工作并寻找工作的人提供工作；此种工作应尽可能是生产性的；每个人不论其种族、肤色、性别、宗教信仰、政治见解、民族血统或社会出身，都有选择职业的自由，并有获得必要技能和使用其技能与天赋的最大可能的机会，并获得一份对其很合适的工作。

2. 当前政策

当前，就业需求在结构性方面有变化，二三线城市、民营中小企业用人需求明显上升。毕业生就业的期望值与社会需求关联很大，国家对高校毕业生到基层就业的政策应保持连续性和稳定性。在中西部地区和艰苦边远地区的县以下基层单位从事专业技术工作的，申报职称等政策都放宽了条件。还有更多的基层就业政策信息，在教育部网站上都有实时更新。

国家积极鼓励高校毕业生自主创业，执行的优惠政策主要有：税收优惠、小额担保贷款和贴息支持、免收有关行政事业性收费、享受创业培训补贴、有关机构提供免费创业服务、除直辖市外大部分省对毕业生创业落户取消限制等。

如果没有找到心仪的用人单位，可将档案转至毕业生的生源地，或暂时留在学校代为保管。如果超过两年未落实工作单位，学校再将档案转至生源所在地。

根据当前的就业政策，员工在签订就业协议或劳动合同时，要注意与用人单位签订的协议或合同是否符合《中华人民共和国劳动法》，对单位的相关信息、合同期限、工作内容、地点、时间及劳动报酬和社会保险是否都有明确规定，还应重点关注劳动合同内对试用期的说明。如果遇到纠纷，建议先向学校咨询，寻求帮助，同时，员工有权向用人单位的上级主管部门提出申诉，也可提交给当地的劳动争议仲裁机构进行调解和仲裁，或直接向人民法院提起诉讼。对用人单位违反劳动保障法律、法规和规章的情况，高校毕业生可向人力资源社会保障部门举报、投诉。

国家关于消除大学生就业歧视的政策明确要求：用人单位招聘时不得设置民族、种族、性别、宗教信仰等歧视性条件，不得将院校作为限制性条件。招聘大学生关键是量才使用，英雄不问出处，重在真才实学。

3. 具体措施

国务院明确规定，面对就业压力加大的形势，必须采取更加积极的就业政策，大力支持大众创业、万众创新，把创业和就业结合起来，以创新创业带动就业。当前，中国创业市场潜力十足。目前，发达国家和地区平均每千人口拥有的企业远多于中国，在中国，创业空间相当大。

为助力创新创业，国务院设立了“国家新兴产业创业投资引导基金”。将企业吸纳就业税收优惠的适用人员范围，由失业一年以上调整为失业半年以上；把高校毕业生、登记失业人员创办个体工商户的税收减免政策，扩展到个人独资企业；将小微企业新招用的毕业年度高校毕业生享受 1 年社保补贴政策，改为长期执行；将失业保险基金支持企业稳定岗位政策，扩大到所有依法参保缴费、不裁员或少裁员的企业；要求放宽新注册企业场所登记条件限制，推动一址多照、集群注册等改革；鼓励地方盘活闲置厂房等提供低成本的创业场所；明确将小额担保贷款调整为创业担保贷款，最高额由 10 万元或不足 10 万元统一调为 10 万元，个人贷款基础利率上浮 3%以内的部分，由财政贴息并简化手续。

明确实施鼓励农村劳动力创业的政策措施，发展农民工返乡创业园，支持农民网上创业。支持高校、科研院所等专业技术人员在职或离岗创业，对经同意离岗的可在 3 年内保留人事关系。加大对困难人员的就业援助，确保零就业家庭、最低生活保障家庭等困难家庭至少有一人就业。实现就业或自主创业的最低生活保障对象，在核算家庭收入时，扣减必要的就业成本。

第二节　社 会 环 境

一、概述

个体进行职业选择时，要充分认识到社会环境对职业发展的影响，职业发展以社会的发展和需要为前提。政治环境、经济环境、法治环境、科技环境、文化环境等宏观因素组成了社会环境。政治环境对职业发展起导向作用，主要涉及国家的职业方针和政策。经济环境是影响职业选择和发展的重要因素。经济发展好，就业概率大；经济萧条，职业选择和发展的空间就会减少。法律环境和文化环境主要指与职业相关的法律、法规，教育条件和水平等因素。

社会环境对职业生涯影响重大。通过对社会大环境的分析，了解政治、经济、科技、文化、政策等发展方向，以更好地寻求各种发展机会。

二、行业环境

一个行业的发展状况、前景、优势、劣势、对人才的需求等，组成行业环境。

行业环境分析是对从事或拟从事目标行业的环境分析，其内容应包括行业的发展状况、国际、国内重大事件对该行业的影响，行业的优势与问题、行业发展趋势等。进行职业选择时，必须了解行业发展和职业的发展前景关联度。对行业中的代表性企业进行调研，了解该行业的政策扶持、核心竞争力、发展前景、进入资格、薪酬待遇、发展机会、内部竞争等，从而精准把脉行业环境的变化，做好职业规划。

三、人才市场环境

人才市场是人力资源管理必须考虑的一个外部因素，是职业规划的重要信息资源和决策依据。人才市场是组织的外部人才储备器，组织从中能够获得所需人才。人才市场的变化，导致了组织内部人才的动态变化。组织可从外部雇佣新的人才，这就引起了组织内部的人才变化，也影响到管理者处理人才问题的方式。通过人才市场环境分析，了解哪些人才短缺，哪些人才富余，哪些人才社会急需。

四、政策、科技环境

政策环境是指一个国家或地区的法律、法规、方针政策、人才培养开发政策、经济管理体制、人才流动有关规定等。政策环境会直接影响人才的成长，影响个人职业规划的实施。

职业模式的变化会受到科技的发展和产业结构调整的影响。科技环境发生了变化，对一个人的职业生涯发展，从工作方式、工作条件、工作要求、工作的决定因素等方面，也会产生一定的影响。客观地关注和对待科技环境的影响，使个人的职业规划高效进行。

五、企业环境

个体对自己拟选择的企业进行了解，分析该企业与自身的适合度，对该企业的发展历史、内部文化、领导团队、组织机构、管理理念、发展战略、发展前景等（表 5-1），进行全方位的评估，然后决定是否加入。

表 5-1　企业环境分析因素

类别	情况 1 好	情况 2 较好	情况 3 一般	情况 4 较差	情况 5 差
用人单位的声誉和形象					
在本行业中的地位和现状					
发展前景					
面对的市场状况					
产品和服务在市场上的发展前景					
提供的岗位与自己适合度					
培训机会					
企业领导人怎样					
企业管理制度是否先进开明					
企业文化是否与自己吻合					
福利待遇是否完善					

企业在社会中的地位和声望、是发展扩张还是紧缩、发展前景如何、战略目标是什么、在该行业中是否具备很强的竞争力、企业目前的财政状况如何、有没有长久的生命力都是企业环境分析时要考虑的因素。

企业发展的决定性因素之一，是主要领导人的抱负及能力。很多成功的大企业，都有一位出色的企业家作为领航人。要看企业主要领导人，有没有战略眼光和措施，是否真心想干一番事业，管理是否先进，有无能力带领员工开创新天地，是否尊重员工等。一个人身在职场，自己优秀，再遇到一位好的领导，好运自会降临。

优秀的企业，不但有很好的福利、吸引人的薪酬、舒适的工作环境和良好的管理，还有向上的企业文化，能激发员工的创造性，让员工感到快乐和得到尊重。

此外，还要了解目标岗位的工作内容，需要具备的素质和能力，在企业中的地位和作用；晋升的渠道是什么；工作的同事有哪些；沟通渠道是否畅通等。

六、家庭环境

家庭环境主要包括生活环境、经济条件、孩子学业、成员健康状况、夫妻关系、父子关系、婆媳关系等。家庭环境好坏对人的心态影响非常大，也影响到个人工作和事业的发展，职业规划的实施。

父母的职业类型和期望，往往会影响孩子对职业的选择。职业规划时，根据自己的成长经历，搞清父母期望什么，自己擅长什么，自己想要什么，确立合理的职业目标。然而，家庭对个人职业规划的影响，不纯粹是父母或长辈对自己抱有的期望和限制。有些人反叛心理强，有意违抗父母的安排，结果父母不高兴，自己也不满意，享受不到工作的乐趣。个人的职业生活与家庭环境密不可分，完全以个人为中心，不考虑家庭或相关群体需要的职业规划，必然会造成家庭关系、人际关系的紧张，既有损个人、家庭的幸福，又会影响个人的职业发展。

第三节 职 业 通 道

一、职业通道

职业通道是指一个员工的职业发展计划，要求员工、主管及人力资源部门共同参与制定。让企业了解员工的潜能，让员工更加专注于未来自身的发展。

职业通道有三类模式：单通道模式，双通道模式，多通道模式。按职业性质可分为管理性通道模式，技术性通道模式，技能性职业通道模式。技术性通道模式，即技术系列通道、技术带头人通道、技术管理人员通道，适合技术性职业通道。提高技术人员的待遇、地位，为技术人员设计各等级待遇基本相当的等级序列，吸引优秀人才安心从事技术工作。

二、职业通道设计种类

1. 横向职业通道

长期从事同一项工作使人枯燥无味，影响工作效率，如果组织内没有足够多的职位，为每个员工提供升迁机会，可采用横向职业发展通道模式。该模式采取工作轮换的方式，通过横向调动使员工的工作具有多样性，增加员工对组织的价值。

员工职业发展通道的设计，有纵横两个维度。横向职业发展通道设计，有利于员工对于多岗位间的配合协作，有利于后备管理人才的培养，有利于企业全面绩效评估与执行力的积聚，有利于促进企业激励机制的构建；有利于企业发现具体岗位所需要的员工，也有利于员工找到自己满意的岗位。

2. 双重职业通道

双重职业通道模式：管理生涯通道——高级管理职位，专业生涯通道——高级技术职位。两个通道中同一等级的管理人员和技术人员，在地位上是平等的，员工可以自由选择在专业技术通道上或是在管理通道上得到发展。职业技术人员没有必要因为其专业技能的提升从事管理工作，技术专家的贡献是组织需要的，技术员工的能力水平直接影响着组织生产效率的提升速度，应该得到组织的承认。因此，双重职业通道能够保证组织内既拥有高技能的管理者，又拥有高技能的专业技术人员。

双重职业通道的建设，对职业发展的宽容度也远大于传统的职业通道设计。专业技术人员实现个人职业生涯发展，可以不必走从管理层晋升的道路，避免了从优秀的技术专家中培养出不称职的管理者这种现象，且有助于专业技术人员在专业技术方面取得更大的成绩，保证员工在适合自己的岗位上充分发展。

3. 多重职业通道

多重职业通道模式，可以将双重职业通道中对专业技术人员的通道设计分成多个技术通道。比如，技术人员通道→技术带头人通道→技术管理人员通道。这种模式为员工提供了更多的职业发展机会，也便于员工找到与自己兴趣相符、真正适合自己的工作，实现自己的职业目标，也增加了组织效益。另外，也可以是管理人员改行做技术，这要求管理人员本身具有一定的技术基础，改行再来从事技术工作，把技术做精、做尖。

多重职业通道模式下的员工，一般都是复合型人才，对组织的贡献相对较大。

三、职业通道的设置

两条平行的职业通道：一是管理类，其发展路径为基层业务人员→骨干→基层管理者→中层管理者→高层管理者；二是技术类，其发展路径为基层业务人员→骨干→核心骨干→专家→资深专家。

两类职位的级别基本对应，相同的级别可以享受相同的待遇。这样，选择适合自己或愿意去走的职业上升通道，员工就有了更明确的工作目标，技术性人才可以走技术专家的道路，管理型人才可以走管理专家的道路。两条职业通道的设置，有效地避免了大家都走管理独木桥的局面。

四、通道示例

在员工发展通道与职业规划适宜的时候，人力资源部门要做的，不能仅仅是事后对员工进行评价，套用某一级薪酬标准来判断员工处在某一个级别；而应该在员工能力得到提升的同时，及时了解员工个人的职业发展意愿。通常有三种情况：一是在本领域内深入钻研，朝这一领域专家的方向发展；二是在这一领域有一定研究后，拓宽知识面，研究相关知识，发展的方向将是，在这一行业内各个专业模块都熟悉的全能型人才；三是在掌握了一定的专业技术知识之后，转向管理职位发展，如果转型成功，员工将成长为既懂专业技术，又有管理才能的复合型人才。

研发企业员工发展通道示例如表 5-2 所示。

表 5-2　研发类企业员工发展通道示例

类型	核心竞争力	人才需求	员工发展通道
一般型	技术	有一定的倾向性	根据企业的现状确定员工发展通道，引导员工个人发展与其职业规划相结合，保证员工队伍的稳定性
成长型	技术领先	集中体现在专业人才	鼓励员工朝专家型人才方向发展
成熟型	技术+管理	更需要在相关领域内能将技术综合运用的全能型人才	鼓励员工在某领域内有了一定研究之后向相关领域涉猎，加大对此类全能型人才的激励
巅峰型	向管理要效益	既懂技术，又懂管理的复合型人才	重点倾斜到从技术通道向管理通道发展的这一部分员工，鼓励那些对管理有兴趣，又有一定技术工作背景的员工成长为企业需要的复合型人才

五、拓宽通道

现代企业的发展，需要员工一专多能，具备精湛的技术与多元化的能力，拓宽自身横向职业发展的通道。员工要熟练掌握岗位专业技能，还要了解岗位上下游职位的能力要求，增强岗位选择和适应能力，降低现代企业的人力成本。

用脱岗和在岗培训的形式，来实现员工一专多能，为需要岗位轮换的员工进行知识铺垫、更新和积累。工作内容的增加意味着增加挑战性与责任，在同一工作团队中改变角色，可以被视为能力拓展和不转岗情况下的横向职业发展。职业培训是促进员工更好地进行横向职业发展的主要推动力。

拓宽员工职业发展通道，搭建更广阔、灵活的人才发展平台，实现不同通道间的有效转换；通过梳理多通道发展路线，拓宽人才发展平台，设计横向与纵向相结合的发展路径，建立职业发展与待遇提升、学习发展、岗位晋升等方面的有效联系。根据职业发展通道，制订针对性的培训计划，帮助员工实现自我价值；员工明确自身定位，清楚发展和努力的方向；将员工发展与激励建立起有效联系，提升员工晋升发展的积极性和满意度。

第四节　职 业 瓶 颈

一、概述

不少职场上的人士，通常在经历了职业起步的探索期、适应上升的激情期之后，有一天，会突然发现自己陷入了职业发展的瓶颈。进入瓶颈期的职场人士，很难获得上司的信任，业绩也很难突破了，往往没有了工作热情，对困难的抵抗力降低，工作效率下降，工作目标不清晰或没有规划。由于自己的工作经历和背景，可以选择的方向也不多；晋升的机会很少，前途渺茫；加薪无望，工作重复，原地踏步，看不到希望。

职业瓶颈期，第一次出现的时间多在工作后第 3～5 年内，一般是周期性的。处在这段时期的职场人士，遇到了某种难以言表的尴尬和障碍，前有老员工取得的业绩压力，后有新人的拼劲和好学，进入了一个无法突破的瓶颈，职业生涯似乎走到了尽头。

每一个职场人士，都期望属于自己的工作舞台足够大，发展方向更广阔。在执行职业规划的过程中，每个人都会遇到无法避免的障碍。有些人在遇到困难时选择逃避、得过且过、浪费人生。但只有勇于面对，想办法解决困难，才能取得更大进步。无论何时，要正视瓶颈、认识到位、自我减压、保持清醒、战胜自己。每一次成功突破，都解决了一个瓶颈。

遇到瓶颈就跳槽，盲目地跳来跳去，对个人发展不利。出现瓶颈时，首先要判断瓶颈是真是假，如果是真实的，那么，在不离开这个公司的情况下是否有解决的办法，轻易跳槽往往不是解决问题的最好办法。锻炼自己的职业能力，在工作中找到乐趣、享受工作，这样，既解决了瓶颈又使职业发展上升到更高的一个层面。遇到职场瓶颈后如何摆脱，对于职业的长期规划，要有平静的心态，综合各种条件后平衡决策。有时候，突破的最好方法，可能是寻找下一个更好的发展平台。

二、职业瓶颈产生原因

职业瓶颈的产生，一定有其原因。所以，只有找到真正的原因，才能对症下药，解决问题。

1. 管理上的原因

自身能力不足或管理水平有限而产生瓶颈。高一级的职位对员工综合能力的要求会越高，如决策力、洞察力等方面都需要再提升。有时因为培训不到位，学习能力不强等原因，导致工作上力不从心，甚至于自己对自己都不满意。

2. 职业倦怠原因

同一个职位一般具有三四年左右的停留期，这时，工作激情不再，动力不足，厌倦感在不知不觉中产生。白领特别是外资企业的员工，职业倦怠感会更加强烈，如果依靠自己的知识或者经验几年都没有突破，员工的价值会大打折扣。

3. 遇到升职天花板

在一个组织内，员工再努力，能力再强，也难有升职机会，而其现有的水平明显高于所在职位的要求，此时，如果不想选择离开的话，自然会在想法应付工作的同时将其他精力输出到个人事务中。

4. 年龄原因

随着年龄的增加，员工的经验、水平相应会增加。但是，有些工作，由于新知识更新很快，自身的竞争力随年龄增长不断下滑，会发现前景渺茫，越想越痛苦。

瓶颈现象在社会中普遍存在。对于职场人士来说，如果能够找到症结所在，主动突破，那么遇到的困难只是暂时的；如果找不到提升的通道，一直处于纠结的状态，则今后的职业发展之路会更加艰难。

三、组织与职业瓶颈

从组织的角度来看，重视员工的职业生涯通道设计，是对员工最好的尊重，也能招得来、用得好、留得住人才。组织对人才越重视，组织环境越好，员工的职业瓶颈相对减少，来的时间也会较晚。社会在发展，工作分工更加精细，工作效率明显提高，职场人士遭遇职业瓶颈的周期也在缩短。越来越多的组织已经发现，员工的职业生涯发展与组织密切相关，是管理者的重要职责。

工作一段时间后，员工会呈现出一种类似高原形态的工作状态，职业发展遭遇了瓶颈。这时，组织要积极关注。员工的职业瓶颈既然在组织中出现，组织就有责任帮助员工打破它。在员工承担自身职业发展的最终责任之外，组织也应为员工提供力所能及的发展机会。员工受雇于组织，成长于组织，而组织又依赖员工才得以发展壮大，员工的发展与进步，将决定组织的成败。

每个人都需要得到别人对自己更多的关注，来满足自身的心理需求。经常被管理者关注的员工，工作状态好，工作绩效高，职业发展的瓶颈出现的频率也相对要低。让员工感受到他更靠近组织的核心，更能掌握组织核心的信息，使员工对组织真正建立起信任感和归属感，调动员工自身的内部驱动力，形成自我激励，就可以减缓职业瓶颈的发生。

终身学习，培养就业能力，是员工远离职业瓶颈的根本方法。员工的核心竞争力包括知识、技能、经验和职业素养四个方面。学历和专业是知识最主要的标志，有时会以此衡量员工是否符合岗位的基本要求。保持知识的领先，是决定职业高度的基础。良好的职业素养，是衡量一个职业人士成熟度的重要指标。员工要清晰地认识到自己所处的现状，结合职业规划，评判自身是否具有了较强的就业能力，与组织是否形成了良好互动。在遭受职业瓶颈时，客观地分析自己，扬长避短，打造终身就业能力，才能在职业发展道路上越走越远。

四、天花板效应

天花板效应指的是，设置一种无形的、人为的困难，以阻碍某些有资格的人在组织中上升到更高的职位。当目标和现实发生冲突时，天花板就会展现出来。因受传统观念的影响，女性在就业、升迁方面多少都会受到性别因素的影响，这并不公平。天花板现象，不仅影响女性职业生涯发展，甚至也影响着其工作和生活满意度，进而也会影响员工的工作表现，这对员工职业生涯的确是危机。尤其是女性从事组织中高阶主管的工作，其管理与领导风格就很重要。建议包括发展一套系统性、持续性的程序来保障女性员工升迁的渠道，以及建立持续性计划，去定位高潜力的女性在职业发展中的角色，并帮助她们成长。

减少天花板障碍的方法有，如职业生涯发展、招聘措施、培训、沟通、关系网络等。在职业生涯发展方面，不论男女性，都需要建立一套正式化的职业规划和发展程序来帮助员工成长。现在许多员工越来越重视关系网络的紧密程度，一个好的关系网能鼓励女性建立一个良好的社会关系网络，使得她们随时都可以掌握最新的信息，同时在工作面临困难的时候，也有人会帮助她们面对并解决问题。

从社会层面、组织层面和个人层面共同努力，打破天花板效应，促进女性人力资源充分开发利用，推动社会两性平等和社会经济发展，最终构建和谐社会。拓展能力，包括专业技术能力、治理能力、沟通能力、洞察力等，培养全球思维，这是女性工作中要突破玻璃天花板的基础素质。半杯水，悲观的人说，杯子快空了，但乐观的人说，杯子快满了。职业女性更要以正面的立场去面对工作上的困难。越来越多的职场女性，也学习了职场上的政治学。

舒适使人停滞，困难催人改变。瓶颈的感觉令自己重新审视局面，促使自己重新规划人生及职业的意义和目标。当把目光从瓶内转向瓶外时，一个新天地的出现也就有了可能。下面的用才模式，也从一个侧面体现了员工和天花板的内在关系：对待有德有才的员工要授权，放手去干，成绩是部下的，风险是老板的；对待有德无才的员工要培训，指出他的不足与发展方向，多加指导与鼓励；对待有才无德的员工要约束，让他在指定范围内发挥其特长，千万别失控；对待无才无德的员工，让他赶紧卷铺盖离开。成功的人都有平衡的目标系统：事业、家庭、财富和健康。把目标订立清楚，按重要次序排列；拥有平衡的目标体系，内心世界达到宁静的状态；工作、生活安排上有着清楚的思维；和家人分享你的目标体系，并得到他们的理解和支持，这无疑是工作中的无限驱动力。

找到问题的真正所在，突破瓶颈，突破自己，掀开天花板，才能让自己在职场上走得更长远。努力提高自己的学历，高学历在某种程度上来说，仍是找到好工作和得到晋升的阶梯。明确自己的经验定位，经验是能力的铺垫，经验是资源，是晋升的前提。提高综合能力，综合能力包括学习能力、沟通能力、管理能力、决断能力、自信力等，这是判断在工作的过程中是否可以达到相应高度的重要指标。

五、对症下药

“人在江湖漂，哪能不中刀。”职场打拼中遇到瓶颈实属正常现象，要保持平和的心态。此时，可以盘点一下自身的人脉关系、管理经验等，通过组织内部转换得到新的工作岗位；或者通过跳槽，谋取职位的提升。对于已经积累了丰富的经验，同时担任过领导职位，但在原公司得不到提升的人，不妨勇敢地跳槽一试。对于职场经验不足的人应通过充电、职业培训等方式增强自己的竞争力，不断地自我增值，找到瓶颈突破口。一般来说，职场充电适用的原理为短板原理，即找到自己最为薄弱的部分，通过学习来获得提升，注重实战经验的积累。

面临职业发展瓶颈时，应学会把长期目标分解为多个短期目标，仔细分析，确定每个目标相应职位的胜任要求，据实做出评估，制订相应的个人发展计划，逐一突破，最终实现长期目标。

每个人在职业规划中都需要有ABC三套计划（表5-3）：计划A让你保持兴奋，愿意付出时间和精力而不计得失。为了实现A计划，需要仔细规划晋升道路上的阶梯，积极提升自己的能力，增加自己的商业敏锐性。计划B是在实施A计划的时候，可能会遇到一些机遇，能更快地实现职业理想，但同时带来风险。选择方案B时，必须考虑到你的新工作，能使过往积累的经验运用到未来的工作中去。在公司类型上做转换，风险就比较大，在相似职能上的转换会比跨行业转换风险小，比如，做销售转做市场，做质量的转去做采购。计划C是为不确定性和风险做出的规划，如公司突然裁员该怎么办。在符合商业伦理的情况下，为自己的职业进阶做一些准备是必要的。着眼未来，向着理想目标努力前进，随时检查并修正自己的目标，这就是有移动互联网+精神的职业规划。有了ABC计划，遇到什么情况都不再可怕。

表5-3　ABC三套计划

类别	释义	职业理想	愿意付出	挑战性	风险	详细性	转换
计划A	目前正在积极运作的且有理由认为可行的方案，也是你理想的职业目标	是	是	有	较大	是	
计划B	顺应机遇产生的新方案	不一定	也许	有	大	留意无需详细	与现在工作相关，利用机会积累经验
计划C	能接受的最低保证，是为不确定性和风险做出的规划	否	否	无	一般	否	

人脉关系是建立在互惠基础上惺惺相惜的人际关系，人们之间具备在某些领域价值观上的精神认同，相互欣赏，并在需要时能够做资源或利益交换。对于职场资深人士，真正能够帮助他们突破职业瓶颈的，就是已有的人脉和在人脉圈中的口碑。资深的高级求职者，寻求的是如何影响招聘决策。在你的人脉圈中，有没有人能向招聘决策者举荐你；或者招聘决策者询问关于你的情况时，口碑如何？在多大的圈子里树立起口碑，反映了个体的领导力和影响力。所谓天花板，很多时候就是因为你没有好的人脉和口碑，但只要努力经营，个体的能力和人品自然会帮助你树立口碑。

解决瓶颈问题，需要创新。创新是一种能力，更是一种态度。目前大部分的企业组织，通过标准化的岗位职能设置，各个岗位职能相互衔接补充，使整个组织产生协同效应，追求效率最大化。在一个岗位上连续工作两三年以后，如果不能晋升或者转岗，就会出现职业倦怠。但是，同样的工作可以用不同的方法来做，在平凡岗位上创造性做出不平凡业绩，主动与其他部门和组织跨领域合作共赢，创新也能够在职业竞争中脱颖而出。但创新需要积淀，需要对从事的领域有深入的理解，把基础的事情都吃透后，才有可能突破。同时，创新需要热情。因为喜欢，所以投入，并且积极主动。创新需要勇气。职场中的创新人士可分为四类：开拓者、整合者、推动者、守护者。开拓者敢于想象，不断激励团队开拓创新，对新鲜事物充满学习和探索的热情；整合者关注合作，将团队智慧凝聚，创造和谐的工作团队；推动者崇尚结果导向，以目标驱动行为，采取各种可能措施达到设定的目标；守护者讲究政策和程序，行为严谨，避免犯错。

移动互联网+时代，个体的力量已经得到很大改变。有能力的个体通过和其他有能力的个体之间的互联互通，可以战胜貌似强大的对手。所以，要认真做好规划，随时准备应对变化；广积人脉，并且有选择地经营人脉，逐渐树立起自己在人脉圈内的口碑；坚持创新，在平凡的工作岗位上做出不平凡的业绩。这样，就能够突破职业发展瓶颈，实现自己的职业理想。

作为一个懂得学习、善于学习的职场人士来说，自己也可以安排一系列详细的学习计划来提高自己，找到自己能力、学历和经历之间的契合点，提升自己的综合能力，增强自己的职业含金量，才是突破瓶颈的最终的方式和手段。职业规划不会一次完成，职业规划是人才与职业进行配对的规划，它不但是人们对职业的选择，也是对企业的选择。在人的一生中，职业规划可能会随着人的成长与变化而不断变化，是人们经营自己未来的一项长期的战略工作。

拓展阅读

范增——西楚霸王的谋士①

范增，秦末著名政治家、军事家，擅长谋略。居巢（今安徽巢县西南）人。爵位历阳侯，项羽尊称其“亚父”。范增以七十高龄出山，参与灭秦活动，其志气和勇气都值得赞许，堪与姜子牙相比，但是他却无姜子牙幸运。假如项梁不死，或项羽听其计谋，历史恐将改写。范增的职业生涯，从出山后，奇计迭出，帮助项梁、项羽取得了一个个成功，到鸿门宴计策被破，再到后期项羽中陈平反间计，范增愤而出走，定格了其职业生涯的悲剧性结果。

一、职业目标——出山助项氏灭秦

范增在老家时就好出奇计。陈胜大泽乡起义时，他年届七十。不久，项梁率会稽子弟兵渡江而西，成为反秦斗争的主力，范增前往投奔，希望在有生之年把自己的智慧贡献给反秦大业。当时陈胜已被杀害，张楚大旗已倒，反秦斗争进入低潮。范增和项梁相会于薛地。项梁、刘邦等义军首领都在薛地，商议挽救时局的方针和策略。范增的到来适逢其时。

二、职业分析——亡秦必楚有其功

范增见到项梁等将领，首先分析了陈胜失败的原因。他认为，秦灭六国，楚人的仇恨最深，人们至今还怀念被秦人冤死的楚怀王，因而“楚虽三户，亡秦必楚”的预言是有道理的。陈胜失败的原因就是因为不立楚王之后而自立，不能充分利用楚国反秦的力量，导致其势不长。接着范增论证和提出了反秦的策略，他认为项梁渡江以来，楚地将

① 晁中辰．2016．中国历代谋士传．沈阳：辽宁人民出版社．

领纷纷前来依附，就是因为项氏世代为楚将，人们认为他能复立楚国社稷。他建议应该顺从民众愿望，扶立楚王的后裔。项梁接受了范增的提议，找到了在民间替人放羊的楚怀王熊槐的孙子熊心，复立为楚怀王，草创了楚国政权。

三、职业分析——奇谋受阻鸿门宴

秦末，刘邦与项羽各自攻打秦朝的军队，刘邦兵力虽不及项羽，但刘邦先破咸阳，项羽勃然大怒，派英布击函谷关，项羽入咸阳后，刘邦则在霸上驻军。刘邦的左司马曹无伤派人在项羽面前说刘邦打算在关中称王，项羽听后更加愤怒，下令次日一早，让兵马饱餐一顿，击败刘邦的军队。一场恶战在即。当刘邦从项羽的叔父项伯口中得知此事后，惊恐无比，立即花言巧语，重金相赠，并约为亲家。刘邦的感情拉拢，说服了项伯，项伯答应在项羽面前说情，并让刘邦次日前来谢项羽。

鸿门宴上，在举杯祝酒声中，范增多次向项羽递眼色，并接连三次举起佩带的玉佩，暗示项羽，要项羽下决心趁此机会杀掉刘邦。可是项羽讲义气，不忍心下毒手。范增非常着急，连忙抽身离席，把项羽的堂弟项庄找来，面授机宜，要他到宴会上去敬酒，以舞剑助乐为名，趁机刺杀刘邦。项伯看穿了项庄舞剑意在沛公的意图，为保护刘邦，也拔剑起舞。在危急关头，刘邦部下樊哙带剑拥盾闯入军门，怒目直视项羽。在项伯及樊哙的掩护下，刘邦借口离开了项羽的军营。刘邦部下张良入门为刘邦推脱，说刘邦不胜酒力，无法前来道别，并向项羽献上白璧一双，向范增献上玉斗（玉制的酒器）一双。

鸿门宴计策未遂，范增勃然大怒，拔出所佩宝剑，劈碎刘邦赠给他的一双玉斗，明斥项庄，暗骂项羽：竖子不足与谋，夺项王天下者，必沛公也。鸿门宴中，范增劝项羽的一番话，充分说明了其先见之明。他料到刘邦居心叵测，志在天下。沛公居山东时，贪于财货，好美姬。今入关，财物无所取，妇女无所幸，此其志不在小。吾令人望其气，皆为龙虎，成五彩，此天子气也。急击勿失。可惜这段话项羽没有太在意，却成为对项羽灭亡的预言。虽然范增在鸿门宴结束后，有竖子不足与谋的概叹，但他仍然不放弃辅佐项羽的大业。在项羽想和刘邦自荥阳东西分天下时，范增及时阻止。

四、职业分析——项羽中反间计

刘邦的谋臣陈平抓住了项羽多疑、自大的特点，离间项羽同范增的君臣关系。公元前 204 年初，楚军数次切断汉军粮道，刘邦被困荥阳（今河南省荥阳市），于是向项羽请和。项羽欲同意，范增说："汉易与耳，今释弗取，后必悔之。"于是项羽与范增急攻荥阳。陈平施离间计，令项羽以为范增勾结汉军，从而削其兵权，范增大怒，告老回乡，项羽同意了。范增说："天下事大定矣，君王自为之，愿赐骸骨，归卒伍。"未至彭城（今江苏徐州市），就因背疽发作，死在路上。

五、职业抱负——分封制的理念"不可教也"

范增老谋深算，但是他没能说服刚愎自用的项羽，最终导致刺杀刘邦的事情失败，最后怒摔玉斗。然而，他对君臣关系的认识不足，只知道怎样办大事，殊不知了解好自己辅佐的对象，才能办好大事。

有人认为，范增的失败，根本的原因在于项羽仍然因循分封的政治制度，自战国时期，经秦统一中国，建立在郡县基础之上的中央集权制已渐渐上升为主流意识，被草莽英雄和民众所广泛接受，特别是得到了包括法家和儒家的那些游士的认同和倡导。按孙中山的话来说，郡县制在楚汉相争时期，乃是“世界潮流，顺之者昌，逆之者亡”。从历史发展的轨迹来看，由秦所力推的郡县制，逐渐在战国时期成型。战国七雄在法家的鼓捣下，不同程度上都加强了君主的直接控制力，秦为最甚，最终成功地统一了中国，建立起了中国历史上第一个以郡县为基础的中央集权政权。通过车同轨，书同文等标准化的组织与管理手段，从而使得在中国广大的土地上维持一个集权政权成为了可能。

有人以为，中国由分封制转向郡县制，是在中国人秉持的“溥天之下，莫非王土”的价值前提下，由于生产技术的进步，以及由此而来的组织管理手段的增进而必然带来的结果。换句话说，分封制下，周天子并非不想直接控制他的领土，而是由于他缺乏相应的技术和组织手段，才使得他不得不分封，实行委托管理。一旦有了相应的技术手段，最高权力者当然要直接管理其领土。由于生产技术的进步，而带来的人口的增长，也成为促进转化的力量。在人少地多的情况下，各诸侯之间对土地的需求小，可以相安无事；但在人多地少的情况下，诸侯国之间就不能相安无事了。在人口稀少的情况下，分封制是一种稳定的政治结构，但人口增多后，就成为一种不稳定的政治结构。战国时的生产与人口数据可以作实证分析。

通过对秦亡与楚汉相争的一些历史记载，可以判断出项羽仍然是抱守分封制的政治蓝图，而刘邦和两大阵营中的诸多谋士则抱有郡县制的政治蓝图。刘邦、范增、张良、萧何、陈平和郦食其，肯定是不折不扣的郡县主义者，而项羽则是少有的分封主义者。显然，刘邦意在取天下，这些谋臣们也怀着一人之下、万人之上的雄伟抱负。比如，陈平在分肉后就说，使平得宰天下，亦如此肉。刘邦则在见到秦始皇的仪仗后说，大丈夫当如是也，明显有想当皇帝的想法。虽然项羽也说过，彼可取而代之，但并不意味着他一定想当皇帝，也可以理解为他只是想当最高权力者。可以说，对于刘邦而言，他反对秦的政权，但并不反对秦实行的郡县制；而对项羽而言，他不仅反对秦的政权，也反对秦的郡县制。

时人对秦政权的反抗，也只是对秦暴虐的反抗，只是因秦暴虐而反抗秦，而没有质疑其统一中国的正当性与合法性。就如韩信的谋士蒯通所说，秦失其鹿，天下有共逐之。这反映出时人已接受了秦建立的郡县制，大家想得到的，是秦创建的大一统政治权力而并非想恢复分封制。六国复国的政治口号也退居其次，更多的是起到通向大一统政权的作用。最为明显的证据是项羽在秦朝灭亡之后，并没有消灭其他竞争对手，而是自立为霸主，并分封了其他在灭秦战争中有功绩有建树的群雄。司马迁在项羽本纪中写道：“乃分天下，立诸将为侯王。”项王自立为西楚霸王，王九郡，都彭城。从中可以看出，项羽并没有取天下的意图，他的政治抱负仅限于复兴楚国和成为盟主，而不是想成为像秦始皇一样的君主。不然，他就不会放弃咸阳，而定都彭城，以至于让时人讥笑为“沐猴而冠”。楚汉之争也是刘邦先发难主动挑起的，并非项羽挑起的。总而言之，项羽仍然抱有残留的非主流的政治理念，仍然以周的分封制为蓝本来构建中国的政治版图，这与当时主流的政治意识严重背离，大异其趣。认识到项羽的政治理念和政治抱负，我们就非常容易理解项羽的一些行为和他的失败。比如说，鸿门宴上为什么项羽不杀刘邦呢？原因就在于他并不想取天下，是范增想辅佐项羽取天下。所以一旦刘邦解释了缘由，说了些软话和漂亮话，他就觉得没有必要杀刘邦，他也需要刘邦在分封制下统领一方。但他也猜疑刘邦有取天下的想法，所以将之分封在交通不便的汉中，并加以提防。范增肯定对项羽缺乏取天下的雄心与野心非常失望，于是在屡次不听其策后，就慨然叹到“竖子不可教也”。

范增认为项羽什么不可教呢？就是分封制的理念“不可教也”。像陈平的弃楚投汉，也是在项羽不谋上进的情况下，做出的明智选择。对陈平而言，跟着项羽，永远顶多是楚国的一个重臣，而投靠刘邦，则有可能成为全天下的一个重臣，显然后一个选择更符合陈平的职业规划。当大部分的谋臣和将领都做出与陈平一样的选择，项羽的手下，走的走，离的离、降的降，项羽的失败就是必然的了。纵然开始他拥有更强的实力，但力量对比，此消彼长，最终归于失败。可以说，项羽是一个悲剧英雄。他的功绩与大部分作为，可以称为英雄，他虽非帝王，然司马迁仍将之当着帝王对待，将其传称为本纪。说其是个悲剧，其一，在于他没有认识到历史发展的“主旋律”，仍因循旧制；其二，则在于即使在他主持的分封制下，他的功绩也并没有强大到给予这个政治结构以强有力的支撑。因为秦的灭亡是群雄共同战争的结果，非项羽一人之力，只不过他的实力最强，贡献最大而已。与武王比较，他的分封地位就显得太弱，因为纣的灭亡是在武王的统一领导下实现的。所以，在秦灭亡之后，项羽主持下的分封政治结构非常脆弱，如上所述，一方面是由于分封制已不是主流意识，另一方面是项羽本身的盟主地位很弱。所以，在项羽分封后不久，诸侯王之间就又启战端。最终让有取天下雄心和有政治手腕的刘邦重新统一了中国，因袭了秦的郡县制，并辅之以分封刘姓诸侯，以弥补其直接控制力不足。到了汉文帝，又有晁错削藩，直到汉武帝，才完全地实现了郡县制。逐渐稳固，得到加强而延续下去。

六、职业评价——后世褒贬不一

苏轼说：增之去，善矣。不去，羽必杀增。独恨其不早耳。然则当以何事去？增劝羽杀沛公，羽不听，终以此失天下，当以是去耶？曰：否。增之欲杀沛公，人臣之分也；羽之不杀，犹有君人之度也。增曷为以此去哉？

刘邦总结项羽失败的教训说，项羽有一范增而不能用，此其所以为我擒也。

《史记·项羽本纪》载：“居巢人范增，年七十，素居家，好奇计。”

洪迈以《范增非人杰》的文章，对范增进行了评论。文中道：“世谓范增为人杰，予以为不然。夷考平生，盖出战国纵横之余，见利而不知义者也。始劝项氏立怀王，及羽夺王之地，迁王于郴，已而弑之，增不能引君臣大谊，争之以死。怀王与诸将约，先入关中者王之，沛公既先定关中，则当如约，增乃劝羽杀之，又徙之蜀汉。羽之伐赵，杀上将宋义，增为末将，坐而视之。坑秦降卒，杀秦降王，烧秦宫室，增皆亲见之，未尝闻一言也。至于荥阳之役，身遭反间，然后发怒而去。呜呼，疏矣哉！东坡公论此事伟甚，犹未尽也。”显然洪迈对范增的评论是持否定态度的。传统的观点大都认为项羽有范增而不能用，终于失败，但洪迈在《范增非人杰》一文中，列举范增并非人杰的种种方面，倒不失为另一家之言。

宋王安石《范增二首》：“中原秦鹿待新羁，力战纷纷此一时。有道吊民天即助，不知何用牧羊儿？鄛人七十漫多奇，为汉驱民了不知。谁合军中称亚父，直须推让外黄儿。”

元陈孚《题范增墓》：“七十衰翁两鬓霜，西来一笑火咸阳；平生奇计无他事，只劝鸿门杀汉王。”

明吴易《亚父冢》：“河决川原几变更，高丘何事独峥嵘？五陵王气销烟草，玉斗千年恨未平。”

第六章 水论职业锚

贱而不可不任者，物也；卑而不可不因者，民也；匿而不可不为者，事也；粗而不可不陈者，法也；远而不可不居者，义也；亲而不可不广者，仁也；节而不可不积者，礼也；中而不可不高者，德也；一而不可不易者，道也；神而不可不为者，天也。故圣人观于天而不助，成于德而不累，出于道而不谋，会于仁而不恃，薄于义而不积，应于礼而不讳，接于事而不辞，齐于法而不乱，恃于民而不轻，因于物而不去。物者莫足为也，而不可不为。不明于天者，不纯于德；不通于道者，无自而可；不明于道者，悲夫！

——《庄子·外篇·在宥》

意思是，低贱然而不可不听任的，是万物；卑微然而不可不随顺的，是百姓；不显眼然而不可不去做的，是事情；不周全然而不可不陈述的，是可供效法的言论；距离遥远但又不可不恪守的，是道义；亲近然而不可不扩展的，是仁爱；细末的小节不可不累积的，是礼仪；顺依其性然而不可不尊崇的，是德；本于一气然而不可不变化的，是道；神妙莫测然而不可不顺应的，是自然。所以圣人观察自然的神妙却不去帮助，成就了无瑕的修养却不受拘束，行动出于道却不是事先有所考虑，符合仁的要求却并不有所依赖，接近了道义却不积不留，应合礼仪却不回避，接触琐事却不推迟，同于法度而不肆行妄为，依靠百姓而不随意役使，遵循事物变化的规律而不轻率离弃。万事万物均不可强为，但又不可不为。不明白自然的演变和规律，也就不会具备纯正的修养；不通晓道的人，没有什么事情可以办成。不通晓道的人，可悲啊！[①]

寓言

企鹅的课堂笔记

企鹅幼儿园，比人类的托儿所还要好。我们都是企鹅幼雏，在企鹅幼儿园，有很多企鹅老师照管我们。老师们边照料边给我们讲课，学习内容主要有生存技能和职业发展。下面就是一个企鹅小朋友的课堂笔记。

---

① 胡仲平．2005．庄子．北京：北京燕山出版社．

1. 眼光长远

第一堂课，老师就告诉我们，有远见才能有卓识。由于我们企鹅双眼有平坦的眼角膜，能在水底及水面看东西，同时，双眼可以把影像传至脑部作望远集成，使之产生望远作用。因此，我们不用像人类一样，总要挂着一个望远镜才能看得远。

2. 陆地行走

学会用脚和一对翅膀，在陆地上快速行走。在陆上虽然步态有点笨拙可笑，但前进速度要快，可以用前肢为平衡器。要能在岩石上灵活地行动，在冰雪上以腹部着地滑行，可以用足及前肢为推进器。还要能借助太阳的位置来定向。虽然我们走得摇摇晃晃，但是翅膀有时作为滑雪杖的感觉真好啊！

3. 学会朝天吼功夫

老师开始教我们时，我们还以为老师在唱歌呢。但是，老师告诉我们，要尽量伸长脖子，叫得越难听越好。千万不要像人类那样，小曲唱得悠扬、悦耳动听！因为这是对付我们的天敌大贼鸥等坏蛋的绝招啊。怪不得我们的老师伸长脖子时，都像驴在叫呢？看来虽然我们穿着绅士服，吼叫时可就斯文扫地了。而且老师再三强调，一定要一个吼，大家马上跟着一起吼，这样才能吓走那些坏东西。

4. 游泳功夫

我们一直弄不清楚，既然长了一对翅膀，为啥不翱翔天空，却要到海水里呢？当老师给我们示范几次，把翅膀当成一对神桨，脚作为舵，在水中快速前进时，那感觉，比在天空振翅飞翔还要美妙！老师强调，要追求速度，游得越快越好，既能逃避天敌，又能多获美食。果真，水里有很多可口的食物：小鱼和磷虾。游得快就能抓到更多，还能调换口味。老师经常潇洒地昂起头，很骄傲地告诉我们，咱们企鹅可是天然的潜水冠军，曾有前辈潜入水中 18 分钟、潜入水下 265 米的纪录哦。难怪老师们都很自豪，原来这是企鹅类很多年自然进化的结果呢，呵呵，适者生存啊。

5. 水中弹跳功夫

老师告诫我们，在海里游玩或寻觅食物时，千万要注意海豹的侵袭。对付这些魔头有两个办法，一是跑得快，边游边跳边呼吸；二是向浮冰旁靠近，然后旱地拔葱跳到冰面上，让它们在水下干瞪眼去。当然，平时在海里不能老是贪吃贪玩，有时可借助黑白的羽毛西装，伪装躲过敌人的视线。因为当一只企鹅游近海平面时，身体下方白色的部分，使水面下的海豹或其他敌人很难看出踪影。

6. 爱护燕尾服

老师告诉我们，由于南极洲极其寒冷，气温有时会降至零下 40℃，但我们的双翼却能游出 40 米每秒的速度，从来不会结冰。那是因为羽毛具有天然防水功效，羽毛表面的微孔可保存空气，尾巴底部腺体会分泌油脂覆盖羽毛，令水珠无法渗入羽毛。同时，水珠停留在羽毛表面时呈球状，散热速度较慢，因此不会凝结成冰。羽毛短，可以减少摩擦和湍流。待我们长大后，每年全部羽毛要更换一次。换羽毛时不能入水，通常要躲在鸟群以外的一个掩蔽地点。所以，打理并保护好这身燕尾服可重要了，不仅仅是为了臭美哦。

7. 生育责任

为了更好地传承，老师还讲了生育这一课，给我们看了一段帝企鹅的视频。视频中，当企鹅入群和离群时，常有种种表演和鸣叫。求偶配对时，常有求偶鸣叫。产卵后，雌鸟常常离群到海洋觅食，10～20天后回来替换雄鸟，以后便以一两周为期，互相轮换。但雌性帝企鹅从鸟群到海洋，需要走80～160千米，一直到64天孵卵期快结束，才能返回；此时正值南极严冬，雄性帝企鹅互相依偎在一起，每个都将卵置于足上孵化，靠体内储存的脂肪生活；直到严冬过去，雌性帝企鹅回来后，雄性帝企鹅才郑重地将幼雏移交于雌性帝企鹅足上。这就是伟大的母爱、父爱啊！

8. 积极思考

老师的最后一课，是告诉我们要学会思考。在严寒的南极，在冷酷的冰天雪地职场怎么生存？如何有更好的职业发展与成就？我们每一个企鹅，都要经常在岸边伸颈远眺，静静企望，默默思考。是啊，现在面临的问题更多了：天空、陆地、海洋污染严重，还有越来越近的人类脚步声！

总结：通过学习，我们终于明白，上万年的变迁和进化，作为企鹅一族，要想吃好喝好，有所发展，就得快速游泳，才能捕捉到更鲜美的鱼虾，才能避免被天敌侵害。游泳速度+水中弹跳+岸上吼叫+团队合作+移动互联网+，这不就是独特的职业锚吗？

鸟，绝大部分选择了天空，也有的鸟（比如鸵鸟）选择了沙漠，而我们企鹅则选择了海洋。我们把海洋作为天空翱翔，信手摘取其中闪烁的鱼虾、星星。如果哪一天，当你又看到我们那独特的企望思考的侧影时，也许你会知道：人固然不能两次踏入同一条河流，而我们却能同时拥有海洋和思想的天空。

第一节 职业锚理论

一、概念

美国著名的职业指导专家埃德加·H. 施恩（Edgar H. Schein）教授领导的专门研究小组，对斯隆管理学院的44名MBA毕业生进行了长达12年的职业生涯研究，包括面谈、跟踪调查、公司调查、人才测评、问卷等多种方式，最终分析总结出了职业锚（又称职业定位）理论。所谓职业锚，就是人们选择和发展自己职业时所围绕的中心，是指当一个人不得不做出选择的时候，他无论如何都不会放弃的职业中的那种至关重要的东西或价值观，是自我意向的一个习得部分。

个人进入早期工作情境后，由习得的实际工作经验所决定，与在经验中自省的动机、价值观、才干相符合，达到自我满足和补偿的一种稳定的职业定位。职业锚强调个人能力、动机和价值观三方面的相互作用与整合，在实际工作中是不断调整的，是个人同工作环境互动作用的产物，职业锚问卷是国外职业测评运用最广泛、最有效的工具之一。

了解职业锚的概念，要注意四点：一是以员工习得的工作经验为基础。职业锚发生在早期职业阶段，新员工已经工作若干年，习得工作经验后，方能够选定自己稳定的长期贡献区。二是在实践中定位。职业锚是在工作实践中，依据自省和已被证明的才干、动机、需要和价值观，现实地选择和准确地进行职业定位。三是整合的结果。职业锚是员工自我发展过程中的动机、需要、价值观、能力相互作用和逐步整合的结果。四是员工个人及其职业不是固定不变的。职业锚是个人稳定的职业贡献区和成长区。但是，这并不意味着个人将停止变化和发展。员工以职业锚为其稳定源，可以获得该职业工作的进一步发展，以及个人生命周期和家庭生命周期的成长变化。

二、功能

职业锚在员工的工作生命周期中，在组织的事业发展过程中发挥着重要的功能作用。具体有下面四个方面。

1. 反映出员工的职业追求与抱负

职业锚清楚地反映出员工的职业追求与抱负，是员工经过搜索所确定的长期职业贡献区或职业定位。这一搜索定位过程依循着员工的需要、动机和价值观进行。

2. 设置有效的职业渠道

职业锚反映了员工的价值观和抱负，反映了员工职业需求及其所追求的职业工作环境。组织有针对性地对员工职业发展设置可行、有效、顺畅的职业渠道，可以借助职业锚，获得员工正确信息的反馈。

3. 增长经验

职业锚是员工职业工作的定位，能使员工增长工作经验，增强职业技能，提高工作效率或劳动生产率。

4. 员工价值和才干的发现

职业锚是员工在多年工作经验的积累后产生的，它反映了该员工的价值观和被发现的才干。员工把职业与个人价值观相结合，决定其成年期的主要生活方式和职业选择。职业锚是中后期职业工作的基础，员工抛锚于某一种职业工作的过程，就是自我认知的过程。

三、开发应用

职业锚是个人早期职业发展过程中逐步确立的职业定位。在职业锚的选定或开发中，员工个人起着决定性作用。

1. 提高职业适应性

每个人从事职业活动，总是处于一定的物质环境和心理环境之中，个人从事职业的态度，受到诸多主客观因素的影响。个人的职业适应性就是能尽快习惯、调适、认可这些因素，也就是员工在组织的具体职业活动中，适应职业工作性质、类型和工作条件，与个人需要和价值目标融合，使自身在职业工作、生活中获得最大的满足。职业适应的结果能保证员工个人在较长一段时间内从事某种职业活动，而且能保证员工在职业活动中有较高的效率，有利于员工个性的全面协调发展。职业适应性是职业锚的准备或前提基础。

2. 选定职业目标

员工应当借助职业计划表，结合个人的需要与价值观，实事求是地选定自己的职业目标。根据目标工作职能对人员素质的要求，有目的地进行自我培养和训练，使自己具备从事该项职业的充分条件，从而在组织内树立良好的职业角色形象。职业角色形象是员工个人向组织及其工作群体的自我职业素质的全面展现，是组织或工作群体对个人关于职业素质的一种根本认识。员工应当很好地塑造自己的职业角色，为自己确定职业锚位置创造条件，打好基础。

3. 职业决策能力

决策能力大小、决策正确与否，往往影响整个职业生涯发展乃至一生。在个人的职业发展过程中，特别是首次择业、选定职业锚、重新择职等关键时期，具有较强的职业决策能力和较好的决策技术十分重要。所以，个人在选择、开发职业锚之时，必须着力培养和提高职业决策能力。

培养和提高个人职业决策能力需要做到以下几点：

（1）善于搜集相关的职业资料和个人资料，并对这些资料进行正确的分析与评价；

（2）制订职业决策计划与目标，独立承担和完成个人职业决策任务；

（3）在实际决策过程中，能适时、果断地做出正确决策；

（4）实际职业决策时，需要讲求决策技术，掌控决策过程。要澄清、明确和肯定个人的主观价值倾向与偏好，否则无法做出职业决策。只有将主观愿望、需要、动机和条件，与客观职业需要进行匹配和综合平衡，经过权衡利弊得失，才能最终确定最适合、最有利、最佳的职业岗位。

第二节　职业锚类型

职业锚产生于员工的早期职业生涯，以其工作经验为基础。员工在后续的职业发展过程中，随着工作经验的进一步积累，又不断丰富、发展了职业锚。有的职业锚专家提出八种职业锚类型：技术/职能型、管理型、自主/独立型、安全/稳定型、创业型、服务型、挑战型、生活型。

根据以上八种职业锚类型，推出了职业锚测试量表，对职场人士进行职业锚测试，效果良好。

1. 技术/职能型

技术职能型的人，追求在技术职能领域的成长和技能的不断提高，以及应用这种技术职能的机会。他们对自己的认可来自拥有的专业水平，喜欢面对来自专业领域的挑战。他们一般不喜欢从事简单的管理工作，因为这将意味着放弃在技术职能领域的成就。

2. 管理型

管理型的人追求并致力于工作晋升，倾心于全面管理，独自负责一个部分，可以跨部门整合其他人的努力成果，他们想去承担整个部分的责任，并将公司的成功与否看成自己的工作。具体的技术、功能工作，仅仅被看成通向更高、更全面管理层的必经之路。

3. 自主/独立型

自主独立型的人希望随心所欲安排自己的工作方式、工作习惯和生活方式。追求能施展个人能力的工作环境，最大限度地摆脱组织的限制和制约。他们宁愿放弃提升或工作扩展的机会，也不愿意放弃自由与独立。

4. 安全/稳定型

安全稳定型的人追求工作中的安全与稳定感。他们可以预测将来的成功从而感到放松。他们关心财务安全，如退休金和退休计划。稳定感包括诚信、忠诚及完成老板交代的工作。尽管有时可以达到一个高的职位，但他们并不关心具体的职位和具体的工作内容。

5. 创业型

创业型的人希望使用自己能力去创建属于自己的公司，或创建完全属于自己的产品（或服务），而且愿意去冒风险，并克服障碍。他们想向世界证明公司是靠自己的努力创建的。他们可能正在别人的公司工作，但同时在学习并评估将来的机会，一旦感觉时机到了，便会走出去创建自己的事业。

6. 服务型

服务型的人指那些一直追求他们认可的核心价值。例如，帮助他人，改善人们的安全，通过新的产品消除疾病。他们一直追寻这种机会，即使变换公司，也不会改变实现这种价值的追求。

7. 挑战型

挑战型的人喜欢解决看上去无法解决的问题，战胜强硬的对手，克服无法克服的困难障碍等。对他们而言，参加工作或职业的原因是，工作允许他们去战胜各种不可能。新奇、变化和困难是他们的终极目标。如果事情非常容易，他们马上变得非常厌倦。

8. 生活型

生活型的人，喜欢那种结合个人的需要、家庭的需要和职业的需要的工作环境。他们希望将生活的各个主要方面整合为一个整体。正因为如此，需要一个能够提供足够的弹性，让他们实现这一目标的职业环境。甚至可以牺牲职业的一些方面，如提升带来的职业转换，他们将成功定义得比职业成功更广泛。如何生活，在哪里居住，如何处理家庭事务，并顾及在组织中的发展等。

第三节　调 查 分 析

根据职业锚理论，职业锚的确立需要一定的工作时间和精力。笔者曾经做过一项调查，调查样本为有过三年以上工作经验的职场人士，而且正在进行学历深造，其中涵盖的群体深造的科目有工程硕士、项目管理硕士、MBA、MPA 等，然后抽取样本进行分析。

1. 职业锚牢固度（表 6-1）

表 6-1　职业锚牢固度

类别	是/%	否/%	一般/看情况/%	备注
职业稳定期	57	13	30	
毕业后跳槽打算	39	16	45	
职业锚牢固程度	82	9	9	

从表 6-1 可以看出，样本人员在读期间，职业锚牢固程度比较大，待毕业后，有跳槽打算的所占比例较高，到那时，职业锚牢固程度将会出现松动。这也从一个侧面反映出知识能增添胆量，知识能增加资本，知识能增大机会，知识能改变命运。

2. 创业合作者（表 6-2）

表 6-2　创业看重合作伙伴特质

类型	心诚/%	计较/%	看重股权分配/%	遇事乐观/%	有想法就说/%	互补性/%
喜欢的创业合作伙伴	31	0	3	15	23	28

从表 6-2 可以看出样本人员的职业锚，如果锚定的是创业时，人们对合作伙伴的心诚、互补性比较看重，这一方面反映出样本人员非常重视“心诚”这一内在的人性素质，另一方面也反映出样本人员对工作中需要“互补性”这一实际要素很重视。对外在的股权倒最不看重，确实蛋糕做不大，股权再多也没用。

3. 创业潜质（表 6-3）

表 6-3　创业潜质

类别	嫌烦/%	不烦/%	慢慢解决/%	没考虑/%
对创业过程中会遇到很多繁琐事务的态度	14	8	73	5

从表 6-3 可以看出，样本人员总体创业激情不太强烈，其蕴含的潜质有待进一步研究。创业初期，作为老板可能会既当领导，又做员工，要充当多种角色，会遇到很多繁杂的事务。“嫌烦”的占到约 1/7，这部分人显然不太适合创业。“慢慢解决”的占绝大多数，说明这是很多人处理问题的一种方式，或者还没考虑过这个问题。

4. 做过职业规划（表 6-4）

表 6-4　做过职业规划效果

类别	做过挺好/%	做过效果一般/%	做过效果差/%	没做过/%
以前做过职业规划	5	50	5	40

从表 6-4 可以看出，样本人员以前职业规划“做过”或“做过效果差”的，为极少数；“做过效果一般”的占到一半，说明这些具有管理潜质的人对职业规划很重视，有的从中直接受过益，有的间接受过益。“没做过”所占比例也很大，说明这些人还有潜力可挖，并且要及时补上职业规划这一课，从而在未来的职场上更好地驰骋。

第四节　水论职业锚

吕坤的《呻吟语 • 应务》中就有，不为外撼，不以物移，而后可以任天下之大事。

当下，职业锚已成为许多个人职业规划的必选工具和公司人力资源管理的重要工具。个人在进行职业规划和定位时，可以运用职业锚思考自己所具有的能力，确定自己的发展方向，审视自己的价值观是否与当前的工作相匹配。只有个人的定位和要从事的职业相匹配，才能在工作中发挥自己的长处，实现自己的价值。尝试各种具有挑战性的工作，在不同的专业和领域中进行工作轮换，对自己的资质、能力、偏好进行客观的评价，是使个人的职业锚具体化的有效途径。对于企业而言，通过员工在不同的工作岗位之间的轮换，了解员工的职业兴趣爱好、技能和价值观，将他们放到最合适的职业轨道上去，可以实现企业和个人发展的双赢。

这个锚让你定在那里，不管有多大的风浪，不管有多大的诱惑和挫折，都能够坚持不懈地做。一个人越了解自己，就越能够更早地确立自己的职业锚。职业价值观是什么，内心真正需要的东西是什么？什么是职业梦想？什么样的职业有激情？在职业中找到需要的意义和价值是什么？通常每个人都有职业生涯初期（24～31 岁），这是职业启动和发展期，解决生存和生活问题，完成个人职业生涯的原始积累，逐步成长为组织中的骨干、中层甚至高层。一个人在 31～40 岁，进入一个非常关键的阶段，可能倦怠、耗竭、迷茫，需要重新审阅自己的职业发展方向。在这个阶段，职业锚是转变和平衡自己职业与人生非常好的工具，帮助我们重新蓄势，解决倦怠耗竭的问题，找到价值和成就。在 40 岁或 45 岁之后，需要解决生命层面的问题，开始人生下半场，追求人生更高的自我实现。

家庭是事业的后盾，事业是家庭的保障，二者不可分割。然而，现代职场人士要在家庭与事业间进行时间的分配及多方利益的取舍，取舍的标准在于你的家庭是否能达到自身平衡。每个家庭的模式都可以是不一样的，只要达到自身和家人的预期，让家庭的成员生活开心，就是对自己最合适的模式。职业女性需要同丈夫和孩子进行认真的商讨，平衡家庭生活，更好地平衡好职业女性、妻子、母亲这三种角色，走得平衡，走得快乐。

个人需要结合实际工作经验，与动机、价值观、才干相符合，才能达到自我满足和补偿的一种稳定的职业定位。职业锚强调个人能力、动机和价值观三方面的相互作用与整合。职业锚是个人同工作环境互动作用的产物，在实际工作中是不断调整的。正因为职业锚强调的是一种习得性的认知，所以在踏入职场之前，我们往往是无法建立起这种职业认知的。在职业生涯的探索过程中，不同的人生阶段应采用不同的职业匹配理论，进行职业定位与发展。作为价值观（职业锚）与职业匹配理论的重点，必须首先清楚明确自己的价值观，或者对相关价值观测评的结果表示一定程度的认同，才能基于此进行长期职业发展方向的定位。因此，针对具有一定工作经验（三年以上）的人员（包括管理者），使用价值观与职业匹配的理论，可以帮助其进一步明确职业生涯的方向，并在一定程度已经实现财务自由的基础上，能够在未来的职场上为自己的理想、信念与世界观去打拼。

职业生涯中，真正重要的是听从自己内心的声音。当我们对自己的内在探索越清晰、越笃定，了解自己真正的自我价值和激情所在，每个人都能够拥有一个美好的职业生涯。职业锚帮助我们厘清一些职业生涯中的关键词，在锚定后，也需要对自己的发展保持一种开放性，让自己的生命充满流动的可能性，有一种活在当下的自由。

拓展阅读

晏子——齐国 CEO[1]

晏子，名晏婴，字仲，夷维人（今山东高密）。春秋时期著名政治家、思想家、外交家。身材矮小，擅长谋略、外交。自学成才。少时家贫，喜欢读书，尤其喜欢黄帝、老子的学说，喜欢交游。晏子历任齐灵公、齐庄公、齐景公三朝，辅政长达 50 余年。最高职位做过宰相，代表作品有《晏子春秋》。

一、职业素养

晏子非常推崇管仲，坚持意莫高于爱民，行莫厚于乐民。遇有灾荒，国家不发粮救灾，他就将自家的粮食分给灾民救急，然后劝谏君主赈灾，深得百姓爱戴。对外则主张与邻国和平相处，不事挞伐。齐景公要伐鲁国，他劝景公礼鲁，以息吾怨，遗其执，以明吾德，景公乃不伐鲁；晏子辅佐齐国三公，一直勤恳、廉洁从政，清白公正做人，主张廉者，政之本也，德之主也。他管理国家秉公无私，亲友僚属求他办事，合法者办，不合法者拒。他从不接受礼物，大到赏邑、住房，小到车马、衣服，都被他辞绝。不仅如此，晏子还时常把自己所享的俸禄，送给亲戚朋友和劳苦百姓；晏子生活十分俭朴，吃的是脱粟之食、苔菜，可谓食菲薄；穿的是缁布之衣；上朝乘坐的是弊车驽骊；住的是近市湫隘嚣尘，不可以居的陋仄之室。

晏子善谏的特点早已被人称道，在劝谏君王时往往不是直接的强谏，而是委婉的曲谏或诱谏，从中显示了他在政治生活中所具有的高度智慧。他的语言也极具特色，或锋芒毕露，或非常含蓄，或严肃庄重，或滑稽幽默。他能够根据不同的环境场合，采取不同的劝谏方式，取得最佳的效果。晏子的劝谏，不但让我们看到他内在的修养，同时，也让人为他的聪明智慧所折服。

晏子生性乐观，对生死淡然视之。他说人都是要死的，不论仁者、贤者、贪者、不肖者，概莫能外，因此，从来不患死，不哀死，把生老病死看成自然规律。他始终保持乐观大度的心情，身心健康，延年益寿。

周灵王二十四年（公元前 548 年）五月，当晋国联合众诸侯意欲大举伐齐的时候，齐国朝野上下，惊恐万状。恰在此时，齐庄公和大贵族崔杼（zhù）的夫人棠姜私通之事，被崔杼知道了。于是，崔杼决定乘机杀死齐庄公。这天，齐庄公大摆酒席，招待前来进贡的莒国国君黎比公，下令群臣前来作陪。崔杼称病未去。齐庄公不但未加责怪，反而暗自欢喜，又可以借机会见棠姜。席终人散，齐庄公以探病为由，去崔杼家与棠姜私会，旋即被宅中预先埋伏的勇士射杀。

听说齐庄公被崔杼所杀，晏子不顾个人安危，毅然带着随从前往齐都，吊唁齐庄公。

① 战化军. 2015. 晏婴评传. 济南：山东人民出版社.

晏子来到崔杼家门前，他身边的下人担心地问他：“您将为国君殉而葬吗？”晏子说：“难道是我一个人的国君，我应该为他而死？”随从又说：“那么我们何不逃跑呢？”晏子说：“难道国君的死是我的罪过，我要逃跑？”“那么我们还是回去吧？”晏子说：“国君都死了，我回到哪里去呢？作为万民之主，难道只是为了利用他的地位来高跨于百姓之上？应当主持国政；作为君主的臣下，难道只是为了获取俸禄？应当保卫国家！所以君主为国家而死，那么臣下就应该为他而死；君主为国家而逃亡，臣下就应该跟他逃亡。如果君主只是为自己的私欲而死，为个人的事情而逃亡，不是他宠爱的人，谁敢承担责任，为他而死，为他而逃亡呢？可是我现在又能回到哪里去呢？”说罢，晏子径自闯进崔家，脱掉帽子，捶胸顿足，不顾一切地扑在齐庄公的尸体上，号啕大哭了一场，然后起身离去。崔杼的左右欲杀掉晏子，崔杼对晏子也早已恨之入骨，但是有所顾忌，便对身边的人说：“他是百姓所景仰的人，杀了他，我就会失去民心。”

杀死齐庄公后，崔杼便和另一个大贵族庆封，拥立齐庄公的异母兄弟杵臼为国君，这就是齐景公。为了巩固权势，树立威信，他把满朝文武大臣都驱赶到太公庙上，派兵内外把守，逼迫大家歃血为盟，表示效忠于他。稍有违迕，即被处死。已经杀了七个人，气氛十分恐怖。

轮到晏子了，大家屏住呼吸，目不转睛地注视着他。晏子从容举杯，义愤填膺地对天盟誓：“我只忠于君主和国家。凡为虎作伥、助纣为虐者均不得好死！”说罢，一饮而尽。崔杼恼羞成怒，恶狠狠地用剑顶着晏子的胸膛，要他重新发誓。晏子毫不畏惧，厉声回答：“崔杼，你读过《诗经》吗？诗曰：莫莫葛藟，延于条枚，凯弟君子，求福不回。不管你是用刀砍头，还是用剑穿胸，我晏子决不屈服！”崔杼怒不可遏。这时，身边的一个心腹悄悄地对他说：“千万使不得！您杀庄公，是因为他无道，国人反应不大，您如果杀了晏子，那可就麻烦了。”崔杼没奈何，咬牙切齿地看着晏子拂袖而去。

晏子登上马车，车夫立刻快马加鞭，赶紧离开是非之地，以防不测。晏子若无其事，从容不迫地对车夫说：“安稳一点，不要失态。快了不一定就有活路，慢了也不见得就会死。鹿生长在山上，可是它命却掌握在厨师那里，如今，我也像鹿一样。”晏子一路平安到家，最终也没遭到什么迫害。

齐景公即位之初，并未重用晏子，只是让他去治理东阿（山东阿城镇）。晏子一去就是三年，这期间，齐景公陆续听到了许多关于晏子的坏话，因此很不高兴，便把晏子招来责问，并要罢他的官。晏子赶忙谢罪：“我已经知道自己的错了，请再给一次机会，让我重新治理东阿，三年后保证让您听到赞誉的话。”齐景公同意了。三年后，齐景公果然听到有许多人在称赞晏子。齐景公大悦，决定召见晏子，准备重重赏赐。谁知晏子却推辞不受，齐景公好生奇怪，细问其故。晏子便把两次治理东阿的真相说了出来。他说：“我三年前治理东阿，尽心竭力，秉公办事，得罪了许多人。修桥筑路，努力为百姓多做好事，结果遭到了那些平日里欺压百姓的富绅们的反对；审判案件，不畏豪强，依法办事，又遭到了豪强劣绅的反对；我表彰和荐举那些节俭、勤劳、孝敬师长和友爱兄弟的人，而惩罚那些懒惰的人，那些不务正业游手好闲之徒，自然对我恨之入骨；处理外事，送往迎来，即使是朝廷派来的贵官，我也一定循章办事，决不违礼逢迎，于是又遭到了许多贵族的反对。甚至左右的人，向我提出不合法的要求，也会遭到拒绝，这自然也会引起他们的不满。这样一来，这些反对的人一齐散布我的谣言，大王听后自然不满意。而后三年，我便反其道而行之，那些原来说坏话的人，自然开始夸奖了。我以为，前三年治理东阿，大王本应奖励，反而要惩罚；后三年大王应惩罚，结果却要奖励，所以，实在不敢接受。”

齐景公道听途说就责骂晏子，是因为他没有亲自到东阿去体察民情。实践出真知。晏子以亲身的实践，从正反两个方面对比进言，加大了说服的力度，取得较好的效果。因此，齐景公才知道晏子的确是个贤才，深悔自己以前听信了谗言，错怪了晏子。于是，齐景公将国政委以晏子，让他辅佐自己治理齐国。

在当时社会背景之下，晏子充分表现出了治理国家的忠诚与能耐。他利用自己特殊的身份地位，机智地抓住每一个可能的机会，从各种角度不断地提出减免赋税、让百姓休养生息的建议。

齐景公嗜好歌舞，女乐倡优遍及后宫。一次，乐不思政的齐景公问晏子，自己有没有可能像先祖齐桓公那样称霸诸侯？晏子立即回答：“齐桓公之时，十分注重选贤任能，以鲍叔牙、管仲为左膀右臂。可如今你呢，却是左倡右优，加之还有进谗言的居前，拍马屁的在后，又怎能向往齐桓公的霸业？”

这个直言不讳的回答，既批评了骄奢淫逸的齐景公，又揭露了政客围绕在君王身边进谗献媚的丑恶嘴脸。

齐景公当然不会轻易接受晏子的劝诫。他兴师动众，役使大批民工，破土兴建亭台。当时正值秋收季节，民工们却不能回家去收割庄稼，一个个敢怒而不敢言。正当人们内心叫苦不迭之际，一贯喜欢奢华的齐景公，正在为亭台的开工举办大型饮宴。晏子前往陪侍，忧心忡忡。酒过三巡，晏子即席起舞，唱道：“岁已暮矣，而禾不获，忽忽矣若之何？岁已寒矣，而役不罢，惙惙矣如之何？”随之热泪横流。酒酣耳热的齐景公见此情景，也感到不安，遂把亭台的工程停了。晏子凭借自己的才艺，将一场宫廷饮宴歌舞，变成了一次有具体政治内容的活动，收效显著。

有一次，齐景公问晏子：“你家靠近集市，可知物价的贵贱？”晏婴答道：“既然买东西方便，怎能不知道呢？”齐景公接着又问：“哪种物品贵？哪种贱？”当时，因齐景公实施残酷的刑罚，受刖刑而被砍脚的人很多，市场上假足畅销，鞋子反而卖不出去。由此，晏子答道：“踊贵屦贱。”意思是说，假足贵，鞋子贱。踊屦贵贱的行情，非正常现象，齐景公还是明悟讽谏，下令减轻了刑罚。

齐景公好色贪杯。一次，齐景公抱着美女饮酒，七天七夜还不停杯。弦章进谏：“您饮酒七天七夜了，我请求您停止。不然，请您把我杀了。”这时，晏子入见。齐景公说：“弦章这个小子，竟然这样阻止我饮酒作乐，如果我听从他的，不是臣子反过来管我了吗？如果把他杀了，又舍不得。”晏子回答：“弦章幸遇明君！如果他碰到殷纣那样的昏君，早就死了。”齐景公闻言，便停止饮酒。

齐景公有个很宠爱的女儿，他想把她嫁给晏子。景公于是到晏子家宴饮，饮酒酣畅时，景公看见了晏子的妻子，问：“这是你的夫人吗？”晏子答道：“对，她是。”“嘿！

又老又丑。寡人有个女儿又年轻又漂亮，请让她充实先生你的内室。”晏子离开坐席回答道：“如今她确实是又老又丑，可是我与她共同生活的时间很长了，过去她又年轻又漂亮。况且人本来就是以少壮托付于年老的，以漂亮托付于丑陋的。她曾经托付于我，而我也接受了她的托付。虽然君王有所恩赐，但能因此让我背弃她的托付吗？”晏子拜了两拜谢绝了。

孔子赞他是不以己之是，驳人之非，逊辞以避咎，义也夫！从中表明了他随和、大度、注重自身修养的品格。

二、职业业绩

1. 折冲樽俎

春秋中期，诸侯纷立，战乱不息，中原的强国晋国谋划攻打齐国。为了探清齐国的形势，便派大夫范昭出使齐国。齐景公以盛宴款待范昭。席间，正值酒酣耳热，均有几分醉意之时，范昭借酒劲向齐景公说：“请您给我一杯酒喝吧！”景公回头告诉左右侍臣道：“把酒倒在我的杯中给客人。”范昭接过侍臣递给的酒，一饮而尽。晏子在一旁把这一切看在眼中，厉声命令侍臣道：“快扔掉这个酒杯，为主公再换一个。”依照当时的礼节，在酒席之上，君臣应是各自用自己的酒杯。范昭用景公的酒杯喝酒，违反了这个礼节，是对齐国国君的不敬，范昭是故意这样做的，目的在于试探对方的反应如何，但还是被晏子识破了。范昭回国后，向晋平公报告说：“现在还不是攻打齐国的时候，我试探了一下齐国君臣的反应，结果让晏子识破了。”范昭认为齐国有这样的贤臣，当前去攻打齐国，绝对没有胜利的把握，晋平公因而放弃了攻打齐国的打算。靠外交的交涉使敌人放弃进攻的打算，孔子称赞晏子的外交表现时说：“不出樽俎之间，而折冲千里之外，正是晏子足智多谋的真实写照。”

2. 晏子使楚

晏子出使到楚国，楚王知道晏子身材矮小，就命人在大门旁边开了个小门，请晏子从小门进去。晏子知道楚王要戏弄他，严词加以拒绝。他说，到了狗国才走狗洞，我现在是出使楚国，不应该走狗门。招待晏子的官员，只好请晏子从大门进去。晏子进去拜见楚王。楚王故意问：“齐国没有人可派吗？竟派您做使臣。”晏子回答说：“齐国首都临淄住满了人。人们把袖子举起来，可以遮住太阳；甩一把汗，就是一阵雨；街上行人，肩膀擦着肩膀，脚尖碰着脚跟。怎么说齐国没有人呢？”楚王接着问：“既然如此，那么为什么派你出访呢？”晏子答：“我们齐国派使节出访很有讲究，对那些精明能干的人，就派遣他们出使那些道德高尚的国家；对那些愚蠢无能的使臣，就派他们出使那些不成器的国家。我是使臣中最愚蠢、最无能的人，所以就派我出使楚国来了。”晏子的话使本打算要戏弄他的楚国君臣们面面相觑，半天说不出话来。

3. 二桃杀三士

田开疆、公孙接、古冶子皆勇猛异常，但居功自傲，不讲礼仪。晏子视为祸患，建议景公杀之。景公担心武力无法制服，于是晏子让齐景公赏赐二桃，让他们论功而食。公孙接以曾搏击野猪和幼虎拿得一桃，田开疆曾引兵退敌亦拿一桃。古冶子陪景公渡河，曾斩鼋除怪，自恃功高，认为应该得桃，遂拔剑而起。田开疆和公孙接见状，羞惭地说，论勇论功，都比不上你，拿桃不让，是贪心；不敢自杀，是没勇气。因而都退还了桃子自杀。古冶子认为自己独生不仁，耻人以言，而夸其声，不义；不死无勇，也自杀了。

三士既死，景公以士礼安葬。晏子以二桃杀三士，消除了政治隐患，其智慧非同寻常。现存三士冢。

4. 纪国金壶

齐景公到纪国故地游玩，得到一个金壶，打开来看，里面有朱砂文书，写道食鱼无反，勿乘驽马。景公说："说得好啊！按照这话的意思，吃鱼不吃另一面，是因为讨厌鱼的腥味；骑马不骑劣马，是嫌它不能跑远路。"

晏子说："不是这样，我觉得这八个字里面包含的是治国的道理：吃鱼不要翻过来，是说不要把民力用尽吧！不要乘坐驽马车，是说不要把小人安在身边吧！"

景公问："纪国有这样的文书，为什么还会灭亡呢？"晏子答道："它的灭亡自有原因。我听说，君子有了至理名言，就把它悬挂在大门上。可是，纪国有这样的良言，却把它藏在壶里，它不灭亡还有什么好结果呢？"

5. 智论生死

齐景公往牛山游览，向北登临齐国都城时，突然哭道："人生怎么像奔腾咆哮的流水，离开这美好的山河而死去呢！"艾孔、梁丘据听了，也哭泣起来。晏子却在发笑。齐景公怒问他为何发笑。晏子回答："如果自古人人都不死，那么太公、丁公将永远保有齐国，桓公、襄公、文公、武公等都将辅佐他们，您将戴着斗笠穿着粗衣，手持大锄小耙，弯腰屈膝地行走在田地间，哪儿还有闲工夫忧虑死亡的事情！而您偏偏独自因为这事流泪伤情，这是不符合仁义道德的。不仁道的国君我看到一个，谄谀的近臣我见到两个，这就是我私自发笑的原因啊！"

齐景公听了十分惭愧，举起酒杯来，自罚自己的酒，又罚艾孔和梁丘据两人各一杯酒。

6. 死马杀人

一次，齐景公一匹心爱的马突然死了，齐景公大怒，就下令把养马的人抓来肢解。这时晏子在场，左右武士正想动手，晏子上来制止，对齐景公说："杀人总得有个方法，请问尧舜肢解人的时候，从身体的什么部分开始？尧舜是传说中的仁君，不会因为一匹马而杀人，自然也没有杀人肢解之法。"齐景公知道晏子的意思，就说："那就不肢解罢，把他交给狱官处死算了。"晏子又对齐景公说："这个人的确该死，但是他还不知道自己犯了什么罪，请让我说说他的罪状，让他知道，然后死个明白，您说好吗？”齐景公说：“好啊，那你就说吧！”晏子就开始数说他的罪状：“你犯了三条大罪：国君让你养马你却把马养死，这是一大死罪；所死之马又是国君最喜爱的，这是二大死罪；因为你养死了马而使国君杀人，百姓听说之后一定会怨他，诸侯听说之后一定轻视我国。你养死了国君之马，使百姓生出怨恨，使邻国轻视我们，这是第三大死罪。今天把你送到监狱，你知罪吗？”齐景公喟然而叹说：“请您把他放了吧！放了吧！不要伤了我的仁爱之名。”

7. 景公葬妾

齐景公的爱妾婴子死了，齐景公守丧，三天不吃饭，坐在那里不离开，左右群臣多次劝说，不听。晏子进来说：“外面来了一个术士和一个医生都说：听说婴子病死了，他们愿来救人。”齐景公听了大喜，马上就起来了，说：“她的病可以治好吗？”晏子说：“这是客人说的，他一定是良医，请他试试吧。但是他们来救人时，得请君离开这里，好好地去洗浴吃饭，他们还要在这里求神降鬼。”齐景公听了很高兴，就说：“好吧，我马上离开。”趁齐景公离开去沐浴吃饭之际，晏子下令马上把死人入殓，入殓之后，他又对齐景公说：“医生治不了她的病，我们已经把她入殓，不敢不告诉您。”齐景公听了很不高兴，知道晏子在这件事上骗了他，就说：“您以医生看病为由让我离开，然后把死人入殓又不告诉我。我这个当国君的，已经有名无实了。”晏子说：“您难道不知道死人不能复生吗？我听说，君王臣从叫作顺，君僻臣从叫作逆。今日君不顺而行逆，对贤人礼遇很薄，对嬖妾却悲之甚哀。人死尸朽，还想让她复生，哀伤害性，已经有失为君之道了。诸侯宾客听说您这样都不愿意出使我国，本朝大臣看到您这样也羞于当官。按照您的这种行为做事，不能引导好人民；顺从您的欲望，也不能保住国家。您这样是不对的。”齐景公说：“我不明白这些，请告诉我怎么做吧。”晏子说：“国家的士大夫，诸侯四邻的宾客，都在外面等着见您，您节哀。”

三、职业决策高度

1. 辞退高缭

高缭在晏子手下做官，晏子把他辞退了。随从的官员们向晏子提出劝阻，说：“高缭已跟你做了三年的工作，一直没有给他一个职位，而且还要辞退他，于道义不合啊。”晏子说：“我是一个狭窄浅薄的人，要大家都像撑开大网的绳子那样，拉紧了，这张大网才能稳固，才能立国。到现在为止，高缭在我身边工作三年，从来没有说过一句纠正我办事失误的话，这就是我要把他辞退的原因。”

2. 与孔子悖

孔子 35 岁那年，去了齐国，做了高昭子的家臣，之后通过高昭子见到了齐景公。齐景公问孔子如何为政，孔子说，国君要像国君，臣子要像臣子，父亲要像父亲，儿子要像儿子。景公说："讲得好啊！如果真的国君不像国君，臣子不像臣子，父亲不像父亲，儿子不像儿子，纵然有粮食，我怎么能吃得到呢！"又一日，齐景公又向孔子询问为政，孔子说："为政在于节约财物。"齐景公很高兴，将要把尼溪的田地，封赐给孔子。晏子进言说："这些儒者能言善辩，不能用法度来规范；高傲自大，自以为是，不能任用他们来教育百姓；崇尚丧礼，尽情致哀，破费财产，厚葬死人，不可将这形成习俗；四处游说，乞求借贷，不可以此治理国家。自从圣君贤相相继去世，周朝王室衰落以后，礼乐残缺有很长时间了。如今孔子盛装打扮，繁琐地规定尊卑上下的礼仪、举手投足的节度，连续几代不能穷尽其中的学问，从幼到老，不能学完他的礼乐。国君打算用这一套来改造齐国的习俗，恐怕不是引导小民的好办法。"此后，齐景公虽然恭敬地接见孔子，但不再问有关礼的事。有一天，齐景公挽留孔子说："按照季氏上卿的规格来待你，我不能做到。"于是就用介于鲁国季氏和孟氏之间的规格来接待孔子。齐国大夫企图谋害孔子，孔子听说此事，当机立断，离开了齐国，返回鲁国。

四、职业哲学高度

齐景公田猎回来，晏子在遄（chuán）台陪侍，梁丘据处处想讨齐景公的喜欢，也急忙赶来陪同。齐景公高兴地说："看来只有梁丘据与我相和啊！"晏子说："梁丘据与您只能说是同，怎么能说是和呢？"齐景公说："和与同还不一样吗？"晏子答道："当然不一样了。和就像制好的肉羹，用醋酱盐梅烹调鱼肉，以薪火炖煮，厨师再加好各种调料，口味佳美，君子食之，平其心火，这才叫和。君臣的关系也是这样。君认为对但实际上不对的事情，臣就应该指出其不对；君认为不对但实际上对的事情，臣也应该坚持正确的方面。这样政治就会平稳而无偏差，人民也无争心。先王治民也用济五味，和五声之法，以平稳百姓之心，使政治成功。演奏音乐也像调味一样，有一气、二体、三类、四物、五声、六律、七言、八风、九歌，这九者相和，然后才能成为一首优美的乐章。君子听了，可平其心，可和其德。现在梁丘据却不是这样，您只要一说行，他就说行；您要说不行，他就说不行。这就像做饭时水里再加上水，谁能吃呢？弹琴时只是一个声音，谁能听呢？他的这种行为就是同，这样做行吗？"

梁丘据是齐景公时的一个佞臣，专会对君主阿谀奉迎，而齐景公对这样的人却很赏识，倍加宠爱，说只有他才与自己相和。晏子的这段话专为此而发，他很深刻地辨析了和与同的差别，同就是不同人事的相同一致，而和则是不同人事之间的协调与配合。同表面看起来是一种理想状态，但是也就没有了矛盾，没有了发展，其实也就没有了事物差别、个性的存在。而只有和才是事物健康发展的完美形式，不同的食物经过调和才能成为美味，不同的声调节奏经过调和，才能成为一首完美的乐章。晏子这样做的表面，看起来似乎是进行一种抽象的名词分析，其实他是借此向齐景公讲述治国为政的道理，同时也是为人处世的道理，即君子应该和而不同，并巧妙而含蓄地批评了梁丘据的一味逢迎和齐景公的不辨忠奸，起到了劝谏齐景公远离佞人而亲近谏臣的目的，在他身上真正体现了先秦贵族主文而谲谏的君子风度。

五、职业评价

司马迁：“方晏子伏庄公尸哭之，成礼然后去，岂所谓‘见义不为无勇’者邪？至其谏说，犯君之颜，此所谓‘进思尽忠，退思补过’者哉！假令晏子而在，余虽为之执鞭，所忻慕焉。”（《史记·管晏列传》）

刘向：“晏子博闻强记，通于古今，事齐灵公、庄公、景公，以节俭力行，尽忠极谏道齐国，君得以正行，百姓得以附亲，……晏子着短，其书六篇，皆忠谏其君，文章可观，义理可法，皆合六经之义。”（《晏子叙录》）

孔子：“晏平仲善与人交，久而敬之。”（《论语·公冶长》）

孟子：“管仲以其君霸，晏子以其君显。”（《孟子·公孙丑上》）

曾子：“晏子可谓知礼也已，恭敬之有焉。”有若曰：“晏子一狐裘三十年，遣车一乘，及墓而反，国君七个，遣车七乘，大夫五个，遣车五乘，晏子焉知礼？”曾子曰：“国无道，君子耻盈礼焉，国奢则示之以俭，国俭则示之以礼。”（《礼记·檀弓》）

王夫之：“管仲、晏婴，功书并作。”（《论衡·书解篇》）

刘昼：“北郭刎颈以申晏婴，所以致命而不辞者，为国荐士，灭身无悔，忠之至也，德之难也。”（《刘子荐贤》）

第七章 职业规划决策与管理

志不立，如无舵之舟，无衔之马，漂荡奔逸，终亦何所底乎？志不立，天下无可成之事，虽百工技艺，未有不本于志者。

——王阳明《教条示龙场诸生》

意思是，一个人如果没有树立远大的志向，就像船儿没有舵，就像马儿没有缰绳，虽然也在漂流也在行走，但终究因没有方向而失去了前进的意义。大志不树立，天下就没有可成功的事，即使是各种工匠技艺，也没有不是靠志气学成的。

寓言

金　鱼

二层小楼，靠近窗户旁，有两个鱼缸，每个鱼缸里有一条金鱼，其中一条苗条，一条丰满。她们已经在这里生活了很长时间。尽管每天有好吃好喝的伺候，还可以晒晒太阳，发发呆，可她们并不满意。两条金鱼有着同样的心思，都觉得对方的鱼缸内的环境，无论哪方面都比自己的要好。英雄所见略同，有一天晚上，她们奋起一跃，各自跳到对方的鱼缸。开始，还非常新鲜，没过几日，又都觉得索然寡味了。

此后，丰满的金鱼慢慢认了，老老实实过生活，不再想东想西。而苗条的金鱼，自从换了鱼缸以后，更加靠近窗户，每天可以看到紧邻窗外的池塘里，有杂七杂八的小鱼，游来游去，好不自在！苗条的金鱼心想，如果跳进池塘，然后，再想办法游到远处的那条宽阔的大河，感觉应该更好吧。说不定沿着河流，最后还能游到大海呢。外面的世界一定很精彩啊！

自此，苗条的金鱼每天晚上，开始练习跳跃技术，因为要跃过窗户，还得要有真功夫，必须一招鲜才成，否则，摔死后岂不成了晒在窗台上的鱼干，说不定便宜了哪条馋猫呢？终于有一天，苗条的金鱼感觉时机成熟，铆足劲，划了一个优美的弧线，跳进池塘，顿时，赢得池塘里的小伙伴们一片喝彩声。丰满的金鱼也在鱼缸里连竖尾巴，表示祝贺。

没几天，苗条的金鱼就找到了池塘通向大河的道路，在离开池塘前，苗条的金鱼特地来到小楼窗边，在池塘里腾地跃起，用尾巴竖起金色的V字形，向丰满的金鱼告别。

新的征程开始了。

水论理论认为，美好的职业愿景，通过合理规划，决策时虽有风险，但是只要管理到位、靠谱，就一定能实现。

第一节　职业规划决策

一、风格步骤

决策就是做决定的过程。为了实现一定职业目标，采用相应的科学方法和手段，从两个或以上的方案中，选择一个满意方案的分析判断过程，就是职业决策。决策者确定行动目标，分析自身和周边环境，对若干可行性方案比较和选择，最终确定一个最为优化、合理的方案。

职业决策是一个非常复杂的过程，决策者根据自己和职业环境的信息，对各种可供选择职业的前景详加考虑，最后一锤定音。在职业规划选择中，通常要我们做出有利于职业发展的决定，这就是职业决策。职业规划决策构成要素有：目标，职业决策存在的根本，是所要达到的目的；选择，指在达到目标的过程中，途径有多种，采取哪一种途径做出选择；结果，指每一种选择衍生出来的附加物。

决策风格（表 7-1）是人们在做决策时，反映了个体在决策的过程中习惯的反应模式，表现出来的行为偏好和心理倾向，是个人关于决策行为的个性特征在职业决策过程中的体现。每个人受个体的经验、知识、能力、性格和气质等多重因素的影响，不同的人在决策同一件事情，实现同一目标的习惯偏好不同，可利用的时间资源不同，所面临的决策问题的复杂程度不一样，从而形成了决策风格的差异。在面对职业决策的时候，都有自身独特的行为方式，这种独特的决策方式，就是个体的决策风格。个体决策风格的形成，有三类理论：一是个性决策论，决策风格取决于决策者的个性；二是情势决定论，决策任务与决策环境适合于不同决策风格的人；三是相互作用决定论，决策风格既受个性影响，又受决策任务与环境的影响。因此，在研究决策风格的形成原因时，需要同时考虑上述两类因素的相互作用。

表 7-1　决策风格类型

类别	决策风格类型
丁克里奇	计划型、苦恼型、延迟型、瘫痪型、冲动型、直觉型、宿命型、顺从型
哈瑞恩	理智型、直觉型、依赖型、犹豫型
斯科特和布鲁斯	理智型、直觉型、依赖型、回避型、自发型

决策步骤如下：根据自己的需求制订职业规划决策目的或目标。搜集与职业规划目标或目的有关的信息资料，以了解可能的行动方向。根据所得的资料，预测职业规划各

个可能行动的成功概率及结果。根据价值系统，估算个人对于职业规划每个行动方案的喜好程度。评估各种职业规划可能方案，选择其中的一个方案执行。如果达成目标，则终止职业规划决定，然后再等待下一个决定的出现。如果没有成功，则继续调查其他可行的办法。

二、决策流派

职业生涯决策和发展的理论流派纷呈，它们都试图从不同的侧面去解释人们的职业选择和发展过程，主要有类型论、职业锚理论、职业生涯发展理论、工作适应理论、社会认知职业发展理论、职业决策的PIC模型等，至今这些理论仍处于不断地发展和完善之中。

1962年，奇兰特提出职业决策过程模式。认为决策是一个发展的历程，不是单一的事件，决策是一连串的决定，任何一个决定将会对先前及后来的决定产生影响。职业生涯决策是持续不断地做决定及修正的终生历程，不是一次选择，不是一个结果。决策原则是，选择有利因素最多、不利因素最少的方案，特别强调资料的重要性。

泰德曼提出，整个决策过程是由确定目标阶段、实施与调整阶段组成的。确定目标阶段：个人在进行职业决策时，首先要确定职业目标，可以按试探、具体化、选择和明确化四个步骤进行。实施与调整阶段：将选择的方案付诸行动，落实于现实生活，然后评估其结果，并根据个人对结果的满意程度，对方案做调整或改变，该阶段可分为入门、转化和整合三个步骤。[①]

盖蒂提出的PIC模型是一种系统的职业决策方法，其构建兼顾理论验证与实践运用。决策方案的选择通常都是多属性的，排除理论是PIC模型的理论基础。在选择过程的每一阶段，根据重要性，挑选出某一属性，做出评价，排除不符合决策要求的属性，以后也不再考虑，大浪淘沙，直到剩下某种未排除的属性，再做最后的选择。PIC指的是排除阶段、深度探索阶段和选择阶段。排除阶段就是将职业决策的情境中庞大的潜在职业方案的数目不断减少，决策者能够为每个方案收集广泛的信息，并且有效地加工这些信息，达到可操作的水平。排除阶段可以分为选择搜寻、重要性排列、定义可接受水平的范围、范围与特性水平比较和灵敏度分析五个步骤。深度探索阶段找到一些不仅是有可能的，而且是合适的方案。该方案被认为是合适的，考察某个方案是否真正适合个人。有可能的方案都是在排除阶段的筛选后留下的，它们在重要的方面与个人的偏好相符合。选择阶段是挑选最合适方案的阶段，考虑到个人的偏好与能力，挑选对于个人来说最合适的方案。许多人会在第二阶段结束时得到一个合适的方案，并据此收集相应的信息。职业决策通常是在不确定的状态下做出的，职业方案实现的可能性也经常是不确定的。如果存在不确定性，建议回到前面的步骤，搜寻更多的、可能被认为是次等的但仍然适合的方案。

---

① 肖俊涛．2013．大学生职业生涯规划．长春：吉林大学出版社．

1991年，盖瑞、詹姆斯、罗伯特在他们合著的《生涯发展和服务：一种认知的方法》中提出CASVE循环模型理论，该理论认为，一个良好的决策，需要经历沟通、分析、综合、评估和执行五个步骤。沟通指收到了关于职业理想与现实之间存在差距的信息，通过内部或外部交流途径传达给我们。内容沟通包括情绪信号，外部沟通包括同事、朋友对你的职业评价，父母对你的职业规划的询问。分析指通过思考、观察和研究，对兴趣、能力、价值观和人格等自我认知，对各种环境知识进行分析，更好地理解现状和理想之间的差距。一个好的职业生涯决策者，阻止用冲动行事来减小在沟通阶段所体验的压力或痛苦，这是无效的，甚至可能令问题恶化。这是了解自己及自己各种选择的阶段，改善自我认知，不断了解职业世界和家庭需要。尽可能了解造成在第一阶段发现的差距的原因，把各种因素和相关知识联系起来，把自我认知和职业选择联系起来，把家庭和个人生活的需要融入职业选择中。综合是指分析总结上一阶段提供的信息，制定消除差距的行动方案，确定做什么能解决问题。评估指对于综合阶段得出的3～5个职业进行具体的评价，评估获得该职业的可能性，该选择对自身及他人的影响，从而进行排序。执行指前面的步骤只是确定了最适合的职业，还不能带来职业选择的成功，需要在执行阶段将所有想法付诸实践。在执行阶段，需要制订计划，实践并行动。如果没有解决可以再次回到沟通阶段，重新开始一次CASVE循环，直到职业生涯问题被解决为止。这是实施选择的阶段，把思考转换为行动。

总之，决策理论重视个人职业生涯发展时的历程及抉择，除了搜集正确的客观资料之外，更重要的是要针对个人独特的价值观，加以了解、澄清。很多理论可供参考，个人主观的价值评论也许才是最重要的决策依据。

三、职业决策策略和方法

1. 职业决策策略

职业决策是一种选择策略的能力，决策者会在不同情景下选择使用不同的决策策略，也可能综合使用几种策略。理性决策策略、直觉决策策略和被动决策策略这三种决策策略，在实际应用中得到很好的应用。

理性决策策略，指个体在决策时严格按照理性思维进行推理，依照科学的程序做出对自己职业的选择。个体进行理性职业决策时，获得了一定的有关自我与环境的信息作为依据，反映出个体内在的、理性的需要。

直觉决策策略，指个体依靠自己当时的情感、愿望及情景意识，做出对自己职业的选择。直觉决策的特点是，个体在决策时，有时凭一时的感觉或灵感做出对自己职业的选择，内部的情感线索起了主要的作用。

被动决策策略，指个体主要凭借别人的帮助，或者从别人的愿望出发所做出的对自己职业的选择。这是一种以搜集和加工外部趋向的信息为主要特征，在自我意识和环境意识不充分的情况下所应用的策略。

2. 职业决策方法

基本的决策方法：确定职业志向→进行自我评估→职业机会分析→明确职业方向→职业路经选择→制订行动计划→定期全面评估。影响职业规划的因素会不断变化，有的变化因素是可预测的，而有的变化因素难以预测。在此状况下，要使职业规划行之有效，就需要不断地对职业规划进行评估与修订。

目标导向决策方法，先经过目标导向行为，再经过目标行为达到职业目标。交替运用职业目标导向行为和职业目标行为，使动机强度经常保持在一个较高的水平上。职业目标导向行为，能提高人的动机水平，是一个选择、寻找和实现职业目标的过程。当一个职业目标实现后，提出新的职业目标，进入新的职业目标导向过程，维持动机强度在较高的水平，保持一种积极的状态。

可行性是指在做职业决策时要考虑到实际情况，并具有可执行性。时间梯度是由于人生具有发展阶段和职业生涯周期发展的任务，职业规划与管理的内容可分解为若干个阶段，并划分到不同的时间段内完成。职业目标有不同的类型和阶段，各目标之间应有一致性，不能相互冲突。制定职业目标时应考虑各具体目标的情况，统筹兼顾。职业目标决策要具有激励性，只有具有内在激励性的职业决策目标，才能使个体自觉完成实现目标而不依赖外力的督促。

SWOT 决策分析法指每个人都有自己的价值观、性格、兴趣和能力。找出自己的长处和短处，努力改正常犯的错误，提高技能，放弃那些不擅长的、技能要求高的职业。不同行业都面临着不同的外部机会和威胁，找出这些外界因素，对帮助自己成功找到一份适合自己的工作非常重要，因为这些机会和威胁会影响到第一份工作和今后的职业发展。对自己进行 SWOT 决策分析评估，要列出最想实现的三个职业目标，竭尽所能发挥自己的优势，与提供的工作机会很好地匹配。

决策平衡单法的顺序如下，建立职业生涯决策平衡单→判断各个职业选项的利弊得失→各项考虑因素的权重→计算出各个职业选项的得分→排定各个职业选项的优先顺序。

在进行职业决策时，人们可能会遇到以下困难：可能不会辨认已有的可解决的问题；可能不努力作决策或解决问题；可能会消除一个潜在满意的选择对象；可能会选择较差的选择对象；在感到没有能力达到目标时，可能会经受痛苦和焦虑。在进行职业决策时，要正确对待困难，积极面对可能出现的问题，通过自身的努力，寻求最优的解决办法。

第二节　职业规划管理

制订了职业规划，只是迈出了向职业成功发展的第一步，接下来，还需要善于对职业规划进行管理，才能保证后期的成功。一个组织，一般在有意识或无意识中，都会对自己的员工进行职业管理。组织可通过对员工职业生涯的主客观因素进行分析、测定和总结，使得员工的职业生涯目标和组织发展的目标一致。对个体来说，要尽可能了解自己所在组织的职业生涯管理模式，根据自己的兴趣、能力和个人发展目标，有效地管理自己的职业规划，使自己的发展和组织目标协调一致，共同发展。

一、职业规划早期管理

职业规划早期管理，对于按部就班上学的学生来说，高中只是一门心思苦读，考上理想大学。待到上大学时开始，就可以有意识地进行早期职业规划管理。读大学期间，恰恰是一个人学习到专业知识、获得一技之长、形成世界观的时候。因此，时下各大高校的就业指导中心纷纷举办一些职业规划大赛，或者是邀请一些名家来做讲座，给学生灌输一些职业规划思想和方法。就效果来看，有些学生受益颇多，但是很多学生也只是凑凑热闹而已。

职业规划早期管理，要考虑到学生的兴趣、性格、特质等，高考填报志愿确定专业，再到大学系统学习，而后，或继续读硕士、博士，或直接就业，在社会大熔炉里进行熔炼。这个过程，需要家长、老师的支持，最好能得到职场上有丰富经验者的正确指导，这样就能少走很多弯路。真正使职业规划有效、有用、前瞻性强，最终收获职业规划带来的成果。

适时进行自我评价，是职业规划管理的一个重要内容。生活中我们常常发现，很多大学生在毕业前已拟定了非常具体、详细的职业规划，但是在以后的职业生涯发展过程中，却一味地跟着感觉走，结果会慢慢偏离自己当初的职业规划，使职业生涯发展又变成了盲目的发展。因此，在职业生涯发展的过程中，应适时地对自己的职业发展状况与职业规划进行评价，及时调整，必要时，更改规划目标，使自己的职业生涯发展有规划而不盲目。

二、职业规划中期管理

职业规划中期管理，一般是参加工作8～10年后，处于职业上升爬坡阶段，这时容易遇到困惑、瓶颈，需要通过适当的手段来解决，以便在下一个10年阶段，走得更稳健、扎实，取得更大的成就。

1. 职业规划调整

人生道路没有一成不变的，职业发展也是如此。成功的职业发展道路，不仅是实现自己最初的职业理想，更应是顺应社会和职业的发展要求，灵活变动，以追求最优的结果。在职业发展过程中，包括个体的主客观因素，以及社会和职业的原因等很多因素，会导致职业生涯的改变，甚至重新选择。例如，当兴趣、志向发生了改变，工作环境、家庭环境发生了变化时，就需要对先前的职业规划进行适时的调整和修改。这种调整可以是对职业生涯路线的改变，或是阶段目标的一些修正，变更实施措施，甚至对职业的重新选择。

对于职业规划调整，要根据个人意向和环境需要而决定。调整要遵循一定的规则，一般不轻易改变目标，只是修正计划。当修正计划无法达成目标时，再考虑修正目标达成的时间。当延长时间和降低要求都不能实现目标时，则要考虑放弃目标，重新设定新的目标。但是无论怎样调整，通过不断评估和修正，最终应该是选择更加适合自己的职业发展，才是最好的职业规划。

2. 自我评价

对于职业规划管理，各个组织采取的方法不尽相同，某个组织的自我评价方法就值得参考。员工需要从多个角度对自我职业规划与管理进行评价（表 7-2）。

表 7-2　自我职业规划与管理评价

类别	方法	措施
1	撰写自传	通过写自传的方式，了解和反思自己在生活中发生的事情，工作的转化，以及未来的计划等
2	问卷	通过问卷量表的形式，了解自己所愿意从事的职业、喜欢的课程，以及在理论、经济、审美、社会、政治甚至是宗教信仰方面的价值观，思考自己的职业规划是否与当下的价值观和个人意愿相匹配
3	日记记录	24 小时日记的方式，记录一个工作日和一个非工作日的活动，全方位自我检查
4	与两个重要人物面谈	可以与自己的朋友、配偶，也可以是同事或亲戚谈谈自己的想法
5	生活方式描写	以言语或者图画的形式，将自己当下的生活状况转达给他人或是自己

3. 关注时间

时间管理是职业规划中期管理中非常重要的一个因素。任何一个决策，都有时间成本，在职业规划中期，错误决策或犹豫不决，都会耽误宝贵的时间，必然影响职业规划实施效果。对于普通人来说，最廉价的是时间，最昂贵的也是时间，就看怎么对待，怎么使用。对时间的管理，实际上就是对资源和对自我行为的管理，因为只有管理好自己的工作和生活时间，才能更好地提高效率，将有限的生命创造出无限的价值。

要想管理好时间，一定要讲求策略。首先，要设定时间使用标准，计划好做每件事情的时间，对每天的时间合理安排。其次，就是要找出最重要的事情。区分出哪些事情重要，需要尽快解决，哪些事情次要，可以不予理会。最后，在区分主次之后，要找出正确的做事顺序，依次是重要而紧急的，重要但不紧急的，紧急但不重要的，不紧急且不重要的。

三、职业规划后期管理

1. 概况

作为一个职场上的人士，随着生活条件的改善、寿命的延长，一般到了 50 岁的时候，正是职业生涯发展的收获季节。在这个阶段，就需要适时调整，对职业规划的后期给予展望，并合理安排。

大多数人这个时期属于职业生涯的维持与隐退阶段。个体继续保持已有的职业成就和社会地位，寻找、选拔和培养接替人员，运用自己积累的经验和智慧，以各种资深角色对他人进行传、帮、带，传承工作经验；成为一名良师，教导他人，维护自尊，准备引退。尽管多数人不再有升迁的机会，但其工作满意度却达到一生中的最高峰。许多人获得了职业成功，取得了一定的社会地位。而对于那些相对不太成功或社会地位不高的人来说，他们这时也不再抱有年轻时的幻想，对自己的期望值进行调整。

为人处世，日趋圆通，认识和处理问题，不再像有的年轻人那样死板激进，而是更加灵活。对于大师来说，此时正是其理论体系形成的阶段，也是创作的鼎盛时期；而更多的职场上人士，身在职场，会越来越得心应手。接受权力、责任、地位的下降；接受和正视自己影响力和挑战能力的下降；评估自己的职业生涯，着手退休；培养新的工作以外的兴趣、爱好，寻找新的满足源。基于竞争力和进取心下降，部分人开始接受和发展新的角色。由于生理及心理功能日渐衰退，职业角色的分量逐渐减少。

2. 后期管理特点

相对而言，如医生、技术人员等，到了这个阶段，经验丰富，业务娴熟，一展技能，恰逢其时。不仅如此，只要身体好，有一技在身，即使退休，也仍然可以大显身手。

职业规划后期管理，要注意总结、提炼、升华，培养人才，接力传承下去。这个时候，更多时间需要蹲下身子，作为阶梯，让年轻人站上去，有时也会有成就感。这个阶段，处于人生健康的关键时期，有很多精英都是因为过度的劳累和透支，因病过早退出职场，甚至英年早逝，留下无尽的遗憾。因此，要重视健康，保住生命线，开始职业规划的第二春。

进入这个时期，权力、责任和中心地位下降，角色发生明显变化。领导职务往往逐渐被年轻人所代替，权力与责任随之亦被削弱，核心骨干、中心地位和作用则逐步丧失。一个个夺目的光环在渐渐消失。即使是重要的员工，由于知识、技能的老化，竞争力的下降，其核心骨干的中心位置和作用也会逐步丧失。进取心、竞争力和职业能力明显下降。知识老化和技术更新的速度非常惊人，由于其体能和精力不可避免地衰退，学习能力及整体职业能力会呈下降趋势，同时，对新生事物的敏感性下降，态度趋于保守，喜欢根据老经验办事和思考问题。因此，个人的知识和技能老化，无力更新与恢复，职业能力和竞争能力逐渐减弱。优势尚存，仍可发挥余热，尽力贡献。作为组织的老员工，他们熟知组织发展过程，已深深融入组织文化之中，对组织颇有感情；长年的职业发展，练就了娴熟的技能，积累了丰富的实践知识；有着丰富的人生阅历，见多识广，具有处理各种复杂的人与事、人与人之间矛盾的能力、经验、技能和智慧，可以担当良师的角色，继续在工作中发挥自己独有的作用。

3. 策略

面对现实，接受生理机能衰退及导致的竞争力下降的客观现实，寻求适合自己的新职业角色，发挥个人的专长与优势。现实工作中，当师傅，带徒弟，培育新员工；充任教练，对员工进行技能培训；充当参谋、顾问等角色，或出谋划策，提供咨询；或者从事力所能及的事务性工作等，这些都是不错的选择。

从思想上认识和接受长江后浪推前浪规律，积极认可个人工作权力、责任的减小，以及中心地位的下降，求得心理上的平衡。将思想重心和生活重心逐渐从工作转移到个人活动和家庭生活方面，善于在业余爱好、家庭、社交、社区活动，以及非全日制工作等方面寻找新的满足源。

再接再厉：现代社会，生活水平的提高，工作条件的改善，也能让 50 多岁的人，在职业规划后期，仍然有着无限的职业发展想象空间。身体条件，能胜任各种挑战；思想上清楚知道哪些事可做，哪些事不可做。最重要的是，知己知彼。看看过去的经历，盘盘眼前的得失，自会心知肚明。对于一个事业有成，想获得更大成就的人，这些经验会产生极大作用，保持青春活力，勇往直前。

做好职业规划：有人说，不用规划，我退休后要干的活多着呢。或者说，忙碌了一辈子了，就想退休后好好休息休息。这一天真的来到了，开始觉得还不错，自由自在，干点家务活。时间一久，新鲜劲过去了，感到生活无聊，不是觉得头痛，就是觉得腰酸，看见谁都不顺眼，发脾气，发牢骚，变成另外一个人了。因此，在职业规划的后期，需要与退休后的人生规划很好衔接起来。退休后二三十年内，计划干点什么。要分析哪些事情想干，哪些事情可以干，哪些事情能干。经过详细分析后，将目标确定下来，再根据目标，制订出详细的行动方案。

四、职业规划创新管理

1. 创新概念

创新是指人们运用已知的信息，为了发展的需要，不断突破常规，发现或产生某种新颖、独特的有社会价值或个人价值的新事物、新思想的活动。以现有的思维模式，提出有别于常规或常人思路的见解为导向，利用现有的知识和物质，在特定的环境中，本着理想化需要或为满足社会需求，而改进或创造新的事物、方法、元素、路径、环境，并能获得一定有益效果的行为就是创新。

创新有三层含义：更新、创造新的东西、改变。创新是以新思维、新发明和新描述为特征的一种概念化过程，创新是人类特有的认识能力和实践能力，是推动民族进步和社会发展的不竭动力，是人类主观能动性的高级表现形式。改革被视为经济发展的主要推动力，促进创新的因素至关重要。创新是创新思维蓝图的外化、物化，表示改革的结果。

突破旧的思维定式、旧的常规戒律，创新的本质是突破。创新有时是造型设计、内容的表现形式和手段的创造，有时是产品的结构、性能和外部特征的变革，有时是内容的丰富和完善。创新活动的核心，就是一个字——新。

从哲学的角度来看，创新是人的实践行为，是对物质世界的矛盾再创造，是人类对于发现的再创造。人类通过物质世界的再创造，形成新的物质形态。意识的新发展是人对于自我的创新，而创意是创新的特定形态。实践是创新的根本，发现与创新代表两个不同的创造性行为，对于发现的否定性再创造，是人类产生及发展的基本点。物质世界的无限性，彰显了创新的无限性。

创新可以分为科技创新、文化创新、艺术创新、商业创新等，包括政治、军事、经济、社会、文化、科技等各个领域。其中，科技创新指的是科学技术领域的创新，包括自然科学知识的新发现、技术工艺的创新。科技创新是社会生产力发展的源泉。对于企业来说，创新包括生产工艺创新、产品创新、市场营销创新、企业管理创新、企业文化创新等。

2. 创新措施

推动科技创新与经济社会发展紧密结合，关键是要处理好政府和市场的关系，通过深化改革，进一步打通科技和经济社会发展之间的通道，让企业真正成为技术创新的主体，让市场真正成为配置创新资源的力量。政府积极作为，总体确定技术方向和路线，加强支持和协调。

增强自主创新能力，关键是要努力掌握关键核心技术，大幅提高自主创新能力。完善政策环境，健全激励机制，激发科技创新的积极性。围绕产业链，部署创新链，围绕创新链，完善资金链。坚持科技面向经济社会发展的导向，清除科技成果转移障碍，提升国家创新体系的整体效能。

完善人才发展机制，用好人才，打通人才使用中的体制机制障碍，建立更为灵活的人才管理机制，最大限度地支持和帮助科技人员创新创业。深化教育改革，创新教育方法，推进素质教育，提高人才质量，营造良好的人才环境。

营造良好的政策环境，加强知识产权保护工作，加大资本市场对科技型企业的支持力度，加大政府科技投入力度，引导企业和社会增加研发投入，完善推动企业技术创新的税收政策。

扩大科技开放合作，充分利用全球创新资源，深化国际交流合作，高起点推进自主创新，为应对全球共同挑战，同国际科技界精诚合作。

3. 创新管理

创新管理包括管理的创新，对创新活动的管理，创新型管理。管理创新的内容有管理思想理论上的创新、管理制度上的创新和管理具体技术方法上的创新，三者从低到高，相互联系，相互作用。创新型管理要求整个组织和成员是创新型的，把创新体现在管理过程中。创新理念是人无我有、人有我专、人专我新、人新我恒。

倡导学习和提升个人工作技能，营造集思广益的氛围，鼓励管理人员善于采纳下属正确意见。创新需要投入，在资源配置上要有倾斜，建立创新激励机制，全方位创新。

4. 职业规划管理创新

职业规划管理，以人为本，以制度为辅，以创新为目标。一个组织管理的创新核心，是人与人才的培育，培养新一代复合型管理人才。组织要实现这一目标，必须在人力资源管理上创新，这个创新突出体现在员工职业规划管理上的创新。

创新改变社会，创新不仅是组织发展的动力，更是社会进步的源泉。职业规划管理创新，会改变一个人的人生，当前单纯的学历型人才，已无法满足社会需求，如何培养人们的创新精神、创业能力，是值得深思的话题。职业规划管理中的创新教育，是以培养创新意识、创新精神、创新思维、创新能力为目标的创新人才的培养活动，是一种全新的以创新为先导的教学模式的全方位改变，是教学内容、方法、思想、评价、教育体制的创新。

创新与创业之间的关系，是职业规划管理中需要重点关注和探讨的一个问题。创新是创业的灵魂，创业的本质是创新。创业者要准确把握市场对创新的接受度，确保创新创业的实效性，在实践中突出创业过程的创新性。

五、职业规划创业管理

1. 创业概念

创业是创业者对自己拥有的资源或通过努力能够拥有的资源进行优化整合，从而创造出更大经济或社会价值的过程。创业是一种需要创业者组织、运营、技术、服务、思考、推理和判断的行为，是一种思考、推理结合运气的行为方式。

在一个商业领域，创业致力于理解创造新事物的机会，是发现了商机，辅以实际行动，发起以利润为导向的企业的有目的的行为，获得利益，实现价值。

2. 国家鼓励文件

近年来，国务院大力推进大众创业、万众创新，出台了若干政策措施。

大众创业、万众创新，是发展的动力之源，也是富民之道、强国之策，对于推动经济结构调整、增强发展新动力、打造发展新引擎、走创新驱动发展道路具有重要意义。推进大众创业、万众创新，是培育和催生经济社会发展新动力的必然选择，是激发全社会创新潜能和创业活力的有效途径。深化改革，营造创业环境，释放创业活力，推动模式创新。

创新体制机制，实现创业便利化。完善公平竞争市场环境，增加公共产品和服务供给，深化商事制度改革，加强创业知识产权保护，健全创业人才培养与流动机制，优化财税政策，强化创业扶持。搞活金融市场，实现便捷融资。支持互联网金融发展。扩大创业投资，支持创业起步成长。发展创业服务，构建创业生态。发展“互联网+”创业服务。建设创业创新平台，增强支撑作用。激发创造活力，发展创新型创业。支持科研人员创业，支持大学生创业，支持境外人才来华创业。拓展城乡创业渠道，实现创业带动就业；支持电子商务向基层延伸；支持返乡创业集聚发展；完善基层创业支撑服务。加强统筹协调，完善协同机制；加强组织领导；加强政策协调联动；加强政策落实情况督查。

3. 创业管理

创业是战略管理的核心，创业管理反映了创业视角的战略管理。创业管理的核心，强调创立新事业随时间而变化的创业流程管理和影响创业活动的外部环境网络。创业管理的核心问题是机会导向、动态性等。机会导向即指创业是在不局限于所拥有资源的前提下，识别、利用、开发机会，产生经济成果。动态性指机会发现和利用是动态过程，创业精神是连续的，创业行为会随着企业的成长而延续、强化。

创业管理是一个系统的组合，包括创新活力、冒险精神、执行能力及团队精神，正确把握机会，适应环境，整合资源，锻造团队。创业管理的创新，并不一定是发明创造，更多是对已有技术和因素的重新组合，创业要理性地控制风险，采取有成本的控制措施、强有力的执行方案。

4. 项目选择

选择个人有兴趣、擅长或从事的人员少的项目；选择市场消耗比较频繁或购买频率比较高的项目；选择投资成本较低的项目；选择风险较小的项目；选择客户认知度较高的项目；选择网络创业项目；选择民生行业进行创业；选择教育行业进行创业；选择加盟项目；选择文化创意、环保领域的项目等。关注没有在市场上出现的商机，或者没有大幅度覆盖的商机。

5. 发展阶段

发展阶段有生存阶段、公司化阶段、集团化阶段、集团总部阶段。

生存阶段，以产品和技术来占领市场，只要有点子，会销售就可以。

公司化阶段，团队也初步形成，需要创业者的思维从想法提升到思考的高度，而原先的搞关系就转变成一个个渠道的建设，公司的销售是依靠渠道来完成的。通过规范管理，增加企业效益。

集团化阶段，这时整个集团和子公司形成了系统平台，依靠的是一个个团队通过系统平台来完成管理，依靠的是硬实力，即产业化的核心竞争力。思维从平面到三维。销售变成了营销，区域性渠道转变成一个个地区性的网络，从而形成了系统，从人的治理变成了公司治理。

集团总部阶段，跨国公司是一种无国界的经营，思维从三维到多维。集团总部的系统平台和各子集团的运营系统形成的是一种体系。集团总部依靠的是一种可跨越行业边界的核心竞争力，集团化作战是企业发展所能追求和达到的最高境界。

6. 投资企划书

创业之前需要建立自己的投资企划书，创业投资企划书主要包括以下纲要：创业内容、信息分析、创业资金规划、经营目标、财务预估、营销策略、企业风险评估等。

7. 创业注意事项

开始创业前，要先保证自己的生活不会出现问题，否则很难取得成功。创业者应当将个人财务和公司财务划分开来管理，可以通过贷款解决公司运营资金的需求。谨记：创业是为了生活得更好，而生活不是为了更好地创业。

有很多创业者，在创业道路上遇到各种各样的问题，要学会面对，学会解决，学会积累经验，这样才会使事业蒸蒸日上。现在，越来越多的年轻人选择了创业，但是，实际创业成功的并不多见。创业道路上，障碍重重，需要注意的问题也很多。

（1）毅力。创业靠毅力，发展靠实力。很多失败的创业者，往往是毅力不足。创业者缺少支持和理解，缺少先进理念；素质不高，对风险估计不足；缺乏足够的市场知识；浮躁、短视；看重眼前利益等，都是造成毅力不足的因素。

（2）资本。创业需要资本，需要投入。那么，资本在哪里？申请银行贷款，要有抵押，否则，贷款也非常困难。如果有好的专利，有先进技术，相对来说，筹集资金要容易一点。有时，争取风险投资也是不错的选择。

（3）利用现有资源。工作中积累的经验和资源是最大的创业财富，要善于利用这些资源，以便近水楼台先得月。因此，不少在职人员都选择了与工作密切相关的领域创业。创业，首先要利用资源，生存下来。要优先考虑能帮自己生存的项目，扎扎实实，不耍花腔。不可误用资源，在职人员，不能吃里扒外，唯利是图，不能将个人生意与单位生意混淆，否则，很可能会受到法律的制裁。

（4）合伙人。现在的公司经营，单打独斗的时代已经过去，根据不同的气质和资源优势组成的优秀合伙人团队已成趋势。有些人已经有职业，但是手头还有一些资金或业务资源，通常就会选择合作经营的创业模式。商场如战场，选择合作伙伴要慎重，不仅要志同道合，还要互相信任。与自己合不来、没有心理准备面对新办企业压力的人，都不是好的合伙人。合作伙伴之间的责、权、利，一定要分清楚，最好形成书面文字，白纸黑字有签字，以免纠纷。

（5）充分准备。创业一定要进行细致的准备，涉及融资、选项、选址、营销等诸多方面，是一项庞杂的工程。选择合适的创业项目，针对市场机会评估、赢利模式分析、危机应对等，撰写一份详细的商业计划书，摸清市场情况，知己知彼，打有准备之仗。

（6）用好政策。政府部门基于对创业的鼓励和支持，有很多鼓励创业的政策。创业时，一定要注意用足这些政策，如在不同的地方注册企业，可享受比其他地区更优惠的税率、免税优惠等。这些政策可降低创业初期的成本，使创业风险变小。

（7）性格特质。有的人适合创业，而有的人则不合适创业，并不是所有人都有创业潜质。那么，了解一下创业者是否具有一定的性格特质就很重要。这些性格特质有：做事锲而不舍，坚持不懈；习惯从正面角度看待人与事；喜欢担任领导者，愿意主动承担领导责任；喜欢社交活动并积极与他人互动；好胜心强，努力追求个人最大成就；愿意尝试风险并乐于体验不确定性；喜欢追求变化，尝试新奇事物；精力充沛，活动力强；思考独特，有创新想法；对人际互动、观察别人反应方面有敏感性。如果不具备特质，创业动力不足，那就要三思而后行，不要盲目行动。

8. 大学生创业

鼓励大学生以创业项目为平台，积极争取国家和省专项资金支持，争取社会风险投资和银信机构融资，帮助创业主体降低融资风险。鼓励和引导高等院校实施创业教育培训，将大学生创业技能培训逐步纳入课程设置和讲授范围，采取多种方式培养大学生创业意识，提高创业综合素质。聘请创业培训老师、成功企业家和政府有关部门专家，组建创业导师团，帮助大学生提高创业实践能力。为支持大学生创业，国家和各级政府出台了许多优惠政策，涉及融资、开业、税收、创业培训、创业指导等诸多方面。创业型人才的培养是一个复杂的系统工程，需要良好的创新创业教育环境支持。政府和有关教育部门要积极采取有效措施，降低大学生创业的门槛与风险。加强舆论导向，尊重劳动，尊重知识，尊重人才，尊重创造，形成鼓励创业、宽容失败的创业文化。

（1）家长看法。有些家长认为，孩子上学，是学习书本知识，在校期间搞创业，会占用学习时间，是不务正业的一种表现。还有家长认为，学生社会阅历浅，容易上当受骗。如果经商失败，会心智受损，浪费钱财；如果成功，也会刺激孩子投入更大，容易形成重利思想。无论哪种结果，都不太美妙。家长的担心、不支持，导致大学生创业更加困难。

（2）创业优劣势。创业的优势为：其一，大学生对未来充满希望，有着年轻的朝气、充满激情，以及初生牛犊不怕虎的精神，这些都是一个创业者应该具备的素质。其二，大学生有创新精神，有对传统观念和传统行业挑战的信心和欲望，这种创新精神造就了大学生创业的动力源泉，成为成功创业的精神基础。其三，大学生在学校里学到了很多理论性的东西，有着较高层次的技术优势。其四，大学生创业能提高自己的能力，增长社会实战经验，学以致用。通过成功创业，实现自己的理想，证明自己的价值。

创业的劣势为：其一，大学生社会经验不足，没有充分的心理准备，盲目乐观。对于挫折和失败，容易沮丧消沉。其二，大学生对创业的理解，还大多停留在仅有一个美妙想法与概念上。其三，急于求成，缺乏市场意识及商业管理经验，是影响大学生成功创业的重要因素。其四，市场观念较为淡薄，不少大学生很乐于向投资人大谈自己的技术如何领先与独特，却很少涉及这些技术或产品究竟会有多大的市场空间。

（3）核心能力。任何人创业都必须具有核心能力，大学生更需要。一个企业拥有的核心能力应是独一无二的，这是企业成功的关键因素。核心能力应当有利于企业效率的提高，能够使企业在创造价值和降低成本方面，比竞争对手更加有优势；核心能力的异质性决定了企业之间的异质性和效率差异；核心能力与企业相伴而生，虽然可为人们感受到，但无法像其他生产要素一样通过市场交易进行买卖；核心能力是在企业长期的生产经营活动过程中积累形成的，深深地印上了该企业特殊组成、特殊经历的烙印，其他企业难以复制；与其他企业资源相比，核心能力受到替代品的威胁相对较小。没有核心能力的创业不过是昙花一现。

（4）失败分析。大学生满腔热情创业，有成功的，但失败的也很多。盲目崇拜偶像，创业英雄已然成为他们最崇拜的人，这些成功的企业家自有过人之处，但成功往往是小概率事件。创业者要独立思考和判断，对成功案例中的方式方法不能简单照搬。往往被合作方表面的热情和口头承诺所蒙蔽，没做深入调研，轻易上当受骗。有的高学历创业者，往往把各种营销曲线模型和时髦的商业模式理论，弄得神乎其神，可实战上，却寸步难行。

所以，要好学多问，虚心请教；耐住性子，切忌冲动；敢于担当，尽职尽责；顾全大局，眼光放远；研究对手，自找差距；合理投资，不可冒进；合理理财，杜绝挥霍；越挫越勇，坚韧不拔。

（5）风险控制。大学生创业，要认真分析创业过程中可能会遇到的风险，分清哪些是可控的，哪些是不可控的。一旦风险出现，如何应对化解。要清楚：最大的风险是什么，最大的损失可能有多少，自己能否承担。

做好市场调研，在了解市场的基础上创业。一般来说，大学生创业者资金实力较弱，选择启动资金不多，人手配备要求不高的项目，从小本经营做起比较适宜。大学生创业前可去企业打工或实习，积累管理和营销经验，积极参加创业培训，积累创业知识，接受专业指导，提高创业成功率。

是否有足够的资金创办企业，是创业者遇到的非常重要的问题。企业创办后，又要考虑是否有足够的资金支持企业的日常运作。对于初创企业来说，如果资金链中断，就会给企业带来极大的威胁。很多企业在创办初期因资金紧缺而严重影响业务的拓展，错失商机。要有可靠的融资渠道，包括银行贷款、自筹资金、民间借贷、风险投资、创业基金等。

有的大学生创业者，虽然技术出类拔萃，但理财、营销、沟通、管理方面的能力不足。要想创业成功，就必须学会统筹，锻炼创业能力，或者聘用职业经理人，负责企业的日常运营，也未尝不可。

六、职业规划组织管理

在个人不断进行职业锚求索的同时，组织中人力资源管理部门要为员工的职业发展创造条件和空间，以实现人力资源管理的目标。

1. 建立岗位说明书

在组织中，员工尝试做不同工作的机会是比较少的，显然，对员工寻找自己的职业锚非常不利。岗位说明书主要从岗位职责、所需知识结构、能力结构、相关知识等方面进行说明，这样做可以使员工充分了解自身岗位及之外其他岗位的详细情况，使员工了解自己的发展机会，以及所必须具备的条件，从而方便员工尽快找到自己的职业锚。

2. 建立多重职业生涯发展阶梯

在组织中，建立多重职业生涯发展阶梯，尽量使每种职业锚的员工都能够找到自身职业生涯发展的方向，最终使员工能够找到在组织中的系留点。所谓职业生涯阶梯是指一系列的工作职位，体现在组织为员工设计的自我认识、自我成长和晋升的职业路径。每个阶梯里都有对等的层级，而且各个阶梯层级结构应该平等，在对等层级的员工都可获得和同层级管理者同样的报酬、权限、地位和尊重。组织如果能够建立起与员工职业发展意愿和需求相适应的多重职业生涯发展阶梯，员工就可以结合自身的兴趣，在组织内选择合适的发展路径，无形中每个员工都有了更多的发展机会，无疑会激发员工的积极性，使员工的内在热情大为高涨。

3. 了解员工职业锚类型

了解员工不同的职业锚类型，有效识别个人职业抱负和职业成功标准。职业锚是个人经过搜索所确定的长期职业贡献区或职业定位，这一搜索定位过程依循着个人的需要、动机和价值观进行，它在帮助员工了解自我的同时也使组织掌握了员工的职业需要。如果组织能够给予员工帮助和指导，帮助员工做自己想做的事情，为员工提供明确的职业生涯发展阶梯，并且帮助员工实现自己的理想，那么员工就会心存感激，为组织尽最大努力，用忠诚和业绩来回报组织。因此，最好的管理就是帮助员工实现梦想。需要注意的是，一个组织的发展，需要不同类型的职业锚支持。人力资源管理部门要注意结合组织目标，引导员工形成不同的、能满足组织发展需要的各种职业锚，形成一个合理的职业锚体系。

4. 激励

辨识员工的职业锚的目的是为不同职业锚的人，疏通能实现其职业目标的渠道，对员工进行不同职业性质的激励，使他们更有满足感，从而愉快、高效地工作，同时也可以进一步提升整个团队的工作效率，为组织创造更多的财富。在具体的管理实践中，怎样才能有效地激励员工呢？由职业锚的类型，我们可以了解到，不同职业锚的员工有着不同的理想、愿望和需要。因此，制定激励措施，首先要考虑不同职业锚员工的需要，针对不同职业锚的人采取不同的激励措施，使之完美地适应每个员工特定的职业锚需要，这样才能够达到预期的激励效果。

5. 绩效评价

绩效评价制度具有目标导向和强化激励的作用。组织应当对每一个岗位及每一系列的职业生涯发展阶梯，都建立一套明确完整的绩效评价体系，评价的方面包括能力、态度和绩效等，绩效评价的一般标准容易确立，是评价的重点。但是，从职业锚角度考虑，应适当加强对能力的评价，尤其是对其能力的提高程度和提高方向的评价。在实际的评价过程中，员工会不断地发现自己的优势与不足，对自己的能力及各方面的认识也会逐步提高和清晰起来，对于员工正确地找到自己的职业锚并提高自身能力有很大的帮助，这种倾向于能力提高的评价体系，会引导员工注重自身能力的提高，可以有效地将员工的职业锚建立与组织的人力资源管理目标结合起来。

6. 人才内部流动

员工在最大限度地发挥个人潜力，实现理想和抱负，并实现自我价值时，由于员工的需求及自身能力在不断变化，同时，组织内外部环境也在不断变化，当员工发现目前的岗位或工作阻止了个人目标的实现，觉得在一个职业生涯发展阶梯里没有发展空间了，或对其他阶梯的职位发生兴趣，而不能转到另外的阶梯里寻求职业发展的机会，该员工就会越来越感到不满、愤慨，为组织献身的精神也会越来越差。如果员工的工作环境不能及时改变，员工可能会提出辞职，从而组织会因此失去一位本来应能成为很优秀的人才。但如果组织有合理的内部人才流动机制，也就是员工可以在多重职业生涯发展阶梯里横向、纵向地选择适合自己的发展阶梯，使员工能及时、合理地流动，就会使员工在组织内部找到一个实现自我价值的职业锚，从而避免了人才的流失。所以员工的职业锚开发和管理是一个动态的过程，需要员工个人和组织人力资源管理部门根据情况适时调整。

总之，职业锚在现代人力资源管理中的运用，是实现个人价值与组织目标有机统一的一种有效管理方式。对个人而言，职业锚是职业选择的依据，是影响个人才能发挥的决定性力量；对组织而言，建立在职业锚理论基础上，针对组织成员深层次职业需要的人力资源管理，能够实现组织内部人力资源的最佳配置，最大限度地激发员工的才能，从而实现组织效能的最大化，保证组织的良性运转。

第三节 水论职业规划决策与管理

一、水论职业规划决策

水论理论告诉我们，在职业规划选择中，需要经过复杂的认知过程，了解有关自我和职业环境的信息，仔细考虑各种可供选择职业的前景，施展水的三态技能，做出有利于职业发展的决定。水论职业规划决策，有三个构成要素：目标——奔向大海；选择途径——地上以液体水的形态流动（常规技能）、空中以气态飞翔（非常规高级技能）、固体漂浮或飞迸前进（非常规特殊技能）；结果——到达大海，实现目标。

变化的二十岁，充实的三十岁，成熟的四十岁，秋暮的五十岁。这从一定程度上反映出在不同的年龄段，职业规划的决策与管理也有差异。水有三态，人有五容。水有三态表明，一个职业规划决策与管理做得好的成功人士，能从世间最平常的水的基本形态，感悟出在职场中所需具备的心态：低调、平静、坦然。人有五容，则更具发散性思考，其中五容有包容、兼容、宽容、雍容、从容五种职场最佳状态，而这五容又是呈低级别向高级别递增的趋势。一个职场上人士，如能拥有三态、五容中所描述的状态，则不仅能在职场中脱颖而出，而且更能增加人生的气度。

比如，根据水论理论，以某大学环境学院的毕业生为例，其职业规划决策与管理，从环境专业就业之路入手分析，针对男性和女性职业发展模式的不同及各自的特点，提供了几条典型的职场晋升之路，为对未来就业感到迷惑的毕业生拨云驱雾。

路径 1：继续读研/博/出国等深造→科研/教授→搞出好技术赚大钱/教书/专家

路径 2：毕业→环评单位→环评工程师→环评专家/开公司当老板

路径 3：毕业→设计院/环境工程公司→环境工程师→技术专家/项目经理/开公司当老板

路径 4：毕业→环保材料公司→环保材料销售→销售经理/环保业务→开公司当老板

路径 5：毕业→水务投资公司→工程师→项目管理人员→高管

路径 6：毕业→污水处理厂/自来水厂→维护管理人员→厂长

路径 7：毕业→国企/外企/民企等制造业→环境管理→环保主管/EHS 管理师

路径 8：毕业→监测站/环保局→公务员→环保官员

路径 9：毕业→转行→更广阔的前景

二、水论职业规划管理

水论理论告诉我们，职业生涯管理，要加强自我认知，明确职业方向，确立清晰目标，时时策略对路。对职业的快速适应，是职业生涯的基石。所以我们应该尽量选择所热爱的职业，在学习中培养对职业的兴趣，尽快融入组织中，提高自己的综合素质。多关注与自己相关职业方面的新闻，在大学阶段就培养对于准备从事行业的热爱，为以后的职业生涯打下良好的基础。通过职业规划的实践，反思过去，衡量现在，展望未来。完美的弧线需要圆规的导向和指引。天际的一抹蓝，不是肆意的节奏，而是规划中的蓝图。

一个良好的职业规划，可以为事业转型推波助澜，更容易获得高薪水、高职位，给职业迷茫者指明方向，一旦打通任督二脉，职业发展之路定会飞速发展。

三、职业规划危机应对

身在职场，危机无处不在。当下，竞争激烈，职场上人士经常会面临金融危机、企业裁员、企业破产等职业发展危机，有的甚至会出现持续性职业危机。危机严重影响了原订的职业规划，扰乱了生活方式。处在事业上升期的人，有能否提升、能否加薪的危机感；初入职场的新人，他们会有能不能胜任这份工作的危机感。一个人的职业发展不可能总是顺风顺水，或多或少会遭遇到危机，如果得不到有效化解，就会对个人带来很大损失。如果对危机处理妥当，则职业发展空间会更加广阔。

个人职业发展危机主要包括，不擅处理人际关系，招致同事排斥的危机；工作出现重大失误，招致上司或公司信任危机；在企业工作较长时间后，遭遇职业发展瓶颈危机；企业发展不顺畅时，员工面临被裁员的危机；与企业文化格格不入，而不能融入企业的危机等。有效应对危机首先要重视并对危机保持敏感。

职业危机管理，是指职场上人士为避免或者减轻危机所带来的严重损害和威胁，从而有组织、有计划地学习、制定和实施一系列管理措施和因应策略。为了对应突发的危机事件，抗拒突发的灾难事变，尽量使损害降至最低。包括危机的规避，危机的控制，危机的解决，危机解决后的复兴等，不断学习和适应的动态过程。职业规划危机管理，是指通过危机预警、监测、危机决策和危机处理，达到避免、减少危机产生的危害，总结危机发生、发展的规律，对危机处理科学化、系统化的一种新型管理体系。

强调职业危机管理的组织性、适应性、学习性和连续性，在危机中发现有利因素，在偶然性中发现必然性，把握危机发生的规律性，尽力避免危机所造成的危害和损失，掌握处理危机的方法与艺术。变害为利，缓解矛盾，推动职业规划的健康发展。

预防：现实中，危机的发生具有多种先兆，几乎所有的危机都是可以通过预防来化解的。职业危机管理的重点应放在危机发生前的预防，预防与控制是成本最低、最简便的方法。建立一套规范、全面的危机管理预警系统是非常必要的。

控制：制订危机管理的制度、流程、策略和计划，建立应对危机的组织，在危机来临时，能够理智冷静，胸有成竹。

解决：危机降临时，当事人应当冷静，采取有效措施，隔离危机，查出原因，找准根源，消除疑虑。危机的解决，速度是关键。阻止危机的蔓延并消除危机，有步骤地实施危机处理策略。

恢复：制止危机给职场上人士造成的不良影响，尽快恢复正常的发展。

发展：危机不一定是坏事，正确的认识，坦诚的态度，处理得当，反而能找到新的发展机会。危机管理的最高境界，就是总结经验教训，在事态平息后，能有更大进步。

身处危机中，外部的环境已经发生了重大的变化，需要重新审视自我，并进行职业环境分析，发现新的机遇。平时，要时刻留意职业环境的发展变化，保持敏感性，做到危机还没出现，就已经有预感，事先分析管理，等到危机来了，也正是机遇到来之时。

一般来说，经过系统的职业规划，所确定的职业方向具有一定的根基，轻易不要改变，因为危机使整个行业遭遇挫折，往往只是暂时现象。这时，对于所有行业的发展都会有冲击，此时，更是了解、熟悉自己行业的好时机。经过分析，职业目标的调整也是重要的应对措施。保持目标与职业方向的一致性，调整行动目标；更多地注重目标的表现功能，调整其手段功能；对长短期目标进行调整等。

在现有岗位上有效开展工作；提升与工作相关的素质、技能；在艰难时期，投入更多的时间、精力；发展重要的人脉；建立个人的外在形象和行业声望；利用各种场合与别人分享自己的职业兴趣和志向；加入团队或创建团队，或者在组织中运用政治策略等。需要注意的是做好个人的健康和财务管理，关注家庭的经济和感情。

成功把自己打造成知名专业人士。将自己工作的平台，加上人脉关系，再加上工作经验的累积，重组成一种属于自己的新产品，比如，咨询工作室、研发中心等可作为工作之外的职业补充。

走出职业危机，要求提升自我意识层次，一定要开阔视野，万一工作有变动，还有其他的选择。只有找到自己职业危机中的因果关系，并从根本上去改善它，才是防御职业危机的最好办法。这是一段自我发现、自我成长的旅程，这个旅程最初是艰难的，渐渐地，路会越走越宽，达到人生新的高度。

拓展阅读

李斯——秦国 CEO[①]

李斯，名斯，字通古。战国末期楚国上蔡（今河南上蔡）人。秦代著名的政治家、文学家和书法家。从荀子学帝王之术。最高职位为丞相。

李斯早年为郡小吏，后从荀子学帝王之术，学成入秦。初被吕不韦任以为郎。后劝说秦王政灭诸侯，成帝业，被任为长史。秦王采纳其计谋，遣谋士持金玉游说关东六国，离间各国君臣，又任其为客卿。秦王政十年（公元前 237 年），由于韩人间谍郑国入秦，秦王下令驱逐六国客卿。李斯上《谏逐客书》阻止，被秦王所采纳，不久官为廷尉。在秦王政灭六国的事业中起到了较大作用。秦统一天下后，与王绾、冯劫议定，尊秦王政为皇帝，并制定有关的礼仪制度。

李斯建议拆除郡县城墙，销毁民间的兵器；反对分封制，坚持郡县制；又主张焚烧民间收藏的《诗》《书》等百家语，禁止私学，以加强中央集权的统治。还参与制定了法律，统一车轨、文字、度量衡制度。李斯的政治主张，对中国和世界产生了深远的影响，奠定了中国两千多年政治制度的基本格局。

秦始皇死后，他与赵高合谋，伪造遗诏，迫令秦始皇长子扶苏自杀，立少子胡亥为二世皇帝。后为赵高所忌，于秦二世二年（前 208 年）被腰斩于咸阳闹市，并夷三族。

一、职业战略策划——师于荀子，习帝王之术

李斯生于战国末年，年轻时做过掌管文书的小吏。司马迁在《史记·李斯列传》中记载了这样一件事，有一次，他看到厕所里吃大便的老鼠遇人或狗到厕所来都赶快逃走；但在米仓看到的老鼠，一只只吃得又大又肥，悠哉游哉地在米堆中嬉戏交配，没有人或狗带来的威胁和惊恐。于是，他发出了这样的感慨：一个人有没有出息，就如同老鼠一样，是由自己所处的环境决定的。李斯认为人无所谓能干不能干，聪明才智本来就差不多，富贵与贫贱，全看自己是否能抓住机会和选择环境。在战国时期，人人争名逐利的情况下，李斯也是想干出一番事业来的。为了达到飞黄腾达的目的，李斯辞去小吏，到齐国求学，拜荀卿为师。荀子的思想很接近法家的主张，也是研究如何治理国家的学问，即所谓的帝王之术。李斯学完之后，经过对各国情况的分析和比较，决定到秦国去发展。

① 孙朦．2015．大秦风云宰相：李斯．长春：吉林出版集团有限责任公司

二、职业决策——为秦帝国建功立业

李斯到了秦国以后，很快就得到秦相吕不韦的器重，当上了秦国的小官，有了接近秦王的机会。一次，李斯对秦王说：凡是干成大事业的人，都必须要抓住时机。过去秦穆公时虽然很强，但未能完成统一大业，原因是时机还不成熟。自秦孝公以来，周天子彻底衰弱下来，各诸侯国之间连年战争，秦国才乘机强大起来。现在秦国力量强大，大王贤德，消灭六国如同扫除灶上的灰尘那样容易，现在是完成帝业、统一天下的最好时机，千万不能错过。

秦王听取李斯离间各国君臣之计，对于六国，李斯还提出了先灭韩，以恐他国的吞并顺序。于是他得到了秦王的赏识，因而被提拔为长史。李斯劝秦王派人持金玉去各国收买、贿赂，离间六国的君臣，果然也收到了效果，他又被封为客卿。

正当秦王下决心统一六国的时候，韩国怕被秦国灭掉，派水工郑国到秦鼓动修建水渠，目的是想削弱秦国的人力和物力，牵制秦的东进。后来，郑国修渠的目的暴露了。这时，东方各国也纷纷派间谍来到秦国做宾客，群臣对外来的客卿议论很大，对秦王说："各国来秦国的人，大抵是为了他们自己国家的利益来秦国做破坏工作的，请大王下令驱逐一切来客。"秦王下了逐客令，李斯也在被逐之列。

李斯给秦王写了一封信，劝秦王不要逐客，这就是有名的《谏逐客书》。他说："我听说群臣议论逐客，这是错误的。从前秦穆公求贤人，从西方的戎请来由余，从东方的楚国请来百里奚，从宋国迎来蹇叔，任用从晋国来的丕豹、公孙支。秦穆公任用了这五个人，兼并了二十国，称霸西戎。秦孝公重用商鞅，实行新法，移风易俗，国家富强，打败楚、魏，扩地千里，秦国强大起来。秦惠王用张仪的计谋，拆散了六国的合纵抗秦，迫使各国服从秦国。秦昭王得到范雎，削弱贵戚力量，加强了王权，蚕食诸侯，秦成帝业。这四代王都是由于任用客卿，对秦国才做出了贡献。如果这四位君王也下令逐客，只会使国家没有富利之实，秦国也没有强大之名。"

秦王明辨是非，果断地采纳了李斯的建议，立即取消了逐客令，李斯仍然受到重用，被封为廷尉。

三、职业管理——踏入陷阱，身败名裂

秦二世胡亥为了修好阿房宫，征发徭役，把人民推向苦难的深渊。当时人民的反秦起义已经风起云涌，为了统治阶级的共同利益，李斯同右丞相去疾、将军冯劫，劝秦二世胡亥停建阿房宫，减少一些徭役。当时，秦二世正与宫女宴饮作乐，见李斯等上书十分恼怒，下令将他们逮捕入狱。李斯在狱中多次上书，都被赵高扣留。赵高借机说李斯与其儿子李由谋反，对李斯严刑拷打，刑讯逼供。李斯被迫承认谋反，在秦二世二年（前208年）七月被杀死。夷三族。而其子李由仍将兵在外，不久，与项羽、刘邦战于雍丘，大败，被义军斩于雍丘。

四、职业业绩——成绩斐然

1. 废分封

周朝统一天下以后，周文王、周武王封的子弟很多，后来一个个都疏远了，互相视为仇敌，经常发生战争，周天子也不能禁止。实行郡县制，天下才得以安宁。秦始皇也认为，天下已经统一了，再立许多国，不利于统一，安宁也没有保障，所以支持李斯的意见。于是，他把全国分为三十六郡，郡以下设为县。郡县制相比分封制是一个进步，有利于国家的统一。

这一整套中央集权制度，从根本上铲除了诸侯王国分裂割据的祸根，对巩固国家统一，促进社会发展起到了积极作用。所以，这一制度在秦以后的帝制社会里，一直沿用了近两千年。

2. 统一文字

公元前221年，秦始皇接受丞相李斯"书同文字"的建议，命令禁用各诸侯国留下的古文字，一律以秦篆为统一书体。统一后的中国急需一种统一的官方文字。李斯便奉秦始皇之命制作这种标准字样，这便是小篆。而关于小篆的由来，许慎在《说文解字·叙》中说，李斯等在奉秦始皇之命制作标准字样时，"皆取史籀大篆，或颇省改，所谓小篆者也"。而小篆的名称也是为了尊崇大篆而卑称其"小"的。紧接着，为了推广统一的文字，李斯亲作《仓颉篇》七章，每四字为句，作为学习课本，供人临摹。不久，李斯又采用秦代一个叫程邈的小官吏创造的一种书体，打破了篆书曲屈回环的形体结构，形成新的书体——隶书。从此，隶书便作为官方正式书体，始于秦，盛于汉，直到魏晋楷书流行才渐被取而代之。但作为书法艺术，篆书、隶书因其独具一格而深受后人喜爱。中国书法四大书体真、草、隶、篆，隶、篆占有半壁江山，这都是李斯的功劳。

3. 统一度量衡

秦朝建立后，为了不使其影响王朝的经济交流和发展，李斯上奏皇帝，建议废除六国旧制，把度量衡从混乱不清的状况下，明确统一起来，得到了秦始皇的允许。度制以寸、尺、丈引为单位，采用十进制计数；量制则以合、升、斗、桶为单位，也采用十进制计算；衡制则以铢、两、斤、钧、石为单位，二十四铢为一两，十六两为一斤，三十斤为一钧，四钧为一石固定下来。为了有效地统一制式、划一器具，李斯又从制度上和法律上采取措施，以保证度量衡的精确实施。

这是秦王统一中国，李斯位居丞相之后的又一功绩。而它的影响不言而喻。几千年来，无论朝代更迭，这种计量方法从无更改，生活当中依然还有它的身影。

4. 统一货币

公元前210年，即秦始皇三十七年，李斯向秦始皇上了最后一道重要的奏折：废除原来秦以外通行的六国货币，在中国范围内统一货币。此举虽然对秦王朝的经济发展已无大用，但对后世的影响很大。在李斯的主持下，货币规定了以黄金为上币，以镒为单位，每镒重二十四两，以铜半两钱为下币，一万铜钱折合一镒黄金。并严令珠玉、龟、贝、银、锡之类作为装饰品和宝藏，不得当成货币流通。同时，规定货币的铸造权归国家所有，私人不得铸币，违者定罪等。李斯此举被后人认为是经济史上的一个创举。而当初他所主持铸造的圆形方孔的半两钱（俗称秦半两），因其造型设计合理，使用携带方便，一直使用到清朝末年。

5. 修驰道，车同轨

为了政令畅通，物资交流便利，李斯又立刻建议让全国的车轨统一，并在全国范围内修筑驰道。就这样，一场大规模的统一车轨、修筑驰道的运动在全国展开。李斯以京师咸阳为中心，陆续修建了两条驰道，一条向东通到过去的燕、齐地区（今河北、山东一带），另一条向南，直达吴楚旧地（今湖北、湖南、江苏、浙江等地）。这种驰道路基坚固，宽 50 步，道旁每隔三丈种青松一株。后又修筑“直道”，由九原郡直达咸阳，全长 1800 余里。又在今云南、贵州地区修筑五尺道，以便利中原和西南地区的交通。在湖南、江西一带，修筑攀越五岭的新道，便利通向两个地区的交通。就这样，一个以咸阳为中心的四通八达的交通网，把全国各地联系在一起。同时，为与道路配套，李斯还规定车轨的统一宽度为六尺，以此保证车辆的畅行无阻。

五、职业评价——仓鼠论观点决定其人生

司马迁：“李斯以闾阎历诸侯，入事秦，因以瑕衅，以辅始皇，卒成帝业，斯为三公，可谓尊用矣。斯知《六艺》之归，不务明政以补主上之缺，持爵禄之重，阿顺苟合，严威酷刑，听高邪说，废适立庶。诸侯已畔，斯乃欲谏争，不亦末乎！人皆以斯极忠而被五刑死，察其本，乃与俗议之异。不然，斯之功且与周、召列矣。”

司马贞：“鼠在所居，人固择地。斯效智力，功立名遂。置酒咸阳，人臣极位。一夫诳惑，变易神器。国丧身诛，本同末异。”

苏轼：“李斯、赵高矫诏立胡亥，杀扶苏、蒙恬、蒙毅，卒以亡秦。”

李贽：“秦始皇出世，李斯相之，天崩地坼，掀翻一个世界。”

归有光：“李斯用秦，机、云入洛，一时呼吸风雷，华曜日月，天下奔走而慕艳。事移时易，求牵黄犬出上蔡东门，听华亭之鹤唳，岂可得哉？”

王夫之：“秦政、李斯以破封建为万世罪，而贾谊以诸侯王之大为汉痛哭，亦何以异于孤秦。”

姚鼐：“君子之仕也，进不隐贤；人之仕也，无论所学识非也，即有学识甚当，见其君国行事，悖谬无义，疾首頞蹙于私家之居，而矜夸导誉于朝廷之上，知其不义而劝为之者，谓天下将谅我之无可奈何于吾君，而不吾罪也，知其将丧国家而为之者，谓当吾身容可以免也。且夫小人虽明知世之将乱，而终不以易目前之富贵，而以富贵之谋，贻天下之乱，固有终身安享荣乐，祸遗后人，而彼宴然无与者矣。嗟乎!秦未亡而斯先

被五刑夷三族也，其天之诛恶人，亦有时而信也邪！”

王士禛：“余素不喜李贽之学，其《藏书》《续藏书》未尝寓目。近偶观之，其最害道者莫如《论狂狷》一篇。其言谓放勋狂而帝，文王狂而王，泰伯狂而伯，皆狂也。舜也、禹也、汤、武也、太公、周、召，皆狂也。汉高帝，狂之神；文帝，狂之圣也。此等谬论，正如醉梦中呓语，而当时诸名士极推尊之，何哉？若以李斯、桑弘羊、吕不韦、李园、贾诩、董昭为名臣，温峤为逆贼，所谓好恶拂人之性者也。以扬雄、胡广、谯周、冯道为吏隐外臣，亦大谬。”

曾国藩：“古来如李斯、曹操、董卓、杨素，其智力皆横绝一世，而其祸败亦迥异寻常。近世如陆、何、肃、陈亦皆予知自雄，而俱不保其终。故吾辈在自修处求强则可，在胜人处求强则不可。”

鲁迅：“秦之文章，李斯一人而已”“然子文字，则有殊勋”他的书法“小篆入神，大篆入妙”，被称为书法鼻祖。

第八章 海归的职业规划

疑今者，察之古；不知来者，视之往。

——《管子·形势第二》

意思是，事物的发展是一个过程，它总是循着时间的先后逐渐演变而成的。对当今有疑惑不解的事可以考察古代，对未来不了解则可以考察过去。

寓言

黑　驴

现代社会，科技发达，磨面已多由机器解决，即使在偏远的农村，也很少再由驴子来推磨了。驴子的传统职业遭到前所未有的挑战，连生计都成了问题。

有头黑驴，为了及时转行，查了大量文献，做了很多调查。它觉得在陆地上跑毕竟吃亏，有时还得忍受农夫的皮鞭之苦，如果能飞就好了。于是，它就把自己想象成一匹飞马，天天苦练，撩开蹶子飞跑，没几天就上火了，背上长出两个大包，但自我感觉似乎长出了一双翅膀，快跑几步，也能贴地飞上一程。虽然有了这个本领，毕竟不能糊口，咋办？

黑驴急得团团转。它突然发现时下唱歌这个行当不错，嘴一张就行，没啥成本，弄得好还能出名。于是，它找到研究人力资源的乌鸦小姐，征求意见。乌鸦小姐嗲声嗲气地说，当前非常流行歌唱比赛，只要是高音就能得名次，你何不去一展歌喉，既赚钱又出名，岂不妙哉。黑驴一听有理，况且，自己本身就有尖叫的天赋啊。于是，人们每天都能看到一头飞奔的黑驴，一路在飙高音，扰得附近居民寝食难安。

忽一日，天帝总感到上界仙乐不着调，问左右，答曰，乐师们皆因受到黑驴尖叫、干扰所致。天帝大怒，命将黑驴罚入东海深处。这厮虽入东海，仍不思悔改，还在飙高音，时人经常能看到东海海面，不时出现巨大漩涡，那就是黑驴边转圈边飙高音的效果。

此时，只有乌鸦小姐心知肚明，黑驴的职业规划，那可是职业鬼话。

第一节　海归现状及职业发展趋势

一、海归现状

1. 留学目的模糊

很多人留学具有一定的盲目性。有的学生是按照父母要求，被迫留学；有的学生在留学期间并没有获得真才实学，盲目度过了宝贵的留学时光；有的学生没有从自身兴趣出发，盲目选择热门国家，追逐名校、热门专业就读。这些都为将来海归变海待留下了隐患。这种结果源于一个误区，即出国留学就会有好工作。许多学生想当然地认为，出国先读一所好大学、学一个热门专业，以后就业就没问题了。

时下的人才市场，洋文凭与高薪、高职之间已没有必然的联系。一些年轻的海归，在留学与择业方面存在误区，如有的人是学金融的，问为什么要学，回答说，是爸爸妈妈让学的。在这种情况下，就是找到一份工作，也不一定会快乐，而且，这样的人工作起来很难有激情。

2. 就业困惑

20 世纪 90 年代初，海归们大都是因为在国内学习优秀而公派出国留学，毕业后又在国外工作一段时间，对国外企业的文化和管理模式有一定的了解，且自身素质比较好，面对国内人才的需求，获取高薪是可以理解的。但是，现在许多国家吸引留学生已经成为一种产业，入学条件宽松，造成海归良莠不齐。有些小海归缺少真才实学，没有实际工作经验，价值大打折扣。有一些海归不切实际，漫天要价，也造成他们就业过程中的错位。

怎样才能避免在招聘会上茫然徘徊的尴尬？怎样才能走好回国发展开创事业的第一步？怎样才能在最短的时间，找到自己当前最适合的切入点？其实，海归在就业路上最大的障碍，来自对自己职业生涯发展目标的不明确，不清楚自己能干什么、要干什么。

很多海归都有拒绝录用的经历，其中收入是海归求职时最看重的因素，因为收入不理想，在求职过程中拒绝过录用机会。此外，由于发展路径和晋升空间不满意而拒绝录用的比例也相对较高。海归回国后的一到三个月，应该是开始找工作的密集时段，但大多数海归开始找工作的时间都偏晚。留学生在回国前半年开始找工作更能把握主动权，一方面，可以利用这段时间积累求职经验，了解就业行情；另一方面，也可以在国内的校园招聘季节寻找机会。国内校园招聘季节的面试录取周期一般都比较长，大型名企的周期可能为半年到 1 年左右，入职日期与留学生回国的时间较匹配。在国外时，可以与用人单位主动沟通，争取电话、视频面试的机会，或邮寄作品等。一些留学时间较短的学生，如赴英国读硕士的学生，不妨考虑在留学前就开始留意工作机会。

3. 小海归

小海归是指高中或大学毕业后直接留学，获得学士或硕士学位的年轻留学归国人员。因缺乏工作经验，在就业市场上的竞争力与国内应届毕业生类似。如何在就业大军中有效定位，凸显个人价值，找到自己合适的岗位，成为小海归亟待解决的问题。如何以最小的时间成本，找到比较合适的工作，最大限度地提高海外求学的性价比？不少小海归表示，要秒杀好工作，职业规划是赢得职位的杀手锏。

小海归也拥有优势的一面，学习能力强、可塑性大、思维活跃、闯劲足等。如果能沉下心，踏踏实实做事，步步为营，成功的概率还是很大的。

二、未来发展

1. 政策支持

人力资源和社会保障部发布的留学人员回国工作规划，指导留学人员回国工作、为国服务。规划明确指出，一般从五个重点领域引进海外留学人才：海外顶尖人才和高层次创新型科技人才，产业领军人才和经济发展重点领域急需紧缺人才，农业科技领军人才和急需紧缺人才，现代服务业急需紧缺人才，社会发展重点领域急需紧缺人才。

国家出台各种政策，旨在健全留学人员回国工作机制，健全留学人员回国服务体系，完善留学人员回国政策体系，加强海外高层次人才引进工作，促进留学人员回国创业，鼓励海外人才以多种形式为国家服务。

2. 规划学业

对于留学生来说，规划职业首先要从规划学业开始。判断一个人适合修读商科、工科还是理科，要看这个人在平常生活中，是更注重人还是更注重事。如果更注重人，那就比较适合读商科，因为日后从事商业的话，需要与很多人打交道；如果更注重事，说明这个人更注重逻辑思维，比较适合修读工科和理科。判断了适合读什么大类，再选择一个有潜力的方向攻读。最可怕的计划是不停地选择计划，而最高效的计划是果断行动。留学生的职业发展规划，也要果断做出。

正是留学经历，让海归们站在了更高的就业起点上，拥有了国际视野，能更准确地把握时代潮流，具有更加开放的心态，掌握了更丰富的人脉资源。出国留学取得洋文凭，也许是次要的，拥有那段留学经历才是人生的真正财富。所以，出国留学是最具价值的教育投资之一。

3. 留学咨询

在出国前做留学方案时，以未来的就业形势为导向，结合自己的现实情况，以终为始，用倒推的方法明确目标，再做起事情来，就更有动力和方向性了。如何才能做到为每一位留学生量身打造职业规划呢？下面提一些建议。

（1）留学咨询机构。找一个好的留学咨询机构，该机构要有一个庞大的合作院校体系。每一个院校的每一个专业有什么样的课程设置，有什么样的特殊要求，留学咨询的专家都要清楚。特别是咨询机构要有海外办公室，可以近距离了解各个国家的留学政策，结合国内的就业形式，为出国留学人员打好前站。

（2）评估。根据咨询机构的数据，参考往年申请的情况，制定一个评估表格。对准留学生的学校、专业等条件进行相关分析，得出一个相对直观的结果，再结合相应的国际热门，使得申请可以大致地定下来。

（3）深入了解需求。专业咨询顾问会围绕准留学生的兴趣和平时生活，深入了解，以便确定申请的专业方向确实是准留学生想学的，由兴趣出发，才能积极、主动地学习。

（4）分析专业方向。专家会比准留学生们看得更远。留学的专业咨询顾问，会根据留学生的情况，分析偏爱专业的就业趋势，制定相应的发展方案。在这一阶段，可以明确具体要申请的是何专业，有什么样的要求。

（5）制订相应的学习计划。既然确定了目标，接下来的任务就是向着目标前进。留学咨询顾问会帮助准留学生制订相应的语言和专业课程的学习计划。而且，会严格按照时间表，检查你的学习成果，提醒不要放松。

（6）专业提升计划。留学咨询顾问会在必要的时候，推荐国外大学的暑期班（summer school）及国内的实习机会，提升准留学生的学术背景和社会背景，为出国留学做好一切准备。也会指导留学生如何拿到教授热情洋溢的推荐信，为留学之路助力。

（7）相关专业信息收集。准留学生既然选定了这个专业，就要将这个专业进行到底。这个专业的历年就业走势，收入水平及相关信息，都会由留学咨询顾问与留学生一起收集整理，要亲身参与到自己的职业规划中来。

（8）职业异动指导。留学咨询顾问会根据留学生选择的专业，指明其发展的各个时间节点，并建议准留学生在每个节点应该做什么，整个职业生涯就会呈现一个可预见的态势，做到就业无忧境界。

三、就业趋势

对海归来说，当前就业形势越来越严峻。要拥有国际视野，树立远大目标，学会站在山顶看问题，再俯视具体的操作模式。

现在国内很多企业的人力资源主管表示，不会优先录用海归，觉得海归用人成本太高，容易跳槽等。一些海归会想当然，他们想象的职业状态和实际的状态相差甚远。比如，有的人觉得做会计就要做一些报表的处理，分析公司的盈利能力和偿债能力，然而，现实中最基本的工作可能要从发票对账开始。

如何解决这两者之间的矛盾？企业要以平常心对待海归，而海归则要适当降低求职标准。单位用人的标准只以能力衡量，薪酬是和岗位匹配的。适合自己的也许是和国内普通毕业生同样的岗位，获得同样的薪酬。在目前就业形势下，海归不妨先进入有比较好的发展机会的平台，也许在前两年薪酬待遇一般，但通过努力，三五年之后就会爆发出优势。

随着海归的增加和就业形势的严峻，各国驻华使馆、我国教育部纷纷通过校友网、俱乐部等形式，加强对留学归国人员的服务，为其提供就业途径甚至提供创业资金。

1. 适应环境

海归需要克服羞怯心理，在国外时，不要只在中国人圈子里转，要尽一切可能同当地人打成一片。海归通常缺乏工作经验，处于职业探索阶段。一般来说，处于这个阶段的人，要解决适合自己的专业及确定专业技能的发展等课题。其中，有较少一部分留学生，甚至能确立并发现自己适宜的晋升路线。海归从完成学业到毕业走向社会，要想做出好的职业选择，破解求职困局，则要分析自身的性格、兴趣，根据自身价值观、需要及愿景，尽快找准职业定位。留学生要利用好在国外学习的这段宝贵时间，不仅要学习到该国的现代文明和高科技，更要很好地了解这个国家和人民，熟悉这个国家的政治、社会制度及思维方式。

海归要适应新的环境，很可能会遇到众多挑战，如生活上的不适应、子女教育问题、工作风格和习惯的调整等。工作中讲究团队精神，不要因为自己的背景而骄傲。现在国内人才济济，很多人能力不比海归弱，这些人不仅是强有力的竞争对手，更可能是团队合作伙伴。当海归发现自己和原来留在国内的人处在同一起跑线上时，要相信自己的潜力。只有与环境融为一体，发挥自己的长处，才能真正体现出海归的价值。

2. 适时创业

对众多学有所成的海归来说，当初选择出国的动机之一，就是要学习国外的先进技术和管理经验。海外留学人才，具有开阔的国际视野，熟悉国际运作惯例，有的曾经在国外大企业工作过，有的还是复合型人才，他们的工作效率、意志力、创新力和竞争力一般比较强。活跃的思维，持续的创造性思维是海归最明显的优势，如何充分展现自身的优势，是人才竞争中成败的关键。

不少海归在求职受挫后，希望走上自主创业之路。一方面寻找国内是否有适合发挥自己特长的机会；另一方面，要瞄准国外，把国外一些先进的东西引进来，这也是海归们可以发挥优势的地方。此外，政府有吸引留学人员回国创业的许多措施与政策，要充分学习和关注。

海归创业，要找到好的合作伙伴，强强联合非常关键。创业团队如果是以前的熟人，成功的可能性相对较大。要学会为自己积累创业资本，而积累创业资本的最佳时机，则体现在日常的工作当中。

3. 接轨市场

海归的共同优势是，在国外受过高等教育，专业性较强。共同劣势有两个：一是缺乏工作经验，主要是在国内的工作经验较少。二是脱离国内环境的时间较长，和国内环境脱节的情况，非技术性的行业脱节现象往往比较明显，如销售、市场和人力资源管理等。在高科技行业，这种脱节现象不是很明显，毕竟海归在国外接触的一些前沿项目，国内可能还未涉及。因此，对于技术行业而言，如果海归所学领域比较前沿、高端，又在某领域有专项的研究或者项目，就会非常抢手。专业性特别强的职业，如医生、律师、会计师等，也较受欢迎。

出国后，留学生虽然会接触到不同国家、种族、文化背景的人群，但由于文化差异、语言障碍、环境难以适应等因素，他们更愿意亲近本土文化人群。这并不是中国留学生特有的现象，很多国家的留学生在留学初期都会选择这种社交模式。但是，随着留学时间增长，其适应性增强，则会发生很大变化。一般来说，约五成海归，留学时的社交圈构成以中国人居多；近四成海归，在海外社交圈构成中中国人与外国人差不多；只有大约一成的海归社交圈构成以外国人居多。因此，很多海归留学期间，并未积极融入留学国家的社交圈。职场人士取得成功的一个重要因素，就是良好的人脉关系。留学生在保留对本国文化认同的基础上，融入不同文化背景的群体，在尊重和互相理解的情况下进行交往是最好的状态。建议留学生们根据兴趣爱好，如旅行、体育、音乐、艺术等，积极参加学校的各种社团，或通过公益活动、实习、打工的机会，来学会与外国人社交，拓宽人脉。

如果海归在国外不仅读书，还积累了一定的实践经验，就会得到用人单位的特别青睐。比如，毕业后在国外的知名公司工作过一两年，这段工作经验可以弥补脱离国内环境的不足。如果海归只有国外的工作经验，没有国内的工作经验，就会稍差一点；如果海归有国内的工作经验，没有国外的工作经验，但有很好的学历，虽然回国后的工作起点不会特别高，但用人单位会觉得其有潜力，会给予比一般人更多的升职机会。海归要调整对薪资水平较高的期望，有一个合理的薪资待遇预期与定位非常重要，如果平台好，提升空间大，海归大可不必纠结于起薪。

现在，有很多民营企业对海归感兴趣。跨国公司出于节约成本或其他因素考虑，对海归的需求已不像以前那样迫切。从前，海归对民营企业根本不屑一顾，但如今就业形势严峻，退而求其次，不少海归也开始考虑加盟民营企业。民营企业不会特别考虑成本问题，用人政策相对灵活，如果老板欣赏，海归的薪水可能会是本土人才的数倍。

四、心理调节

海归的就业压力主要来自理想与现实的种种差距，如自身条件限制，就业期望值偏高，就业信息不对称，以及国内就业环境日益严峻等。职场海归可通过心理催眠、心理暗示，掌握实现人际关系和谐的技巧等形式减压疏导。

留学生除了学业、就业、签证等方面的压力，还有来自家庭的压力。为什么要把孩子送出去读书？原因很简单，现在很多父母都认为，西方国家的教育更注重对孩子创造力、认知力的培养，出国或许能为孩子争取到更多的机会。甚至有些家庭条件不是很好，还是要花光所有积蓄，让孩子出国留学，为此，不管是家庭还是孩子本身，都会承担更大的精神压力。

能出国留学固然是好事，但一定要综合考虑家庭经济条件、留学生的身体状况及个人意愿等因素。忽略了哪一个环节，都会给家庭及留学生本人带来严重的精神困扰，增加压力。

1. 留学压力

出国留学，貌似风光无限，其实也背负着来自亲朋好友甚至社会的众多期望，这是压在留学生身上的无形压力。面对各种压力，留学生应该如何应对、如何把握人生，是一个值得思考的问题。作为一个海归，从出国伊始，亲朋好友及社会上的其他人，就理所当然地觉得，海归的起点要比别人高，学成后找的工作就应该比普通的国内大学生好。认为海归就应该找一个外企的工作，薪水丰厚，还有很多额外的福利。但事实上，现在国内就业形势严峻，竞争压力大，很多留学生会觉得非常困惑和担忧。如何正确对待这种压力，把压力转化为动力，就显得相当重要。

留学生在受到高期望的同时，也受到不少的质疑。有的人认为，现在的留学生已不像从前那样，因为条件优秀而留学，更多的是因为父母条件好，或者逃避国内高考竞争才去留学，并没有太强的个人能力，出国原因甚至在国外的努力都有疑问，是否学到真本领也要打个问号。

如何面对各方面的质疑和压力，最重要的是要用平常心去看待。质疑也好，压力也罢，社会给了留学生很多莫名其妙的担子。但是如何去处理，如何去化解，就要看有没有一颗平常心了。别人给的压力、质疑、期望等都不重要，重要的是自己要规划好职业，规划好人生。自己想要的是什么，想要做的是什么。评估好自己的能力、兴趣，大胆去做。积累经验，抓住机遇，融入市场，顺应社会，获得成功。走自己的路，让人们去说吧。

2. 压力种类

目前，我国留学人数居全球首位，其中九成靠自费。留学已从精英教育转化为大众教育，留学生承受着很大的压力。

就业压力。就业竞争日益加剧，用人单位雇用海归愈加谨慎。有些人在留学期间并未学到真本事，归国后又不适应国内的规则，从而导致就业难。此前，高昂的时间和金钱成本，又让他们对工作要求较高，内心难免感到失落。

人际关系压力。国内人际关系复杂，中国式人际交往的特点是重感性，讲人情；国外则重理性，讲自由。海归们在处理人际关系时，难免会遇到价值观和文化上的冲击。

外界看法压力。海归吸引着更多关注的目光。领导认为他们有独特的经历，就应有优秀的表现；同事认为他们理应有更强的能力；街坊邻居觉得留洋归来，必然要有更好的发展。这些来自外界过分关注的目光，不可避免地给他们增加了心理上的负担。

婚恋压力。很多海归在心理上，更倾向于寻找有共同经历的伴侣，但在生活中，海归毕竟相对较少，这种苛刻条件很难让其有所收获。

挫折压力。对困难的估计不足、自信心不强的人，更容易遭受挫折。有些在国内学习很好的学生，由于对国外学习方式和节奏的不适应，就会出现学习困难、交流障碍等情况。当然，这样的问题经过一段时间的调整，一般是可以解决的。

排斥和抵触压力。这与学生的出国目的不明确有关，这种情况经常发生在年纪较小的留学生身上。他们通常对留学或所学专业不感兴趣，迫于家长的压力到国外学习生活，容易感到迷茫和烦躁，从而更加地排斥和抵触，严重的会产生厌恶感，自暴自弃。

思乡压力。在国外，没有家人的照顾，远离亲人，对于一部分留学生来说，是一种煎熬，他们会把自己关进象牙塔中，封闭起来，更加孤独。思念亲人，虽然很正常，但如果把这种情绪过多地带到国外生活和学习中，就会加大自己的压力，深陷于痛苦中，不能集中精力学习，违背了留学的初衷。

3. 心理调节

面对现实。海归要面对现实，心态归零，万丈高楼平地起。要客观、全面、辩证、发展地看问题，不管就业还是婚姻，问题都源于期望值过高、经验缺乏和对自身能力不自信的恐慌。海归应认清自己的优势和不足，不要好高骛远，理性接受现实。未来如果想更好地发展，还需不断地继续学习。只有与环境彼此相融合，才能发挥自身专长，获得认可。

定好位。海归要找准定位，到最能发挥个人价值的地方去，不断提升自我。海归一般都拥有国际化视野、外语能力强等优势，只要踏踏实实做人、做事，时间会证明自己的实力。在寻找人生伴侣时，也不妨将眼界放宽一点，或许会有很好的收获。海归不妨先摘掉海外镀金归来的光环，用归零的心态，重新审视自己和环境。放弃心中的优越感，打消不切实际的想法，脚踏实地、用心地做好每件事。在人际交往方面，要多观察、学习别人好的相处之道与人际技巧，多与同事、朋友交流，尽快融入集体。

鼓励。家长在孩子留学前，只做引导、建议而不强迫，按照孩子的兴趣和意愿选择合适的院校及专业，激发孩子对留学的热情和自信。指导其合理安排学业，提升就业竞争力，合理谋划未来发展方向，更好地应对日渐严峻的就业形势。

容易给自己造成很大压力的，是那些心理素质不太好的留学生，小小的困难可能会被无限放大，让自己始终处在绝望之中，最后做事半途而废或精神崩溃。家长要有意识地培养孩子自己处理遇到的问题，让孩子多面对一些挑战。留学生也要积极地自己寻找解决问题的方法，在解决问题的过程中学会自我激励，增加自信心。学习之余，与亲人保持适当的联系，如电话、视频、微信等，假期也可以安排时间回国探亲访友，沟通感情。

第二节　海归的职业规划

盲目留学，不利于留学生今后职业的发展，留学生应将职业规划与留学规划放在同等重要的地位上予以重视，理性的留学规划，必须要考虑职业规划。留学生只有从了解自身开始，根据自己的兴趣、性格、能力、价值观等，规划自己的职业发展方向，之后再选择留学专业、留学院校及国家，并在留学期间，积聚今后职业发展的能量，才能够最终实现成功留学。

1. 精心谋划

海归的职业规划，要在“海去”之前就精心谋划，细致安排，即“海去”前就想好归之路。除了要明确自己留学的目的之外，留学目标国的国情和特点，也是在选择留学专业时需要考虑的一个问题，尤其是对于那些毕业后打算留在当地工作的留学生。可先对去该国留过学的海归们的现状进行充分了解，仔细分析，想好学成后走哪条职业发展道路，排除干扰，坚定走下去。同时，留学期间，要保持与国内亲朋的密切联系，可通过父母或朋友圈的人脉，与国内目标公司搭上桥，为日后顺利归来铺好路。

和以前相比，海归们对未来就业的关注度有所提高，但大多数的海归在留学之前，甚至是在回国找工作之前，都没有明确的职业方向。合理的职业规划，是根据留学生自身的潜质、优点和弱点制订的。明确自己的发展方向与需求，从而有计划地学习、实践，提升自己的就业竞争力，所以留学生应该尽早确定职业规划。尽早确定职业规划，为留学过程中的实习确定明确的方向，另外，对留学所选专业会有更清晰的认识。自己有目标，就朝着这个方向走，不管遇到什么挫折，还是要朝着这个方向走。自我定位很重要，千万不要爱面子。其实很多东西，都是面子造成的。鞋子合不合适，只有自己的脚知道。不要外表上看起来很光鲜，实际却承受很大的痛苦。

2. 精准定位

很多留学生不了解国内就业市场行情，找工作时盲目乱撞，缺乏明确的自我定位，这在没有工作经验的留学生身上表现得尤为突出。不要因留学而留学，要有自己的发展目标。选择管理类或文科类的专业时，一定要慎重，并不是读了这些专业就能当管理者。专业的选择要符合市场的需求，要加强个人职业生涯的规划性，不放弃任何一个机会，处处留心，处处动脑筋。每一次成功都不是偶然的。

基于理性职业规划的留学是明智的。要想在大量留学生中突显自己，就要给自己一个实在的定位。在哪个城市，什么行业，什么企业，什么层次的职位，更能发挥自己的优势。自己近期的、中期的目标如何，以及通过什么样的职业通道才能取得最快的发展，这些都要系统地分析清楚。职业规划是争取高薪、快速就业、提升个人竞争实力的重要手段。

3. 精细准备

凡事预则立，不预则废。面对职场上激烈的竞争，对于与国内环境脱节过久，在就业竞争中信息不对称的海归而言，如何规划自己的职业尤为重要。如何恰当地自我定位，如何找到自己的兴趣点，从而投入适合自己的职业。在职业规划中，要保持自身可持续能力的培养。可持续能力是一种长期持续的能力，包括学习能力与创新精神，是一种不断探索自我、挑战自我的精神，而这种精神也正是出国留学的学子们，需要掌握和领悟的精髓。海归在进入企业后的工作表现，包括分析解决问题的能力，团队合作和沟通能力，以及国际视野等特质，都能帮助其在工作中迅速脱颖而出，得到更多发展机会。

观察成功实现就业的海归，他们在留学期间，普遍有短期的社会工作经验，专业知识扎实，英语水平优秀，有较好的团队合作意识。专家指出，海归求职时，如果自己的履历和职位要求存在差距，也不要退缩，应该大胆尝试。关键是清楚自己的才能在哪里？跟企业的要求接口在什么地方？另外，年龄在30～45岁并有工作经验的海归较受欢迎。

4. 加倍努力

海归就业的关键，要看有没有真本事。有三类海归最容易就业：一是功能型的人才，有技能的海归就业情况比较理想，如懂管理、懂技术又了解国外领先技术的海归，做起工作来也比较有前瞻性；二是懂得资本运作，了解东西方企业制度的高端人才；三是保险行业的人才，如精算师。另外，专业知识扎实、英语水平高的海归也容易成功就业。

海归要调整心态，不浮躁，做好当前的工作。现有工作做好了，领导才会指派其他工作，才会有成长和学习的空间。工作不管难易，都要认真、踏实的对待，不能这山望着那山高，这样才能真正积累经验，使自己尽快成长。

第三节 海归就业

所有的用人单位，不是根据你是不是海归来选择你，而是从岗位的要求来选择人才。任何岗位都有相应的知识能力、用人成本等要求，谁符合这些要求，那么企业就录用谁。因此，海归和非海归的标签是隐性的，只有能力和素质才是显性的。不管学历有多高，如果没有真才实学，低工资就业的情况并不意外。如果没有能力，就算降低薪资要求也没用，而如果确实有实力，那么用人单位也不会保持不合理的薪资待遇。海归在应聘潮中，是一个特殊的求职群体，对未来都充满着美丽的憧憬。海归回国后，求职定位要清晰，要正确评估自身能力，把握市场行情，突出职业目标，选择适合自己的职位；谦虚能给用人单位留下好的印象，但是更要有自信；要保持平和的心态，重视企业的发展机会；适应企业文化，加强对企业忠诚度和职业道德修养的培养。

一、应聘

1. 知己知彼

就众多学有所成的海归而言，活跃的思维、连续性的创造性思维是海归最明显的优势。很多留学生投递的简历内容与所应聘岗位并不相符，反映了留学生对自身能力认识不清，不知道自己适合哪些工作，同时也反映了留学生对自身职业生涯缺少规划。时下海归以硕士生为主，他们大多处于职业探索阶段。其中，有回国一年或半年左右，有过了两三年需要重新定位的人。

海归在求职过程中，要做到知己知彼，所要求的岗位必须与自身的学历、资历、经验相契合，只有这样，才能找到自己能够胜任并有长远发展的工作。对于缺乏工作经验的海归，目前最紧要的问题是，怎样让自己在职业经验方面尽快得到充实，在求职中要做的就是，结合自己的情况，找一个获得职业经验的恰当切入点，然后加上高学历，就会迅速提高职业含金量，大大缩短成功的周期，也可以更快收回留学时的投资。

2. 触类旁通

正视自己，调整心态，理顺头绪。洋文凭和金饭碗之间未必能画上等号，先把自己心理上的门槛放低，把心态调整到最佳状态，然后找个专业的咨询机构，好好咨询一下。有了良好的心态，可以先克服自己的心理障碍，自信地面对将要到来的挑战。

不作茧自缚，常能触类旁通。成功人士之所以成功，通常有几个关键的要素：比较宽广的视野，对于身边资讯的变化非常敏感，善于应时而动；善于学习，并不局限于已有的知识储备。职场如战场，一不小心就要被淘汰，如果抱残守缺，势必会淘汰出局；善于审时度势，依据已有的经验作出判断，又能突破原有的思维框架，不断充实自己，方能克敌制胜。

如果选择的职业领域，对应了国内一些好的企业，而这些企业有许多海外业务，这些业务也有时间上的延续性，存在潜在的机会。那么，选择出国留学就是明智的，学成后很快就能找到好的工作。如果没有事业的方向，只是为了锻炼自己，留学的意义就不太大。

3. 制造卖点

海归增多，期望太高，以及国内学历水平竞争力上升，是洋文凭含金量总体下降的原因所在。企业招聘海归，最看重其国外工作经验，包括在校期间的社会实践和实习兼职情况；看重所学专业和毕业院校及外语水平情况；也看重性格、爱好和特长情况等。人才是一种资源，就像企业的产品一样，需要不断地制造卖点，让顾客感兴趣。作为海归人才，也要向企业展示，有哪些东西值得他们购买。实际上，就是要知道企业想要什么，并在简历里实事求是地标明。

海归在寻找工作时，想得到好的职位与薪酬，需要具备实力且能抓住机遇。无论海归选择国内还是国外，都更应该关注如何提高自身的业务能力，提升自己的核心竞争价值，避免急功近利。

海归当中，在美国的很多留学生都认为，美国本科学习的强度较大，有的同学想尽快毕业，所以暑期都用来修专业课了。只有少部分人有职业忧患意识，他们在不同的实习经历中学会了美国人特有的商业文化，也学会了该如何与当地人打交道。

海归在留学期间，要尽早安排实习，让自己的简历，告别社会实践栏零纪录的状态，有了实习经历才更容易找到好工作。另外，通过实习还能结交到新的朋友。有时，看似和所学专业没有直接关系的经历，却会成为以后就业的敲门砖。

4. 面试

海归在面试前，应对公司所在国家的文化背景、公司的面试风格有所了解，这样才能做到有备而来。亚洲的公司，如日本、韩国、新加坡等国的企业，在企业文化方面有很多相似之处，在面试时比较严谨，甚至很苛刻。他们注重细节，整个面试的气氛比较压抑。欧洲的公司，如法国的企业，他们强调工作就是生活，因此，面试会进行得很随意，谈话的内容也多是一些闲谈类的，他们考察的主要是海归的价值观和生活态度等。美国和德国的公司相似，整个面试过程非常正规，他们往往有一套专业性的题目，而且面试也会分成人事主管、人事经理、老板及几个专家等多个层次面试。到这样的公司面试，应当有充分的准备。德国公司就更为严格了，这与德国人严谨的工作态度有关，他们一旦设定了一个规则，就会严格地执行下去。

对面试的企业要有足够的了解，包括企业的历史、理念、文化等。除了在公司的网站上获取这些信息外，还应该充分利用互联网，搜寻尽可能多的关于该公司的报道或评论。另外，大家都在准备如何回答问题，但却忽视了准备问面试官的问题。如果是商科的，需要研究一下企业公开的财务报表，可以从专业的角度，谦虚地谈谈自己对公司财务发展的理解和建议。面试除了对可能的问题做精心准备外，还要注意着装，其中，黑色套装是最安全的颜色。一般来说，女生去面试，如果穿裙子，那么裙子一定不能太短，最好长度到膝下，丝袜的颜色应保守，避免佩戴闪亮的首饰，尽可能让自己看起来很职业化。

5. 专业咨询

求职碰壁，创业无方。如今，有些海归在就业问题上陷入了迷茫，不知道如何进行职业规划。为此，可考虑找一家专业的职业规划咨询公司，借助专业手段，全面认识自己，认清自己的优势和劣势，明确自己应该在哪些方面做准备，今后应该朝哪个方向发展。由于有着良好的教育背景和国际化经验，只要能保持一个平常心态，相信海归的职业生涯发展很快会出现转机。以前，海归走俏，不用考虑包装自己。现在，竞争激烈，海归要想方设法展示自己的特长，才能谋得一份好工作。但是，很多海归在国外学习和工作时间较长，回国后，缺乏求职技巧，对择业十分不利。自主创业，又缺乏必要的经验和人脉。

目前，留学服务与人力资源服务相结合，已成为一种趋势。寻找一些好的咨询机构，他们往往能提供专业性的留学后期一站式服务，扮演职业经纪人的角色，对海归进行包装，对海归如何择业，如何创业提出指导和建议。例如，留学归国后，寻找一些好的咨询机构，他们能够帮助海归正确定位，做好职业规划。根据海归以往的工作经验，明确应该朝哪个方向发展；结合海归实际经历和综合素质，分析优势和劣势；指导海归如何在简历、面试等环节将优势发挥到最大限度，并弥补不足。建议海归去参加一些长期和短期的培训课程。咨询公司在咨询者每一次面试前，都会对其意向公司进行具体分析，量身定做面试方案，助其成功就业。

二、专业选择

1. 合适的专业

如果决定了留学，该考虑什么呢？大部分的家长和学生，只是单纯地把希望寄托在留学这一步，没有把留学和就业的关系理清楚，造成了留学的盲目性。在选择留学专业时，要以将来就业为导向。留学专业与未来的就业息息相关，由于留学成本高，专业选择就更要慎之又慎。现在很多学生在选择留学时存在一个误区，就是没弄清楚为什么要留学。很多学生都将留学当成自己的目标去奋斗，这是错误的。留学只是一个过程，并不是最终结果。通过留学，希望掌握更多、更新的知识和技能，找到更好的工作，过更好的生活，更好地实现自我，这才是要选择留学的原动力。

一般来说，在求学期间拥有工作经验，所学内容更具专业性的留学生，在求职时更能切中肯綮。

2. 苦练内功

在留学期间，要注重工作经验的积累。由于现在很多留学生家庭经济情况越来越好，能够负担其在国外的学习、生活费用，因此，不用像早期留学生那样，需要通过打工来赚取学费和生活费。经济实力的提高固然是好事，但打工的意义也不仅仅在于赚钱。通过打工，可以增加留学生与当地人接触的机会，一方面，可以快速提高留学生的语言能力；另一方面，也可以让留学生深入感受当地的风土人情，能够更快、更好地融入当地社会。更重要的是，通过打工，可以积攒一定的工作经验和社会阅历，这对留学生将来进入社会具有相当重要的意义，能够帮助他们更快、更好地找到满意的工作。

在选择工作时，一定要根据自己的实际情况进行选择，切忌好高骛远，不切实际。刚毕业的留学生，容易出现眼高手低的现象，这是所有应届生的通病，但也并非不可避免。

3. 走出误区

有的海归，宁可找不到工作，也要留在大城市。有能力的人都想去大城市，谋求更好的发展，致使大城市的回国人才过剩，这是一个很难改变的情况。很多中西部地区的城市，更急需各类人才，却无人愿去。这说明人才就业和社会的其他方面都有关系，和地区的发展不平衡有关系，和人事制度、户籍制度都有关系。小地方，人才流动受制约的因素多，人才发展环境不好，导致留学生在择业时，选择大城市和沿海城市。牵扯到工资待遇、子女教育等实际情况，有的宁可专业不对口，学非所用，也要留在大城市。

虽然海归的就业形势并不乐观，但如果因此就否定留学，那也是不可取的态度。因为通过留学，不但可以学习到国外的先进知识和优秀经验，同时，通过对不同文化、风俗的亲身体验，可以开阔视野，增加阅历。如果因为海待的出现，就全面否定留学，那就有失偏颇了。

4. 三类海归

海归能否找到高薪厚职，要看所学习的专业是不是国内急需；要看学习和工作的背景情况，如在什么样的大学学习，有没有工作经历等。不同海归，回国就业，待遇差别迥异。

（1）第一类海归。既有国外文凭又有跨国公司工作背景的海归。他们曾经在国外留学多年，有着较强的教育背景，同时具有若干年国外工作的经验。这部分人员数量相对较少，但他们往往具有极强的专业能力和良好的知识结构，拥有丰富的国外人脉关系，回国往往是为了开创自己的事业。有的是自主创业，有的是要在不同学科领域有所建树，建立一个实验室，或带领一个团队等。这类海归，不仅是国内急需的人才，更是国内外企业争夺的对象。

（2）第二类海归。在国内有不错的工作经历后出国深造的海归。一些职场人士为了继续深造，在工作一段时间后，出国充电，获得硕士以上学位。这部分人是就业市场上极具竞争力的人群，也是国内企事业单位高级主管职位寻求的对象。

（3）第三类海归。学成回国与应届毕业生等值的海归。高中或大学毕业后直接出国留学，获得学士或硕士学位，毕业后回国的留学人员。他们缺乏工作经验，在就业市场上的竞争力与应届毕业生相似。这类留学生在语言及跨文化背景的知识结构上，有一定的优势，对于需要拓展国际业务的用人单位来说，这类人员有其用武之地。

从猎头的眼光来看，都比较喜欢猎取有一定身价的海归。例如，有国外正规院校的文凭，又在国外工作了两三年以上，个人性格成熟、稳重，中西方文化都很了解或者对自己的专业领域比较娴熟的海归。猎头的偏好也准确地反映出了企业的真实态度，有技能的海归就业情况比较理想。比如，在国外就搞技术和研发，懂管理，懂技术，又了解中西方的领先技术，做起工作来比较有前瞻性。懂资本运作，了解东西方企业制度的高端人才，也是很受欢迎的。在留学期间，有短期的社会工作经验，专业知识扎实，英语水平优秀，有较好的团队合作意识的人才，也比较受欢迎。

三、国内外机会

留学生毕业后，无非有两个出口，一是海外就业，二是国内就业。留学生在海外如英国、美国就业的难度较大，荷兰、新加坡就业较容易；回国就业最佳的方式则是被国外公司外派到国内的分公司或代表处等。

1. 国内机会

选择在哪里工作，是每个海归在学成后绕不过去的问题。那么，针对就业范围而言，大有国内国外，小有此城彼城；针对就业类型而言，又有普通员工、职业经理人、创业老板、股东等。

近年来，海归人数在逐年递增，这是不争的事实。做好出国前的自我职业规划，不管最终是否选择回国就业，未来与中国经济发展的关联都会增多；海归创业者要积极参与到海内外的海归创业活动中，获取更多与自身职业发展相关的最新信息与机会；海归是留学生的身份延续，所以身为留学生的家长，也要为子女今后的回国就业做好打算；海归要在海外学会建立自己的人脉、财脉、商脉，这样才能做到海归就业前就已未雨绸缪；海归回国初期，要积蓄力量，厚积薄发。

2. 国外机会

在国外就业，留学生也要学会识别用人单位，维护自己的权益。国外有一种就业陷阱，需要引起留学生的注意。在国外，有些公司招聘毕业生是不给钱的，让留学生当免费劳动力，用三个月或半年后让其离开。如果要给一个企业做义工，首先要分析自己想要得到什么，如果希望将来能够转正，就要提前跟老板说清楚。如果企业能提供机会，哪怕是一个小小的承诺，都可以考虑去做，否则，就要考虑去还是不去。如果仅仅是为了奉献，那就另当别论了。比如，在美国就要了解其人权保障的方式，以便在必要时，维护自己的权益（表 8-1）。

表 8-1　部分国家就业情况比较

类别 / 部分国家	国外就业机会多的专业	国外就业机构	国外就业难度	国内就业难度
美国	教育、建筑工程、金融服务等专业	虽然现在拿到美国签证不如以前难，但要在美国就业并不容易。由于经济不景气，很多大企业都裁员。不过，有学校教授推荐信，以及有实习经验的毕业生，就业成功率相对较高	难	较易
英国	工程类人才，包括生物、物理、化学、电子、通信、机械、汽车、建筑工程等	主要是去机构、协会从事研究工作	很难	较易
法国	传媒、管理、心理学和教育等	对想留在法国工作的留学生来说，必须要掌握法语。获得法国高等专业文凭的留学生，由于参加过很多实习，因此被认为有一定的工作经验，将拥有更多的就业机会	较难	较易

续表

类别 部分国家	国外就业机会多的专业	国外就业机构	国外就业难度	国内就业难度
澳大利亚	教育、土木工程、IT、汽车修理、园艺等	应聘相同的职位，留学生的技术和学历必须超过当地人，才有机会被雇佣	较易	一般
加拿大	如工程师、计算机、会计和金融领域	事先制订一个周详的计划，就业成功率将会提高	容易	一般
荷兰	管理、技术和金融人才有一定需求	想要留在荷兰就业，留学期间的专业成绩必须突出，最好能拿到知名企业提供的全额奖学金，所学专业要与求职职位对口，留学生一般很难获得在荷兰永久工作的权利	较易	较易
新加坡	通信、电子及其他	具有高技术专业知识的人才在新加坡找工作难度不大	容易	容易

四、薪酬

由于海归在出国留学期间，付出了高昂的费用，回国就业后，对薪酬的期望自然很高。海归在就业时，普遍存在对教育投入与就业薪酬产出比不呈正比时的不平衡心理。很多海归回国后，觉得非跨国公司、大型国企、机关单位不进，这种观念在很大程度上影响了海归们的职业选择。况且，不管留学花了多少钱，都不能指望在很短时间内就收回留学成本。个人的商业价值才是决定求职成败、薪酬高低的关键。

1. 薪酬一致原则

企业的薪酬方案主要是根据岗位而设定的，从数据上看，反映不出海归在薪酬上享有特别待遇。薪资是个人在职场的商业价值体现。所谓海归，无非就是在海外求学再归国发展的人才，他们与国内毕业生唯一的区别，只是海外的学习经验，其他并无差别。所以本质上都是求职者，求职者的薪资，就要符合价值一致原则。

大部分的企业对海归和非海归没有区别对待，最关键的是要看能为企业创造什么价值，自身能力值多少薪水。不管是从哪里来的人，也不管是不是名校毕业的，企业看重的是能创造多少价值。

应届大学毕业的海归，在海外没有任何工作经验，回国后和国内的普通本科毕业生，处在同一个求职竞争阶段，4000 元人民币起薪，符合我国近几年的就业行情。在海外有 3～5 年工作经验的海归，回国后起薪至少都在 7000 元人民币以上。如果是金融或 IT 行业，有 3～5 年工作经验的优秀海归，起薪都在 1 万元人民币以上。

2. 海归薪酬变化

近年来海归身价暴跌，海归变海待的主要原因是薪酬要求过高和个人能力不够的问题。

（1）价值回归。市场理性了，用人单位开始客观地看待海归能带来的实际价值，而一般海归所带来的价值，与本土人才的价值并没显著差异。

（2）留学普及。留学的普及使海归贬值了，从原来的精英留学变成了一般大众都能申请留学，海归从奇货可居演变成唾手可得。

（3）层次降低。海归降级了，早期的海归，多是国外读研读博，现在演变成到国外读本科、读专科甚至读高中。

3. 海归薪酬调查

欧洲留学回来的学生，经过几年的发展之后，薪酬最高。一般来说，工作过多年并且有留学背景的员工，年薪平均在 20 万元人民币左右，但不同洲际留学回来的员工，其平均薪酬有所区别。欧洲和亚洲留学回来的人员，薪酬相对较高，北美洲其次，而大洋洲留学回来的人员，薪酬最低。这主要是因为欧洲留学回来的人员，很多都掌握了法语或德语等两门语言，到德资或法资企业中工作，竞争优势明显。另外，欧洲和亚洲大部分国家都是非移民国家，多数人留学后回国发展。英国就有 80%～90%的留学生选择回国就业。而北美洲、大洋洲的许多热门留学国家都是移民国家，很多人留学后选择在当地发展。

总体而言，担任高级别的职位，比如总监之类，海归的薪酬会比本土人才高。用人单位往往在招聘条件中就会声明，高管必须具备海外背景。一旦找到目标，企业也愿意花这个价钱。但对于普通职位而言，海归的薪酬并没有什么优势。比如，企业招一个助理，只要本科毕业，有两三年工作经验就行。企业不会因为你是海归就多加薪水。相反，企业还会有顾虑：你有那么好的背景为什么还应聘这个职位？是不是想把我这里当跳板？语言是海归最大的优势。外语水平对个人的薪资有较大影响，外语能力越强，薪资的竞争力就越强。外语能力达到熟练者的平均年薪，比外语能力中等以上者高出很多，而外语能力一般的人年薪则较低。

4. 获得高薪的能力

有工作经验的海归在找工作时尤其吃香。随着越来越多的海归回国发展，企业对求职者的工作经验和专业技能的要求也逐渐提高，倾向于选择有资深行业背景和相关工作经验的员工，同时，企业也看重员工的一些软实力，比如人际关系、领导力、组织力和语言能力，能用流利的双语甚至三语交流等。

随着中国经济的快速发展和全球化进程的加快，海归逐渐失去语言优势。一些国内的大学毕业生，他们的英语讲得非常流利。现在，一个海外学历已经不能轻易获得一份高薪的工作。但是作为长远职业发展的一部分，在跨国公司工作的经验，将是一个很好的优势，问题是你在国外是否有很好的跨国公司经验。

如何增强海归的就业竞争力，在出国前就要做好职业规划，据此再选择留学的专业和院校，这才是解决海归变海待的根本方案。海归们需要强化自身的相对优势，出国后根据自己确定的职业发展方向来多做实践，积累经验，尽量在国外拥有实习或者工作经验后再回国发展。在回国前，根据自己所学专业及求职方向，系统研究国内的相关领域就业形势及就业信息。根据职业定位和发展方向锁定求职目标，集中力量主动出击。

海归应强化个人愿望和职业导向。也许开始起薪会低一些，但在海外留学和工作中学到的独立、解决问题的能力，可能会让其今后能获得更好的职业提升。

五、海归创业

1. 创业精神

海归的海外教育，包含了很多的创新思想和创业精神，而创业者恰恰需要这种精神。海归创业，需要激情，需要听进别人的意见，选择正确的方向。抓住机会，在正确的时候做正确的事。创业要看人，要看团队。看人的时候，每个创业者应该都是聪明的、有能力的、有激情的、有韧性的人。创业前就要把事情想清楚，把市场、竞争对手、潜在的威胁想清楚。心中只有热情，但没有想法和渴望，就不符合创业者的气质。看准了方向，抓住细节，有互补的团队，足够的执行力，创业成功，指日可待。

海归创业，有的也碰了壁，尤其是那些只拿了一个短期修成的学位的海归，更容易陷入困境。除了主观因素外，海归在创业过程中所遇到的问题，集中体现在市场运作不规范、复杂的人际关系、办事效率低、资金来源和人才缺乏等方面。对公司的全盘运作没有切实可行的计划，一时冲动凭感觉，没有做好市场调研等，都可能导致创业受阻甚至失败。

很多海归想创业，当条件成熟时就要抓住机会，即使不成功也可以重新再来。在创业中要获取一流的资源，才能不断地增加自己手上的筹码。大多数创业成功的海归，通常都集中在高科技领域，这说明，海归在国内外差距较大的高科技领域里，创业优势独具。

2. 适宜行业及地域

近年来，金融和服务业发展迅猛，创业前景广阔。但在金融行业里，成功的海归人士屈指可数。可以说，金融行业内存在巨大的创业空间。学金融、证券、期货、保险、商业银行、投资银行、风险投资基金等专业的海归们，找一个国内公司适应以后，再着手创建类似风险投资管理咨询公司，成功概率很大。服务行业也是适合创业的很好领域，如物流、人才中介、投资咨询、会展、旅游等。

这些行业的创业模式不外乎两种：一种是需要大量的社会资源和资本，这一类对于大多数海归来说不容易做到；另一种就是不需要太多资本投入，如服务行业，大多数海归都可以考虑。

海归在创业时存在着一个误区，技术专业出身的海归，认为自己懂技术就什么都懂了，特别是在自己的公司，有技术背景的海归要事事做主。事实上，有研发能力的，未必就具备管理能力。因此，专攻技术领域的海归创业，需要优秀的管理人才协助管理企业。

海归创业难，有一个重要的原因不可忽视，那就是寻求创业的地域过于集中。其实，创业的机会永远都存在，不要总把目光盯在北京、上海、广州、深圳等这几个大城市，中国的市场非常大，可施展才华的地方很多，关键在于你愿不愿意去做。目前，在长江三角洲、珠江三角洲的机会都非常多。

3. 创业团队

在国外学到了一定的技术，对商业模式和产品开发有新的理解，这都是海归的优势。但今天很多优秀的本土创业者，对商业的理解，对技术的理解不见得比海归差，其人脉关系也很强。因此，一定要抱着谦虚、学习与合作的态度，不要有过高的幻想。回国之后，最好找非海归合作经营公司，这样成功的概率会更大。

创业的过程是艰难的，如果有志同道合者陪伴，在碰到挑战、痛苦的时候，便可以分享、安慰，彼此激励。最好是与不同气质的人合作，组成相互补充、结构科学的团队。创业时彼此信任，成功的概率就会更大一些。

创业一定要有耐心，要有合适的期望值，国外教育给海归们加了许多分，但是在很多地方还需要虚心地学习，用平和的心态找对自己的方向，组建一个很好的创业团队。

六、海归正能量

留学是人生大事，关系到人生的走向，光有激情、冲动、物质基础还远远不够。很多家长为了让孩子顺利留学，早早地开始进行物质上的储备，却忽略了最重要的心灵培养，殊不知，这种精神、心理上的帮助与引导，才是对孩子今后生活学习、做事做人影响最大的核心所在。海归在留学前和留学期间，能历练出强大的精神世界，即使在未来的人生道路上遇到很多困难和挑战，也能正确应对，合理解决。

1. 留学精神

留学精神的建立是非常重要的。很多成功的海归们，每每谈到自己曾经的海外生活，提到最多的不是优美的环境，不是繁重的学业，不是生活的艰辛，更多的是自己的精神世界、心理状态的转变及培养。因为多年的海外工作生活经验告诉他们，优美的环境只是一种外在的东西，繁重的学业算不上真正的困难，生活的艰辛也只是一种环境改变带来的瞬间压力。但是精神世界的建立，却能让自己的内心强大，待人处事变得轻松无障碍，让异国他乡的不适应变得渺小，帮助自己在留学之路上披荆斩棘，是点亮人生的指路明灯。如果没有建立强大的留学精神，背井离乡的留学生，一定会有很大的心理压力，这种压力虽然无形，却会深深地影响着留学生的生活、学习、交友，以及世界观的形成等。

2. 吃苦耐劳

留学的低龄化，让更多的懵懂少年加入了留学大军，有很多是在温室里长大的独生子女，没有经过风浪的洗礼，认为出国留学是美好、享受的，但是，独立生活的培养，自立、自强、自信等优良品德的建立，需要非常痛苦的磨炼，刻骨铭心的修炼。多数家庭的子女留学，都会花掉父母相当一部分积蓄，有的甚至是全部。也许在国内家庭条件还不错，但是到了国外，物质水平的差距、同学之间相互比较的落差，会让涉世不深的留学生感受到较大的压力。因此，很多留学生选择边读书边勤工俭学，让自己有更多机会接触陌生环境，阅读世人，提高自己。

远离亲人，所有的事情都要自己办理，自己决定。初到异国肯定会不适应，无从下手、手忙脚乱的情况频频出现，这就需要有意识的培养自己的自理能力。生活起居的料理，学习、打工的安排，假期旅游或回国的计划，都要做到井井有条。饮食和住宿是家长最为关心的问题，也关系到孩子的健康。国外饮食习惯和食物的选择，都与国内有很大的差别，可以适当做一些国内食物满足自己的胃口、调剂生活。住宿方面，最主要的是要安全、可靠。在国外，自己生活一定要做到适时适度，不要过度地放纵自己，也不能只生活在自己的小世界中，要慢慢地学会自主、自立，承担责任。

3. 正确对待

积极主动是尽快融入国外生活的基础条件之一。起初的语言障碍，或多或少地会影响到沟通交流。身在异乡，朋友也是一种精神支持。抓住机会，主动去认识一些当地或外地的朋友，让自己的生活丰富多彩，这样也能更快、更好地了解这个国家。国外的学习方式和国内也有很大的不同，需要积极主动汲取知识，踊跃发言，大胆表达自己的观点和设想，努力探索未知的领域。如果消极被动，会失去很多了解自己、了解社会、了解周围朋友的机会，对今后的就业也会产生很大的影响。只有在学习的过程中，才能真正地体会到自己到底适合做什么，喜欢做什么。在留学的道路上，无论外部环境怎样变幻莫测，捉摸不定，都应该学会面对现实，并且努力让自己适应。当然，也可以在出国之前，通过了解国外文化，做到心里有底，或者从留学归国人员身上获取生活经验。

七、留学美国示例

1. 留学

在留学准备阶段和留学阶段产生的文化差异、观念差异，必然会潜移默化地影响到留学生的就业，也影响其职业规划的制订和实施。

在美国，不管是学校还是企业，诚信很重要。无论公立和私立，美国较好的学校对于诚实的考试和诚实的写作都有严格的要求。欧洲人与此观点相同，亚裔学生目前的确存在一些问题，而欧裔的学生进入美国并没有这方面的问题。在中国，从申请学校开始，填写的申请表格，大多是中介操办；学校老师的推荐信，很多也是中介操办，即使真的是学校老师填写，也是打过招呼，只拣好的方面写；甚至标准考试（SSAT，TOFEL）的分数和电话的面试，都有很多作假的例子。这与美国的习惯做法差距颇大。在美国，学生的申请表格，要求一定要自己填写，不可以经由他人的手，作文部分甚至不应该从父母或他人那里得到任何暗示或指导。学校老师把为学生写推荐信看成自己职责的一部分，会公平而尽心尽力地填写。

很多美国学校都已经发现申请材料作假的问题，这不仅造成了美国学校对中国中介和中国学生的不信任，而且造成了学校对所招学生期望的失落。当他们发现进来的学生和他们当初以为的学生有那么大的差距时，真的是很无奈又束手无策。目前，美国学校开始采取很严厉的回应方法，在学校行为不诚实的学生，第一次警告，第二次开除；发现作假的中介，绝对中断合作。同时，美国学校也用种种方法，加强了学生入学申请的审核。

对中国学生而言，大一是最令人措手不及的挑战。在美国，虽然选课很自由，但本科阶段的选课有许多限制，即使学理工的，也必须修满若干文科课程。有些课程期末要写读书报告，对此中国学生的训练基本上是零。因此，在这些方面的准备，留美前两年就必须逐渐开始。上大学是为上研究院铺路，本科不是高等教育的终点。这好比在中国读高中，上好高中是为了考上好大学一样，不管你上了什么有名的高中，不可能把高中文凭当事业跳板。何况现在美国的一个大学本科文凭，还不如过去的美国高中文凭。

中国学生留美的一个盲点是：家长和学生都一心想着上排名第几的学校，很少为下一步做准备。事实上，随着大学的普及，大学生早已成为普通劳动者。大学毕业后到餐馆跑堂、开出租、当搬运工等，完全是大学毕业生的正常职业，到星巴克站柜台算是不坏的工作，但这些工作也往往是临时的。大学毕业后想办法读研究院，只有从研究院毕业，才算专业人才。因此，留美不仅是上大学，必须有读研究院的规划。许多中国学生根本没有意识到这一点。他们大学一毕业，可选择的职业都是这些普通劳动者的临时工作，当然不可能有人给他们办工作签证，结果是在美国一天也没有工作过，不过是在大学校园混了四年，与中国室友做了四年中餐，拿到文凭就回国，其前途可想而知。

2. 在美国就业

在美国，就业和市场需求紧密相连，学生的专业很重要，学生本身的素质和能力更重要。雇主花钱请的是人才，名校虽然耀眼，成绩好也不是不重要，但求职者的与人沟通能力、分析能力、团队工作能力、专业技能、强烈的职业道德规范等软实力更加关键。美国雇主喜欢的是在胜任工作的前提下更成熟的大学毕业生。美国的很多工作，都来自团队的协作，因此，一个人的团队合作能力，是雇主雇人时非常注意考察的一个方面，有个讨人喜欢的好性格是最基本的，为人处世有随机应变能力也很重要。

目前，到美国读书的中国留学生越来越多，但学成后有归国意愿的比例却一直不高，很多人希望至少能在美国积累几年工作经验之后，再决定去留，而如果这些人的家境没有好到能支付得起投资移民的话，毕业前后能很快找到工作则至关重要。

留学生在美国找工作难的原因中，移民身份的限制是始终存在的客观因素。没有绿卡或不是公民，需要工作单位协助办理工作签证，而工作签证每年发放的第一天，申请者往往就爆满超额，常常靠中签才能办理，很多公司不愿惹这个麻烦，于是干脆不招留学生。中国留学生在美国找工作难，也出现了新情况，这几年，留学生中的本科生越来越多，水平参差不齐，比较热门的专业如会计、商业、金融等，也多是美国人喜欢的。这和过去留学生以理科博士为主的情况完全不同，他们研究的领域较少有美国人涉足，找到工作的比例相对比现在的留学生会高。

大学毕业生的实习经历至关重要，且与要申请的职位相关，它从某种程度上反映出，从业者能否胜任所申请职位的业务潜力。美国绝大多数雇主，更喜欢雇用实习经历与工作性质接近的大学新毕业生。大部分雇主表示，具有非常强的与人沟通能力，是一个大学毕业生能否被录取的最关键标准。美国公司雇佣大学毕业生时，最看重的条件中排在第一位的不是毕业于什么大学，而是毕业生的个人素质。在求职过程中，展现出足够的职业精神是十分重要的。从开始申请时，雇主就开始考查你了，申请信显示出你的遣词造句是否规范，对雇主和应聘的职位是否有足够的了解；一旦获得电话面试，你在电话里是否表达出对职位的足够了解和热情，是否有比较好的倾听能力；一旦获得面试机会，从你走进公司的那一瞬间，管理者就开始阅读你，脸上是否保持笑容，着装、站姿是否得体，处事是否有理有节，谈吐是否简明、自信，是否精力充沛和有职业精神等。

第四节　水论解析海归

用笔者的水论理论，分析具有典型意义的不同国家留学的海归案例，给海归们提供实战参考。

一、美国海归杨婷

海归：杨婷（Susan）

留学国家：美国

专业：电气工程

杨婷到美国去留学是以某大学与美国交换学生的身份去的，攻读电气工程专业。本科课程结束后，由于考虑到在美国待的时间较少，不论在知识还是能力上都没有太大的提高，于是，杨婷选择攻读硕士。

在攻读硕士期间，除了勤奋努力提高自己的专业知识外，杨婷开始有意识地寻找一些工作的机会，她的目标非常清楚，一是与自己的专业相关，二是该公司要在上海、北京等地有分公司。这样的工作岗位，可以充分发挥自己跨文化交流的优势，而且如有可能，毕业后会被正式录用，派到中国工作。

目标确定之后，杨婷通过朋友、网络等途径，开始时刻注意这方面的消息，功夫不负有心人，在临近硕士毕业的时候，正好有一家跨国公司的事业部招人，杨婷非常轻松地通过了面试。在美国，技术人员毕业后办理就业签证比较容易，所以，毕业后杨婷顺利留在美国工作了两年。第三年，公司正好准备扩大在中国的投资，于是派她到北京负责统筹工作。杨婷的每一步发展，都在她的设想和计划中。

机会永远青睐有准备的头脑，但是真正能做好准备的却不是很多。精准的专业定位，长远的职业规划，踏实的工作，使杨婷成为海归成功就业的典范，也使她借助海外的高学历，更快地走向了职业生涯的另一个阶段。

水论海归杨婷（Susan）

职业准备——专业学习，打基础。

职业定位——电气工程。

职业方向——进入驻华外资公司。

职业发展——开拓外资公司在华的业务。

职业瓶颈——负责中国区业务后，触及天花板。

职业目标——亚太区总裁（Director）。

二、欧洲海归陈波

海归：陈波（Chris）

留学国家：法国

专业：环境工程+工商管理

几年前，陈波毕业于国内一所二流大学的环境工程专业，本科获得工学学士学位。当时他想在国内找一家好的环保公司的职位都很难，迷茫中，陈波的父母鼓励他去法国深造。经过充分准备，他申请到了法国的一所大学，攻读商科硕士。在学习期间，陈波的父母就一直叮嘱他，留心法国的威立雅和苏伊士两大环境公司的信息，并对它们在华投资的公司进行深入研究。同时，陈波也苦学法语。一段时间后，英、法两种语言都很流利。

机会青睐有准备的人，在即将毕业的时候，苏伊士亚太区要招聘一名技术支持，派到上海区域工作。陈波凭借环境工程专业基础，加上商科知识，还有流利的法语，成功将该职位收入囊中。

通过几年的刻苦努力，现在的陈波已晋升为技术支持经理。而且在这个平台上的同事，有很多是当年与他同期考大学时考上清华大学等名校的精英。用陈波自己的话来说：挺有成就感的！

水论海归陈波（Chris）

职业准备——学习一门工科专业技术。

职业定位——技术+管理。

职业方向——进入外资公司。

职业发展——技术起步，一步一步转到管理层。

职业瓶颈——上司是一个背景很强的老外，难以逾越。

职业目标——向中国区技术支持总监职位努力。

三、澳洲海归张林

海归：张林（Jacky）

留学国家：澳大利亚

专业：国际贸易

张林是个小海归，高中毕业后去澳大利亚的一所大学留学，获得学士学位回国。本科毕业，又没有工作经验，纯菜鸟一个，找工作时，面对大批国内学历为硕士、博士的竞争者，压力很大，要求也不敢看高。对自己的薪酬期望值与国内本科生一样，唯一的要求就是，这个公司是一个成长型的企业，希望自己能与公司共同成长。有了这样的想法，就立即开始行动，很快他就签约了一家符合其想法的公司。工作当中，他与国内毕业的本科生干着同样的活，但因为他英语良好，又具有国外的一些思维习惯，业绩自然要高于其他人。再加上他能吃苦耐劳，勤做功课，业务开展得风生水起。

三年以后，公司发展迅速，张林也顺利晋升为市场部经理，又过了三年，晋升为负责业务的副总经理。回头看一看，张林当初的高中同学，有很多读了硕士、博士后还在到处投递简历呢。

张林说他很庆幸当初的选择，自己那时虽说是个留学回来的海归，专业面宽泛，但国内国际贸易专业的毕业生非常多，自己的优势就是英语口语，但工作经验一栏却是空白，尤其到国外留学的几年，更是对国内的一切都非常陌生。他觉得自己最初的低要求就业是对的，磨炼了坚强的意志，心态平和，也逐渐成熟。特别感到那段经历是非常有意义的，让自己终身受益。因此，选择一个有潜力的小公司，工作之初在公司学习经验，与之一起成长，是海归就业非常好的方法之一。

水论海归张林（Jacky）

职业准备——学习一门外贸专业技术、英语好。

职业定位——与国内同类毕业生看齐，从业务做起。

职业方向——进入成长型的小公司。

职业发展——拓展业务，与公司共同成长。

职业瓶颈——在小公司已做到管理层，向股东迈进困难且有职业陷阱。

职业目标——提升业绩，争取成为股东，哪怕是小股东。

四、日本海归杜坤

人物：杜坤（Paul）

留学国家：日本

专业：市场营销

海归杜坤，男，大学学的是市场营销专业，大学毕业后，在国内找工作两年一直不顺利，待过的公司基本不超过 3 个月。苦闷彷徨中，想到出国。于是前去日本留学，取得了市场营销专业硕士学位。回国伊始，信心满满，觉得找一份薪资较高的工作应该没问题，但半年过去了，却始终未找到合适的工作。此时年龄已 27 岁，感觉时光不饶人，应聘时年龄有点偏大。

其实，杜坤大学毕业后由于一直找不到适合自己的工作，又看到媒体上宣传，留学镀金回国后更容易找到高薪资的好工作，于是才决定去日本留学深造。留学回国找工作将薪资价位定得略高于市场价，本以为这样的价位立即就能找到工作。但事与愿违，他在面试了好几家外资企业后发现，那张硕士证书并没有为自己加分，企业更希望聘用原本就有营销经验的人，同时，国内人力资源部门对他那套动辄来一个日本鞠躬的方式很不习惯。当然也有单位愿意聘用他，但必须从低职位开始做起，工资要低于市场价。杜坤认为自己花了那么大的代价去国外镀金，这样的薪资无法接受，况且与他出国前了解到的海归就业行情不符。

在经过多次求职失败后，他失去了信心，认为工作难求，整天躲在家里，愁眉苦脸，一筹莫展。

水论海归杜坤（Paul）

职业准备——学习了国内国外市场营销专业，具备了较好的条件。

职业定位——定位可低点，首要的是工作实战中学习营销经验，从一线业务人员做起，不要过分计较暂时的薪酬待遇。

职业方向——可先选择成长型小公司或有涉外贸易背景的公司，同时，对营销的产品要感兴趣。

职业发展——学以致用，钻研营销的产品，分析市场，打基础，立信心，刻苦努力，寻求晋升。

职业瓶颈——在小公司做到中层后，向管理层努力，有困难且有职业陷阱。

职业目标——在职学习，提升业绩，争取成为该行业的市场营销高手。

五、英国海归王松林

人物：王松林（David）

留学国家：英国

专业：机械+工商管理

王松林高中毕业后去德国读了机械专业，侧重医疗器械方面，读完后觉得管理方面的知识缺乏，于是又去美国读了工商管理硕士。实际上，这基于他内心的一种想法——创业。

他在美国读工商管理硕士期间，留心美国一些医疗公司在华的业务情况，同时，找到一家医疗器械公司实习，学习专业知识和实践管理本领。在毕业回国前，他就说服父母投资，并找了两个发小投了少量股份，组建了一个公司，代理美国某公司在华的一种医疗器械业务，先在上海、北京等大城市建立营销网络和销售渠道，慢慢将业务做了起来。现在其公司已发展得很好，业务已做到省城一级。下一步，他计划自己研发，并在苏州建厂，生产自主品牌。

水论海归王松林（David）

职业准备——小海归，出国先学习一门技艺，然后学习管理知识，充分准备。

职业定位——回国创业，关注医疗器械方面。

职业方向——先代理产品，后创造自主品牌。

职业发展——寻找投资和合作伙伴，分析市场，打基础，将公司做强做大。

职业瓶颈——其职业瓶颈也是公司的发展瓶颈，公司发展过程中如何应对同行业的激烈竞争，如何激励公司经营层和业务骨干与公司共同成长。

职业目标——与资本市场对接，成功上市。

拓展阅读

管仲——华夏第一相的华丽人生[①]

管仲（约公元前723年~公元前645年），姬姓，名夷吾，颍上人（今安徽颍上），周穆王的后代。特长为射箭、预言。被誉为“法家先驱”“华夏第一相”。与鲍叔牙合伙经商，辅佐公子纠；经鲍叔牙推荐辅佐齐桓公成霸主。最高职位为丞相。

一、职业目标——早年谋生经商

管仲自己也承认：“吾始困时，尝与鲍叔贾，分财利多自与，鲍叔不以我为贪，知我贫也。”

管仲早年很穷，便和鲍叔牙合伙经商做买卖，赚钱分红的时候，管仲拿走的部分，常常要比自己应得的多。而且这多拿的，并不是鲍叔牙主动分给他的，而是瞒着鲍叔牙、自己给自己多分，即“多自与”。这一切鲍叔牙都看在眼里，但没有计较，更没有责怪。

管仲的多拿多占，鲍叔牙不计较，旁人却看不过去了，有人对鲍叔牙说：“你看那个管仲，每次都占便宜，真是太不够意思了!”“你们不知道啊!”鲍叔牙微笑着说：“管仲家里穷，又有老母在堂，他需要钱，就让他多拿点儿吧!”鲍叔牙并不觉得管仲贪财可恶，而是非常理解他，说他是因为家里穷，需要钱才这样做的。根据研究，管仲和鲍叔牙两人经营的生意，可以说是我国历史上有文献记载的最早的合伙制企业。现代普遍的股份制公司，就是从这种合伙制企业演变而来的。

从具体情况看，管仲和鲍叔牙两人合伙，是既出资又出力，不仅仅是股东，而且还是伙计。由于管仲家里穷，鲍叔牙家境殷实，鲍叔牙可能出钱要多，是大股东。管仲出钱要少些，甚至可能一点儿本钱也没有出。在这种情况下，如果赚了钱，按常规，鲍叔牙应该拿大头，至少也应该多得一些。然而，结果却是管仲每次都多拿。

管仲自己说：“吾尝为鲍叔谋事而更穷困，鲍叔不以我为愚，知时有利不利也。”意思是说，我曾经为鲍叔牙办事，结果越办越糟，越办鲍叔牙越穷困。但鲍叔牙并不觉得我愚蠢透顶，他知道不是我不努力，而是客观条件造成的。常言道：“谋事在人，成事在天。”时机有时有利，有时不利。不利的时候，人是无能为力的。鲍叔牙懂得这个道理，所以，他很理解管仲，并没有责怪他。

管仲没有说他为鲍叔牙办什么事，但既然是经商合伙人，当然是办与生意有关的事，越办越使鲍叔牙穷困，自然就是做生意总是亏本了。管仲与鲍叔牙合伙做买卖，越做越使鲍叔牙赔钱。鲍叔牙不但没有抱怨他无能，反而非常理解他，说是时运未到。这是一般人难以做到的，鲍叔牙却做到了。这也为日后两人治国安邦的良好合作，打下了深厚基础。

① 张力．2005．管仲评传．成都：四川大学出版社．

二、职业业绩——鲍叔牙荐才

鲁庄公派管仲杀死回国继位的公子小白。管仲箭射公子小白后，认为其已死，也就不急于赶路，六天后才到齐国。一到齐国，没想到齐国已有国君，新君正是公子小白。鲁庄公得知齐国已有新君后，气急败坏，当即派兵进攻齐国，企图武装干涉，夺取君位。齐桓公也不示弱，双方在乾时会战，结果鲁军大败，公子纠和管仲随鲁庄公败归鲁国。齐军乘胜追击，进入鲁国境内。齐桓公为绝后患，遣书给鲁庄公，要求杀死公子纠，交出管仲和召忽，否则齐军将全面进攻鲁国。鲁庄公得知后与大夫施伯商量，施伯认为齐国要管仲不是为了报仇雪恨，而是为了任用他为政。因为管仲的才干世间少有，他为政的国家必然会富强称霸。假如管仲被齐国任用，将为鲁国的大患。因此，施伯主张杀死管仲，将尸首还给齐国。鲁庄公新败，闻齐国大兵压境，早吓得心颤胆寒，没有听从施伯的主张。在齐国施压下，杀死公子纠，并将管仲擒住，准备送还齐桓公发落，以期退兵。期间，召忽为了表达对公子纠的忠诚而自杀，死之前对管仲说："我死了，公子纠可说是有以死事之的忠臣了；你活着建功立业，使齐国称霸诸侯，公子纠可说是有以生报答他的臣子了。死者完成德行，生者完成功名。死生在我二人，是各尽其份了，你好自为之吧。"管仲抱着"定国家，霸诸侯"的远大理想，早已等不及了。遣送管仲时，他告诉大家，一路快马加鞭，最后平安到了齐国，鲍叔牙正在齐国边境迎接他。老友相逢，格外亲切。鲍叔牙马上命令打开囚车，去掉刑具，又让管仲沐浴更衣。稍事休息后，管仲对鲍叔牙说："我与召忽共同侍奉公子纠，既没有辅佐他登上君位，又没有为他死节尽忠，实在惭愧。现在又去侍奉仇人，那该让天下人多么耻笑呀!"鲍叔牙诚恳地对管仲说："你是个明白人，怎么倒说起糊涂话来。做大事的人，常常不拘小节；立大功的人，往往不需他人谅解。你有治国的奇才，桓公有做霸主的远大志向，如你能辅佐他，日后不难功高天下，德扬四海。"

之后，鲍叔牙倾尽全力，劝齐桓公重用管仲。鲍叔牙："客观地说，管仲，天下奇才。他英明盖世，才能超众。"齐桓公又问鲍叔牙："管仲与你比较又如何？"鲍叔牙沉静地指出："管仲有五点比我强。宽以从政，惠以爱民；治理江山，权术安稳；取信于民，深得民心；制定礼仪，风化天下；整治军队，勇敢善战。"鲍叔牙进一步谏请齐桓公释掉旧怨，化敌为友，并指出当时管仲射国君，是因为公子纠命令他干的，如果赦免其罪而委以重任，他一定会像忠于公子纠那样为齐国效忠。

三、职业业绩——奇策治国，尊王攘夷

经鲍叔牙再三建议，齐桓公同意选择吉日，以非常隆重的礼节，亲自去迎接管仲，以此来表示对管仲的重视和信任。同时，也让天下人都知道齐桓公的贤达大度。此后，齐桓公经常同管仲商谈国家大事。一次齐桓公召见管仲，首先把想了很久的问题摆了出来。"你认为国家可以安定下来吗？"管仲通过一段时间的接触，深知齐桓公的政治抱负，于是就直截了当地说："如果你决心称霸诸侯，国家就可以安定富强，如果你要安于现状，国家就不能安定富强。"齐桓公听后又问："我还不敢说这样的大话，等将来见

机行事吧!”管仲被齐桓公的诚恳所感动，他急忙向齐桓公表示：“君王免臣死罪，这是我的万幸。臣能苟且偷生到今天，不为公子纠而死，就是为了能富国家强社稷；如果不是这样，那臣就是贪生怕死，一心为升官发财了。”说完，管仲就想告退。齐桓公被管仲的肺腑之言所感动，便极力挽留，并表示决心以霸业为己任，希望管仲为之出力。后来，齐桓公又问管仲：“我想使国家富强、社稷安定，要从什么地方做起呢？”管仲回答说：“必须先得民心。”“怎样才能得民心呢？”齐桓公接着问。管仲回答说：“要得民心，应当先从爱惜百姓做起；国君能够爱惜百姓，百姓就自然愿意为国家出力。爱惜百姓就得先使百姓富足，百姓富足而后国家得到治理，那是不言而喻的道理。通常讲安定的国家常富，混乱的国家常贫，就是这个道理。”齐桓公又问：“百姓已经富足安乐，兵甲不足又该怎么办呢？”管仲说：“兵在精不在多，兵的战斗力要强，士气必须旺盛。士气旺盛，这样的军队还怕训练不好吗？”齐桓公又问：“士兵训练好了，如果财力不足，又怎么办呢？”管仲回答说：“要开发山林、开发盐业、铁业，发展渔业，以此增加财源。发展商业，取天下物产，互相交易，从中收税。这样财力自然就增多了。军队的开支不就可以解决了吗？”经过这番讨论，齐桓公心情振奋，就问管仲：“兵强、民足、国富，就可以争霸天下了吧？”管仲严肃地回答说：“不要急，还不可以。争霸天下是件大事，切不可轻举妄动。当前迫切的任务是百姓休养生息，让国家富强，社会安定，不然很难实现称霸目的。”

由于管仲系统地论述了治国称霸之道，齐桓公的全部问题都迎刃而解，不久就拜管仲为相，主持政事，为表示对管仲的尊崇，称管仲为仲父。把国政分为三个部门，制定三官制度。官吏有三宰，工业立三族，商业立三乡，川泽业立三虞，山林业立三衡。郊外三十家为一邑，每邑设一司官。十邑为一卒，每卒设一卒师。十卒为一乡，每乡设一乡师。三乡为一县，每县设一县师。十县为一属，每属设大夫。全国共有五属，设五大夫。每年年初，由五属大夫把属内情况向齐桓公汇报，督察其功过。于是全国形成统一的整体。

军队方面，管仲强调寓兵于农，规定国都中五家为一轨，每轨设一轨长。十轨为一里，每里设里有司。四里为一连，每连设一连长。十连为一乡，每乡设一乡良人，主管乡的军令。战时组成军队，每户出一人，一轨五人，五人为一伍，由轨长带领。一里五十人，五十人为一小戎，由里有司带领。一连二百人，二百人为一卒，由连长带领。一乡两千人，两千人为一旅，由乡良人带领。五乡一万人，立一元帅，一万人为一军，由五乡元帅率领。齐桓公、国子、高子三人就是元帅。

把保甲制和军队组织紧密结合在一起，每年春秋以狩猎来训练军队，提高了军队的战斗力。同时又规定全国百姓不准随意迁徙。人们之间团结居住，做到夜间作战，只要听到声音就能辨别出敌我；白天作战，只要看见容貌，大家就能认识的地步。为了解决军队的武器，规定犯罪可以用盔甲和武器来赎罪。犯重罪，可用甲与车戟赎罪。犯轻罪，可以用值与车戟赎罪。犯小罪，可以用铜铁赎罪。这样可补充军队的装备不足。在经济方面，管仲提出“相地而衰”的土地税收政策，就是根据土地的好坏不同，来征收多少不等的赋税。这样使赋税负担趋于合理，提高了人民的生产积极性。又提倡发展经济，积财通货，设“轻重九府”，观察年景丰歉，根据人民的需求来收放粮食和物品。又规定国家铸造钱币，发展渔业、盐业，鼓励与境外的贸易。

由于管仲推行改革，齐国出现了民足国富、社会安定的繁荣局面，齐桓公对管仲说：“咱们国富民强，可以会盟诸侯了吧？”管仲谏阻道：“当今诸侯，强于齐者甚众，南有荆楚，西有秦晋，然而他们自逞其雄，不知尊奉周王，所以不能称霸。周王室虽已衰微，但仍是天下共主。东迁以来，诸侯不去朝拜，不知君父。您要是以尊王攘夷相号召，海内诸侯必然望风归附。”管仲说的“尊王攘夷”，就是尊重周朝王室，承认周天子的共同领袖地位；联合各诸侯国，共同抵御戎、狄等部族对中原的侵扰。攘夷于外，必须尊王。尊王成为当时的一面正义旗帜。

四、职业业绩——老马识途

周惠王十四年（公元前 663 年），山戎统兵万骑攻打燕国，企图阻止燕国通齐，燕庄公抵挡不住，告急于齐桓公。齐桓公为了集中力量对付南方楚国，本来不想支援燕国。但管仲认为，当时为患一方的，南有楚国，北有山戎，西有狄，都是中原诸国的祸患。国君要想征伐楚国，必须先进攻山戎，北方安定，才能专心去征伐南方。如今燕国被犯，又求救于我国，举兵率先伐夷，必能得到各国的拥戴。齐桓公深以为然，遂举兵救燕。山戎闻齐师大队人马将至，掳掠大量财物解围而去。齐军与燕军合兵一处，北出蓟门关追击，杀得山戎士兵落荒而逃。山戎首领带着残兵败将，逃入孤竹国（今河北西北部）。齐军一鼓作气，兵围孤竹国，孤竹国派人诈降齐军，献上山戎首领首级，谎称孤竹国国君已弃国逃往沙漠。齐桓公以降将为前部，率军追赶。孤竹国降将将齐军诱入荒漠，自己则乘人不备逃之夭夭。此时天色已晚，放眼望去，只见茫茫一片平沙，狂风卷地，寒气逼人，齐军前后队失去了联系。齐桓公有些不知所措，忙向管仲求教解危之计。管仲沉吟片刻，遂让随行兵士敲锣打鼓，使各队闻声来集，屯扎一处，等到天明。谁知，天虽大亮，沙漠中却炎热异常，又无饮水，一望无际的沙漠难辨方向，全军将士焦急万分。管仲见状，忙向齐桓公建议道：“臣听说老马识途，燕马多从漠北而来，也许熟悉此地，大王不妨令人挑选数匹老马放行，或许可以寻见出路。”齐桓公依其言，命人送数匹老马，放之先行，军队紧随其后，果然走出险地。

五、职业业绩——辅佐齐桓公“九合诸侯，一匡天下”

公元前 651 年，周惠王去世。齐桓公会同各诸侯拥立太子郑为天子，这就是周襄王。周襄王即位后，命宰孔赐齐桓公文武胙、彤弓矢、大路，以表彰其功。齐桓公召集各路诸侯于葵丘（今河南省商丘市民权县）举行受赐典礼。受赐典礼上，宰孔恳请周襄王，因齐桓公年老德高，不必下拜受赐。齐桓公想听从王命，管仲从旁进言道：“周王虽然谦让，臣子却不可不敬。”齐桓公于是答道：“天威不违颜咫尺，小白敢贪王命，而废臣职吗？”说罢，只见齐桓公疾走下阶，再拜稽首，然后登堂受胙。众诸侯见此，皆叹服齐君之有礼。齐桓公又重申盟好，订立了新盟。这就是历史上有名的“葵丘之盟”也是齐桓公霸业的顶峰。

至此，经过近 30 年的苦心经营，齐桓公在管仲的辅佐下，先后主持了三次武装会盟，六次和平会盟，史称“九合诸侯，一匡天下”，齐桓公成为公认的霸主。管仲虽然为齐桓公创立霸业立下了不朽的功勋，但他谦虚谨慎。周襄王五年（公元前 647 年），周襄王的弟弟叔带勾结戎人进攻京城，王室内乱，十分危急。齐桓公派管仲帮助襄王平息内乱。管仲完成得很好，获得周襄王赞赏。周襄王为了表示尊重霸主的臣下，准备用上卿礼仪设宴为管仲庆功，但管仲没有接受，只接受了下卿礼仪的待遇。

六、职业业绩——论相荐才

周襄王七年（公元前 645 年），为齐桓公创立霸业呕心沥血的管仲患了重病，齐桓公去探望他，询问他谁可以接受相位。管仲说：“国君应该是最了解臣下的。”齐桓公欲任鲍叔牙，管仲诚恳地说：“鲍叔牙是君子，但他善恶过于分明，见人之一恶，终身不忘，这样是不可以为政的。”齐桓公问：“易牙怎样？”管仲说：“易牙为了满足国君的要求不惜烹了自己的儿子以讨好国君，没有人性，不宜为相。”齐桓公又问：“开方如何？”管仲答道：“卫公子开方舍弃了做千乘之国太子的机会，屈奉于国君 15 年，父亲去世都不回去奔丧，如此无情无义，如何能真心忠于国君？况且千乘之封地是人梦寐以求的，他放弃千乘之封地，俯就于国君，他心中所求的必定过于千乘之封。国君应疏远这种人，更不能任其为相了。”齐桓公又问：“易牙、开方都不行，那么竖刁怎样？他宁愿自残身体来侍奉寡人，这样的人难道还会对我不忠吗？”管仲摇摇头，说：“不爱惜自己的身体，是违反人情的，这样的人又怎么能真心忠于您呢？请国君务必疏远这三个人，宠信他们，国家必乱。”管仲说罢，见齐桓公面露难色，便向他推荐了为人忠厚、不耻下问、居家不忘公事的隰朋，说隰朋可以帮助国君管理国政。遗憾的是，齐桓公并没有听取管仲的建议。易牙听说齐桓公与管仲的这段对话后，便去挑拨鲍叔牙，说管仲阻止齐桓公任命鲍叔牙。鲍叔牙笑道：“管仲荐隰朋，说明他一心为社稷宗庙考虑，不存私心偏爱友人。我做司寇，驱逐佞臣，正合我意。如果让我当政，哪里还会有你们容身之处？”易牙讨了个没趣，深觉管仲交友之密，知人之深，于是灰溜溜地走了。不久管仲病逝。齐桓公不听管仲病榻前的忠言，重用了易牙等三人，结果酿成了一场大悲剧。两年后，齐桓公病重。易牙、竖刁见齐桓公已不久于人世，就开始堵塞宫门，假传君命，不许任何人进去。有两宫女乘人不备，越墙入宫，探望齐桓公；桓公正饿得发慌，向其索取食物。宫女便把易牙、竖刁作乱，堵塞宫门，无法供应饮食的情况告诉了齐桓公。桓公仰天长叹，懊悔地说：“如死者有知，我有什么面目去见仲父？”说罢，用衣袖遮住脸，活活饿死了。桓公死后，宫中大乱，齐桓公的几个公子，为争夺王位，各自勾结其党羽，互相残杀，致使齐桓公的尸体，停放在床上六七十天无人收殓，尸体腐烂生蛆，惨不忍睹。桓公死后的第二年三月，宋襄公率领诸侯兵，送太子昭回国，杀了作乱的公子无亏，立太子昭为君，即齐孝公。经过这场内乱，齐国的霸业开始衰落。中原霸业逐渐转移到了晋国。

七、职场交往——管鲍神交

管仲晚年曾感动地说：“我与鲍叔牙经商而多取财利，他不认为我贪心；同鲍叔牙谋事，我把事情办糟了，他不认为我愚蠢；我三次从阵地上逃跑，他不认为我胆小怕死；我做官被驱逐，他不认为我不肖；我辅佐公子纠败而被囚忍辱，他不认为我不知羞耻……生我者父母，知我者鲍子也!”

八、职业评价——牛人管仲

孔子曾言：“管仲之器小哉。”但也说：“微管仲，吾其被发左衽矣。”“桓公九合诸侯，不以兵车，管仲之力也！如其仁！如其仁!”盛赞管仲施政成绩优异，使得华夏强大，维护了华夏文明。

太史公司马迁在史记《管晏列传》中说：“天下不多管仲之贤而多鲍叔能知人也。”“管仲世所谓贤臣，然孔子小之。岂以为周道衰微，桓公既贤，而不勉之至王，乃称霸哉？语曰：‘将顺其美，匡救其恶，故上下能相亲也。’岂管仲之谓乎？”

第九章 职业规划乾坤掌[①]

大学之道，在明明德，在亲民，在止于至善。知止而后有定；定而后能静；静而后能安；安而后能虑；虑而后能得。物有本末，事有终始。知所先后，则近道矣。古之欲明明德于天下者，先治其国；欲治其国者，先齐其家；欲齐其家者，先修其身；欲修其身者，先正其心；欲正其心者，先诚其意；欲诚其意者，先致其知；致知在格物。物格而后知至；知至而后意诚；意诚而后心正；心正而后身修；身修而后家齐；家齐而后国治；国治而后天下平。自天子以至于庶人，壹是皆以修身为本。其本乱而未治者否矣。其所厚者薄，而其所薄者厚，未之有也！

——《大学》

意思是，大学的宗旨在于弘扬光明正大的品德，在于使人弃旧图新，在于使人达到最完善的境界。知道应达到的境界才能够志向坚定；志向坚定才能够镇静不躁；镇静不躁才能够心安理得；心安理得才能够思虑周详；思虑周详才能够有所收获。每样东西都有根本、有枝末，每件事情都有开始、有终结。明白了这本末始终的道理，就接近事物发展的规律了。古代那些要想在天下弘扬光明正大品德的人，先要治理好自己的国家；要想治理好自己的国家，先要管理好自己的家庭和家族；要想管理好自己的家庭和家族，先要修养自身的品性；要想修养自身的品性，先要端正自己的心思；要想端正自己的心思，先要使自己的意念真诚；要想使自己的意念真诚，先要使自己获得知识；获得知识的途径在于认识、研究万事万物。通过对万事万物的认识、研究后才能获得知识；获得知识后意念才能真诚；意念真诚后心思才能端正；心思端正后才能修养品性；品性修养好后才能管理好家庭和家族；管理好家庭和家族后才能治理好国家；治理好国家后天下才能太平。上自国家元首，下至平民百姓，人人都要以修养品性为根本。若这个根本被扰乱了，家庭、家族、国家、天下要治理好是不可能的。不分轻重缓急，本末倒置却想做好事情，这也同样是不可能的！[②]

---

① 三十年来，作者自创了一套“乾坤八卦掌”功法，春夏秋冬，时时习练，强身健体，深得其中神妙。“职业规划乾坤掌”就是源自这份感悟，结合职场上的实战心得，创新而来。

② 王文锦. 2008. 大学中庸译注. 北京：中华书局.

寓言

蚂蚁与鱼

冬天快到了，蚂蚁们四处觅食，忙忙碌碌，更加勤奋了。

有一天，有一只蚂蚁忽然闻到空气中飘过来一股鱼香味，于是，赶紧向头领报告，近处可能有鱼类美食。于是，头领命令一只号称“千里眼”的蚂蚁爬上一棵高树瞭望，发现不远处的泉沟里有两条大鱼，因为泉水干涸了，被困在泉沟里。这群蚂蚁非常高兴，立即倾巢出动，浩浩荡荡来到鱼旁。有的小蚂蚁竟然兴奋得手舞足蹈，因为这下就可以过个美好的冬天了。

头领先绕着两条鱼转了几圈，连咽了几口口水，正准备带领大家下手时，忽然听到两条鱼还在说话。头领叫来蚂蚁博士，蚂蚁博士仔细聆听了一会，发现这两条鱼正在背诵《庄子·大宗师》里的话“泉涸，鱼相与处于陆，相呴以湿，相濡以沫，不如相忘于江湖。与其誉尧而非桀也，不如两忘而化其道”。这两条鱼用湿气相互滋润，用唾沫相互沾湿，看着旁边众多蚂蚁环伺，很快就要变成他们的美味，十分伤感。

蚂蚁博士沉吟良久，对头领道出了一个故事。这种鱼的祖先曾经救过蚂蚁家族。想当年，树林遇到了一场大火，当时，蚂蚁家族为了逃难，顺着风势，跌跌撞撞，连滚带爬。突然，前面出现了一条大河，挡住去路，后面的大火烧得噼啪直响，铺天盖地而至。眼看着蚂蚁家族就要全军覆没，这时，头领想出了绝招，让大家抱着一段干木头，老幼位于里面，青壮年置身在外面，形成一个大的蚂蚁球。外面的蚂蚁们拼命向一个方向奔跑，让蚂蚁球转动起来，随着风势，滚进湍急的河水，向对岸游去。但这条河太宽了、太急了，加上刚才一路奔跑，很多蚂蚁体力不支，被河水冲离蚂蚁球，淹死了。蚂蚁球越来越小，眼看离对岸还很远，很多蚂蚁都失去了信心，心如死灰。正在这时，游来两条鱼，用他们的脊背驮着剩下的蚂蚁，一路说着“相濡以沫，不如相忘于江湖”过了河。

蚂蚁博士看着头领，说这种鱼曾经对我们有恩，这次我们是不是应该报答一下呢？头领连连点头，把手一挥说：“大家跟我来！”于是，这群蚂蚁争先恐后爬到上游的池塘堤坝处，拼命掏挖，终于，一股水流流向了泉沟，这两条鱼高兴得蹦跳起来，向蚂蚁们摇摇尾巴，顺流而去。

职场上，多栽花，少栽刺，多帮助别人，就不至于关键时刻“相濡以沫”了。

第一节　思前想后——思字掌

思字掌口诀：起势之前，静思默想，摒弃杂念，心灵自然，浑然忘我，环境一体。无极太极，尽含精蕴，渐修顿悟，掌握窍门，进入殿堂。

一、心上有脑谓之思

“思”字字形，为上下结构，下面有“心”，上面有“田”，“田”似人之脑袋，总领一切。“田”里有“十”，左前右后，思虑周详，尽在四方脑中。由此可见，思之重要。

欲想事竟成，定要思在先。思考全面，想得透彻，才能把握大势。职业规划乾坤掌，反对不经思考，上来就做，或者边做边想，在错中做、错做中，脚踩西瓜皮，向前溜行，一路纠结，不断后悔。一个人，进入了职场，就如一个习武之人，需要立身中正，全身放松，二目平视，精神内守，反复思索，成竹在胸。

道是德的外化，无所不在，无时不有。至德看不见。至德的光辉照亮宇宙，便是万般生命现象。生命现象的本质就是天性，也就是大自然禀赋的本性。天性的动态便是提倡顺从天性而为，不是逆反天性而作。

佛教中曾有问佛在何处一说，其实，不管山河大地、日月星辰如何壮美，也不管凡夫俗子如何巧舌如簧，三千世界都是你自己而已，我心即佛，佛即我心。

二、了解自己，熟悉环境

了解别人往往容易，了解自己有时很难。

客观认识自己，有利于形成良好的心理素质；有利于形成清晰的自我形象，确立自身的价值；有利于发现自己的潜能，充分发展自己。世界在变化，竞争在加剧，只有正确认识自己，才能把握未来，走好成功的第一步。

正确认识自己的关键是要实事求是，既不高估自己，也不低估自己，知道自己的长处、优点，也知道自己的短处、缺点。突破自己，扬长避短。掌握科学的方法，通过自我观察、自我反省、相互比较、咨询他人、科学鉴定等方法，正确认识和评价自己。自觉调节自己的行为，善于剖析自己，更好地认识清楚外在的、内在的自我。

通过观察，认识自己。反省自己在日常生活中的点滴表现。通过他人了解自己，以人为镜可以明得失。周围人对自己的态度与评价能帮助我们认识、了解自己。面对他人的评价，要独立思考，具体分析，正确对待。人贵自知，自知则明，深明大义，晓以大体。

不断更新、完善对自己的认识，才能使自己变得更完美。在实践的检验中认识自己，通过参加各种活动，根据各种活动的过程与结果来认识自己，分析自己的人际沟通能力、组织管理能力；在别人的态度中认识自己；在多重比较中认识自己，现在的自己与过去的自己进行纵向比较，与同龄人或者条件相似的人进行横向比较，通过更全面的纵横比较来正确认识自己；在观察和内省中认识自己，及时归纳，善于总结，了解自己的优点与不足，更好地把握生理自我、心理自我和社会自我。

环境影响人，环境造就人。因此，熟悉环境非常重要，职业环境亦如是。

其他人的思想动态、价值观、工作态度和企业政治、人际关系平衡等诸多复杂的因素，组成了动态的职业环境。组织的架构，组织的规章制度，组织的企业文化，领导者的相关信息，组织的人际关系情况等形成组织内部及周围的自然环境。面对社会角色的变化，职场人士高效、快速熟悉环境，融入环境，才能让自己轻松工作，从平凡变成优秀。职场新人，要诚恳谦虚，多看多请教，多听少说。利益冲突时，不斤斤计较，因小失大。明确自己的工作岗位和内容，站位不越位，加强合作。

当自己处于一个新的职业环境时，要了解自己的能力，知道自己在群体中的地位，自己会产生什么作用。职业发展中，对于别人的肯定性评价，可以增强自己的信心。职场中也能从同事那里学到自己没有的优点，从而增进彼此之间的情谊。并通过自我反思，对自身做出某些调整和改进，使自己不断向前迈进。

工作职责、工作技能等职业内容，体现出一个人对职业选择的兴趣。不同的职业，工作方式和环境是不一样的，涉及到职场人士日常的活动范围和环境、接触的人群等。比如，有的职业需要长期久坐，有的需要经常和他人交流，还有的职业工作条件和环境很恶劣甚至危险。职业环境这个外因条件，有时会影响到职场人士从事该职业的积极性和热情，影响取得成绩时的成就感，以及影响从工作中获得的满足和价值感。

三、纵观大势，想入非非

尝就天下之大势观之，不谋全局者不足以谋一域，不谋万世者不足以谋一时。时势造英雄，把握社会大势，把握行业大势，把握发展大势。条条大路通罗马，把握大势就是找到最好的那条路。最近是指离大势最近、离事物的发展规律最近。面对复杂多变的职业环境，一个人要想基业常青，不在一时之成败，也不在一城之得失，在于审时度势，把握好大方向，时时对准目标。职业发展过程中，办大事者，以见识为主，才能为辅。人才以陶冶而成，以磨砺而生。

《孙子兵法》云：“激水之疾，至于漂石者，势也。”《庄子·逍遥游》云：“北冥有鱼，其名为鲲。鲲之大，不知其几千里也；化而为鸟，其名为鹏。鹏之背，不知其几千里也；怒而飞，其翼若垂天之云。是鸟也，海运则将徙于南冥。南冥者，天池也。”这些古训都告诉我们，职业发展过程中，大势兴则旺，大势败则散，大势来则大变，大势去则亡。看自己在大势中的位置，大势对自己是利多还是弊多。大势的动静、进退、转折、变化等和自己的关系，决定了自己的计划、预谋和行动。运筹不看势，则必多败。顺势、逆势和变势运动，必须明势，目的在于使势向着有利于自己的方向发展。把握了势，行动才能主动；失去了势，盲目地行动，则会撞上南墙，头破血流。对时势准确判断，确定自己是否行动，如何行动，在大势中是逆势而退，还是顺势而行。看清大势的走向，大势动则有大气候，及时抓住，可获大功。圣人看大势，智人看小势，愚人不看势。

这里的想入非非，并不是指非分之想，而是指思路开阔，头脑风暴，进入忘我的冥想、自然状态，发现真我，寻找自心。

《庄子·外篇·天地》中记载，夫子曰："夫道，覆载万物者也，洋洋乎大哉！君子不可以不刳心焉。无为为之之谓天，无为言之之谓德，爱人利物之谓仁，不同同之之谓大，行不崖异之谓宽，有万不同之谓富。故执德之谓纪，德成之谓立，循于道之谓备，不以物挫志之谓完。君子明于此十者，则韬乎其事心之大也，沛乎其为万物逝也。若然者，藏金于山，藏珠于渊；不利货财，不近贵富；不乐寿，不哀夭；不荣通，不丑穷。不拘一世之利以为己私分，不以王天下为己处显。显则明。万物一府，死生同状。"

四、扪心自问，充分思考

一叶知秋，心感而动；日月映照，扪心自问。正确认识自己，善待自己，正确处理自己与外界的各种关系，理性、客观地设立、追求自己的人生目标，做到科学、简单地生活，不断充实自己，提升各种素质与技能，享受亲情、友情与爱情。人多不肯空心，恐落于空，不知自心本空。愚人除事不除心，智者除心不除事，菩萨心如虚空，一切俱舍，所作福德皆不贪着。然舍有三等：内外身心一切俱舍，犹如虚空无所取着，然后随方应物，能所皆忘，是为大舍；若一边行道布德，一边旋舍，无希望心，是为中舍；若广修众善，有所希望，闻法知空遂乃不着，是为小舍。大舍如火烛在前，更无迷误；中舍如火烛在旁，或明或暗；小舍如火烛在后，不见坑阱。故菩萨心如虚空，一切俱舍。过去心不可得，是过去舍；现在心不可得，是现在舍；未来心不可得，是未来舍。所谓三世俱舍。

人们对自己有时认识不清，不知道自己是谁，不知道自己有什么不足，不知自己的特别之处。德国哲学家费尔巴哈说："谁能够正确地认识自我，他也就在心中点燃了一盏光芒普照的明灯。"自我概念是指一个人通过经验、反省和他人的反馈，逐步加深对自身的了解和认知，是一个人对自身存在的体验，对一个人的行为和观念具有重大影响。消极的自我概念，源自其消极的思想和行为，会使自己的自信心更加不足，出现焦虑或抑郁情绪。积极的自我概念，能够对自己产生良好的感觉，产生积极的行为和观念，充满自信心，心情愉悦。对自我概念进行积极的管理和调整，寻找正确信息，保持对自己的良好看法。积极的自我概念建立在对现实的全面客观认知基础上，对自我的认同和积极接纳，以及自我不断完善和发展。平静而理智地对待自己的长短优劣，得失成败，乐观开朗，以发展的眼光看待自己。对待自己的长处不骄傲，对待自己的短处不回避，取长补短，不妄自菲薄，也不妄自尊大，不卑不亢，健康地发展自己，逐步走向成功。

一个人的人生，如果没有思考，注定是浅薄、悲催的。充分思考对职业发展的重要性不言而喻。

思考自己在这个社会的价值和作用。正确认识自己的价值，真正地接纳自己、欣赏自己。在职业发展中，不要让身体长期超负荷的运转，该休息的时候休息，没有好的身体，再有满腔的热情也无济于事。不要刻意地压抑自己，得不到的东西需要释然，得到的东西需要自然。省察自己，调整自己，善待自己，宽待别人。

宽容自己，反思自己，过去了的事情就让它过去，不要太在意，聪明的人只在于不犯或者少犯同样的错误。接受教训，走出去，又是一片亮丽的天空。充实自己，提高自己。及时充电，不断强化自身素质，从根本上善待自己，因为这是今后安身立命的根本保证，机遇总是垂青于有所准备的人，不要让它与自己擦肩而过。越是艰难的时刻，越要努力奋斗，要讲实际，不要犹豫退缩。

在职业生涯发展过程中，免不了会遇到困难和挫折。坚持尝试，化不利条件为有利因素，不强求每次都能成功，实际上，有些失败经验也是非常宝贵的财富。不灰心、不丧气，保持自信和乐观态度，积极参加各种社会活动，提高自己应对挫折的耐受力，不断完善自己。对自己是否有积极的态度，是否感到自己有许多值得骄傲的地方，是否感到自己是成功的或是有价值的，这就涉及自尊。高自尊的人总是很自信、自豪和自重，其行为动机主要来自对自己的高度关注，总希望得到别人的认可、欣赏和尊重。低自尊的人，常常感到不安，缺乏自信，不停地自我批评，容易焦虑，总担心做不好丢脸，无形中孤立自己。对自己充满信心，相信自己一定能行，果断抓住生活中的每次重要机会。成功使人更自信，失败使人更励志。

五、心灵澄澈，胸臆开阔

在职业生涯发展中，需要心灵澄澈。浩瀚天空，一尘不染；风和夜静，繁星点点；心灵澄澈，胸臆开阔。诚如禅宗所言：见一事，见一切事；见一心，见一切心；见一道，见一切道，一切处无不是道；见一尘，十方世界山河大地皆然；见一滴水，即见十方世界一切水；又见一切法，即见一切心。

心灵澄澈，神为主帅，意动身随。意在神，不在气，在气则滞。形神兼备，内外兼修，内气出现，以意运气，精神集中，周身遍布，脆劲灵机，意念一到，迅速反应，突忽刺激，敏锐感知，精准反应，针对动作，免受损害。此时，以意运气可以随心所欲。一静一动，个形静时，内气欲动；内气静时，外形又发。动中有静，静中有动，悉心体会。领悟动中求静之理，方可实施以静制动之法。

在职业生涯发展中，对于贵身、富家、显位、威风、美名、厚利，此迷乱志向的六害，需要拨开；对于仪态、行动、脸色、口才、神采、意气，此纠缠内心的六害，需要解开；对于憎恨、爱恋、欢喜、愤怒、悲哀、快乐，此污染性情的六害，需要洗濯；对于回避、迁就、进取、施舍、用智、逞能，此阻拦修道的六害，需要拆除。二十四害，逐一降服，心中自正，正后则静，静则明了，明则虚空，虚则无为，无为悉为，达成至境。

在职业规划需要站到人生思维的制高点，胸怀宽广，与世界融为一体，才能高瞻远瞩，洞察秋毫，手到擒来，获得成功。胸臆开阔，天人合一，浑然一体。我为世界一点，世界入我胸怀。

第二节　精心谋划——谋字掌

谋字掌口诀：精心谋划，谋如涌泉；时势领先，动静至要；趋避有本，中和为纲。遇事善谋，步步为营，谋而后动，遇事有耐心，成功必不远，欲速则不达，遇事忌急功，事谐低姿态。

做职业规划时，可从时、势、动、静、趋、避、中、和八个方面考量。时，反映了事物发生变化的时机。职场上，风云变幻，时机很难把握，拐点不易找到。人们很难预测眼前的事物是否已经到了尽头，是否要发生变化和转折，是否在此变化中会出现有利时机。时机未到，功夫减半；时机既到，万事待发。势，有两种，一种是事物发展的态势及自己在整个大形势中的位置，此为形势；另一种是事物具备的活动能力，也即事物发端之势能的大小，以及事物原发态之气数的强弱，此为势力。势，代表了事物形势的优劣和运动势能的高低。事物的运动具备两种能力，一是事物在开始运行前的起点所具备的能量，是处于尚未动作，蓄势、聚气的状态，称为势能。势能越大，运动的能量就越充足。势能是衡量事物实力大小的标志，也叫势力。势力大，事物的能量也就越大。二是动能，动能是事物在运动中形成的，与势能相辅相成。动能可以在运动中不断培养，通过机遇和努力实现。静，暂静待时。静非消极等待，此为蓄势。静以制动，化动能于无形。静可以把动能变成势能，加强斗志。静为示弱，兼容一切，富集势力，酝酿大势反转。静则聚气，动则散气。动极而静，静极而动，静而为动，为动而静之人，乃高明之士。静坐反思，静坐克己，静能生动，更能制动。非静无以成学，非学无以成才，宁静致远。趋，进也。蓄势已毕，即寻找时机出击，由静转为动，动有进退，随大势而动。趋只为进取，随形势而变。避，为主动退却，运动中的战略防御。针对强势而言，势来不可挡则避。避开强势，观其弱势，迅击之。避为趋，退为进，只知进，不知退，会陷于更大的困境。中，中间也。中是事物矛盾的焦点，是事物变化的根源。事物是由阴阳矛盾组成，围绕着一个焦点来运转，实质就像太极的中心。守中，即守玄关、守戊已之门。中是一切事物的纲领，牵住了纲领则事物的主线自可明了。当大势不明朗，各方势力均衡时，可居中之位，可以躲避直接与人抗衡所受到的攻击，又可以左右各方势力，观势变而动之。和，合也。和就是合势，联合各种势力增加气数。和的原则，以和中为妙。敌强我弱，可采取和的战略。

有志更须立志。志不立，天下无可成之事，志若立，天下无事不可为。坚持、专注、渐进，术业专攻，持之以恒。以和为贵，和能生威，和亦精神，和乃成功根本。职业发展之道，得人治事并重，得人需广收、慎用、勤教、严绳。好自慢中来，事缓乃圆。天道嫉巧、嫉盈、嫉贰。立者，发奋自强。达者，办事圆融。身到、心到、眼到、手到、口到，做事五到。多看、多做、多问、多想。天下事当从大处着眼，小处下手，凡事皆非一蹴而就，需不断累积，由小到大，量变质变。天下事，知得十分，不如行得七分。

人贵自强，求人不如求己。办大事者，在内贵有志气，在外贵得人心。天下古今庸人，皆以一惰字平庸；天下古今才人，皆以一傲字致败。

一、广收信息，归纳分析

我们现在所处的时代是一个信息爆炸的时代，要广收信息。信息不断地被制造，那么快速、有效找到我们想要的信息，就成为我们必须解决的问题。现在缺少的不是知识量和信息量，而是怎样才能快速、准确发现有用信息，通过归纳、演绎，缜密思维，融会贯通。上网获取信息，离不开搜索引擎。内事问百度，外事找谷歌。百度是世界上最大的中文搜索引擎，而谷歌却是世界上最大的搜索引擎。由于搜索引擎的精准性，针对关键词进行搜索，得到的内容是围绕关键词的，通常无法帮助自己系统学习，它可以解决一类问题，却无法解决同一主题下的其他类型的问题，因此，出现了豆瓣之类基于推荐的网站。微博主要是生活上的内容，有一定的精准性、扩展性，内容比较新。

信息无时无刻不在影响着我们，对选择理想职业至关重要。有针对性地广泛收集来源于不同渠道的职业信息，对各种信息要素做出适时分析，有的放矢，对症下药，对一些信息要素加以提炼，通过理性分析，及时做出科学决策，从而获得理想职业，打造属于自己的一片理想天地。有人把握契机，先行一步，胜人一筹。有人错失良机，与机遇擦肩而过，抱憾终生。离开职业信息采集，职业指导就成了无源之水，无本之木。职业信息的应用，是对劳动保障及相关信息的采集、整理、分析、预测后做出的，是一种综合多门学科的新科学。如何收集职业信息并根据自身需要进行筛选、求证、分类，去掉失效和不真实的就业信息，是非常重要的。部分高校积极、规范地与地方人才中心合作，利用地方人才中心的专业性，将筛选后可信度高的职业信息直接传递给学生，这就是职业信息应用的一种有效方式，因为它可以有效地提高职业信息的利用率。

书不在读了多少，而在于善于提炼其中信息，开启智慧，打开一条路，引导自己对已有的认识进行组合、调整，学以致用。学不会提炼信息，只会在取舍上矛盾蹉跎，消磨时间，浪费生命。

职业之于人，一是维持生存。职业劳动与其他的社会活动不同，它是有报酬的社会性劳动，是个人谋生的手段，获取劳动报酬是人生存的最基本需要。二是发挥个人才能。在职业劳动岗位上发挥才能，并使个人特长得到尽可能大的发挥。职业为人的发展提供了条件，提供了舞台，有了职业，人的创造才能在职业中得到了较好的发挥。在选择职业的时候，尽可能使所选的职业与个人的才能、兴趣、爱好、志向一致，有利于个人才能的发挥。三是参与社会劳动、承担社会义务，即通过职业劳动，创造社会财富，为他人提供服务。

很多高校开设了职业指导课程进行职业指导，有意识地强化学生的自我职业生涯设计的意识，培养与之相关的职业技能，发展其个体综合职业能力，帮助学生认识自己的身心特点与具体条件，分析环境因素，以使其做出正确的职业决策，促进其顺利就业。

打造自己理想的职业规划，规划自己理想的职业前景。同样去桃林赏花，有人身临其境，雾里看花，一片茫然；有人却肩落桃花，好景连连。性格决定命运，选择职业时，要考虑性格是否适合自己所从事的职业。人要学会合作，学会融入群体，才能集思广益，才能适应变化的职场需求，适应变化的时代需求。选择理想的职业，同样也需要具备潜力因素。有效地利用和开发自己的潜力，最大限度地发挥自己的效用，保持长久的职业竞争力，让自己永远走在职场的前列，领先他人。充分挖掘自身的潜力，取得职业发展成功。面对日益加剧的职场竞争，只有经常充电，不断学习，补充新鲜血液，才能满足瞬息万变的职场需求，避免被淘汰。

求职者通过职业信息能获取劳动报酬理想并且能发挥个人才能的职业；用人单位也可利用职业信息招聘到自己想要的工作人员。职业信息包括求职者个人信息、招聘信息、就业政策、人事制度、产业政策等。求职者在发布求职信息时，应对自己有一个正确的估价，不能盲目发布，发布的信息既要恰如其分地展示自己的特点，又不能夸大其词，要想顺利实现就业，必须对招聘信息、就业政策、人事制度、产业政策等有所了解。只有及时地掌握大量的职业信息，才有可能在激烈的竞争中获得就业的主动权。

有了诸多信息，只有经过归纳分析、加工提炼，才能去粗取精，找到有效、有用的信息。信息分析是一项重要的知识创造活动，是信息资源开发和利用的中心环节。在瞬息万变的现代商业社会中，信息分析是市场竞争与科学决策的必备武器。

一个人成功的因素有很多，勤劳、智慧、认真、耐心、诚信、创新等。这些因素都是彼此影响，相辅相成的。无论如何，全力以赴地去做一件自己认定的事情，就极有可能会获得成功，世上无难事，只怕有心人。富兰克林在年轻时，给自己制订了一项包括13 项要求在内的性格修养计划：节制、静默、守秩序、果断、俭约、勤勉、真诚、公平、稳健、整洁、宁静、坚贞和谦逊。兴趣广、爱交际的人会学到许多知识，训练出多种才能，有益于性格的形成和发展。人与人之间要互敬、互爱、互谅、互让，善意地评价人，热情地帮助人，克己奉公，助人为乐，努力搞好人与人之间的关系，长此以往，性格就能得到和谐发展。人际交往能力是一项重要的能力。我们生活在一个复杂的社会关系网中，每个人都必须与外界交流，拓展自己的人际关系，提升自己的人脉竞争力，才能立足于这个社会。世界是一面镜子，每个人都能在其中看到自己的影像。只有多了解实际情况，丰富自己的人生经验，思考的内容才能更具体、更丰富，洞察力才能更强。了解他人，就会更好地理解他人，就会为自己缓解并减少人际交往中的很多矛盾。以真诚沟通代替猜疑和假想，用客观的了解代替主观的认知，才能了解事实的真相。

自制力也就是自我克制的能力，是指人们能够自觉地控制自己的情绪和行动，既善于激励自己勇敢地去执行决定，又善于抑制那些不符合既定目标的愿望、动机、行为和情绪。自制力是坚强的重要标志，善于抵制诱惑，能够忍耐的人更容易成功。因此，为了追求更大的目标，享受更大的快乐，我们需要克制自己的欲望，放弃眼前的诱惑。延迟满足，我们对它的理解可以更广泛一点，不仅仅延迟物质上的满足，还要学会延迟精神满足，克制自己的冲动。

只需要专注自己的目标，专心去做自己应该做的事情就行了，不要被其他的诱惑转移了自己的注意力，打破了内心的平静。一个人的忍耐力在生活中是可以得到培养和提高的。面对诱惑的时候，也是挑战自己意志力的时候。把注意力转移到自己的专长上来，不要管别人说了什么，也不要想那些烦恼的事情，只管做自己喜欢做的事情，做最好的自己就行了。不妄自菲薄，要善于发现自己的优势。成熟的个体应具有忍耐能力，能屈能伸。忍耐能力强的人更容易成功，因为他们能静下心，专注地做他们认为值得做的事情，而不受外界的干扰。

批判性思维就是不相信权威，敢于对既定理论、观点进行质疑，突破常规、定型模式，超越传统理论框架，把思路指向新的角度、新的领域。生活中，很多事情并不能在短时间内判断它的真假。大家看到的、听到的，只是表面的现象，无法透过现象看到背后真实的本质。因此，不能轻易相信各种外来的信息，要有批判性思维。基于充分的理性和事实，而非感性和传闻来进行理性评估与客观评价的能力与意愿，是一种怀疑的态度和一种对证据的渴求。也就是说，对自己所看到东西的性质、价值、精确性和真实性等各方面做出个人的判断。

别人拥有的，不一定是自己需要的，要根据实际做决定。比如，在选择工作上，很多年轻人对热门职位盲目追逐，选择大城市、大企业，而不考虑自己的气质、性格、特长，没有对自己进行认真而综合的分析，对于自己要从事哪种职业、去哪里就业认识不清，随大流盲目追求。结果很难在工作中找准自己的位置，不利于自己将来的发展。很多年轻人缺乏对自身的正确认识，喜好虚荣，效仿别人，结果可想而知。马克•吐温说过："一般人缺乏独立思考的能力，不喜欢通过学习和自省来构建自己的观点，然而却迫不及待地想知道自己的邻居在想什么，接着盲目从众。"一个独立性强、思维清晰、有主见的人是绝不会盲目从众的。年轻人要敢于提问，善于提问。疑问越多，认识问题就会越全面，越客观，思路就会越清晰，做出的判断就会越准确，处理问题的方法就会越得当!

二、地域行业，仰望北斗

谋一时，谋一地，谋一事，谋一行业，找到该行业的标杆，仰望北斗。

职业规划，要考虑很多因素，其中地域就是非常重要的一个因素，有时甚至会成为限制一个人发展的瓶颈。高学历和能力强的人，在比较落后的地区往往难有用武之地。如果在那里待了几年后，再想去发达城市发展，也许早已失去了当初的锐气，而此时，也许已娶妻生子，转战他处成本很高。因此，可以先在较发达的地方学习，将来成为真正的职业人士后，再返回相对落后的家乡，或者到家乡去投资，也不失为一种很好的方式。去比较适合自己的区域发展，就能得到更好的配套，比如好的平台、好的培训、好的视野等。否则，缺了哪个环节，都会对发展有所影响。

因为更换地域而获得发展或发展受阻的例子屡见不鲜，这是个值得考虑的问题。今天，职业流动很大，人在一生中，在几个城市工作过也很正常。一般来说，在职业发展的初期，要尽可能在比较发达的地方工作，等职业发展已达到一定的高度，自由度已很大，如果还想考虑更能接受的城市，就简单多了。在职业发展过程中，如果能挺住，最好不要频繁地更换城市，否则，在某个城市积累的资源，随着地域的变动，会贬值甚至蒸发，增加了职业发展的成本。

地域对职业发展的影响，包括经济、文化、生活、教育、政策等诸多方面。经济环境的影响，指一个地区的经济发展情况、重点发展产业对当地求职者的影响。如果当地经济发展势头良好，有着一大批很好的企业，职业选择的余地就很多。另外，经济环境可以使人思维开阔。经济发达的地方往往具有信息聚集、思维活跃的特点，可以接收到更多的信息，使自己有更宽阔的视野，对职业发展产生重要影响。文化环境的影响，指一个地区的人文环境，包括人文设施、人文资源、人文精神等影响。要融入当地的人文环境中，接受当地文化的熏陶。而对不同文化的了解，拥有不同的文化经历，对未来的职业发展也具有很大的帮助。生活环境的影响，指一个地区的饮食、气候、交通、安全等影响。利用所在地区的生活环境，锻炼自己的独立性和适应性。这种独立性和适应性也是职业发展十分需要的。教育环境的影响，指一个地区的整体教育水平、教育质量、学习风气及社会的教育培训机构等的影响。教育环境的差距，更多体现在社会教育培训机构上，这影响自己是否可以享受社会的教育资源。政策的影响，指一个地区在学生培养、就业服务等相关的政策，包括教育政策、就业政策对职业发展的影响。

要综合考虑行业、职业、岗位、地域等各个方面的因素，为自己的职业发展提供帮助。在今天的就业市场环境中，有些人最初不知道自己应该在哪个领域开始自己的职业生涯，一番折腾，几年下来，稀里糊涂地换了几家公司，多种多样的工作经验并没有给自己带来沉甸甸的收获，反而造成了自己缺乏专长、缺乏核心竞争力的局面。回过头来才发现，只是积累了不同行业、不同职能方向的失败经验。

行业和个人发展息息相关。选择了什么样的行业，就有什么样的发展空间。在行业选择上最容易犯的错误就是没有固定行业。这是职业发展的大忌。要有行业的意识，职业的选择也一定要结合行业发展才能有更大的发展。

刚参加工作的人，有时很难马上发现最适合自己的行业，但可以去尝试，无论是从事技术还是管理，建议树立要成为这个行业专家的目标。没有一定时间的积淀，比如对于行业的发展趋势、惯例、价值链、细节的熟悉和人脉的积累等，很难说自己了解一个行业，拥有多少行业经验。当然，失去了行业背景，个人的价值就会大打折扣。

个人在行业内的发展，要有内在的连续性。沿着行业的价值链条在不同的企业工作，往往会铸就自己的职业优势，保持职业资源的不断升值增值，而不是把精力浪费在不同的行业。五个手指握成拳头打出去，才更有力量。聪明人将拥有的能量集中到一个或两个领域，而不是分散在多个领域。在科技高速发展的今天，一个专业往往足够一个人奋斗一生，只有高瞻远瞩，开辟出一个兴趣宽泛的工作面，再往深处打，才有可能冒出甘甜的泉水。

地域也好，行业也罢，仰望泰斗，努力追求，艰苦奋斗，之后，才能一马平川，实现人生价值，达成人生辉煌。一个人的价值观导致其使命感是否紧迫，主观需求导致其有多大的进取动力。实现财务自由后，很多人还在孜孜以求，不断奋斗，而有些人则急流勇退，著书立说，将工作和生活的节奏放慢下来，享受生活，思考生命的意义。随着社会的进步，很多人在物质满足后，精神上的要求就更高了。一个自由职业者，在某个领域一定有自己独到的见解，才能得到社会和市场的认可，才能小处养家糊口，大处功勋卓著。专家是行业里宝贵的财富，专家有大小，水平也有高低。

职业发展过程中，一直有渐悟论和顿悟论的讨论，其实，渐悟也好，顿悟也罢，都只是一个过程，归根结底是悟。只有悟了，才通，才同，才有意义。要想了解怎样才能从事某个职业，就需要了解怎样的知识技能准备，怎样的能力，怎样的知识结构，才能胜任这一工作。

三、身怀绝技，盘点人脉

一技在手，吃喝不愁。身怀绝技，畅游职场。兴趣广泛，技不压身。身怀绝技是指一个人具有独一无二、极高、别人很难学会的技艺。要成匠人，先铸匠心，然后才能绝技在身。比如，有的高级管理层长期与一线员工一起工作，虚心求教，善于创新，解决了生产一线的大量问题。

职业发展过程中，一个人能否成功，不光在于他知道什么，而在于他的人脉资源。对于一个人来说，专业是手中利器，人脉是秘密武器，光有专业，没有人脉，就是一分耕耘，一分收获；有专业，再加人脉，则一分耕耘，数倍收获。因此，开发和经营人脉资源，不仅能雪中送炭，更能为事业发展锦上添花。

相知，贵在知心。有时候，适当地表露自己的真实情感和真实想法，会赢得别人的好感，而好感正是成为知心朋友的第一步。坦率地表达自己，不仅有了更多的聊天话题，更是给人一种亲切感。良好的人际关系，是在自我暴露逐渐增加的过程中发展起来的。随着信任程度和接纳程度的提高，交往双方会越来越多地表露自己。自我揭示，是一种人们自愿的、有意的把自己的真实情况表露出来，是一个人主动提出自己的情感、思想、经验与他人分享。落难时候见真情，落难时还能依靠的朋友，才是真正的朋友，这样的朋友，一辈子能遇到的寥寥可数，需要好好珍惜。一般来说，人们都喜欢接近成功的人，远离失败的人。

工作和生活当中，自己手里的资源越丰富，就能结交到更加有实力的朋友。强强联合，则更强。自身的价值，决定了自己的人脉，优质的人脉，不是经营出来的，而是水到渠成的事实。我们要为自己有可利用的价值而感到欣慰，自己有利用价值，人家愿意来和你做交换，自己的价值越高，报酬越高。物以类聚，人以群分。相互之间有共同语言自然不会有沟通障碍，人脉资源网络中，相似的理想目标，使大家凝聚在一起，有利于一个人从中汲取新知识，增长见识，共同进步。没有共同的理想，团队只能是团伙，也不会有长久、真正的人脉。

职场上，我们常常想结交一些朋友增加自己的分量，其实对方也在这样考虑。要看思想高度、经济实力、行政能力、专业技能是否匹配。资源共享，相互需求，而且在对方有需要的地方随时可以帮助，这就是人脉，并不是我们认识哪个老板，就显得自己多么厉害，那并非人脉。整合资源是老板们的强项，但管理未必是。管理是一个组合，有钱出钱，有技术出技术，有资源出资源。人与人之间需要互补，这才符合阴阳之理。人与人，认识算缘分，了解需要耐心，征服凭智慧，和睦需包容。

人脉资源是一种潜在的无形资产，是一种潜在的财富。表面上看来，它不是直接的财富，但没有它，就很难聚敛财富。工作中，很多收获不是你赚了多少钱，积累了多少经验，而是认识了多少人，结识了多少朋友，积累了多少人脉资源。大部分年轻人由于积淀不够，分量欠缺，就应该展示潜力，让别人愿意花一些精力、资源在自己身上。生活和工作中，如果有人愿意帮助你，那是你的福气，虽不一定是人脉，但却是财富。随着自己的努力，有一天，自然也会用自己的才华，吸引到那些优秀的人成为人脉。

职业发展的道路上，人们有互补的需要，才会愿意长期互相帮助。真正的人脉，是要能够互利互惠的，如果没有本事帮助别人，就算把别人的联系方式拿在手里，也毫无价值。只有自己优秀了，人脉才是人脉，否则，只能说有一帮点头之交的人。对自己有益的朋友，都是好的人脉。益友在一起，交流思想，帮助成长，彼此扶持，鼓励事业，沟通情感，分享生命。人生最难得的是老友，相识多年，时光洗刷，共同经历，互相理解，一颦一笑，即懂对方，这是难得的人脉。

职业发展中，发展人脉的核心，不在于认识更多人，而在于对等的交流与互助，发展自己，提高自身修养，做好自己的事业，帮助身边的好朋友更加成功。多认识新朋友无可厚非，但不要让应酬浪费太多时间，留出时间，独自思考，读书提升。随着不断学习和进步，自己会更加优秀，自然能吸引到同样优秀的朋友。真正的人脉高手，不是费尽心机，让别人帮助自己，而是真心实意，一直在想着不求回报地帮助别人。世界是公平的，当你不求回报帮助别人，自然在需要时，别人也会帮助你。

职业生涯中的人脉，很像竹笋。竹笋未出土之前，在地下就相互缠连，有着钻出地面、崭露头角的共同信念和追求目标。等冒出地面以后，又共同沐浴雨露阳光，快速拔节、提高。待到长成挺拔翠竹，他们又会在风中窃窃私语，交流心得体会。面临大雪纷飞，又都坚韧不拔，透出高尚节气。如此来说，这些翠竹才是相互之间的“人脉”象征。

四、谋事在人，成事在天

人谋在前，天成在后；先有人谋，后有天成。谋事时，慎勿向外逐境，认境为心，是认贼为子，所谋必败。本源清净，遇境即无，无境亦无。有了人谋，在预定时间内不一定有天成，但终归会有天成；但没有人谋，很难会有天成！做事情的时候，要正确处理人与事、过程与结果的关系。

职业发展过程中，会遇到很多挫折和失败。谋事在人，成事在天。将尊重客观规律和发挥主观能动性相统一。在职业规划中，一方面，要承认规律是客观的，是不以人的意志为转移的，发挥人的主观能动性必须以尊重客观规律为基础；另一方面，又要看到人具有主观能动性，认识和利用规律为人谋福利。职业发展要取得成功，就必须把尊重客观规律和发挥主观能动性结合起来。

职业规划需要诗与远方。没有蓝天的深邃，可以有白云的飘逸；没有大海的壮阔，可以有小溪的优雅；没有原野的芬芳，可以有小草的翠绿。泰戈尔曾说："天空没有留下翅膀的痕迹，但我已飞过。"这当中饱含很多哲理。职业发展中的许多事情，得失成败，不可预料，尽力而为，结果自然，坦然面对。有些东西，无法把握，只能顺其自然，就像环境、出身、机会等；有些东西，可以追求，就尽力去拼，像爱好兴趣、职业、婚姻等。凡事努力做了，不一定成功；但不努力去做，则一定不会成功。善始者实繁，善终者盖寡。人生是一个过程，无论辉煌还是暗淡，结果并不重要。留一些悬念、留一些遗憾、留一些悔恨，甚至留一些悲伤和痛苦，往往才是最令人回味的。大成若缺，其用不弊。完美的东西是有缺憾的，但这种缺憾掩盖不了美。路途艰难无所谓，攻坚克难志坚定，重整旗鼓勤思量，深思熟虑心上乘。

职业规划，小成靠勤，中成靠智，大成在德，终成于道。勤奋，是人最朴实的品质。若想取得更大的成就，需要智慧的引领。方向比努力重要，方法比力量重要。要想有海一样的事业，就得有海一样的胸怀。塑造高尚的道德，以德聚人，依赖众人之力，成就大业。谋事在人，成事在天。有的圈子，不要硬挤，挤破头，也挤不进去。有的门槛，不要硬跨，跨过了是门，跨不过就是坎。不会做的事，不要硬做，勉强而为，只能碰锅。其实，人生的道路上，往往自己觉得惊天动地、波澜壮阔的事，在别人看来，却是那么平平淡淡。在没人知道自己付出的时候，无需表白；在没人懂得自己价值的时候，不必声张；在没人欣赏自己才华的时候，不用气馁；在没人理解自己志向的时候，不用郁闷。做人低调，扎实稳健；做事高调，追求卓越。一己乃是小山丘，众人连接成山脉。成事在天，谋事在人。

第三节　蓄势待发——蓄字掌

蓄字掌口诀：仰之弥高，俯之愈深；进之弥长，退之愈促。

一、千仞高空，鹰翔在上

庄子《逍遥游》里有："夫列子御风而行，泠然善也，旬有五日而后反。彼于致福者，未数数然也。此虽免乎行，犹有所待者也。”（意思是：列子能驾风行走，那样子实在轻盈美好，而且十五天后方才返回。列子对于寻求幸福，从来没有急忙忙的样子。他这样做虽然免除了行走的劳苦，可还是有所依凭。）列子不用两脚走路，也不用车船，完全解决了行路的问题。但是，列子还有所待。待什么呢？待风乘时。乘风飞翔，必须待风，无风便不能乘风飞翔了。动中有静，不动时像狸猫捕鼠，待机出击；动时如苍鹰叼兔，迅疾狠准。鹰击长空，雄鹰展翅飞翔于辽阔的天空，恰如职场上有雄心壮志的人，在广阔的领域中施展自己的才能。

做职业规划要积蓄含蓄，兼容并蓄，蓄势待发。蓄，不是守，守是消极的、被动的，有些时候，守甚至意味着退。但是，蓄是一种在静态中蕴含着势能的动态，它是积极、主动的，是喷发，最终目的是为了发力。

做职业规划，需要抛开所有烦恼，放下一切杂念，一物无所住，一念无所思，心中展现出空灵、浑然一片的混沌无极景象。犹如入土种子，胚胎已动而芽未发，其生机将动而未动之时，皆因动机未足。此时全身端然恭正，手足外形虽未有动，阴阳开合之意，消息盈虚之数，已俱寓于心腹之内，宜凝神专注，洗心涤虑，平心静气，静静酝酿，择机而动。

职业规划起式难。起式，缺少动力源，因为职业规划之初，动也许不是自己的动，而是被动配合环境、父母、朋友、所在组织的动。恰如拳法，在起式之前，没有动力源，此时手臂、胳膊是抬不起来的，抬起来了，就是人为的乱动，应该是用松沉至脚底的地面反作用力，启动多少就动多少，少动一点，是不及；多动一点，就是过，就是妄动。职业规划需要科学设计，如练乾坤八卦掌，放松下沉时，意念犹如水流，水流至哪里，就松到哪里。其根在脚，发于腿，主宰于腰，形于手指，由脚而腿而腰，需完整一气，向前退后，乃得机得势，有不得机处，身便散乱，其病必于腰腿求之，上下前后左右皆然。欲在手上有内劲，要从腿下求，一点有劲全身求，即所谓求整劲，如果具有整劲，在起式中就能体悟到。

二、万顷波涛，潜龙在渊

静中有动，连绵不断，如波浪一般，徐徐变动。不动时如五岳三山，岿然不动；动似江奔海啸，涛浪腾空。

职业规划要于万顷波涛之下，积蓄一些有益的正能量。比如，要沉思、要谋、要看大势、要把握趋势、要掌握政策、要找准发力点、要全盘考量、要培养责任心、要认真、要动脑筋、要善琢磨、要敢战必胜、要树自信、要增勇气、要认清机会成本、要适时跳槽和卧槽等。

职业规划的关键所在宁静方能致远，恰似武林高手，静能使人身心放松，有助于经络的畅通，促进内气的充盈与运行，调和气血，平衡阴阳，放松加稳静，使之更有气势。熟练职业规划的起式，而后身手至轻至柔。欲要精深功夫，必先熟练起式。忽视起式，草草而行，轻率而过，不去细心体悟，这是一个极大的误区。其实，有些事往往相反，容易忽视的恰恰最重要，认为简单的恰恰不简单，万事开头难。比如合唱时，领唱人发音的头一句的高低，调子定的准确与否，对唱好这首歌起着决定性的影响，起音太高，唱到高处就会变音跑调，起音太低，唱到低处就会发不出声。因此，头一句的调子定的高低，决定了整首歌的演唱是否成功。

职业规划，起式从容镇定，舒展大方，凝神静气，全神贯注，整个职业发展套路，就会内劲饱满，精气神兼备。引发出动静、刚柔、吐纳、虚实、开合等各种对立统一的太极大道。

职业规划乾坤掌要求，虚灵顶劲，头容端正，百会穴轻轻向上领起，有绳提之意。要想做到虚灵顶劲，须先弄准百会穴的位置。百会穴位，三阳五会，人体制高。百会穴领全身。虚灵顶劲，清气上升，虚达百会。平心静气，浊气必下，清气上长，归于丹田。顶劲领起，气归丹田，起于会阴，上行循腹里天突、廉泉、上督脉，亦由会阴起，过长强，顺脊逆行而上至百会。

职业规划管理，恰如乾坤八卦掌顶劲者，是中气上冲于头顶者也。如果中气不向上领，正气即塌，四肢瘫软，无所依附，犹如一堆烂泥。中气上提，若有意，若无意，不轻不重，似有似无，不过不及，折其中而已。顶劲领好，全身精神为之一振。

三、悉心苦练，学问高手

学习职业规划乾坤掌，要体会“乾坤”两字，乾与坤，阴阳相合，相辅相成，相映成趣。悉心苦练，劲起于脚跟，发令者在心，传令者在手，观色者在目。手、眼、心、身，一齐俱到，一气贯通。虚实配合，以意运气，以气运形，透出灵劲，上下相随。练意为先，意为主帅，意到气到，以气运形，身体上下，内外一致。

职业发展中困惑多多，自当从良师，又宜访高朋。处处循规矩，一线启灵明，一层深一层，层层意无穷，一开连一合，开合递相承。学问高手，在于学高手、问高手，善于学问，最后自然成为高手中有学问之人。孟子曰：“大匠诲人，必以规矩。”规矩者，方圆之至也，以之诲人是大匠所能也，至于巧，这是遵规矩而不拘泥，脱规矩而自中规矩。而要志不可满。谚语有：天外还有天，一满即遭损。

职业规划需苦练讲功夫，学问求境界。《庄子·在宥》就有“大人之教，若形之于影，声之于响。有问而应之，尽其所怀，为天下配。处乎无响，行乎无方。挈汝适复之，挠挠以游无端，出入无旁，与日无始。颂论形躯，合乎大同。大同而无己。无己，恶乎得有有。睹有者，昔之君子；睹无者，天地之友”。意思是，至贵之人的教诲，就好像形躯对于身影，传声对于回响。有提问就有应答，竭尽自己所能，为天下人的提问作出应答。处心于没有声响的境界，活动在变化不定的地方，引领着人们往返于纷扰的世界，从而遨游在无始无终的浩渺之境，或出或进都无需依傍，像跟随太阳那样周而复始地没有尽头；容颜、谈吐和身形躯体均和众人一样，大家都是一样也就无所谓自身。无所谓自身，哪里用得着具有各种物象！看到了自身和各种物象的存在，这是过去的君子；看不到自身的各种物象的存在，这就跟永恒的天地结成了朋友。

四、白驹过隙，随手一箭

职业规划，慢到圆时快，快到圆时慢。招招式式，形断意连，劲断意绵，神气运行，以意贯之，源源不断。匀称开合，无缝衔接。如江河奔流，层峦叠嶂，美极无穷。进退攻防，不呆不滞，屹立不败。

职业规划实践，需要敢战、能战、善战，战之能胜。稳稳地拉弓，缓缓地加力，一旦拉满，力贯千钧，势不可挡，随手射箭，箭箭靶心。拉伸弓弦，快中有缓，缓中有绵，绵中有力。弓弦虽然绷紧，然而舒展得和谐自然，为箭射得更远创造一定条件。当然，手忙脚乱，毛毛糙糙将弓弦拉得太满，就容易绷断。职业发展中，对自己要求过高，急于求成，待人苛刻，则容易崩断弓弦，或者一箭射偏。

《礼记·杂记下》："张而不弛，文武弗能也；弛而不张，文武弗为也；一张一弛，文武之道也。"意思是，把弓弦绷紧而不松弛，文王、武王也做不到；把弓弦放松而不绷紧，文王、武王也不会这样做；有放松有绷紧，这才是文王、武王的治国之道。孔子在此阐述了文王与武王在治理国家上所遵守的原则。它不仅适用于安邦立国，也适用于职业规划。只张不弛，就会疲劳，工作质量和学习效率就得不到提高；只弛不张，工作就会懒散，学习就会放松。因此，文武之道，一张一弛，工作效率才会提高，生活也才会更精彩。

第四节　一鹤冲天——冲字掌

冲字掌口诀：顶劲呈自然，起式精神敛；双臂松无滞，呼吸守丹田。得式争来脉，出奇在转关。招式相连，一动全动，周身相随，不丢不顶，运转自如，一气呵成，内劲不断，滔滔不绝，浑然天成。

一、看准目标，俯冲而去

职业发展中要做到千变万化，所向无敌，动作多端，虚实开合。一招一式，凡上欲动，下自随神往，凡下欲动，上领神去，凡上下动，中部和神策应，凡中欲动，上下辅神主之，内外相连，前后相需，虚实开合，浑然一体，发力自然，迅猛机灵，内外相合，上下相随。

职业规划需方向明确，定位精准，目标清晰，才能实施职业发展的各种方法，最终达至职业生涯巅峰。看准目标，小的似水面盘旋的翠鸟，看准水中之鱼，俯冲下去，叼之而去；大的似苍鹰翱翔天空，鹰眼看万丈，于万米高空，捕捉到地面细微草动处，旋翅瞬间，已抓野兔升至高空。

职业发展过程中，人的困惑往往不是没有目标，而是目标太多。哪个是真目标，哪个是伪目标，有时候会分不清。有一个仙人指路的故事正好映射出职场上一些人的心路历程。相传很早以前，有一位两岁能文、四岁会武的神童，只因后来科场失意，擂台负伤，改行经商后又把老本蚀光，在走投无路时，就奔赴黄山来寻师访仙。哪知跑遍了千峰万壑，连一个药农、樵夫的踪影也没见到。干粮吃光了就吞野果，衣服穿烂了就披树皮、树叶。渐渐地变得骨瘦如柴，昏倒在路旁，奄奄一息。不知过了多久，来了一位身背蔑篓、脚着山袜芒鞋的老人，把神童救醒，问明情况后，老人哈哈一笑说："你怎么聪明反被聪明误呢？哪里有什么神仙，你快回家去找个力气活干干，免得把一条命丢在这荒山野岭，白白喂了豺狼虎豹。"说完还送些野果给神童路上吃。神童心想老人的话是对的，就千恩万谢地辞别了老人。没走多远，猛一下醒悟过来："我跑遍全山连个人影也没见过，那老汉分明就是仙人。"他回头就追，追上老人后就双膝跪地，苦苦哀求老人给指引一条成仙得道之路。老人说："我哪里是什么神仙。实不相瞒，我前半生被名利二字害得家破人亡，这才看破红尘．隐匿在此。"神童半信半疑，但见老汉风度不凡，气宇若仙，决心拜老人为师，苦苦哀求不止。谁知等他抬头再看时，这老人却变成了一块高大魁伟的"仙人指路石"。神童又在石头前百拜千叩，忽然石头里发出声音："踏遍黄山没见仙，只怪名利藏心间，劝君改走勤奋路，包你余生赛神仙。"神童顿时开悟，听了仙人的话，后半生不但成家立业，而且日子过得很红火。难怪清人曹来复以诗记之："世事多乖错，投足皆模糊。请君（仙人指路石）出山去，到处指迷途。"

二、上下弹拨，点到适宜

职业规划乾坤掌，讲究上下弹拨，点到适宜。练功之人，腰为枢纽，不软不硬，腰劲贵实。上气上行，下气下行，以腰为界，上下两夺，一气贯通，并行不悖。腰部放松，松腰养气，颐养体内，浩然正气。腰如车轴，气如飞轮，虚腰待立，上下皆灵。腰忌绷紧，谨防束气。肾气畅通，腰松之时，身体各部，正气相通，遍布全身，贯注丹田。松腰在后，松胯在先。松胯松腰，胯为腰根。胯松腰松，涌泉丹田，气脉贯通，百会诸穴，一气相连。运转虚灵，促使虚实，松腰养气，足从手运，变换阴阳，以腰为轴，运转自如。松胯屈膝，骨节放松，含胸塌腰，沉肩坠肘，清气上升，气沉丹田，浊降涌泉，全身贯通，劲达四梢。上下相随，内外吻合，周身之劲，合为一体，气血顺畅。进退攻防，松活弹抖，意到气到，刚柔并济，足稳身固，无坚不摧。

职场上，上下弹拨，弹拨时间如雨点，洒落在自己的职业生涯里，日积月累，风吹日晒，然后，便又像退潮后的沙滩上的印记，无影无踪。到底是世界改变了我们，还是我们改变了世界，只有时间知道。随着时间的推移，它自然会给出答案，给出解释，给出证明，恰恰到那时，很多事情往往已变得不太重要了。因此，要将职业发展，落实在当下，未雨绸缪，在预订的时间里达到目标，这才有意义。

职业发展中，公司经营由战略与战术所构成。大的战略会涵盖小的战略，小的战略会细分成一个一个的战术，由相关人员去付诸实施。不同层级的人，分别负责相应的工作，各司其职，这也是团队协作的意义所在。不同层级的人，拥有的知识结构不同。层级越高，看问题的视角越高，整体知识结构层次也要向上发展和突破，否则，就难以胜任和提升。《肖申克的救赎》中有句话是：懦怯囚禁人的灵魂，希望可以令你感受自由。强者自救，圣者渡人。优秀人士，身上一定具备很多成功者的素质，拥有良好的职业化精神。一份工作，不管喜不喜欢，只要还在做，就要积极对待，尽最大努力把事情做好，做到位，这恰恰体现了一种职业精神。

三、左右开弓，呵成一气

职业发展，局面打开，左右开弓，呵成一气，嵌进折叠，手法往复，招式相连。上动将终，下动之先，下动往下，抑或往前，向上一折，往后一叠，再做续式，即呈曲线，缓和运动。意欲向前，必先寓后，欲向上者，必先寓下。步遇进退，退走弧形，嵌以转换，迈步向前，杜绝直退，不可直进，将展未展，似松非松，以步随身，身随眼动，留恋缱绻。

《庄子·外篇·天道》：“夫尊卑先后，天地之行也，故圣人取象焉。天尊地卑，神明之位也；春夏先，秋冬后，四时之序也；万物化作，萌区有状，盛衰之杀，变化之流也。夫天地至神矣，而有尊卑先后之序，而况人道乎！宗庙尚亲，朝廷尚尊，乡党尚齿，行事尚贤，大道之序也。语道而非其序者，非其道也。语道而非其道者，安取道哉！”意思是，尊卑先后，这都是天地运行的规律，所以古代圣人取而效法之。上天尊贵，大地卑下，这是神明的位次；春夏在先，秋冬在后，这是四季的序列。万物变化而生，萌生之初便存在差异而各有各的形状；盛与衰的次第，这是事物变化的流态。天与地是最为神圣而又玄妙的，尚且存在尊卑先后的序列，何况是社会的治理呢！宗庙崇尚血缘，朝廷崇尚高贵，乡里崇尚年长，办事崇尚贤能，这是永恒的大道所安排下的秩序。谈论大道却非议大道安排下的秩序，这就不是真正在尊崇大道；谈论大道却非议体悟大道的人，怎么能真正获得大道！

四、稳扎稳打，白鹤亮翅

职业规划，稳扎稳打，把握要领，清气滋生，内气振荡，渐现丰盈，丹田之内，正气浩瀚。灵机一动，清气上升，浊气下降，气以心行，以气运身，沁人心脾，诸般遂顺。一丝一缕，山川清气，消纳五谷，精微之气，拧成一体，浩然正气。

在职场上，职业规划做得再完美，也需要扎扎实实，一步一步来实现。否则，始终只能是一个美好的蓝图，等到以后回忆时，感慨曾经的自己也有过梦想，只是梦想飘荡在云中。

人的情感活动与职业发展关系密切。乐观向上的心境有益于职业发展，过度的喜、怒、哀、乐、悲、恐、惊等心情都会给健康带来威胁，不利于应对职场上纷繁复杂的局面。善养生者养内，不善养生者养外。养心要求清静无为，泰然处之，不求自我，心态自足。自我意念，时时控制，有形身体，无形精神，自然放松。职业发展修炼到一定层次，每一次解决了棘手问题后，都力求增加人格的自我完善，人性的自我净化，人生的自我感悟，内心的自我更新。拳无拳，意无意，无意之中是真意；掌有掌，形有形，有形之外乃象形。职场也好，武术界也罢，此是达到对心理调节的最高境界。

学习职业规划乾坤掌，能增强人的心理素质，磨炼人的意志，使人心理平静，日复一日，年复一年，不断扩大自己的职业气场。在人格方面，使人变得刚毅、开朗、乐观，控制自己的需要和动机，使自己的个性更趋于成熟。增加人与人之间的交往，使人忘记烦恼和痛苦，消除孤独感。人的心理不是孤立的，心与身相互协调、相互影响。当前，生活节奏加快，工作压力很大，人们心情急躁，急功近利，冲动焦虑。职业规划乾坤掌能使人顶住压力，连续持久，增强耐力，自我控制，情绪稳定。

日本的大前研一在其专著《专业主义》中提出："你凭什么胜出？未来能够牵动世界大势的是个人之间的竞争。能否独霸世界舞台，锻造他人无法超越的核心竞争力？你唯一的依恃，就是专业。"①围绕一个核心即到底想成为什么样的人，来构建自己的竞争力。定位自己，树立个人的品牌形象，为职业发展增加更多有价值的筹码。

第五节　游刃有余——游字掌

游字掌口诀：职业规划，以心行气，以气运身。以心行气，发令者心，奉命而行，气为传旗。意动形动，贯注动作，内在意识。含胸拔背，沉肩坠肘，气沉松腰。动静虚实，开合刚柔，节节舒展，混合鼓荡，亦急亦缓。以意行气，以气运身，由心气贯，阴阳变化。浑身透出，神为意帅，气乃为将，神为之先，在气则滞。飓风骇浪，载沉载浮，行云流水，大气鼓荡，风云莫测。

一、生发根底，引导前行

职业规划乾坤掌，踏准职业锚，站稳马步，生发根底，引导前行。

舜曰："天德而出宁，日月照而四时行，若昼夜之有经，云行而雨施矣！"尧曰："胶胶扰扰乎！子，天之合也；我，人之合也。""夫天地者，古之所大也，而黄帝、尧、舜之所共美也。故古之王天下者，奚为哉？天地而已矣！"意思是，舜说："天道运行而虚静安宁，日月照耀而四时运行，好象昼夜更替之有常规，云行而雨降一样。"尧说："我真是黏滞纷扰啊！你与天道相合，我只是与人道相合。"天地自古以来被认为是宏大的，为黄帝、尧舜所共同赞美。所以古时为天下之王的人，还要做什么呢？像天地那样虚静无为就是了。

① 大前研一．2010．专业主义．裴立杰译．北京：中信出版社．

职业发展中的两种情况值得注意：一是咬定青山不放松，如果这是一个贫瘠的青山，十倍的努力，往往才有一倍的收获；二是总对现状不满意，即使现在的职业、职位已相当不错，却依然是这山望着那山高，不知哪山有柴烧。第一种情况，缺少预见性，患得患失，跳槽缺乏自信，因此，只能拼命翻刨这一亩三分不长草的山地，终老“终南山”。第二种情况，没有准确把握行业态势，心情浮躁，缺乏对自己的正确认知，吃着自己碗中肉，总觉得其他人碗里的肉更香。有时候土地的贫瘠与肥沃是相对的，企业的好坏也是相对的，百分之百满意的企业几乎不存在。因此抱怨企业福利不好，抱怨老板苛刻等，表现出来的都不是一种好的职业素养。如果觉得企业不满意，要么离开，要么去适应或者改进，抱怨不解决任何问题，抱怨很容易形成习惯，结果最后抱怨成了主旋律，就会消磨人的意志。机会往往由不合理形成，就看自己如何对待，如何把握。

二、一路合并，汹涌激荡

职业规划乾坤掌曰：由脚跟，向脚尖，涌泉穴，像泉水，由地面，向上涌。丹田内，平静水，无动相，不外露，看不见，气象涌，一波出，一波伏，向前涌，一刹那，须蓄劲，劲内蓄，是气蓄，顺着气，横隔膜，带动降，身体内，集元气，集真气，入丹田。气往下，至尾闾，渡命门，到夹脊，牵往来，气贴背，由下方，向上引，融神意，气劲势，此发劲，推波澜，采浪花。后移时，手随势，继而沉，重心移，至脚跟，自海底，上拔念，回复到，涌泉后，依尾闾，来摆正，气入地，上下通，中空间，无挂碍。清气升，浊气降，冲百会，至涌泉，气意动，均开张，久久之，内气盛，自充盈。

爱因斯坦曾经说过：“想象力比知识更重要，因为知识是有限的，而想象力概括着世界的一切，推动着进步，并且是知识的源泉。”创造性思维可以让自己的生活更有滋味，让工作产生激动人心的顿悟，因此，需要有意识地培养自己的创造性思维。保持对未知事物的好奇心，工作中做到博学而不浮躁，专注而不死板，打下良好的基本功，才能有所创新。创新，必须以联想、想象为基础。要培养创新能力，平时就必须培养自己的发散思维。

职业发展过程中，需要创新，创新的过程，不仅需要清楚的目标、执著的精神，更要有承受遭人冷落、失败挫折的心理能力，是一个相当艰辛的历程。在尝试的过程中，必然会面临很多的挫折，千万不要被挫折打败。具有敏锐洞察力的人更容易成功，因为他们往往能看到事物的本质，能通过过去和现在的情况准确地推测未来。洞察力强的人往往都思维敏捷，情感细腻。实际上，洞察力就是细心程度加思维能力。

职业发展过程中，创新不一定就是彻头彻尾的改变、否定以前的一切，它可能是对自己未知潜质的一种挖掘，可能是对自己资源的一种全面整合。事实证明，成功的人，是那些肯动脑筋、突破常规的人，而并不一定是学历最高、最守规矩、最勤快的人。好奇心对大脑来说，本身就是一种奖励。智慧源自长久的好奇心，发现和提出的问题越多，解决的问题也就越多，获得的知识和创新机会也就越多。思考一件事，需要从现象到本质，从感性到理性，从具象到抽象，从而认识事物内部，事物与事物之间的联系。对照比较，举一反三，归纳概括，融会贯通。

职业规划，创新需要新奇惊人，石破天惊，似箜篌的声音，忽而高亢，忽而低沉，出人意料，奇境难以形容。恰似唐·李贺诗《李凭箜篌引》所言："女娲炼石补天处，石破天惊逗秋雨。"

三、左冲右突，气象万千

职业规划乾坤掌认为：心务要虚，四体皆虚，丹田腰劲，足底宜实，三处一实，四体之虚，自然皆实，谓虚而实。虚中有实，实中有虚，收获成果，始悟其妙。内带外动，意带气动，气带形动，一无不动，量准而动，过之则妄。练功之掌，物挨即知，极虚极灵，随机应对。处极致时，亦不唯手，浑身毛孔，皆然虚空，探之激灵。

职场如战场，左冲右突，一招一式，虎虎生风，掌到之处，皆是成绩。敬业勤奋，吃苦耐劳，兢兢业业，一丝不苟，职业上升，指日可待。

职业发展中，只要修炼得法，自会显示万千气象来。胸襟豁达，乐于接受他人。在别人取得成绩时，及时赞扬，引起积极的情绪反应，传染给周围的人，带去快乐。工作中，取得成绩后，要及时与他人分享。别人遭遇挫折时，及时伸出援助之手，给予帮助。在无形中消融僵局，使人际关系变得融洽。

职业发展中，从现实出发，渡过阶段的迷茫期之后，在工作中逐步确立自己的职业目标，并围绕自己的目标一点一点地积累资源。在此过程中，无需在意一城一池的得失，而要紧紧围绕自己的目标做，形成格局和气度。职业的成功需要激情，需要行动，有时还需要有一点运气。职业规划属于个人战略范畴，它解决自己往哪个方向走的问题。有了清晰的方向，能够少走弯路，能够加速成功，这是成功的必要条件；现在的职场环境，职业化的人才越来越多，职场竞争越来越激烈，以前没有职业规划，或许能成功，但未来，没有职业规划则很难成功。职业规划这个战略导向，要从占比较少向占比较多发展，逐步由机会导向走向战略导向。

职业发展过程中，不用太在意自己的小缺点，要有足够的信心。多吸收别人的优点，对他人的缺点，多理解和包容。有时候，一个各方面都优秀而又有一些小缺点的人，往往最受欢迎，潜意识里，人们并不喜欢一个各方面都十分完美的人。平时，多参与集体活动，结交朋友，互相交换信息，培养自己多方面的兴趣爱好，分享心得体会，融洽人际关系。与人沟通时要掌握沟通的技巧，要注意倾听，面带微笑。通过表情、手势、点头等适当方式互动，此时，别做其他事，以免给人心不在焉的感觉，特别是当对方有怨气和不满需要发泄时，注意倾听，更能显示一个人的素质和修养；给他人提意见，指出错误时，要注意场合，措词要平和，以免伤及他人自尊心。在表达自己思想时，要讲究含蓄、幽默、简洁、生动。

四、游字在手，淋漓酣畅

职业规划乾坤掌认为：双手乾坤，一虚一实，双足坤乾，一实一虚。上下相随，左右兼顾，虚虚实实，暗藏玄机。不可过实，过实则滞，虚非无力，实非着实。不可过虚，过虚浮飘，根基不稳，无着无落。过偏之时，难以转换，突遭袭击，僵硬应敌。游字在手，淋漓酣畅，汝心是佛，佛即是心。心佛不异，即心即佛，若离于心，别更无佛。

苏格拉底就曾说过："高贵与尊严、自卑和好强、精明和机敏、傲慢和粗鲁，都能从静止或者运动的面部表情和身体姿势上反映出来。"肢体语言包括目光、表情、身体运动、触摸、姿势、外表、空间距离等，交流沟通时，即使不说话，也可以凭借对方的身体语言来探索其内心的秘密。

职业规划中，职业咨询是一个很专业的工作，而有的咨询师本身都没有成功的职业经历，他们只是多熟悉一些方法，咨询对他们来说只是一个糊口的工具而已，以己之昏昏，岂能使人之昭昭。所以，来自自己所处行业的成功人士的建议更有价值，研究一下自己所在行业的成功人士的经历，或者有机会向他们请教，收获会更大。

职业发展要选对属于自己的方向。别人的成功之路可以参考，但成功模式不可复制，很多人的成功，是因为他们找到了适合自己的职业道路，不要为了寻找目标而固化目标，把当下的事做好的时候，新的机会往往自然会显现出来，引领自己走向新的目标。

《中庸》中说："博学之，审问之，慎思之，明辨之，笃行之。"练武不练功，到老一场空。立足于自己的现状一点点进步，只要在正确的方向上前进，就能一步步逼近自己的目标。目标是自己的，别人的成功并不能否定自己的幸福。设定目标其实并不太难，可是要贯彻执行下去就非常难了，执行力在影响目标实现中占到很大的比例。战略和执行力可以通过学习和实践不断得到提升，职业规划属于战略，执行力就是实现职业目标的能力。有的人职业发展不理想，往往不是职业规划出了问题，而是执行力出了问题。在职业发展的道路上，关键是要不断行动，不同的行动会产生不同的结果，从结果中又可带出新的行动，把自己带向特定的方向，最后就形成了自己的职业高度。

职业规划实施过程中，莲花瓣颤，小鹿惊跃，凤凰傲视，淋漓尽致，尽态极妍。伸掌出拳，蹲裆踢腿，腾挪闪转，金丝缠腕，五鼠出洞，二郎担山，节奏分明，一气呵成。刚性弹性，柔性韧性，相间相融。手眼身法，精气神力，酣畅淋漓。忽纵忽立，如鹤展翅，或偏或侧，哧然有声，锋锐如剑。唳日凌烟，取箭含珠，乘轩舞阁，晴翔碧落，雨立翠岳，日飞千里，夜鸣九皋。气宜鼓荡，内宜收敛，百子千孙，腾云驾雾，中规中矩，天花乱坠，高峰入云。

第六节　至善至美——至字掌

至字掌口诀：亦幻亦悠，之美之绝。意贯千秋，直冲四海。优雅大方，行云流水。

春风抚柳，飘逸潇洒。端庄流丽，刚健柔美。简约传神，气势雄浑。巅峰论剑，沐浴辉煌。锦袍裘衣，至善至美。

一、瑞雪丰年，锦袍裘衣

职业规划乾坤掌认为：虹霓吐颖，气贯长虹。气吞山河，磅礴浩大。精神崇高，气概豪壮。用意精致，全神贯注。察精观微，悉数回归。飘动之神，亦已内敛。完整一气，自然虚静。静心凝神，血脉相和。瑞雪丰年，锦袍裘衣。

职业发展中，可以学习水性，修炼水德。《庄子·外篇·刻意》中说："水之性，不杂则清，莫动则平；郁闭而不流，亦不能清；天德之象也。"意思是，水的本性，不混杂就会清澈，不搅动就会平静，闭塞不流动也不会纯清，水性在模仿天德之象。比如，空气中没有雾气便放晴，没有大风吹动便显宁静，空气不流通阴云密布就不是晴天了。其实，人也能效法天德，模仿水性。没有不良习气，便显示清纯。少安毋躁，便显平静。闭关自守而且不与外界交流，就不能明辨事理。不受外物的诱惑，恬淡宽容，和谐自然。

职业规划中，至人无己，神人无功，圣人无名。乔布斯说过："人这一辈子没法做太多的事情，所以每一件都要做得精彩绝伦。你的时间有限，所以不要为别人而活。不要被教条所限，不要活在别人的观念里，不要让别人的意见左右自己内心的声音。人生最重要的是，勇敢地去追随自己的心灵和直觉，只有自己的心灵和直觉才知道你自己的真实想法，其他一切都是次要。"①

二、摘木为剑，所向无敌

职业规划乾坤掌认为：摘木为剑，不同劲力，刚猛阴柔，刚中有柔，柔中有刚，横出直送。牵引挪移，卸御回环，身动如电，招出如风，招比招快，式比式猛。不容喘息，一绊不中，二绊续至，连环钩盘。掌法施展，身形飘逸，巨龟吐息，气盖山河，精气神逼，所向无敌。

职业发展达到一定境界时，就能飞花摘叶，草木竹石皆可为剑，无剑胜有剑，无招胜有招，不变应万变。达到一种脱离了武器限制的境界，从利剑到重剑，到木剑，以至于无剑。以气为掌，神而明之，存乎一心，横扫一切。内功之高，深不可测。突破无掌的境界，以神驭掌，神思一动，凭空及物。出手之快，不可思议，电光火石，连劈数掌，掌掌要害。人掌合一，掌即是人，人即是掌。每寸肌肤，无论头发，还是毛孔，净皆为掌。心中放下了掌，放下了纷争，与世无争，与人无争，崇尚自然，故不争天下莫能与之争。不惹事，不怕事，顺天意，天道强于人道。职场上，要想更好地发展，所向无敌，就要提高自己以下方面的能力：前瞻力、创造力、亲和力、决断力、执行力、凝聚力、动员力、影响力。

职业规划发展过程中，讲求大道，讲究境界，正如《庄子·外篇·天地》中说的，"泰初有无，无有无名；一之所起，有一而未形。物得以生，谓之德；未形者有分，且

① 王咏刚，周虹．2011．乔布斯传．上海：上海财经大学出版社．

然无间，谓之命；留动而生物，物成生理，谓之形；形体保神，各有仪则，谓之性；性修反德，德至同于初。同乃虚，虚乃大。合喙鸣；喙鸣合，与天地为合。其合缗缗，若愚若昏，是谓玄德，同乎大顺。”意思是，元气萌动宇宙源起的太初，一切只存在于“无”，没有存在也就没有称谓；混一的状态就是宇宙的初始，不过混一之时，还远未形成个别的形体。万物从混一的状态中产生，这就叫做自得；未形成形体时禀受的阴阳之气已经有了区别，不过阴阳的交合却是如此吻合而无缝隙，这就叫做天命；阴气滞留阳气运动而后生成万物，万物生成生命的机理，这就叫做形体；形体守护精神，各有轨迹与法则，这就叫做本性。善于修身养性就会返归自得，自得的程度达到完美的境界时，就同于太初之时。同于太初之时，心胸就会无比虚豁，心胸无比虚豁，就能包容广大。混同合一之时，说起话来就跟鸟鸣一样，无心于是非和爱憎，说话跟鸟一样无别，则与天地融合而共存。混同合一是那么不露踪迹，好像蒙昧又好像是昏暗，这就叫深奥玄妙的大道，也就如同返回本真而一切归于自然。

三、一招一式，随心所欲

职业规划乾坤掌曰：独鹤动翅，游龙指身；猛虎狂吼，蛟龙戏雨，幽灵空中，飘忽不定，防东西至，防西东至。吐纳导引，炼丹玄功，静功定功，性功内功，修道坐禅，长江大河，绵绵而至，随心所欲，通达自如，周身空灵，境界奇妙。

职业发展恰似练功，乾坤掌活动有三种，其一是外界可见的有形肢体运动，该运动讲究外三合：劲路正确，上下相随，开合协调，肘与膝合，肩与胯合，手与脚合；其二是外界无法见到的思想与精神的运动，该运动讲究：统帅与主宰形体运动的作用，是藏于心中的心意运动；其三是形体与心意相联系的气血运动，即气与血在身体经络中流动。三种运动互为条件，相互贯通，融为一体，无法分隔。悉心体会，反复练习，以心导意，以意导气，以气贯行。心与意合，意与气合，气与形合，形与神合，浑然内合。

职业规划乾坤掌达到随心所欲的程度，就如《庄子·内篇·逍遥游》中描写的：藐姑射之山，有神人居焉。肌肤若冰雪，淖约若处子；不食五谷，吸风饮露；乘云气，御飞龙，而游乎四海之外；其神凝，使物不疵疠而年谷熟。缥缥缈缈姑射山，神仙居住在山间。肌肤莹润又洁白，似冻脂，似凝雪，容貌漂亮又脱俗，体态婉奕又柔弱，仿佛处女在闺阁。饥了吸风，渴了饮露，不食人间五谷。乘云飞腾在天空，驾飞龙，游遍南北西东。意念专注发神功，能使万物免灾害，人长寿，年长丰。

成功的职业规划，以终为始，持续更新，顺势而为，潜龙在渊，飞龙在天。每个人的兴趣和内在动机不同，对职业会有不同的选择。洞察自己的内在动机，会有更加精准的选择，即使环境变化，依然可以根据兴趣进行调整，少走弯路。不同的能力带来不同的业绩。持续提升自己的能力，不断更新知识，才能树立自己的竞争优势，实现每个阶段的职业发展目标。良好的人际沟通能力、主动导向及计划能力等，几乎是所有工作都需要的能力，可以在各种职业岗位上获得，所以更重要的是培养每个职业的核心能力。自身需要有完整的知识结构，构建培训管理制度的能力，还要有很强的业务洞察力，以及影响管理层的能力。这些能力是通过日常的学习和工作活动日积月累形成，并在工作中进行强化，才能真正内化成自身的能力。压力的产生不取决于工作时间的长短，而取决于工作方式，找到适合自己的工作方式，有助于提高工作效率，缓解工作压力，使人身心愉悦地工作。

职业发展过程中，要经常梳理一下自己当前的职业状况、职业积累、可利用的资源、改变现状的风险等情况，理性地作出决定。职业规划不仅要考虑个人兴趣、优势、特点、人生追求等主观因素，更要充分结合社会现实、就业机会、职业特征等客观条件。真正有价值的职业规划，是一套量体裁衣的个人职业生涯发展方案，而非自我想象的不切实际的东西。没有实现理想的平台，空有满腔热情，到头来只能是英雄无用武之地。遇事不要凭主观武断，轻易地断言和决策，凭自己的直觉去判断和处理问题，而应该理智、冷静地去分析，然后找解决的办法。实际上，遇事冷静地考虑一下，可能会找到更好的解决办法，效果通常会很好。

四、道法自然，乾坤归一

职业规划乾坤掌认为：以心印心，心心不异。眼与色合，耳与声合，鼻与香合，舌与味合，身与触合，意与法合。本来清净皎皎地，无方圆、无大小、无长短，无漏为，无迷误。了了见，无一物，亦无人，亦无佛，大千世界海中沤，一切圣贤如电拂，一切不如心真实。佛说一切法，为度一切心，我无一切心，何用一切法。法本法无法，无法法亦法，今付无法时，法法何曾法。凡人多为境碍心，事碍理，常欲逃境以安心，屏事以存理，不知乃是心碍境，理碍事。但令心空境自空，又令理寂事自寂。千日学慧，不如一日学道。若不学道，滴水难消。中则和，和则谐，谐则同。圣人一心，永恒单纯，意态圆满，万事万物，自然而然。道法自然，乾坤归一。

职业发展，达到最高境界，就如《庄子·外篇·天地》上所说，“天地虽大，其化均也；万物虽多，其治一也；人卒虽众，其主君也。君原于德而成于天。故曰：玄古之君天下，无为也，天德而已矣。以道观言而天下之君正；以道观分而君臣之义明；以道观能而天下之官治；以道泛观而万物之应备。故通于天地者，德也；行于万物者，道也；上治人者，事也；能有所艺者，技也。技兼于事，事兼于义，义兼于德，德兼于道，道兼于天。故曰：古之畜天下者，无欲而天下足，无为而万物化，渊静而百姓定。《记》曰：‘通于一而万事毕，无心得而鬼神服。’”意思是，天地虽然广大，其按自性运动变化却是相同的；万物虽然众多，其循性自得却是一样的；民众虽然众多，其主宰者只有君主。君主以德为本而顺天道，无为而成功。所以说，远古之君治理天下，行无为而治，顺应天道自然而已。用道来看待名称，则天下君主行无为之道而归于正；用道来观察名分，则君臣各按其名分尽职责，则君臣之义大明；用道来观察才能，则天下之官。皆得其人而事治；用道来博观万物，则物尽其用而供应齐备。所以贯通天地的，是德；通行于万物的，是道；居上位统治人民的是使臣民治事适宜；能力有所专精的，是技艺，技艺应当统属于事，行事要受义支配，义统属于德，德应合于道，道合于自然，所以古代统治天下的君主，自己没有私欲而使天下人富足，行无为而治，任万物循性自行生化，深沉静默而百姓安定。《记》这本古书说："通达大道则使万事成功，心无贪欲则鬼神敬服。"

人的一生，职业只是一方面，职业规划其实是实现人生更好发展的一个手段。选对舞台，走出自己的路，尽情展示才华，突出贡献，讲求奉献，尽到责任，完成使命。生命的最高境界，就是曾经向往过、努力过、体验过、失去过、得到过、升华过、辉煌过、宁静过、风吹过。佛前的灯，不必刻意去点，明白自己的起跑点及目的地，点亮自己的心灯，找出最适合自己的方式，按部就班，一直指向目的地。

职业发展中，工作是一门艺术，把爱好和工作合而为一，快乐工作。工作的乐趣正如健康一样珍贵，有时候甚至比名与利更难得到。快乐是一种健康的心理感受，是一把幸福的尺子，可以用它来丈量生活的品质，丈量生命的内涵。

职业规划中，花开不是为了花落，而是为了最芬芳灿烂的那一刻。一个人对某一项工作有兴趣，就能长时间地保持高效率而不感到疲劳。找到了自己最感兴趣的、最合乎自己性格的工作，就踏上了通向成功的道路。时刻鼓励自己，如果想让别人不放弃你，首先不能放弃自己。人们对某种职业感兴趣，就会对该种职业活动开拓进取、努力工作，推动事业的发展。罗斯福曾说过的一句话："成功者大都不是天才，他们只是一些有着普普通通品质的人。但他们在适合自己性格的工作中，充分挖掘了自己这些普普通通的品质，从而达到了一个不一般的程度。"①

职业规划，乾坤为掌，行到深处，自然而然。一元复始，两袖清风，三阳开泰，四面埋伏，五福骈臻，六合同春，七星鼓月，八面玲珑，九九归一。

拓展阅读

耶律楚材的职业生涯②

耶律楚材（1190年～1244年），字晋卿，号玉泉老人，法号湛然居士。蒙古名为吾图撒合里，意思是"长髯人"。出身于契丹贵族家庭，是辽太祖耶律阿保机的九世孙。他生于燕京（今北京），三岁丧父，随母杨氏定居义州弘政（今锦州义县），12岁入闾山显州书院，是杰出的政治家，蒙古帝国时期的大臣。

一、弃金投元应大计

1215年，蒙古大军直指燕京，眼看腐朽的大金政权即将轰然倒下，耶律楚材也已对大金失去信心。成吉思汗见其才华横溢，满腹经纶，十分爱惜。于是，耶律楚材便决心弃暗投明，成为成吉思汗帐下的得力辅臣，对成吉思汗及其子孙产生深远影响。

耶律楚材秉承家族传统，自幼博览群书，精通汉文，旁通天文、地理、律历、术数及释老医卜之说，下笔为文，若宿构著。耶律楚材身长八尺，美髯宏声，融中国文人和

① 罗杰·安德生．2004．每一种性格都能成功．长春：吉林文史出版社．
② 刘晓．2011．耶律楚材评传．南京：南京大学出版社．

政治家气质于一身。随成吉思汗西征，常晓以征伐、治国、安民之道，屡立奇功，备受器重。又随成吉思汗征西夏，谏言禁止州郡官吏擅自征发杀戮，使贪暴之风稍敛。

二、崇儒治国

窝阔台汗即位后，耶律楚材倡立朝仪，劝亲王察合台（太宗兄）等行君臣礼，以尊汗权。从此更日益受到重用，被誉为“社稷之臣”。窝阔台汗三年（公元 1231 年），任中书令（宰相），实施以儒学治国的方案。议礼乐，定制度，立宗庙，建宫室，设科举，创学校，拔隐逸，举贤良，访遗老，求方正，抑游惰，劝农桑，省刑罚，尚名节，薄赋敛，崇孝悌，赈困穷，斥纵横，去冗员，黜酷吏。

三、修法律，定税赋

耶律楚材提拔重用儒臣，改革政治体制；保护百姓生命，反对肆意屠杀；实行编户制度，禁止掠民为驱；实行封建赋税制度，反对扑买课税，禁止以权谋私；整理儒家经典，主张尊孔重教。经济上，耶律楚材针对中原腹地遭受多年战争破坏，生产凋敝、百姓困苦的情况，主张轻徭薄赋，爱惜民力，发展生产。

耶律楚材不愧为治天下匠，为蒙古帝国的发展作出了重要贡献，是促进蒙古贵族接受中华传统文化的第一人。蒙古帝国建立之初，实行军政合一制度，只有万户、千户、百户等统帅军队的长官，没有治理政事的长官，攻下城镇后不派兵镇守。耶律楚材为了改变这种状况，地方上设置官吏管理老百姓，另设万户总管军队，使军政相互遏制，防止独断独行。蒙古军队曾执行残酷的屠城政策。在耶律楚材的劝说下，屠城的事渐渐少了。成吉思汗并没有制定完整的法律，“札撒黑”只是一种适用于草原的习惯法。蒙古统制范围扩大到中原以后，刑事案件增加了，情况也复杂得多了，耶律楚材提出《便宜十八事》作为临时法律，严禁地方官吏擅自滥杀老百姓，不准商人、财主贪污公物，打击地痞流氓杀人盗窃，禁止地主富豪夺取农民田地，这样，社会秩序渐渐安定了下来。

蒙古人当时的文明程度决定了他们无法制定出合乎中原地区的法律，加上金朝汉化的程度较深，其《泰和律》是比较完善的法律并且比较适用于中原地区，蒙古人就在占领的中原地区内采用《泰和律》。后来，元朝建立，忽必烈几乎没有重新制定什么法律，而是在《泰和律》的基础上改动了一下，颁布了《元典章》，这里面除了有汉法的结构外，还加入了适应民族等级制度的法律条文，其规定有着明显的蒙古族本有习惯法的痕迹。

耶律楚材建议窝阔台改变了分封制，在各地设立十路征收课税使，并定下“五个丝”制（5 个人缴纳 1 斤丝），把征税的权力收归中央，防止了地方势力的强大。赋税制度的完善标志着蒙古统治者对农业经济（中原经济模式）的认同，也可见耶律楚材在赋税上的贡献。在蒙古人的领地中，经济成分是多元的，有农耕经济（主要在中原）、商业经济（遍布全国，主要有色目人管理，皇室和王公大臣都乐于投资）和游牧经济（主要在蒙古高原和草原地区），蒙古贵族并不看重农耕经济，而是热心于海外贸易给他们带来的丰厚利润，这与各朝的农本思想大不相同。

四、军政文教主张

军事上，耶律楚材提出改革蒙古族军民一体的治理方法，主张军民分治，设立州县，管理民政；设置万户所，负责军政；课税所负责征收赋税。把军权、政权和财权分割开来，可以相互牵制，相互监督。协调了汉族地主和蒙古贵族之间的矛盾，巩固了蒙古的统治基础，加速了蒙古统一全国、建立中央集权政治的步伐，对蒙古和中原的历史都产生了巨大而深远的影响。

政治上，先从礼制入手。在窝阔台大汗即位时，耶律楚材依照中原王朝的传统，制定了册立仪礼。这种仪礼要求皇族尊长都就班列拜，这与蒙古的习俗是大相径庭的。耶律楚材从亲王察合台入手开始做工作。他说："王虽兄，位则臣也，礼当拜。王拜，则莫敢不拜。""王深然之。及即位，王率皇族及臣僚拜帐下，既退，王抚楚材曰：'真社稷臣也。'国朝尊属有拜礼自此始。"拜汗礼的实施是对中原礼制的继承，它表现了大汗至高无上的地位和不可超越的权力。行政改革的一个最大目标是：削弱地方势力，加强中央集权。天下虽得之马上，但不可以马上治。要统治中原非用中原的制度不可，就需要大力保护汉儒士并引荐他们进入仕途。耶律楚材在中原辖区设十路，每路都任命正副课税使，皆由儒士担任。王国维在《耶律文正公年谱余记》中评价说，耶律楚材"虽洞达佛理，而其性格实与儒家近。其毅然以天下生民为己任，古之士大夫学佛者，从未见有此种气象"。他的一生在思想上一切以佛祖为归依，在行动上又遵循儒家的济世安民之道。他认为，以吾夫子之道治天下，以吾佛之教治一心，天下之能事毕矣。在他看来，没有什么华夷之分和华夷之防，他的政治理想是华夷一统，共享太平。

在文化上，蒙古灭金国、吐蕃、大理和征伐南宋时，许多名士如元好问、赵复、窦默、王磐等都被保护并被起用。这对于北方学风的兴盛有很大的影响。制器者必用良工，守成者必用儒臣。以经义、辞赋、论分为三科，儒人被俘为奴者，亦令就试，其主匿弗遣者死。得士凡四千三十人，免为奴者四之一。这次选中的有许多人才，如杨奂、张文谦、赵良弼、董文用等，他们后来都是忽必烈时代的名臣，为完成蒙古帝国的汉化作出了巨大贡献。这次考试使大批儒士得到身份的提高和课役上的优待，在文化、教育、政治、经济各领域都发挥了重要的作用。他先从尊孔开始，金灭亡后，遣人入城，求孔子后，得五十一代孙元措，奏袭封衍圣公，服役林庙地。他还向统治集团讲经，讲学之风渐起，在京城还设置国子学。

教育上，耶律楚材大力倡导儒学，推崇孔子。他征得太宗的同意，修复了孔庙，优待孔子后裔，建立了国子学，用封建文化教育民众。公元 1237 年，耶律楚材又提出恢复科举。科举考试的恢复，提高了中原儒生的地位，为国家发现并招揽了大量的人才，为忽必烈时期蒙古帝国的发展繁荣积蓄了力量，奠定了基础。

五、彪炳史册

蒙古铁骑所向披靡，但其胜利后的统治则充分暴露了其落后性，于是在中原地区出现了"胡化"与"汉化"的冲突。耶律楚材以其智慧与能力引导统治者看到了汉文明的优越，使蒙古帝国本身没有的礼仪、赋税制度建立起来，使蒙古落后的分封制和部落联盟的管理制式逐渐消失，使蒙古的法制得以发展成长。在蒙古帝国向元朝过渡的“创业”中功不可没。虽然蒙古的汉化很浅，但非耶律楚材，忽必烈之创业功勋可谓难矣；非忽必烈，耶律楚材之壮志亦难酬也矣。

耶律楚材不仅是一位杰出的政治家，而且多才多艺，是一个在文化艺术方面有良好修养和卓越贡献的人。他是我国提出经度概念的第一人，编有《西征庚午元历》，还主持修订了《大明历》。他酷爱诗歌，写过不少诗作，现存于世的有《湛然居士文集》共14卷。耶律楚材在成吉思汗、窝阔台汗两朝任事近30年，多有襄助之功。后脱列哥那称王时，因屡弹劾皇后宠信之奥都剌合蛮，渐被排挤，于公元1244年的5月14日，悲愤而死。砥柱中流断，藏舟半夜移。忽报台星折，仍结薤露新，斯民感天极，洒泪叫苍旻。

耶律楚材的西域诗有50余首，其中《西域河中十咏》尤为人称道，如：“寂寞河中府，连甍及万家。蒲萄亲酿酒，杷榄看开花。饱啖鸡舌肉，分餐马首瓜。人生唯口腹，何碍过流沙。”“寂寞河中府，遐荒僻一隅。葡萄垂马乳，杷榄灿牛酥。酿酒无输课，耕田不纳租。西行万余里，谁谓乃良图。”这些诗篇是后人研究西域历史的重要参考资料。耶律楚材尤其擅写律诗，如《阴山》：“八月阴山雪满沙，清光凝目眩生花。插天绝壁喷晴月，擎海层峦吸翠霞。松桧丛中疏畎亩，藤萝深处有人家。横空千里雄西域，江左名山不足夸。”他的律诗韵律流畅沉稳，风骨雄健豪放，境界开阔，情调苍凉。耶律楚材在政治、文化等方面的贡献，无疑是一个足以彪炳史册的巨人。

第十章 职业规划实战 MBA 调查

孔子观于吕梁，悬水三十仞，流沫四十里，鼋鼍鱼鳖之所不能游也。见一丈夫游之，以为有苦而欲死也。使弟子并流而拯之。数百步而出，被发行歌而游于塘下。孔子从而问焉，曰："吾以子为鬼，察子则人也。蹈水有道乎？"曰："亡，吾无道。吾始乎故，长乎性，成乎命。与齐俱入，与汩偕出，从水之道而不为私焉。此吾所以蹈之也。"孔子曰："何谓始乎故，长乎性，成乎命？"曰："吾生于陵而安于陵，故也；长于水而安于水，性也；不知吾所以然而然，命也。"

——《庄子·外篇·达生》

意思是，孔子在吕梁观赏，瀑布高悬二三十丈，冲刷而起的激流和水花远达四十里，鼋、鼍、鱼、鳖都不敢在这一带游水。只见一个壮年男子游在水中，还以为是有痛苦而想寻死的，派弟子顺着水流去拯救他。弟子追赶了几百步，忽见那壮年男子露出水面，还披着头发边唱边游在堤岸下。孔子紧跟在他身后而问他："我还以为你是鬼，仔细观察你却是个人。请问，游水也有什么特别的门道吗？"那人回答："没有，我并没有什么特别的方法。我起初是故常，长大是习性，有所成就在于自然。我跟水里的漩涡一块儿下到水底，又跟向上的涌流一道游出水面，顺着水势而不作任何违抗。这就是我游水的方法。"孔子说："什么叫做起初是故常，长大是习性，有所成就在于自然呢？"那人又回答："我出生于山地就安于山地的生活，这就叫做故常；长大了又生活在水边就安于水边的生活，这就叫做习性；不知道为什么会这样而这样生活着，这就叫做自然。"①

寓言

结 网 精 神

N 年前有个顺口溜，说的是我们蜘蛛：南阳诸葛亮，稳坐中军帐。布下八卦阵，单捉飞来将。

话说 2170 年，人类生活的地球附近的太空，到处漂浮着垃圾，环境已变得非常糟糕。当然，这主要"得益于"地球上的人类，各个国家争先恐后，纷纷打着"和平发展太空"的旗号，实际上却各自打着自己的小九九，拼命发射航空器，导致天空中垃圾横行，一片狼藉。为了让太空更加纯净，让天空更蓝，让我们还能躺在网

① 胡仲平．2005．庄子．北京：北京燕山出版社．

上惬意地乘凉，在品尝捕捉到的肥虫美味时，聆听到诗人们“疑是银河落九天”的妙语，如醉如痴地享受生活，我们蜘蛛决定拯救世界！

当然，怎样拯救？首先，还得介绍一下我们蜘蛛的特性和本领：

我们蜘蛛是节肢动物，身体分头胸部（前体）和腹部（后体）两部分，头胸部覆以背甲和胸板。头胸部有附肢两对，第一对为螯肢，端部尖细部分为螯牙，牙为管状，螯节内或头胸部内有毒腺，分泌的毒液即由此导出。螯肢前后活动，钳侧向运动及相向运动；第二对为须肢，在雌蛛和未成熟的雄蛛身上呈步足状，用以夹持食物及作感觉器官。腹部的腹面纺器由附肢演变而来，少数原始的种类有 8 个纺器，位置稍靠前；大多数种类 6 个纺器，位于体后端肛门的前方；还有部分种类具 4 个纺器，纺器上有许多纺管，内连各种丝腺，由纺管纺出丝。在腹部腹面中间或腹面后端具有特殊的纺绩器，三对纺绩器按其位置，称为前、中、后纺绩器，纺绩器的顶端有膜质的纺管，不同蜘蛛的纺管数目不同，不同形状的纺管纺出不同的蛛丝，纺管的筛器也是纺丝器官，像隆头蛛科的筛器上有 9600 个纺管，可见其纺出的丝是极其纤细的。经由纺管引出体外的丝腺有 8 种，丝腺的大小及数目随蜘蛛的成长和逐次蜕皮而增加。蜘蛛丝是一种骨蛋白，十分坚韧而具弹性，吐出后遇空气变硬。感觉器官有眼、各种感觉毛、听毛、琴形器和跗节器。蜘蛛以昆虫、其他蜘蛛为食。跳蛛视力佳，能在 5 米或 10 米内发现捕获物，猛扑过去。

我们蜘蛛为食肉性动物，食物大多数为昆虫或其他节肢动物，有时能捕食到比本身大几倍的动物，如南美的捕鸟蛛，它有时捕食小鸟、鼠类等。蜘蛛口无上颚，不直接吞食食物。当用网捕获猎物后，先以螯肢内的毒腺分泌毒液注入捕获猎物体内将其杀死，由中肠分泌的消化酶灌注在被螯肢撕碎的捕获物的组织中，很快将其分解为液汁，然后吸进消化道内。

蜘蛛网有圆网、皿网、漏斗网、三角网、不规则网等。我们蜘蛛常用多种方法来御敌，如排出毒液、隐匿、伪袋、拟态、保护色、振动等。当逃不掉，而自己的附肢被敌害夹持时，干脆切断自己的附肢一走了之，反正自断的步足在蜕皮时还会再生出来。

我们蜘蛛结网，第一根丝是先固定好一端，然后利用自身重量，下垂到一定高度，可以使自己身体像荡秋千一样，或者利用风的动能将自己荡到对面，然后固定。这根长长的丝叫“搜索丝”，任其随微风或气流飘荡。之后，蜘蛛会放出一根悬垂丝，并在这根丝的中段加上第三根丝成 Y 字状，形成蜘蛛网最初的 3 根不规则半径，再加上 50 多条线形成一张网的雏形。接下的工作是铺设螺旋线，纺织成网。蜘蛛以网心为起点，织出一根自内向外的螺旋线，当成下一道工序的“脚手架”。需要指出的是，直到“脚手架”搭好，蜘蛛所织出的网还没有黏性，也就是说还粘不住昆虫。这时，蜘蛛便从外向网心开始铺设有黏性的丝，即捕食螺线，同时把“脚手架”啃掉，完成最后一道工序。

然后，我们得了解一下就近的太阳系：据英国的天文学家称，在宇宙中发现了最大的星体结构，这个结构由 73 个古老类星体或星系共同组成，称为“大型类星体群组”（简称 LQG），深度可达 40 亿光年。当然，暂时还考虑不到宇宙中太阳系以外的星体结构，先看看太阳系吧。广义上，太阳系的领域包括太阳、4 颗像地球的内行星、由许多小岩石组成的小行星带、4 颗充满气体的巨大外行星、冰冻小岩石、被称为柯伊伯带的第二个小天体区。在柯伊伯带之外还有黄道离散盘面、太阳圈和依然属于假设的奥尔特云。太阳系的主角是位居中心的太阳，它是一颗光谱分类为 G2V 的主序星，拥有太阳系内已知质量的 99.86%，并以引力主宰着太阳系。木星和土星，是太阳系内最大的两颗行星，又占了剩余质量的 90%以上，假说的奥尔特云，还不知道会占有多少百分比的质量。

依照至太阳的距离，行星序是水星、金星、地球、火星、木星、土星、天王星、海王星（离太阳较近的水星、金星、地球及火星称为类地行星，木星与土星称为近日行星，天王星与海王星称为远日行星），8 颗行星中的 6 颗有天然的卫星环绕着，外侧的行星由尘埃和许多小颗粒构成的行星环绕着，除了地球之外，肉眼可见的行星以五行为名，在西方则全都以希腊和罗马神话故事中的神仙为名。

太阳是距离地球最近的恒星，是太阳系的中心天体。太阳系中的八大行星、小行星、流星、彗星、外海王星天体及星际尘埃等，都围绕着太阳运行公转。太阳只是一颗非常普通的恒星，在广袤浩瀚的宇宙，太阳的亮度、大小和物质密度都处于中等水平。只是因为它离地球较近，所以看上去是天空中最大、最亮的天体。其他恒星离我们都非常遥远，最近的恒星也比太阳远 27 万倍，看上去只是一个闪烁的光点。

组成太阳的物质大多是些普通的气体，其中氢约占 71%、氦约占 27%，其他元素占 2%。太阳从中心向外可分为核反应区、辐射区和对流区、太阳大气。太阳的大气层，像地球的大气层一样，可按不同的高度和不同的性质分成各个圈层，即从内向外分为光球、色球和日冕三层。我们平常看到的太阳表面，是太阳大气的最底层，温度约是 6000℃。它是不透明的，因此我们不能直接看见太阳内部的结构。但是，天文学家根据物理理论和对太阳表面各种现象的研究，建立了太阳内部结构和物理状态的模型。这一模型也已经被对于其他恒星的研究所证实，至少在大的方面是可信的。

我们蜘蛛采用歌诀法记忆太阳系八大行星及小行星的位置：水金地火、木土天海王，由近及远绕日忙。火木相望防燃烧，中间隔道防火墙（小行星带）。

最后，拯救行动开始：我们蜘蛛可采取多种方法发射一个小小的卫星，比如，用投掷蜘蛛的本领，即在哥伦比亚有种奇特的“投掷蜘蛛”，它不是拉网捕食，而是将自己的丝滚成圆球，当有蛾子时，它准确地将黏丝球一掷，击中飞蛾，顺势一拉，成为美食。还比如，用流星锤蜘蛛的本领：在中国云南西双版纳地区生活着一种昼伏夜出的蜘蛛，会吐出一根末端有一个黏性丝球的蛛丝，并且会散发出一种类似某种雌性飞蛾的气味，引诱雄性飞蛾，等到雄性飞蛾被诱惑到它的攻击范围内时，它就会挥舞着“流星锤”砸向飞蛾，只要飞蛾被打中，就立刻被黏性极强的蛛丝粘住，变成了蜘蛛的美餐。

于是，我们蜘蛛给志愿者注射一种生物激素，并用蛛丝包裹好，由“投掷蜘蛛”把这个包裹投向太空，被投掷的蜘蛛在太空中因生物激素的爆发而迅速成级数放大，同时吐出蛛丝，固定在八大行星上，形成一张张巨网，专门捕捉太空飞行垃圾，捕捉到后立即注入蛛液，迅速将其熔化成气体释放。不用多久，就将太阳系的垃圾处理得一干二净。

好啦，活干完后，也得总结一下我们蜘蛛的结网精神吧：风口浪尖，蜘蛛结网，风吹网破，再结再破，再破再结，功到自然成。消灭害虫，清理垃圾，天网恢恢，疏而不漏。

第一节　话说 MBA

一、何为 MBA

M+B+A→职业经理人或者创业者。

MBA（Master of Business Administration）即工商管理硕士，是一种专业硕士学位，与一般硕士研究生有所不同。其一，培养目标不同，MBA 是培养能够胜任工商企业和经济管理部门高层管理工作的务实型、复合型和应用型的高层次管理人才，而其他硕士研究生是培养具有扎实理论基础和较强科研和教学能力的高层次科研型和教学型人才；其二，培养对象不同，MBA 的招生对象一般为具有三年以上工作实践经验的国家机关事业单位干部和工商企业管理人员及技术人员，而其他硕士研究生可以招收应届毕业生，也可以招收在职人员；其三，培养方式不同，MBA 教育从本质上讲是一种职业训练，特别强调在掌握现代管理理论和方法的基础上，通过商业案例分析、实战观摩、分析与决策技能训练等方法培养学生的实际操作能力，使学生接受知识与技能、个性与心理、目标与愿望等方面的挑战，具备更强的职业竞争实力，而其他研究生则侧重于理论学习、学术研究。

工商管理专业重点培养适应我国工商企业和经济管理部门需要的务实型综合管理人才，工商管理涵盖面广，系统庞杂，涉及企业经营管理中的计划、组织、领导和控制，以及涉及人员、资金和财务的管理。工商管理学科的理论基础是经济学和管理学，知识构成跨越自然科学、人文科学的不同领域，研究对象涵盖了企业经济运作中的财务管理、资金筹措、投资分析、市场营销和资源配置等各个方面。注重实用方法技能的培养与训练是该专业的鲜明特点。通过 MBA 的系统学习，学生会逐步成长为高层管理人员，对职业发展大有裨益。

MBA 专业课程的范围比较广，涉及很多领域，比如会计学、管理学、营销学、金融学、人力资源管理学等。可以提高自身解决问题、分析问题的能力，培养团队协作能力，可以学习到很多实用的方法，以最佳状态回到职场继续奋斗。MBA 课程学习中，会做一些课题，也会有一些案例，往往一个人完不成，需要小组成员配合才行，锻炼了团队合作的能力。沟通是 MBA 学习中很关键的部分，不仅要会演讲、作报告，还要掌握现代通讯手段和工具，并运用到实际工作中。通过 MBA 学习，能建立很好的人脉圈。MBA 学生，大都是一些大中型企业、事业单位的管理人员，通过学习，促进交流，结交朋友，可以让自己的人脉更广。MBA 毕业后，可以获得国家承认的学历学位证书。MBA 的学习实际操作能力很强，与报考人员的工作联系非常紧密，因此，学习 MBA 非常热门。

二、MBA 教育特点

一个良好的 MBA 教育，要有好的原料、好的加工过程、好的支撑和服务平台。这些加在一起，才能构成总体优势，让学生的水平能有一个明显的提升。MBA 属于职业再教育，目的是培养各个领域的领导者。因此，一个好的 MBA 学习，不是说你能学到多少理论，或者是你能拿到什么文凭，精髓在于你通过学习，能够养成良好的思维习惯，扩展视野，同时增强人脉关系。

MBA 教育会历练学员的国际化视野，有一个很清晰的短期、中期、长期的国际化视野拓展机会平台，学生可以参加短期也可以参加中期的交流交换。还有第二课堂，是对第一课堂的一种支撑，有很多俱乐部、讲座、论坛，这不仅是一种支撑，而且也是学生发展软技能的一个平台，比如领导力平台、创新平台、创业平台。在这个平台上面，学生有很多组织，让他们管理和领导，可以发展一些俱乐部，可以去引领一些论坛的组织构架，讲求实际运作。最后就是为 MBA 学生终身职业发展的校友服务。无论你身在何方，都可以跟学院共同成长。这代表着一个承诺，对于所有毕业的 MBA 学生，在校、非在校，毕业还是没有毕业，在职还是全日制，都会给他们提供服务，包括班级的服务，班级的重聚，学校校友的联络，还包括终身学习。有一个 MBA 在线平台，上面有很多文章、图片、视频的内容，MBA 校友在任何地方都可以听讲座，获取新的商业知识。现在，国家越来越重视专业学位项目。有的 MBA 利用各地的校友会招生，采用移动课堂进行宣讲；有的 MBA 面试，采用飞行面试方式，贴近考生，现场一对一交流。这些创新的方式都收到了较好的效果。

MBA 教育在不断创新，不断进行课程改革。在职项目的课程中，会推出专业选修课，通过科学的调研和商讨，形成财务金融、创新创业、市场营销及电子商务这四个方向，基本上涵盖了目前学生的需求。这四个领域变化和创新层出不穷，大家都非常关心。在这个 MBA 学习平台上，一般会以小组的形式，学生在老师的指导下，给一个真实的企业做一个实实在在的企业咨询项目，以培养学生的实战能力。

要选择合适的 MBA 项目，需要考虑到众多因素。首先，要考虑的是师资的配置，由于 MBA 课程的特殊性，具有真正商业实战经验的资深教师，往往会给学生就业带来更多的优势。其次，需要考虑到报考难度及上课时间，有段时间，MBA 的录取率一路走低，弃考人数不断增加，皆因很多在职人员选择了难度过高的院校，而自己又缺乏准备时间所致，并且由于在职人员平日工作繁忙及家庭等因素，很多课程被安排在工作日或是以全日制的形式进行授课，在职人员便会面临着巨大压力。

对于在职的学生，在选修课的方向群上做了很多设置，通过选修课的方向群，对学生未来的发展支撑会更大。对于全日制的学生来说，因为有一个跳跃式或者转变轨道的一个发展，MBA 学习给他们更多实践的平台。一是梳理知识结构，再加上 MBA 价值最大化的平台，让学生历练一些软技能。同时全日制方面，学校给学生更多国际化的实践平台，让他们重新操作，重新理解很多管理方面的知识和技巧。这个可能是对于这两个发展阶段学生的不同侧重。管理是艺术、技术和知识的结合，对于在职的学生，要加强艺术和知识方面；对于全日制的学生来讲，要注重增加他们的知识和技能方面的学习。处在不同的职业发展的阶段有不同的侧重点。

时下，国内已有很好的 MBA 项目，可以选择在国内就读。如果你未来的职业重点在国内的话，国内的 MBA 项目比较好，因为你的同学都是国内的业界精英，这个人脉资源相当重要。可以不用脱产，降低机会成本。费用相对低廉，对外语的要求相对较低。如果希望未来在跨国企业工作或者出国发展的话，出国读 MBA 就比较好。MBA 首先在美国出现，可以首选美国 TOP10 的项目，扩展国际视野，拥有国际化的人脉资源。目前，在美国 TOP10 项目学习的人，大多数都是准备去金融及咨询领域发展的，如果自己有类似的规划，那么就要考虑出国读 MBA。但是出国读 MBA 相对困难，因为首先对英语的要求非常高。出国读 MBA 势必要放弃现有工作，费用又比较高。

贤者居其上，能者居其中，工者居其下，谋者居其侧。企业不断取得成功的最大潜在制约因素就是缺少有才干、有战略思想的经营管理人才来促进企业未来的发展。

对于好的商学院来说，就读 MBA 是非常值得的。MBA 教育给学生带来了薪资的快速增长和职位的快速提升。MBA 带来的创新意识和专业学习不仅在于传统的金融财务方面，MBA 已经越来越多被安置在运作部门，参与全球范围的采购，全球性的战略规划及国际事务运作，依靠这种新观念来保证思想不落后。

国内 MBA 老师一般分为外教、海归、本土教授和企业高管四类，前三类偏重理论，启迪学生思想，把大家以前的经验装到理论框架里去。后一类老师侧重实战，他们既有实战经验又有理论基础，既有高端思想又有操盘实务，研究的往往是身边企业刚刚发生的事情。

三、MBA 助力职业发展

MBA 助力职业发展，已得到广泛证明。每一位学习 MBA 的学生，来之前都抱着不同的学习目的，但有一点是相通的，那就是通过 MBA 学习，对自己现有工作中的管理方法做一次系统、理论的梳理，在学习中感悟管理真谛，更感悟人生精华。通过 MBA 的学习，员工获得的不仅是知识更是解决问题的能力。从职业发展的角度来说，如果 MBA 学员在工作中能运用自己的所学，提高工作效率及能力，则比普通员工有更多的机会。对于获得 MBA 的员工，企业一般作为重点培养对象，提供更多的机会，但这些也都取决于员工在企业中的实际工作能力，如实际工作能力不如非 MBA 的员工，同样会失去发展机会。现在，很多企业会优先考虑培养获得 MBA 的员工进入企业的管理层，因为他们掌握了更多的企业管理的知识及能力。

通过 MBA 学习，可受到管理学科系统化的熏陶，同学间的启发和讨论，大量与来自企业的导师互动，考察参观，开阔了视野，认清了自己，确立了职业目标。为转换职业也提供了机会，特别是对于一些原本是理工背景的人，读完 MBA 后，纷纷从技术管理岗位迈上高级管理岗位。也有一些来自语言或基础学科的学生，受学科应用面窄的限制，职业道路曲折坎坷，较早遭遇了职场瓶颈。此种情况，选择就读 MBA，作为转换行业和平台的跳板，也挺不错。

MBA 学习增强了学生商业敏感度。学生更加关心当下商业的发展，困境和机遇，也主动对感兴趣的行业进行资料收集和分析。具有了一种世界通用的商务价值和观念，掌握世界流行的商务语言，会用国际通行的规则去看资产负债表，而这些都是企业所看重的。理论更加系统化。以同学为镜子对照自己，发现自身优势与不足。因为理论滞后实践，通过理论的学习梳理过去，支撑或反思那些过去凭直觉做的事情的对与错，有管理经验后再去学习会有很多感悟。系统地学习专业知识，与各行各业的人交流学习。

为了进入某个圈子读 MBA，比如证券公司，有句顺口溜说得好："证券公司就是好，其他行业比不了。牛市来了挣钱多，熊市来了下班早。"很多人都把获得人脉资源作为读 MBA 最重要的目的，但是只有当你是同等置换的资源时，人脉才是有用的，很多所谓的人脉，只是朋友圈里的无聊点赞。

MBA 学习提升了自己的思维和分析问题的能力，比如，学习逻辑这门课，你会发现，在探讨问题的时候，要先通过下定义来确保与对方谈论的对象是统一的，然后会在自己提的意见和结论前面加上各种先决条件，学会由浅入深、深入浅出地一层层来探讨问题。

MBA 学习是大家重新建立自己知识体系一个绝佳的机会。对于 MBA 学习，要求学生在入学之前要有满三年以上的工作经验。三年以上的工作经验，让学生在工作岗位有一些历练。需要具有相当的管理经验和工作经验的同学才能加入 MBA 项目中来。因为在 MBA 这个阶段，通过系统的学习，学生整理其在工作中、管理中所遇到的问题和所获取的一些零散的知识，做一个系统的梳理并反思，这样能够帮助学生在未来的管理岗位上做得更好。在筛选学生的过程当中，不单要挑工作经验丰富的，管理经验也很丰富，同时，要挑那些懂得在实践当中总结、反思、改进的一些同学加入。

思考自己的工作怎样才能做得更好，有必要先进行系统的学习。学习，尤其是对管理方面的学习，不应该是从 MBA 开始的，而应该在进入 MBA 之前就要有一个好的学习习惯。在 MBA 阶段帮自己集中做一些梳理、参透、深入。关注自己身边很多实际的经营管理现象，尤其要思考自己的企业、职位，在工作中碰到的机遇、困难，有什么办法去解决，为企业创造更多价值。如果你形成这样一个思路，并持续去做，在自己的职业发展当中，也会得到越来越多人的认可。MBA 是职业生涯发展的一个加油助力站，是一种加速器或者转换器。比如，全日制项目的学生，在职业发展过程当中，经过 MBA 这个跳板，转换一下职业轨道，就能跳到一个更高的平台上起跑。

人生就是一个不断追求上进的过程，在个人职业遇到困境时，学习是一个很好的解决途径。每个人情况不同，对读 MBA 的目的和认识也不同，有的人过分强调 MBA 的重要性，增强了其功利性，认为读了 MBA 就可以解决工作前途问题，但是读出来发现并没给自己带来经济或职业发展的实惠，就倍感悲观失望。其实主要是看自己的目的和实际情况是否适合读 MBA，读了之后能否达到个人目的，要结合自身情况去平衡。读 MBA 没有值与不值之说，读了对自己学识、见识、视野或人际方面有所提升，可以认识到各行业的精英们，大家一起上课、交流，开阔视野，提升自我。MBA 要学习知识，但是更要注重学习经验及思维方式的提升，工作就是最好的学习，思想升华了，工作也会有所突破。

四、我国 MBA 学生毕业去向

MBA 教育，就像是一块好的豆腐，通过不同的烹饪方法，会做出不同的美味。MBA 毕业后的职业走向，选择方向有哪些呢？很多 MBA 学生在毕业后选择跨界或辞职再就业。一张 MBA 毕业文凭，增添了其就业的砝码，虽不能雪中送炭，但却能锦上添花。适合 MBA 毕业生的工作范围很广，如市场营销、人力资源管理、科技类和医疗类（表 10-1）。

表 10-1　我国 MBA 学生毕业去向及职位要求

类别	第一类	第二类	第三类	第四类	第五类	第六类	第七类
就业去向	原有工作就好，业务骨干或中层以上	去管理咨询培训公司	金融、投资并购等	行业转换	生活优先。工作为了生活，生活并非为了工作	创业	继续忍耐
要求	学成回去继续发展	能吃苦，经常出差，沟通能力强，英语好，适应知识更新快	有这方面的基础或行业背景。有的在读期间就开始涉足某个行业	技术转管理容易，管理转技术难。其中，国企转外企较难，外企转国企较易	婚姻、家庭等方面条件对职业选择的要求	有好的项目，好的合伙人	对现有的职业感觉一般，跳槽觉得有风险，在患得患失中继续忍耐

五、MBA 学生的职业规划

柏拉图说过，开端往往是整个工作中最重要的部分。MBA 学生有一个合理的职业发展规划，对自己未来的职业发展是一个非常好的开端。MBA 更多是提供了一个获取专业知识和人际关系的平台，能否充分发挥这个平台的作用，还要看个人的能动性和机遇。此外，选择 MBA，也要选那些有名气保证的机构，其师资、视野、人脉圈子等方面的优势，对学生将来职业发展的影响，也超出同行。

MBA 在三方面发挥作用。一是长期规划，即根据自身特点制定差异化的择业策略，最终做出职业发展、职业转型的选择；二是经验移植，即把原有经验转移至新岗位；三是勇于试错，即借助 MBA 的资源环境、榜样力量，通过试错取长补短，在自我否定中成长。MBA 的学习生活能帮助学生尽早进行职业规划，潜移默化地提升职业能力，使职业选择具有合理性。

对于 MBA 学生来说，职业规划是一个连续的过程，是人生的一场比拼耐力的马拉松，而不是最后冲刺。要了解自己，顺应自己的意愿。工作是为了更好地生活，生活不仅仅是为了工作，职业生涯重要的是要获得幸福感，追寻有意义的事，要正确处理好工作与生活的关系。职业发展自我测评，勾勒出测评工具通过帮助自我认知、促进职业发展的路径，以及如何进行测评的方式与流程。

MBA 学生毕业后一般有三种职业选择：职业经理、咨询师和自己创业。招聘公司看重应聘者的关键经验、核心素质、行业认知等与企业不同发展阶段的岗位是否匹配。关键经验主要是指快速成长的经验，关注点在于何种工作经历最能释放一个人的潜力，而非仅仅熟练掌握技能的经验等；核心素质则涉及目标志向、影响力、沟通感受力、新岗位适应性、解决问题并提出观点的能力等。

MBA 学生将新工作视为提高能力、提升素质、增加经验的机会，将实现工作目标转化为符合岗位要求的自身能力、素质和经验。影响新工作的选择包含行业、公司和岗位三个维度。行业周期、产业变革对人才流动趋势会产生巨大影响，决定职业发展中的择业适应性。公司发展、岗位变动也对个人职业生涯产生复杂的影响：公司类型不同、阶段不同，对个人在业务岗位上存在影响差异；同时，公司状况好坏与个人发展好坏又不尽相同，个人的岗位作用在很大程度上还取决于其意愿与兴趣，对于职业规划、调整、转换非常重要。MBA 学生的创业选择与职业选择并无本质差别，创业所需的领导力与企业高管的能力素质并无二致，都需要变革管理能力。

美国 MBA 毕业生就业方向选择如表 10-2 所示。

表 10-2　美国 MBA 毕业生就业方向选择

类别	该专业的就业前景
会计（Accounting）	美国目前就业前景最为看好的专业之一，巨大的需求量使得会计学人才往往供不应求。会计学毕业生的平均薪水并非商学院最高，但一旦取得美国 CPA（注册会计师资格），职业道路的发展就相当顺畅

续表

类别	该专业的就业前景
企业家才能（Entrepreneurship）	在 20 世纪 90 年代之前，该专业一般被认为是商学院内比较“务虚”的专业，但随着美国高科技浪潮的兴起和企业现代化改革运动日益深化，就读该专业的学生也日益增加，职业市场前景看好
金融（Finance）	美国商学院的金融专业以强大的数学模型推算为基础，特别在定价（Pricing）方面，数学模型的运用随处可见。因此，中国申请者即使获得了金融（Finance）方向的录取，也需要在出国之前加强数学训练
信息系统（Information Systems）	也称为管理信息系统（Management Information Systems ，MIS），在美国经济高度计算机化的背景下，对于 MIS 毕业生的需求量一直较为稳定，而且受经济周期影响不大。即使是在网络泡沫破灭的时代，MIS 毕业生的起薪仍然居于商学院毕业生前列，而且偏向技术方面的管理工作也比较适合中国毕业生
国际化全球化（International）	这是全球化背景下的新兴专业，涵盖了国际贸易（International Trade）和国际经济学（International Economics）研究领域，主要培养在全球化背景下能够熟练进行商务活动的人才
综合管理（Management）	较为适合在企业中职业岗位转换较多的申请者，可以弥补原先职业规划不够明确的缺憾，由于专业学习的面较为宽泛，可供选择的就业渠道也很广阔。但毕业生在离开学校后，需要一段时间的积累才能逐步提升至高级管理岗位
市场营销（Marketing）	这是商学院中对背景要求最为宽松的专业。只要申请者的工作经历和市场活动相关，一般均可申请市场营销方向，各商学院这一专业领域内的招生人数也最多。当然，毕业生也面临着较为激烈的就业竞争
非营利组织管理（Nonprofit）	该专业类似于美国公共政策管理学院的 MPA 学位，毕业生的主要去向是非营利组织，如联合国、国际货币基金组织（IMF）均在此列。由于申请者的背景主要集中在政府部门、公益组织、慈善机构等非营利组织，因此商学院的招生规模往往不大
生产/运营（Production/Operations）	该专业需要申请者具有较强的一线生产和管理实际经验，未来的职业发展方向主要侧重于企业的实际运营和生产发展，具有很强的针对性，毕业生大多会从事入学前的原行业，或者与原行业相关的行业
供应链/物流（Supply Chain / Logistics）	该专业和金融业一样，对数学有着相当高的要求。由于电子商务领域的迅猛发展，该专业的就业前景一直被看好。但出于学习和就业考虑，申请此专业的中国学生需要多进行数学方面的锻炼

第二节　调查样本

调查的样本为通过全国联考的 MBA 学生，分为三个区间，MBA 就读期间及毕业进入职场第一个 5 年，毕业进入职场第二个 5 年，毕业进入职场第三个 5 年及以上(图 10-1)。

图 10-1　样本区间划分

一、MBA 就读期间及毕业进入职场第一个 5 年

这个阶段的跨度大概有 8 年左右，其中包括 MBA 就读期间的 3 年左右（一般 2 年半），毕业后进入职场的第一个 5 年应该是进入职场后最重要的时期。从人生的职业发

展来说，这个阶段属于黄金时间段，从 MBA 的效用来说，也是最发力的阶段。

有的人读 MBA，是为了改行，很多学生都抱着这样的目的。选择脱产班的人，大都是对自己目前的职业或者岗位不太满意，想有所改变，但是又不愿从头开始积累经验。如果希望在自己目前的职业或岗位上继续做下去，只是想通过 MBA 重新整理自己的知识体系，强化自己某方面的技能，为自己晋升增加资本的人，最好读在职 MBA，机会成本相对较小。

MBA 教育有点像商业领域的专业万金油，关于公司运营的各个方面，包括财务、会计、市场、人力资源、供应链、生产运营等都有涉猎。MBA 学生毕业以后，不管你做什么，在和公司内部别的部门打交道的时候，大概能知道他们部门的日常业务怎么运作，会找你要哪些方面的信息，和别的部门沟通起来会比较顺畅，因为你明白他们在说什么，他们想要什么。当然，有些对自己将来职业规划不太明确的人，在选修课上有点纠结，有点盲目，所选课程对未来的职业发展针对性不强。因此，在读 MBA 之前做好自己的职业规划很有必要。不像本科毕业后，因担心找不到工作，先找一份工作做着，骑驴找马，先就业再择业。但是，MBA 毕业后，说自己不喜欢当前的工作，再下决心改行，屡次反复，骑驴找驴，驴子越来越犟，则得不偿失了。

案例分析是 MBA 教学的重要一环。一般来说，老师给出一个案例，先要求学生通读后与各小组的人充分讨论分析，做好 PPT。下次课，老师会抽取某个小组做案例分析分享，其他小组成员可以提出自己的疑问，要求演示方做出回答。班上同学藏龙卧虎，各种行业和岗位背景的人都有，经常会遇到演示那组没有相关专业背景的人，被底下的专业人士问得哑口无言。此时，恰恰是长知识的黄金时刻，从从事这方面的专业人士口中，知道实际工作中的真实情况是怎么样的，应该怎么样去处理。实际工作中，这个技能很实用，因为你经常要向别人推销自己的想法，汇报工作，展示才华。案例演示时，经常会有人对你苛刻提问，经历多了，自然就会明白，哪个岗位的人对哪方面的信息和数据感兴趣。团队只有凝聚在一起，才能完成共同目标，一个团队，最终只会有一个团体成绩。

MBA 在读期间，有老师对管理理论的系统传授，身临其境的案例剖析；有学长的经验介绍；有众多同学的互动、鼓励、头脑风暴；还有读 MBA 无形中增加的自信心。更重要的是，各种机会纷至沓来：有成功校友的公司需求人才；有老师、学长的推荐；有学校的专场招聘会等。其实，这就是一个苦练内功、破茧待出的阶段，确实有一些优秀的 MBA 学生，就起飞于此。

MBA 学生毕业后进入职场的第一个五年，应该是学以致用的阶段。理论加实践，能否有效应用，能否创造价值，能否被领导看重，能否为大家认可，此阶段至关重要。一些量化显示指标，大多人是职位的提升、薪酬增加、创业已见成效等（表 10-3）。

表 10-3　MBA 在读期间及毕业进入职场第一个五年

类别	职位提升	薪酬增加	跳槽频次	创新表现	创业表现	再深造	职业满意度
本企业按部就班	有 1～2 次	1～3 倍	无。但有企业内部不同岗位变动，1～2 个	创新表现较强	无或兼职创业	极少数准备深造	比较满意

续表

类别	职位提升	薪酬增加	跳槽频次	创新表现	创业表现	再深造	职业满意度
跳槽应聘的	明显，1～2次	3～8 倍	1～3 次	思维开阔，创新力强	无或兼职创业	跳槽导致少数人有寻求更高学位需求	不太满意，寻求更高
创业的	明显，企业创始人或股东	1～N 倍	在学期间就有创业方向，准备创业，也有毕业后才开始创业的	有想法，创新力极强	敢想敢为，“为所欲为”	极少数开始在职攻读博士学位	虽然不一定满意，也觉得创业不后悔

二、MBA 毕业进入职场第二个五年

MBA 毕业进入职场第二个五年（表 10-4），对于大部分人来说，一般都会小有成就或者有一些大的收获。职业发展进入快车道，管理的科学性运用已得心应手，逐渐次向追求管理的艺术性方向发展。

表 10-4　MBA 毕业进入职场第二个五年

类别	职位提升	薪酬增加	跳槽频次	创新表现	创业表现	再深造	职业满意度
本企业按部就班	有，1～4次	3～10 倍	无。但有企业内部不同岗位变动，1～4 个	有一定的创新	无或兼职创业	1/15 左右的获得博士学位或更高	比较满意
跳槽应聘的	明显，1～4 次	3～15 倍	1～4 次	思维活跃，创新力强	无或兼职创业	1/12 左右的学生获得博士学位或参加行业进修班	不太满意，寻求更高
创业的	很明显，企业创始人或股东	1～N 倍	1～3 次，毕业后就开始创业，或者通过打工学习后创业	有想法，创新力极强	创业比较实在，属于公司成长期的较多，爬坡阶段	1/10 左右的获得博士学位或参加过行业进修班学习	创业思考较多，比较满意

这个阶段，需要关注很多事。比如，你要自己去约见一个总经理有时较难，但是，如果组织几个总经理一起去约一个总经理，就相对容易。深入洞察行业动态，来自行业风口浪尖的精英，对行业信息的即时评论、对行业把握的深度分享，这些是看行业研究报告学不到的。通过从学术角度的分析，更能对行业的脉络有一个深刻的认识。建立商誉，这个最有价值。有个朋友的商业计划能拿到天使投资的关键点，就是有人拍胸脯给投资人做了推荐。一群靠谱的人做事，比做靠谱的事更重要，因为失败了还可以重来，还可以继续得到更多人的支持。约定的见面准不准时，能不能谦虚地接人待物，是不是言行一致，这些态度要比一张简历是否漂亮，更能决定一个人事业的成败。

比如，先有一颗为他人服务的决心，也许就是获得更多资源的开始。经过一段时间的历练，MBA 学生，有专业的知识结构，愿意倾听，乐于奉献，就可以与合作伙伴，基于一个平等的基础，展开合作，一起创造更大的价值。

比如，更加理解管理的精髓。有个案例，说的是一个牛肉面馆老板招聘了一个大师

傅，在放多少牛肉的问题上产生了矛盾，最后想出了以下办法：底薪加提成，提高积极性；不能把全线流程的权利都下放给员工；根据顾客的满意程度、盈利利润，建立有效的奖赏和惩罚制度；人员的工资提成不能只与销量挂钩，应该与老板的利润挂钩；有效的沟通、激励、暗示，让关键员工认为自己也是企业的主人。

三、MBA 毕业进入职场第三个五年及以上

MBA 毕业 10 年及以上的学生，应该已做到一个中等规模以上企业的中层，更多的应该已进入公司经营层，如果创业，企业也已有起色，呈上升趋势。当然，其中也不乏经受挫折、处于职业发展徘徊阶段的。

读 MBA，可以作为职业转换用，如原来做技术的，可以借助 MBA 文凭，从技术管理工作，逐渐转到其他管理方面；另一种情况是工作多年，如 15 年以上，对于企业来说，仍然会看重你过往经历，MBA 文凭只是增加了一些管理知识，对于职业转换帮助不大。

MBA 毕业进入职场第三个五年及以上的情况如表 10-5 所示。

表 10-5　MBA 毕业进入职场第三个五年及以上

类别	职位提升	薪酬增加	跳槽频次	创新表现	创业表现	再深造	职业满意度
本企业按部就班	有 1～3 次	4～15 倍	无。但有企业内部不同岗位变动，1～3 个	有一定创新	无或兼职创业	1/10 左右的获得博士学位或更高	比较满意
跳槽应聘的	明显，1～3 次	5～25 倍	1～3 次	思维开阔，创新力强	无或兼职创业	1/8 左右的学生获得博士学位	不太满意，寻求更高
创业的	非常明显，企业创始人或股东	1～N 倍	毕业后才开始创业，一般一次以上	有想法，创新力极强	涉足创业比未读 MBA 的成功率高	1/15 左右的获得博士学位或更高	创业成功的满意，不成功的另谋出路

第三节　调查假设及方法

一、调查假设

职业规划实战调查，研究的样本为通过全国联考的 MBA 学生，力求有一定的代表性和现实意义。这些 MBA 学生，至少有三年以上的工作经验，分布于各行各业，又经过系统的工商管理知识学习，样本比较整齐，结论相对客观。

二、调查方法

1. 对在读 MBA 学生的调查

对在读 MBA 的学生采取调查、课堂小组案例调查讨论互动、考试题情景设置方法

（表 10-6）。

表 10-6　对在读 MBA 学生的调查

类别	选项	比例	分析
职业类型	A—实际型；B—研究型；C—艺术型；D—社会型；E—企业型；F—传统型；G—政府型	E 占 83%，ABCDFG 占 17%	MBA 学生还是以企业型的为主
性格	A—外向型；B—内向型；C—表面外向实际内向型；D—表面内向实际外向型	CD 占 76%，AB 占 24%	性格特征的二重性特点明显
兴趣与现在从事的职业有关，职业发展根据兴趣是否有其他计划	A—有；B—无	A 占 15%，B 占 85%	已经从事感兴趣的职业或者拥有替代职业的比例较少
本科专业及现在从事职业	A—工科；B—理科；C—文科；D—其他	A 占 57%，BC 占 36%，D 占 7%	现在从事的工作与本科一致的较工科较文理科的比例要大
团队角色	A—智多星；B—协调者；C—推进者；D—监督员；E—外交家；F—凝聚者；G—实干家	A 占 21%，BCDF 占 67%，EG 占 12%	有领导潜质的占比多
前瞻性	A—是；B—否	A 占 97%，B 占 3%	绝大多数有领导的这类素质
有无做过主管或中层及以上	A—是；B—否	A 占 68%，B 占 32%	有过管理经验的占比较大，同时，也反映出现在的 MBA 学生无管理经验且呈低龄化趋势
（1）直接上级如何看待你 （2）直接下级们如何看待你	（1）A—有个性；B—能力强；C—一般；D—不咋的；E—糟糕；F—与他站的不是一条队 （2）A—有水平；B—能力强；C—一般；D—不咋的；E—糟糕；F—与他站的不是一条队	（1）ACF 占 49%，B 占 47%，DE 占 4% （2）AB 占 67%，CF 占 32%，DE 占 1%	认为上级对自己的个性评价和下级对自己的能力评价占比较多来看，MBA 学生有不盲从、自信等特点
对创业合作伙伴看重哪些因素	A—心诚；B—计较；C—看重股权分配；D—遇事乐观；E—有想法就说；F—互补性	ADEF 占 94%，B 占 0%，C 占 6%。	看重创业合作伙伴的正能量多，如果创业，想法容易趋同。对股权分配关注较少，说明大家对创业实际遇到的问题估计不足
工作家庭安排优先	A—侧重工作；B—侧重家庭；C—二者兼顾；D—无所谓	A 占 16%，B 占 11%，C 占 65%，D 占 8%	工作家庭兼顾占比多，反映出工作与生活的态度，希望平衡的观点
学习能力强	A—是；B—否	A 占 63%，B 占 34%	多数学习能力强，说明 MBA 学生善于接受新事物，与时俱进
以前有无做过职业规划	A—做过，挺好；B—做过，效果一般；C—做过，效果差；D—没做过	A 占 7%，B 占 48%，C 占 23%，D 占 22%	该比例说明大家需要充分认识职业规划的重要性，如何正确、合理、科学地做出适合自己的职业规划

2. 对已毕业 MBA 学生的调查

对于已毕业的 MBA 学生，不考虑毕业年限，通过调查问卷、访谈等方式进行调查，具体情况见表 10-7。

表 10-7　对已毕业 MBA 的学生调查情况

类别	很明显/%	明显/%	一般/%	不明显/%
学以致用	21	66	10	3
职位提升	15	59	24	2
薪酬增加	39	53	7	1
前景看好	28	65	6	1

三、调查意义

这种调查，对 MBA 学生的招生、教学、就业、发展、晋升、飞跃等职业生涯发展有着重要意义，同时，对职业规划具有参考价值，主要体现在以下几个方面：

（1）准备报考 MBA 的学生要慎重选择合适的高校。

（2）读 MBA 时除了完成学校规定的必修课程外，根据需要选择有针对性的选修科目。

（3）读 MBA 时要处到几个有益的同学和朋友，与相关老师建立良好的关系。

（4）读 MBA 时，就要考虑好自己未来的发展方向，提前规划，着力加强。

（5）MBA 毕业后，可考虑至少 4 个“五年计划”，作为自己职业规划的量化，并适时检查、评估、调整。

（6）以“职业规划成功者”的要素为目标，在保证身体健康、家庭和睦的情况下，看谁以最短时间到达。

（7）实现财务自由、身心自由、超凡境界。

第四节　建立模型分析

一、模型建立

模型建立基于以下假设：

（1）研究的样本为通过全国联考的 MBA 学生。

（2）MBA 学习期间，中流砥柱、前瞻性、洞察力、本领、载体、原动力六种关键因素建立或得到强化。

（3）MBA 毕业后 0～5 年为第一个区间，MBA 毕业后 5～10 年为第二个区间，MBA 毕业后 10 年及以上为第三个区间。

（4）以 MBA 毕业后达到“职业规划成功者”这个目标为终极目标，时间越短越好，达到目标不以牺牲健康为代价，不以非常规手段来获取。

（5）最终“职业规划成功者”的条件为：职位做到总资产 10 亿人民币以上（以 2017 年计）公司董事或经营层；资金赚到 0.5 亿人民币以上（2017 年计）；国家科技部体系认定的省部级以上专家；正厅级以上干部或国务院政府津贴获得者；必须身体健康，家庭幸福。

一元线性回归预测是指成对的两个变量数据的散点图呈现出直线趋势时，采用最小二乘法，找到两者之间的经验公式。一元线性回归预测法是分析一个因变量与一个自变量之间的线性关系的预测方法，是经过相关分析后，在直角坐标系中将大量数据绘制成散点图，这些点不在一条直线上，但可以从中找到一条合适的直线，使各散点到这条直线的纵向距离之和最小，这条直线就是回归直线，这条直线的方程叫做直线回归方程。值得注意的是，一元线性回归方程与函数的直线方程有区别，一元线性回归方程中的自变量 *X* 对应的是因变量 *Y* 的一个取值范围。

采用 Oringin 软件，进行一元线性回归预测，建立水论模型，拓展水的三态研究方法。

对水的固液气（A、B、C）三态因素所包含的比拟内容进行归类，通过问卷调查和访谈调查资料，将分析指标分解合并为可以计量的因素，并根据“三个因素的综合”与“职业规划成功者”所表达的“到达大海自由态”之间的依存关系，进行一元回归分析，得出 M 与 A、B、C 之间的内在联系。

M（到达大海自由态）——职业规划成功者（范围 0 ~ 100%）
A（固态冰）——砥柱、职业锚、兴趣、天赋、秉性、根本（权重 ξ_1 占 43%）
B（液态水）——前瞻性、洞察力、原动力、本领、手段、执行力（权重 ξ_2 占 32%）
C（气态气）——载体、平台、介质、转换器、加速器、媒介（权重 ξ_3 占 25%）
设 ξ_1、ξ_2、ξ_3 为 ABC 权重，M=Y，X 为职业规划成功者综合因素。
那么，以 Y 作为因变量，自变量 $X=\xi_1A+\xi_2B+\xi_3C$，建立一元回归方程。

职业规划成功者的综合素质如表 10-8 和图 10-2 所示。

表 10-8　职业规划成功者的综合素质

类别	1	2	3	4	5	6	7	8	9	10
X	0.09	0.17	0.27	0.36	0.47	0.58	0.69	0.77	0.88	0.95
Y	0.03	0.09	0.20	0.28	0.39	0.51	0.62	0.73	0.85	0.93

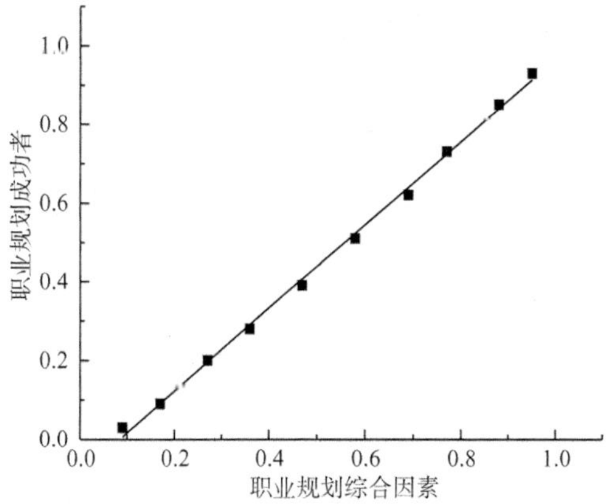

图 10-2　职业规划成功者综合因素线性回归

设定“职业规划成功者”为 y，综合因素为 x，建立一元线性回归方程。通过 Origin 软件，得出回归方程

$$y=1.054\,99x-0.088\,76.$$

二、分析

职业规划成功者 M 与水论理论中的 A（固态）、B（液态）、C（气态）三种综合因素有关系，通过数据的线性拟合，可直观、方便、准确、快捷地显示出其内在的联系。一个职业规划成功者，他的成功绝非偶然或运气，一定是有意或无意间使得 A、B、C（固、液、气）三种职场上必备的素质叠加，形成最优，才最终获得成功。

管理之道在于悟，需要时间来理解。转换或拓宽就业领域和个人职业发展方向，是大部分人攻读 MBA 的最主要原因，另外，提高薪水，建立职业交流网络，为创业做准备等也是攻读 MBA 的重要原因。读 MBA 是为了把自己以往零碎的一些实战经验串起来，而 MBA 的系统学习，就是一根串起珍珠的金丝线。通过 MBA 学习可以使自己在战略、视角、分析等方面都有提高，看问题实现从点到面的转变。好的 MBA 院校，更能使学员获得一些大公司的面试机会，获得职位后，能在提供的较大平台上一展身手。MBA 学习，通过理论与实践相结合，对企业管理的知识有一个比较全面的了解，能够帮助自己工作起来更加游刃有余。同时，要转变观念，开阔视野，整合资源，从全局的角度看问题，提高总体素质，增加自己专业以外的软实力，引领职业生涯往更高和更深处发展。职业发展的方向，可以根据个人的职业规划来确定，比如人力资源、金融、投融资、市场营销、项目管理方向等。

MBA 教育培养的是一种创新能力和管理技能。当前，许多人选择攻读 MBA，这说明作为一个职业经理人，仅有丰富的阅历和能力是不够的。他们经过多年的市场磨炼，在对市场经济有了深刻认识的同时，也更加感到自身管理知识和创新意识的匮乏。攻读 MBA 成为学习管理知识和拓宽个人职业发展空间的一个重要途径。接受过 MBA 教育，表明自己具有如下特征：是一个积极进取，不断努力，没有被社会消磨掉锐气，渴望获取新知识的人；有一定的智商水平，具备了相当的学习能力；接受过一整套企业需要的系统的管理体系教育，具备了一些最先进的经营管理理念和前沿的管理思想；拥有一批相对优秀的 MBA 同学，这是今后事业发展的宝贵资源。

有人把员工分为四类：人才、人材、人财和人裁。能力强，工作积极性高的员工，公司自然会重用，此为人才；能力弱，工作积极性高，只要员工认真负责，自身努力，会被培养重用，此为人材；能力强，工作积极性低，这类员工没有工作热情，内驱力低，长期下去会被限制使用，优秀的人才变成了人财；最后一种员工，毛病多多，随时可能被辞退，此为人裁。

三、相关启示

一个 MBA 学生，要想以最小的综合成本，通过职业规划包含的各种关键因素的叠

加，达到成功者目标，殊非易事。这当中有太多的干扰，太多的困难，太多的不确定性，真是应了那句话：成功有成功的道理，不成功也有不成功的理由。

当然，采取上述定量分析，给职业规划提供了一种创新的方法，这种方法虽然不能包治百病，但是，至少提供了一种分析的思路和设想。好的方法，往往能使人如虎添翼，获得成功。

MBA 全日制学生的研究方向仍然比较传统，多集中在金融投资分析、财务会计等方面；在职 MBA 学生，则更喜欢结合自己工作的行业、岗位，选择技术性、实用性更强的方向，如运营管理、市场营销和项目管理等。对于在职 MBA 学生来说，他们关心的是如何能读到更适合自己的 MBA 课程和方向，才不浪费宝贵的业余时间，实现 MBA 后期跨越职业生涯的最高跳杆。

MBA 学生中，有很多是久经职场的资深管理者，白手起家的企业老板，还有受父母之命前来获取文凭的富二代。大家的想法虽然千差万别，但都有结交人脉、长见识、开阔视野、学点东西的共同点。所谓的“念念文，养养神；识识人，怡怡情；获文凭，修修行”不无一定道理。

第五节　职业规划应用

一个人，尤其是读过 MBA 的学生，每当想起自己总是得不到公司的重视，可能会失望，也许会愤怒，甚至产生了赶快离职换个工作的想法，工作开始没有了动力，负面情绪开始滋生，创造力降低，时间长了不知如何是好。到底是什么阻碍了自己的职业发展？可以思考一下自己是否有一个明确的职业规划，或者虽然有职业规划，但在工作当中，已不知不觉偏离了航向。

一个好的职业规划，让自己的梦想少走弯路。企业重视它，能为企业带来更大的效益；员工重视它，能为员工的职业发展铺平道路，获得一个好的职业发展。

MBA 作为一种培养管理者的有效途径，目前在国内，一般被认为是通往管理层的一块垫脚石，但至于 MBA 学生毕业后能从事什么样的工作，与其具体能力和心态等方面有关。在毕业的时候不要看职位的高低，而是要了解所从事职业的成长前景，MBA 学生如果能甘于前期的蛰伏，有时会很快在该领域得到广阔的发展前景。

读 MBA 需要关注：选什么样的学校；在学习过程中能学到什么；通过学习，最终个人职业发展能够上升到什么样的高度？达到什么样的平台？读 MBA 最终目的不是拿一个硕士文凭，而是让自己的职业生涯发展如何得到提升。在短时期内学会对大量信息进行分析，学会把零散的信息组织到有深度的分析报告中。树立目标，选好战略，果断行动。经济学上讲，投入最少，边际效益最大，收益最好，是寻求如何实现目标的最佳方法。MBA 选择的方向和自己第一份工作及未来长期的职业目标，三者连成一条直线，指向自己的长期目标。MBA 教育，是一个投资回报能贯穿一生的活动，不是一个短期的行为，要有长远的规划和考量。

如果仅仅想学习一点管理知识，这种认识很肤浅，读 MBA 是要完成深层次的知识结构，从而表现出来外在的职业素养，比如职业道德、心态、举止言行及职业技能等。职业规划能帮助一个对商业环境不是特别有驾驭能力的普通 MBA 学生，逐渐成长为一个训练有素的管理精英。大多数公司不会专门对员工进行职业发展通道管理的。因此，一般员工工作五年左右，要思考自己到底继续往专业方向发展，还是往管理方向发展，如果你认为自己愿意往专业方面做深做强，比如技术、营销、采购、生产、财务、质量、人力资源等，就选择成为这个领域的资深人员。如果你在管理方面的潜力比较大，就可以考虑选择管理通道。

职业规划是每个人自己的事情。对于 MBA 学生来说，也许没有职业规划一样可以成功，然而，有职业规划的人则更容易成功。良好的职业规划会成就你满意的工作，美好的职业及幸福的未来。MBA 学生在确定或转换职业时，要考虑八个纬度：行业、兴趣、天赋、职能、职位水平、公司环境、地点、年龄。如果超过三个以上的纬度变了，找工作的难度会很大，要非常慎重地考虑，充分准备，才能实现真正的转行和提升。

学生在挑选 MBA 学校时，会集中考察该校 MBA 的知名度、排名和校友的就业情况。学校在挑选学生时，也会考虑学生能为学校增值多少。MBA 学生就业越成功，意味着该校 MBA 越能得到认可；该校 MBA 越得到认可，学生就越容易得到更好的就业机会。

读 MBA 对职业发展绝对有好处是毫无疑问的，学生从入校开始瞄准的就是就业。读 MBA 后，是否得到了更好的职业发展，关键是要和自己的过去比，而不是单纯和自己的同学比。可能有些同学，原本在某些方面不如你，但在毕业的时候，因为其从事的行业恰好发展迅猛，机遇良好，得到了比你好得多的机会，薪酬、职位都比你得到的要高出几倍。这时，也要有好的心态，在每个行业里都会有机会。对于海外 MBA 来说，现在的留学咨询公司很多，一般会提供求职的具体服务项目：海外求职技能培训，包括简历制作、求职信书写、模拟面试等；指导海外职场生存法则、求职方法和途径；协助搭建海外人际关系网，提供海外求职相关信息；简历进入猎头人才库，免费提供海外实习及工作信息；优秀人才经过严格挑选进入精英网，分享全球资源和事业发展机会。

一、运营类

运营管理一般讲究“平稳”和“安全”，运营上没有事就是最好的事。运营时，如果一会儿这样做，一会儿那样做，没有连续性，容易使生产出现异常，甚至爆发安全事故。所谓“治大国者若烹小鲜”，不要经常炒，否则容易把小鱼弄碎。

产品的一切活动、日常维护、信息更新，包括运营后的需求提供，都是运营的事情。因为每个公司提供的产品不同，运营也不尽相同，比如电商公司的运营，除了日常更新网站广告位、商品信息外，还可能涉及会员、社区、活动策划等工作内容。运营的产品、服务很重要，要充分了解用户，这是运营的核心，真正从用户的需求角度出发，这才能是好的运营。

运营职业规划有很好的职业发展路径，可以从专员到策划、主管、经理、总监，再到首席运营官（COO），管理级别上可以一直做到高级副总裁甚至总裁。从运营转换的角度看，运营可转产品，也可转技术，甚至转商务。职业起点并不一定决定一个人的最终成就，勤于学习、懂得思考、善于归纳、经过实践洗礼，很多人能到达运营发展的最高层次或境界。

二、营销类

市场营销，英文翻译为 Marketing，又称为市场学。市场营销被 MBA 教育作为重要模块，开设商业管理课程，对管理者进行管理和教育。市场营销主要是指营销人员针对市场开展经营活动、销售行为的过程，是在创造、沟通、传播和交换产品中，为顾客、客户、合作伙伴及整个社会带来价值的活动、过程和体系。

MBA 学生中有很多从事营销类职业的，营销是个直面竞争、深具挑战性和诱惑力的职业，它不仅磨炼意志、锤炼品质，更主要的是能从中学到经商之道，为人之本，为以后的职业发展奠定扎实的基础。

营销人员刚进入企业，通常都要接受一些培训。培训内容主要集中在产品、营销技巧、工作态度等方面，营销人员希望能够抓住时代的机遇，就必须做出自己的职业规划：分析自己的现状，给自己设立一个有挑战性的职业目标，了解自己的潜能，找到不足，弥补差距，实现自己的人生梦想。对营销人员来说，职业规划是个人发展的一盏指路明灯，看清自己未来的道路与方向。在竞争激烈的现代社会，一个人越清楚了解自身的资源与优势，明白如何根据个人核心优势去制定未来发展道路，则越容易成功。市场营销人员有非常明显的特点：工作稳定性差、工作压力大、出差应酬是生活的常态。特别对于直接面向市场的基层业务人员而言，虽然工作时间比较自由，但由于销售指标的压力，常常令已婚者顾不上照顾家人，未婚者顾不上恋爱，很长时间不能和朋友闲聊、聚会。当然，销售职位具有高压力、高回报的特点，除了最高决策层外，多数企业中最容易产生高薪的职位便是销售类。与同级别的财务总监、人力资源经理相比，销售总监、销售经理的收入普遍会高出一截。随着年龄的增长，当冲劲和激情淡淡褪去，对家庭的责任和对稳定生活的追求，令众多年轻的基层销售人员开始规划自己的职业方向。业务销售人员的出路何在？职业发展的通路是什么？

市场营销类职业规划的最大好处在于，帮助我们将个人梦想、价值观、人生目标与我们的行动策略协调一致，去除其他不相关的旁枝末节，整合个人最大的优势与资源，从而向着终极目标快速前进，这正是我们取得成功的重要保证。按照所从事销售工作的内容，目前国内的销售人员可分为高级营销人员、一般销售人员、推销人员和兼职销售人员。销售人员有三种职业出路：一是纵向发展成长为高级销售经理，不过能达到这一目标的销售人员为数很少；二是横向发展转换到管理岗位或咨询培训；三是独立发展，自己创业。可以看出，从销售队伍中走出来远不如走进去那样容易，所以销售人员之间的竞争也是十分激烈的。

1. 高级销售经理

实现这一目标的方向有两个，第一个方向是从技术的角度出发，不断改进和提升工作的方法和能力，从低级的非专业化的销售人员变成职业选手。这一变化主要体现在工作的理念、思路、工具和方法都做得更加专业，从靠感觉、靠冲劲做事转变为讲求定量数据、专业调查分析、把握市场规律性；第二个方向就是从技术提升通道，从战略层面和组织全局的高度进行系统思维，进一步提升和转换职位角色。要成为高级的销售人才或经理人，销售人员必须要加强系统分析、全面思考的能力，从企业战略高度做销售，多挖掘一线的信息，进行智慧加工，最终起到为高层决策扮演战略顾问角色的作用。

2. 转到管理或咨询岗

销售人员可以结合个人兴趣和组织需求通过横向流动即轮岗的方式，转向相关的专业化职能管理岗位，具体可以从三个角度考虑：如果还是对销售业务或相关的工作感兴趣，不愿意完全离开市场营销工作，公司的人力资源也允许，可以选择横向的相关岗位，如市场分析、公关推广、品牌建设与管理、渠道管理、供应商管理等；如果有管理专业背景或者对管理感兴趣，可以发展的方向包括市场信息或情报管理、行业研究、战略规划、人力资源管理、项目管理等；如果在销售工作中对产品的生产制造、运营、开发、设计等技术方面积累了优势，则可以往技术含量较高的岗位流动，如运作管理、售前技术支持、产品测试、售后技术服务等，还可以转到咨询或培训领域。

3. 创业

有过销售背景的人出来创业，可以说是最适合不过的。企业要生存，首先要有市场，做好业务拓展工作是很多创业者必须要首先解决的难题。许多令人羡慕的成功人士都是从销售人员开始做起，在积累一定的资金、经验和资源后进行独立创业而获得成功的。销售人员进行创业最大的优势是经验和资源优势。一个有着丰富销售经验的人比起其他创业者，对行业的理解、对企业的运作、对市场变化的感知都会有很大的优势。同时，他们很可能积累了资金和良好的产业链上下游的人际资源，了解行业的运作模式和成功关键，把握了稳定的客户关系资源。从现今市场发展来分析，销售已成为各种职业中最具吸引力的一个职位。而销售也是最广泛、最具有挑战性的职业，在市场高度开放的时代，没有哪家企业敢说我不需要销售人员，甚至从某种程度上说，销售队伍的生命力决定了企业的生命力。当然也有很特殊的情况，比如一些刚起步的小企业可能就没有专职销售和市场人员，因为老板本身就担当了这些角色。

三、客户服务类

也有一些 MBA 学生从事客户服务类的，应该说，读 MBA 后相比读 MBA 前，为客户服务的水平会有很大的提高。客户服务是与人打交道的，主要解决一些棘手问题，恰恰 MBA 的训练对此类工作有着非常大的帮助。工作中，如果你发现原地踏步好几年，就要反思自己是否没有做职业规划或者职业规划不科学，是否在被动地等着晋升、等着发财、等着天上掉的馅饼。要解决这个问题，需要付出更多的时间和精力，别人做不到的要努力做到，别人做不好的要努力做好。主动去做一些事情而不要等着安排。请示上级后主动安排一些工作，展示自己的领导能力。关心同事、处理好人际关系。争取适当的培训机会，或者自行参加一些培训来提高自己的工作能力。要相信自己，是金子一定会发光，不管在什么地方，做什么工作都一样会获得认可。

MBA 学生的职业规划，是希望通过努力不断提升自身的价值，是为了满足生理、安全、社交的需求后，有一天能够被尊重和达到自我超越的境界。工作越来越熟练，晋升到高级的职位后，有精力和时间去满足社交的需求，有时间去做一些被尊重的事情，才能体现出自身更高的价值。

随着社会的发展，人们对服务的品质要求越来越高。另外，信息技术的发展，也使客户数据搜集与处理的重要性日益显现，这使客户服务岗位具备了更多专业性的发展空间。客户服务的职业发展通道也是多样化的，不仅有管理路线，专业岗位的发展路线也是非常多的。客户服务职业发展逐渐会重视专业化方向。企业的管理岗位有限，不是所有的人都有晋升的空间，而且并不是所有的人都适合做管理，管理需要有管理素质的人承担，把一个业务水平出色但管理平庸的人提拔到管理岗位，将会减少一个合格的客户服务人员，同时增加一个不合格的管理者。这样的结果对企业和个人都是不利的。

四、技术研发类

MBA 学生从事技术研发类工作，相对于一般人员来说，优势明显。主要是 MBA 学生通过系统的工商管理学习，思维发散，视野开阔，看问题不容易钻死胡同。从事技术研发类工作的 MBA 学生对企业运作、生产工艺、生产流程、物流管理、营销模式、市场调查、用户心理等方面都有涉猎，能从市场、用户和生产工艺角度考虑产品开发。企业的产品开发是与市场紧密联系在一起的。树立市场化的研发策略是高手必备的素质，另外，实验条件、项目管理水平、人员素质、资金投入、信息交流等都是非常重要的因素。企业里的高手，不仅要了解技术、工艺及生产方面的知识，团队意识，管理才能，协调沟通能力，系统规划能力，甚至语言表达能力都是很重要的，这些是高手综合素质的体现。

大量的技术类人员对自己的职业定位和职业规划显得非常迷茫和困惑。中国有句古话："劳心者治人，劳力者治于人。"与管理类岗位相比，他们虽然从事着非常重要、繁琐的技术性工作，但更多的是扮演着幕后英雄的角色。在社会地位、经济收入等方面与各级管理者普遍存在差距。还有造成他们职业规划困惑的原因是部分技术性工作的局限性。

技术研发类人员的职业规划发生在职业选择之前，也同时发生在职业发展的过程中，规划、调整、再规划是一条必由之路。要掌握好职业规划五个要点：一是听从心的召唤。在评估过自己的能力、特长和专业方向之后，一定要顺从心的选择。很多因素影响了自己的判断和选择。相信自己的直觉，在判断自己的职业前景时，一定要让心说话，有了这样的召唤，请不要再犹豫和彷徨。二是寻找好的职业导师。职业生涯很长，很多职业经验是必须靠时间累积的。在职业规划之前，可以寻找好的职业导师进行咨询和了解，从他们身上解读职场发展的规律，少走不必要的弯路。三是走好职场第一步。职场的第一步也是职业规划中的重要内容。职场发展的积累就是从第一步开始的。第一步值千金，千里之行始于足下，第一步的准确将有可能带来后面每一步的准确。四是职业发展要有大目标。职业规划好比人生规划，如果只局限在个人前途和个人利益方面，我们的职业目标必须带有社会责任感，当然职业目标可以分短期、中期、长期来完成。五是在调整中完善。职业规划有一个明显的阶段性特征，所以在不同发展的阶段都必须作出相应的调整，甚至是改变。但职业发展的宗旨是不变的，就是通过职业发展的机会，体现个人的价值，为社会作出应有的贡献。所以有了这样长期而又宏观的视野，就会根据自身状况的改变而作出相应的调整。职业规划不是将职业目标定得最高就是好，而是切合实际、可行、有计划、一步步地完成规划才是最好的职业规划。谨记不要高估自己的能力，不要低估职业的风险，不要轻易放弃，坚持是职业发展的一把金钥匙，不要闭门造车，寻找合适的帮助是一个不错的捷径，不要以索取为职业目标，一分耕耘一分收获是游戏的规则。

快速迭代为主的新产品开发团队，对于开发人员的素质模型是“能力+协作力+影响力”。一个团队所承担的项目规模和难度往往不会有太大的变化。由于项目规模和难度受限，往往没法让员工有持续的、突破性提升技术、经验的机会。培养更多的对产品有用的其他工作技能，而非仅仅是软件开发能力。

研发人员其实是很矛盾的，他们骨子里对自己的技能津津乐道，渴望得到认同，但是又无奈技术不断推陈出新，需要天天追逐新东西，否则一不留神就被新员工赶上了。研发人员擅长理性思维和数学建模，会自然而然地将这种思路带进了充满不确定的现实。他们羞于在利益上斤斤计较，却无时不在思量如何使自己的身价不缩水；有时憧憬得“心比天高”，有时却又感叹“命比纸薄”。合格的研发人员具备某些特定的素质，这使得他们很容易被区分出来，这些素质包括成就导向、思维能力、合作精神、坚韧性、主动性及学习能力。

职业规划对每个研发人员来说至关重要，没有规划就像一条小船在波涛汹涌的大海上随波逐流，每每在不合意时就怨天尤人，得意时就夸夸其谈，最终发现自己的现实与曾经的追求相差甚远。一个公司、一个项目乃至一个产品都有明确的计划，并在出现偏差时及时纠正方向，职业生涯的道理同样如此。有些人相信公司会为个人制订发展规划，如任职资格管理，技术与管理的双通道发展等，自己只要努力工作就可以了。要知道，公司规划和个人发展的规划尽管有一致的地方，却不能完全等同，再负责任的公司也无法为每个员工的职业生涯量体裁衣，将自己完全托付给别人，对自己也不大负责。

在规划职业生涯时，要有自知之明，同时明确自己的方向。按照国内现状，极少有公司能提供发展通道使得研发工程师可以一直从事自己擅长并喜爱的研发工作，也就是说几乎所有的研发工程师都面临着改行。如果说部门经理是提供资源的，那么产品经理、项目经理就是负责领兵打仗的，为公司直接创造现金流，这无疑是最为风光的。这需要的是敏锐的市场洞察力、掌控大局的能力及强悍的执行力。成为优秀的项目经理可不是件容易的事儿，一些经理做了很多年，也没有真正从技术岗走向管理岗。

在猎头的眼中，什么样的研发人员更有价值，或者说什么样的研发人员能够创造更高的价值，更受企业和社会欢迎。第一是基础，每个研发人员的基础就是你具有的深厚的专业水准。受过非常系统的教育这个没有问题，因为大家都受过很好的教育。但是，更重要的是，你还要掌握社会上更多的信息、更多的资源、更多的资讯。第二，作为在企业里的研发人员，你应该通过各种渠道去了解资讯，去了解市场。方法就是去研究院或者研究生院学习。研发人员中比较成功的人，都是做研发时“不老实”的人，他们是除了研发能力外，市场、管理、客户服务等意识都非常强的人，这样的人成功的概率很高。打算将来创业当老板的人，需要掌握研发之外的能力，做产品经理是一个有效的渠道或者是渠道之一，因为产品经理是一个比较系统的、能够和市场结合、与客户结合的一个职位。并不只是研发管理人员，其实在你工作到一定阶段的时候和需要管理一个团队的时候，自然会把握各方面的需求。找到你长期的兴奋点，从事你喜欢的工作。当你有目标的时候，你怎么实现它。这需要勇于发现、主动接触。在选择的时候，应该慎重地、理性地对自己长期的职业生涯负责。对从事研发管理的人来讲，只有掌握了更多的你同事所没有掌握的研发之外的能力，你才会比他们更接近成功，更快地实现自己的目标。

做技术工作同样有着非常广阔的空间，视野要更开阔，眼光要更长远，努力成为专业人才。

1. 项目经理

对于很多从事技术方面工作的人员来说，发展成为项目经理是一个相当好的工作。项目管理工作既需要扎实的技术背景支持，又涉及多方面的管理工作，最适合那些技术出身但又不甘于只做技术工作的人员。成为项目经理，一方面可以充分发挥技术人员的专业优势，另一方面又可以在团队管理、协调各方资源、内外部沟通等工作中体验和发挥作为管理者的角色和作用，从而让自身价值更为充分地实现和得到认可。优秀的项目管理人才，也是今后很长时期内的一个热门职业。

2. 行业资深专家

如果的确非常喜爱技术工作，而不擅长或不喜欢与人沟通，则完全可以专注于自身的领域，以发展成为行业资深专家为方向和目标，当然这一发展过程可能会比较漫长，任何一个领域的顶尖技术人才都需要长期的行业经验的累积和个人孜孜不倦的投入。不过这类人才的一个优势是越老越吃香，当别人随着年龄的逐步增长开始担心饭碗问题时，你则渐入佳境，开始进入职业发展的黄金时期。

3. 研发经理或技术总监

事实上，在某些行业和企业中，技术研发人员的地位是非常高的。技术的支持和研发的速度，成为企业利润增长的最主要来源，在这些行业中，技术研发部门就是企业的主战场。不少国企和政府部门也非常重视科技和技术工作，在一个尊重和重视技术工作的行业和企业中，发展成为研发经理、技术总监或总工程师都是一个很好的选择。

4. 做技术型销售和服务

技术工作的领域其实非常广泛，如果感觉纯技术工作发展潜力不大，可以考虑转向做销售或技术支持方面，如华为、中兴等通信技术公司的销售人员，很少是不具有专业技术背景的；甲骨文等软件巨头的市场推广，第一步常常是从销售工程师拜访客户开始的。这类高价值、高科技的产品销售推广，非常需要具有丰富技术经验的销售人员。技术人员转向售后服务人员也是非常有前途的。在工作中积累了丰富的应用和维修经验，有合适的机会跳槽到著名的公司，成为其售后服务工程师，工作上得心应手，收入也有了数倍的增长。

5. 转向管理岗位

有些人虽然是理工科出身、从事着技术岗位工作，但他们似乎天生就是具有管理天赋的人。这些人会在工作中逐步展现出管理潜质和优秀的领导能力，他们往往更喜欢跟人打交道，更喜欢与外界沟通。在这种情况下，技术研发人员可以技术经验为基础和依托，适当补充学习一些管理方面的知识。例如，可以在职攻读 MBA，假以时日，完全可以成长为出色的职业经理人。

6. 高级技术操作人员

上述的职业发展方向，适用群体多为高等学校毕业的理工专业的人士，但对于数量众多的中等专科学校、技校毕业的一线技术工人来说，成为行业技术专家或研发总监的机会显然非常小。这一群体的职业人士，最佳的职业发展路线是立足本职岗位，成为高级操作型技术人员。

拓展阅读

徽商胡雪岩[①]

胡光墉（1823—1885 年），字雪岩，安徽绩溪人。大唐太子李昌翼（胡昌翼）的后裔，这支胡姓称为“李改胡”或“明经胡”。他是中国近代著名的红顶商人，富可敌国的晚清著名徽商。

① 高阳．2012．红顶商人胡雪岩．南京：江苏文艺出版社．

一、幼贫好学

胡雪岩年幼时，家境十分贫困，以帮人放牛为生。胡雪岩天资聪颖，勤奋好学，不谋私利，胆大心细，自信诚实，很快从一个小伙计一跃而成为阜康钱庄的老板，再跃而成为徽商巨头。在各省设立阜康银号 20 余处，并经营中药、丝、茶业务，资产最高达 2000 万两以上，是当时的“中国首富”，是历史上获得慈禧亲授的红顶戴和黄马褂的第一人！

清人顾嗣协曾有诗：“骏马能历险，犁田不如牛。坚车能载重，渡河不如舟。舍长以取短，智高难为谋。生材贵适用，慎勿多苛求。”胡雪岩的经历充满了传奇色彩，是非功过褒贬不一。胡雪岩的成功，很重要的一个原因就是他善于用人，以长取人，不求完人。他说一个人最大的本事，就是用人的本事。

二、政商协同

胡雪岩之所以可以迅速崛起，除了得益于王有龄之外，另一个人也起到了重要的作用，这个人就是左宗棠。他与左宗棠联系极为密切，精通华洋事务的胡雪岩在洋务运动中找到了用武之地。他协助左宗棠创办了福州船政局、兰州机器织呢总局；帮助左宗棠引进机器，用西洋新机器开凿径河。毫不夸张地说，左宗棠晚年的成功有胡雪岩极大的功劳。

同治五年（1866 年），朝廷批准了左宗棠的奏折，命其在福建马尾主持兴办船厂，监造轮船。胡雪岩找来法国的技师，协助左宗棠筹建船厂。同治八年（1869 年）秋，船厂的第一艘轮船“万年清”号下水成功。这艘轮船从马尾一直行驶到达天津港，当人们首次看到中国自己制造的轮船时，万众欢腾，盛况空前，连洋人也深感惊奇。同治十年（1871 年）初，“镇海”号又试航成功。

三、悬壶济世

胡雪岩叱咤商场，写尽人间风流。更令后人称道的是，他为富且仁，乐善好施，做出众多义举，在赢得胡大善人的美名、黄马褂加身的同时，亦获得了更多的财富。在他的这些义举中，胡庆余堂药号的开办，尤为后人所称道。胡庆余堂由“红顶商人”胡雪岩开设，始创于 1874 年，地处杭州吴山脚下。在中医药漫长的发展源流中，胡庆余堂以其精湛的制药技艺和独特的人文价值，赢得了“江南药王”之美誉。其所用药材，直接从产地选购，并自设养鹿园，招牌为“真不二价”。胡庆余堂许多匾额都是朝外挂的，唯独“戒欺匾”是挂在营业厅背后的，是挂给内部员工看的。这块匾为胡雪岩亲笔写就：“凡百贸易均着不得欺字，药业关系性命尤为万不可欺，余存心济世，誓不以劣品弋取厚利，唯愿诸君心余之心。采办务真，修制务精……”“采办务真”中的“真”指的是入药的药材一定要“真”，力求“地道”。“修制务精”中的“精”就是精益求精。其意是员工要敬业，制药求精细。胡庆余堂在 1880 年时，收入达到 280 万两银子，与北京的百年老字号同仁堂南北相辉映，有北有同仁堂，南有庆余堂之称。胡庆余堂现为国内规模较大的全面配制中成药的国药号，饮誉中外，对中国医药事业的发展起了推动作用，被誉为“江南药王”。而胡雪岩，胡庆余堂的创办者，也因其不耻下问、勇于探索，以一个钱庄出身、不熟悉药业的人在中国药业史上写下了光彩夺目的一笔。胡雪岩能以贫贱的出身，最后发展出支撑半壁江山的钱业，同时以自己的商事活动对近代史上的重大历史事件的走向发挥影响，充分显示了一个人对自身、对外界的把握和应对。

除了创办胡庆余堂以悬壶济世的义举之外，胡雪岩还为左宗棠的西征举借洋款，为左宗棠成功收复新疆，结束阿古柏在新疆十多年的野蛮统治立下了汗马功劳，又书写了他人生中精彩的一笔。1866 年，左宗棠由闽浙总督调任陕甘总督，奉命出关西征。正所谓兵马未动，粮草先行，西征军经费虽然由各省共同筹集，但为数不多，且经常拖欠。为解决经费问题，左宗棠只好奏请借洋款救急。经办借洋款事务这一重任落在了胡雪岩的肩上。在胡雪岩的精心策划下，自称中国通的渣打银行驻中国地区总经理被收拾得服服帖帖，双方很快就利息、期限、偿还方式等细节达成一致。胡雪岩为西征筹得第一笔借款。此后，为助左宗棠西征，胡雪岩先后六次向洋人借款，累计金额为 1870 万两白银，而利息至少占总数的一半，可以说是非常惊人的高利贷。他浮报了利率，利用借贷款实付利息与应付利息之间的差额，吃了“回扣”。但总的来说，在当时西征大军欠缺粮晌、各方相互推诿的艰难时刻，胡雪岩能够挺身而出，不辞劳苦担负起筹借洋款的重任，协助左宗棠西征保住新疆，这都表现了他的爱国之情。

四、功败垂成

胡雪岩生意的失败是由于他野心过大，急于扩充，出现决策性失误，试图垄断江浙生丝生意出口从而激怒洋商，生丝卖不动使钱庄因缺乏流动资金而被挤兑，致使其经营的生丝铺、公济典当、胡庆余堂等纷纷关闭。但导致胡生意失败的另一个重要的原因是政治敌人的打击。

胡雪岩虽聪明一世，与官场人物交往甚密，但最终却因为不谙官理、刚愎自用、不懂变通而成为左宗棠与李鸿章政治斗争的牺牲品，成为李鸿章“排左先排胡、倒左先倒胡”策略的牺牲者，实在令人为之扼腕叹息。胡雪岩陷入的是国外金融资本势力和国内金融买办势力的内外夹击，其失败在战略上早已无可挽回。

这个富可敌国的红顶商人在一夜之间倾家荡产，由他苦心经营的白银帝国在一夜之间化为乌有。胡雪岩在他大智大勇的背后，肯定存在某些足以致其于死地的缺陷。

五、得失两忘

胡雪岩的成功之道主要基于两点，首先是他优秀的人品；其次是他圆通的做事风格。勤劳、节俭，当省不用，当用不省；宽容、忍耐；善良、热心；诚实、讲信用；自信、上进；有眼光，能够识人，因人成事，胡雪岩识人之高，用人之长，简直叫人叹为观止；人情世故通透，胡雪岩这一点为人所不及，他善于思考，而且是站在对方的立场上思考。胡雪岩之所以处处遇贵人，是因为他处处为人着想的缘故，在能力范围之内绝不说不行之话。

同时，也要看到胡雪岩的用人失察。他的成功，在于其识人、用人高人一筹，用智驭人；但其失败，在于其始终坚守“用人不疑”的观点。对部属充分授权却对下属失去了监督，使得像典当事业部唐子韶、潘茂承，钱庄事业部朱福年、宓本常等人得以兴风作浪。

要看到胡雪岩的意气用事。“这是同外国人打仗，不过不是真刀真枪而已。明晓得打不过，我还是要打，我要给中国人争口气，让朝廷那些先生、大人难为情!”怒气冲冲的胡雪岩亢声说道。胡雪岩此举是有节气的，面对国外丝商的联手封杀和外国政府的频施重压，以一己之力胼手胝足与其抗争，并要时刻应对来自国内官场和商界的冷箭，既为自己的生意，更为身后数万丝农与土法缫丝作坊主的利益，打响了一场凶险异常的“生丝保卫战”。此时，左宗棠与李鸿章的陆防、海防之争也扩大到了双方的羽翼。认定“倒左必倒胡”的李氏势力扣押了海关本应及时兑付的还款官银，为收复国土而向国外借款的沉重压力由政府行为变为胡雪岩阜康钱庄的个人事件；在生丝商战上誓不低头的胡雪岩无力承受双重重压，而一次借款中暗盘回扣的暗箱操作终于成了胡雪岩事业上的定时炸弹。李鸿章的人采取了多种手段，将胡雪岩一步步逼入困境，同时又设法把胡雪岩向外国银行贷款时多加利息的事情抖搂出来，慈禧太后得知后大怒，立刻下旨封杀，一个白银砌成的大厦轰然倒塌。不可否认，胡雪岩是派系斗争的牺牲品，但如果他自己没有任何把柄，李鸿章的人也是整不垮他的。

胡雪岩成就商业帝国的过程充满传奇色彩，有平坦的大道，亦有崎岖的山路；有知人善任的美誉，亦有用人失察的缺陷；有穷致当衣的故事，也有一掷万金的趣闻。但不管怎样，均能折射出胡雪岩思想的光辉，他的价值观、思想哲学，对后人会有所裨益。

第十一章 职业规划实战

在我的前半生，我花费了很大的力气，想努力成为另一个人。在中学读书的时候，我想成为一个伟大的运动员；在大学里，我想成为一位备受社会尊敬的社会名流；大学毕业后，我努力争取做一个成功的商人，再后来，我当上了一家企业的主管。但我很快发现，在上述任何一种身份上我都不会成功。这样的认知不会阻止我一试再试，同时我对自己沮丧无比。问题就在于我努力成为另一个人，却忽略了我可能成为的那个人。我只是跟随时代的大潮和惯例，用金钱和地位来衡量成功，在别人已经界定好的社会阶梯上努力攀爬，在此过程中积累物质资料，建立人际关系，而没有努力去表达自己的想法和个性。

——《未来的工作》哲学家查尔斯·汉迪[①]

寓言

猴子过河

一条大河，将南岸和北岸隔成了两个世界。

有高矮两只猴子，生活在北岸。天气好的时候，他俩能隐隐约约看到南岸有山、有湖，还有很多果树，有时甚至能时断时续地闻到随风飘来的水果香味。对于南岸，两位向往已久。

有个农夫知道这个情况后，希望成人之美。说第二天卯时，可以帮两只猴子过河，并事先约定，在河边的那棵大树下汇合，然后，用自家的大水牛把他俩驮过去。结果这两只猴子回去后，因搞不清这个“卯时”到底是啥时辰，一直争论不休，等到第二天赶到河边，已经是午时，农夫早走了。

——水论点评：错误的时间，来到正确的地方，想做正确的事

还有一次，有几个商人租了一条船，要过河做生意，答应捎两只猴子过河，告诉他们第二天早晨 7 点在渡口集合。当时，由于激动，竟没问清是上中下游三个渡口中的哪一个。结果，第二天早晨，跑错了地方，自然也就过不了河。

——水论点评：正确的时间，来到错误的地方，想做正确的事

有一年，大旱，河水几近干涸，两只猴子来到河边，高猴子匆忙就想过河，却被矮猴子一把拽住说：“过河后，万一大水涨起来，我们回不来咋办？”高猴子挠挠

① 查尔斯·汉迪．1987．未来的工作．郑州：河南人民出版社．

屁股，脸憋得通红："是啊，好险！"于是，天天在北岸逡巡，直到水涨起来也没过河。

——水论点评：正确的时间，来到正确的地方，却没有正确地做事

就这样，这两只猴子一直在北岸向往着南岸的水果和群山。一晃，很多年过去了，当地人在河上修了一座桥，从此，交通非常便捷。但是，这两只猴子已老，再也没有愿望过河了。有时，他俩也会在桥的北端张望，满脸惆怅。

——水论点评：正确的时间，来到正确的地方，不想正确地做事

第一节　公务员职业规划

不同单位有不同的生存规则。国企注重的是新人要从基层做起，国企对新人更看重的是踏实稳健的工作作风，以及良好的人际交往能力。在外企，新人得尽快熟悉企业文化，最重要的一件事就是了解企业文化，熟悉企业文化，适应企业文化。事业单位有时注重的是点滴小事，对于新人来说，最重要的就是要从点滴小事做起，不断地积累优势。当然，其他不同的单位，风格也各有不同。

事业单位新人，要逐步完成从学生到国家公务员，从校园到政府机关这种和角色和环境的转变。素质、耐力、包容、应变、责任、忠诚、廉洁、作为、品德及待人以诚等诸多方面，对于做一个尽责称职的公务员来说非常重要。

一、公务员的职业素养

具备良好的政治和业务素质，是做好工作的前提和保证。树立正确的世界观、人生观、价值观，保持良好的道德风范，勤学多思，增强责任感，提高思想政治素质，激发自己的政治责任感和奋发进取的精神，不断朝着新的目标前进。作为一个称职的公务员，要自觉遵守国家法律、法规和各项规章制度，不断更新自己，完善自己，真正树立科学的发展观、正确的政绩观和牢固的群众观。

工作注重把握根本，提高服务水平。勤勉敬业是对国家公务员的基本要求。热爱本职工作，以正确的态度对待各项工作，对工作中遇到的难题，要想方设法，竭尽所能予以解决。尽职尽责，任劳任怨，全力以赴，认真完成各项工作。提高工作效率，提高工作质量，服务大众。人生的价值在于奋斗，在于创造，在于奉献。做到知己：全面、深入、客观地分析和了解自己；做到知彼：洞察、包容、培养、量才用人。善于思考，厚积薄发，敢于吃苦，永不言弃。公务员要从德、能、勤、绩、廉五个方面来要求自己，培养自己高尚的职业素养。组织部门对公务员的考核也正是从这五个方面进行的。

德是指公务员在工作中表现出来的思想政治素质与道德品质，包括政治态度、社会公德、法制观念、职业道德等方面。

能是指公务员在工作中表现出的业务能力、管理能力、创新能力和业务学习能力等。

勤是指公务员在工作中的责任心、工作态度、工作作风、敬业精神和出勤等。

绩是指公务员在工作中，通过所提出的工作思路，采取措施、发挥作用的具体情况，以及完成工作的数量、质量、效率和所产生的效益。

廉是指公务员在工作中，遵守廉政建设的有关规定，廉洁从政，依法行政，秉公办事等。

合抱之木，生于毫末；九层之台，起于累土；千里之行，始于足下。严格要求自己，遵守政府的各项规定，加强廉政知识方面的学习，时刻做到自重、自警、自省，端正自己的言行，把握正确的人生方向，严格要求自己，时刻保持清醒的头脑和良好的精神状态，强化全心全意为人民服务的意识。这是作为公务员必备的素质。

二、公务员的职业发展

在公务员职业生涯的初始阶段，由普通人员转为公职人员，个人角色发生了重大变化。此时职业生涯发展规划的主要任务是，尽快使行为模式符合公职人员角色定位所要求的伦理规范；进行最初的公共管理职业体验，明确公职人员的责任、权利和义务；掌握与上级、同事和公众正确、有效的沟通方式；判断自己的选择是否正确，积极地调整自我与工作的适应程度等。

在公务员职业生涯的发展阶段，由于工作绩效、经验及人生历练的积累，有些人担任了重要的职务，被委以重任，有些人则与其原有的职业理想差距较大。此时，职业生涯发展规划的主要任务，就是提高全局思维的能力，把握大局的能力；进一步学习，提高自己的职业绩效，更多地掌握管理的技能和技巧；处理好自我发展与组织发展的矛盾，相互协调；锻炼与社会不同群体和大众传媒正确、有效地沟通、应对的能力。

1. 夯实基础

很多新人，千辛万苦通过国考，加入公务员队伍，心中自是对未来充满憧憬。作为一个新来的、职场上新人，不能像在学校时那样自由，在家时那样任性，踏入社会，进入办公室，别人会用公务员的标准来看你、要求你。向身边有很多历经修炼的同事和领导悉习学习，他们的水平、资历、经验、学识等，都是新人学习的榜样。有时，面对一些事情，看似简单，其实玄机重重，需要观察，需要琢磨，需要学习。要诚实为人，认认真真，踏实苦干，勤快机智，学以致用，尽职尽责。碌碌无为，必将难以生存，步履维艰。

夯实基础，再好好进行职业规划，自然前途无量。

2. 融洽关系

在机关里，和谐融洽的人际关系非常重要，实践证明，与同事关系融洽，将使工作效率倍增。好的人缘，加上好的口碑，往往能助事业更上一个台阶。通常普通科员认为自己干着跑腿、受累、打杂的工作，挣着微薄的工资，加班、熬夜是常态，埋头苦干更不必提，就像一只沉默的羔羊。需知，大部分领导也都是这样一步一步积累起来的。因此，平时要多做事，少抱怨。在做事中学习新东西，不斤斤计较，恰恰也是处理好人际关系的好方法之一。

3. 协调能力

公务员就是为公共事务服务的人员，更多时候需要公共管理协调能力。合格的公职人员需具备多方面的能力，包括管理能力、亲和力、察言观色能力、攻关能力等。在高学历人才开始泛滥的年代，居安思危，不断开拓进取，不断开发新技能，这非常重要。

要善于抓住机会，机会只是对于有充分准备而又善于创造的人而言的。没有机会，就要创造机会，有了机会，就要巧妙地抓住它。学会快速去适应，学会善于发现其中的各种机遇，并勇敢驾驭这些机遇。

善于推销自己，不仅要能干，还要能说、能写，克服自己的弱点和性格缺陷，才能走向成功。管好自己，不要随便议论别人，尤其是议论别人的短处，这些会降低自己的人品。善于思考，这样才会成熟起来。别浮躁，学会静心，学会忍受孤独，在孤独中思考，在思考中成熟，在成熟中升华。不要因为寂寞，去做无聊、无益的事情，白白浪费宝贵时间。努力学习，善于谋划，才能更快速地成长，在职业征途中走得更稳健。

4. 业务能力

业务能力源于积累，体现的是综合能力。作为机关里的年轻人，必然要在工作上付出更多努力。在机关里，有的事情虽然很简单，但态度也一定要端正，踏踏实实，把事情做好，日积月累，给领导和同事留下好印象。积极主动的工作态度，加上专业的业务能力，自然会获得组织的青睐。

公务员是国家的建设者和管理者，承担着国家和社会事务管理的职能。我国公务员学历层次逐渐在提高，但现代行政管理知识，特别是市场经济所需的财税、金融、法律知识，以及宏观决策能力普遍薄弱。公务员需要系统地学习现代行政管理理论，并结合实践，提高行政管理水平。

公务员要增强研究能力，广泛调研，善于发现问题，正确判断，仔细分析，强化方法，认清大势，达成效果。

随着国际化的发展，公务员越来越多地参与国际事务管理，这对公务员外语能力的要求也越来越高，而现有的公务员很多都是高学历出身，外语基础好，需要经常运用才能在未来的国际交往或日常工作中发挥更大作用。

5. 责任意识

公务员的责任意识主要体现在个人所具备的责任感、良心、道德水平。一个责任感强的公务员，往往会自觉、自主地履行职责。不断提高自己的思维能力、组织能力、策划能力及研究能力。接受来自各方面的挑战与压力，勇于承担单位的各项工作，完成领导交给的不同任务，使自己成为一个综合素质高、业务能力强的复合型人才。

年轻公务员要不断加强业务知识学习，向领导和同事学习。需要努力避免求之过急、追求完美等相对幼稚的性格缺陷，培养自己自信、稳重、从容、务实的性格和个性特征，塑造一种积极上进、平和的心态。经常与上级、同事接触、沟通，加深了解。重视和每个人的交往，充分利用自身的条件扩大社交圈，建立起更广泛的社会人际关系。

6. 健康体魄

公务员群体的心理健康问题由来已久。我国公务员存在心理问题的比例甚至高于其他群体。这是由于他们的工作要求标准高，害怕犯错，心态焦虑；工作节奏快，加班加点是常事；工作内容重复，职业倦怠。受传统思维影响，很多人认为心理问题就是思想问题，不敢说、不能说，导致公务员群体自我疏导能力较差，心理健康隐患越积越重。公务员在职业价值、干部选拔任用、职务晋升、职业期望等方面的认知，或多或少影响了自身的心理健康。部分公务员存在职业认知的偏差，严重影响公务员的职业行为、心理健康，也带来困惑。

健康是生命之源，事业之基。一方面，公务员要加强体育锻炼，培育积极的心态，塑造阳光的一面，养成健康的生活方式；另一方面，各级政府及社会也要采取多种有效方式，维护和促进公务员身心健康，特别是心理健康。例如，为公务员设立心理健康顾问，建立心理咨询专线，介绍心理调适方法或咨询网站等。利用各种媒体，使全社会对心理问题、心理疾病有一个正确的看法，广泛开展心理健康知识讲座或宣传活动，树立起正确的心理健康理念。对于已经存在心理健康问题的公务员，要关心和爱护，给予足够的理解，要积极治疗，走出心理困境。在新常态下，要高度关注公务员身心健康，遇到身心健康问题，能及时化解，坚持以人为本，健康生活，开心工作，为推进社会经济发展作出更大贡献。

在公开选拔公务员的基础上，对已录用的公务员进行职业教育培训。帮助公务员端正职业态度，树立合理的职业理想和职业目标，消除公务员的职业认知偏差，养成健全的职业心理。帮助公务员增强社会责任感，通过努力工作，实现社会价值。坚持把心理健康教育作为干部教育培训的一项重要内容。帮助公务员掌握压力管理技巧，学会自我心理调适，开展多种多样的活动，普及心理健康知识，必要时寻求专业帮助。定期进行心理健康检测，及时针对症状人群特征进行心理干预，传授应对压力的策略，开展压力舒缓活动，帮助有心理问题的公务员恢复心理健康。

公务员的健康水平关系到整个行政系统的管理水平，应通过提升健康风险意识，加强健康管理，提倡团体运动，化解健康危机。一个健康的身体是事业成功的前提和基础。倡导公务员坚持体育锻炼，练就一个健康的体魄，为事业成功提供保障。

三、公务员职业规划

公务员个人的职业发展和政府组织的职业管理，要相互协调、相互匹配、相互融合，既满足公务员个人的发展需要，又促进组织的有效管理，提高政府的行政效率。公务员的职业规划，对个人、组织和社会都具有重要意义。受传统人事管理制度的影响，我国公务员职业生涯发展路径中的传统职业生涯发展路径一直占于主导地位。所谓传统职业生涯发展路径，主要指行政途径，公务员在工作中所经历的不同阶段和不同职务。行政途径的特点是，以建立在职务晋升基础上的薪资的增加，有些公务员将追求职务的晋升作为职业生涯的成功标志。因此，在公务员群体中，官本位观念十分严重，无形中限制了更多公务员的职业发展机会。

对于公务员个人来说，只有做好个人职业生涯的规划和管理，才能有效地发挥自己的才能，实现人生的价值。做自我的主人，公务员必须摆脱完全依赖组织的思想，并对自己的职业生涯管理担负起责任。找到与自己，与机关组织最匹配的职业发展道路，更多地掌握管理的技能和技巧，进一步提高自己的职业绩效。

1. 认知自己

公务员作为履行国家公职，行使国家公共权力，以为人民服务为宗旨的人员，在行政机构这个大的系统中，首先必须了解自己的情况。只有对自己有一个正确的认识，才能选择自己合适的发展路径，实现自己的价值，充分发挥自己的作用。经常从组织、领导和同事那里，获取关于自我职业能力优劣势的信息反馈。此外，公务员要全面地了解自己，还应该积极参加组织的人力资源测评。

2. 了解环境

环境分析的重点应放在组织系统内部。也就是要看政府组织内部的行政文化，是否和自己的文化价值相符，自己所在的政府组织部门的发展空间，是否比较宽松和自由。只有认同自己所在部门的行政文化，公务员才可能发挥出自己的潜能，主动地去做好自己的本职工作。反之，往往被动地接受领导的指挥而没有积极性，消极地完成工作任务，更谈不上行政效率的提高。

3. 学习提高

公务员应该明确自己职业发展阶段的目标和相应的开发策略，参照政府组织的发展规划和职业生涯管理系统的信息，选择自己的职业生涯通道，做好职业规划。

公务员应积极争取各种学习机会，不能只参加单位组织的培训，要参加更多培训，或是每天抽出时间学习，及时对自我职业生涯发展进行评估和修正，不断提高自己。

4. 拓宽思路

有些人先做公务员，积累社会资源，再改行经商，这也曾是不少精英人士的成功职业路径。这种职业走法，关键在于意志力是否足够强，职业规划是否明晰。因为许多原来抱有这种曲线职业发展想法的人，进入政府机关以后，往往就形成了惰性的路径依赖，无法振作起来，创业的激情和意志力也消失殆尽。当然，要注意在公务员岗位上的廉洁自律问题。

总之，公务员职业规划，首先要解决的问题就是，让组织目标与个人目标相匹配，达到组织与个人共同发展的境界。政府部门受传统人事管理理念的影响，对个人在心理和价值层面的关注度一直很低。既不能因为重视个人职业发展，而过多地抬高个人需求，也不能因为强调政府目标和公务员责任，而轻视公务员的自身利益。

第二节　外企员工职业规划

一、外企特点

在外企工作，一旦达到一定级别，就很难有机会再向上晋升，此时，已出现天花板效应。外国人的逻辑很简单，他们最信任的永远是他们的“同类项”。在外企工作一段时间以后就会发现，部门间的频繁倾轧，薪水非常小幅度的提升，上层小圈子的闭门决策，上级的质疑和催促，很难让人准确把握公司的发展方向。

在外企工作，可以学会几点：管理方法、人际沟通、业绩提升、成本控制等。学会人际交往技巧，注意倾听和观察，完成该完成的工作。尤其是关于如何处理事情和人际关系，只谈某个具体项目。保持低调，甚至包括打电话的声音高低等。

二、外企要求

诚信是做人与做事的根本。外企最看重的是综合素质，如诚信意识、团队精神等。训练有素的面试技巧、完美的简历，虽然是进入外企的敲门砖，但实事求是、凸显诚信的品行，却更为外企所看重。很多外企在收到应聘简历时，首先淘汰的就是，装在印着原单位名称的信封里的简历。原因很简单，公为私用是诚信缺失的表现，公私分明是一种优秀的道德品质。外企看重的不是你做过什么，而是你在工作中做的是什么。在求职时，能表现出极强的实践操作能力，就会获得更多机会。在外企，主动要求担当职务并勇于承担责任是被赞赏的。对外企招聘者来说，应聘者的责任心是重要的择才标准。他们认为，要求担当职务就意味着愿意承担更大的责任，体现了积极进取、朝气蓬勃的职业精神。对一些没有高学历，缺乏工作经验，但显示出强烈责任心、良好处事素质的人员，也会获得外企的青睐。因为外企一般都有一套综合评定的方法，更注重人才的长期效用，更看重人的本性、态度、可塑性及人与岗位的匹配性。随着外企在中国业务的拓展，越来越多的中方员工，进入了外企管理层。在一些外企中，本土化人才占了大多数。而越来越多的外企也深刻意识到，中国市场经济已不再是以廉价的人力资本和无知识含量的流水作业，不再是粗放型经济作为经济发展手段。如今要想扎根中国，必须从文化尊重、产品质量、知识内涵等方面跟中国的客户打交道。很多外籍人士和海归，之所以被外企拒绝，其中重要原因是，他们对本土语言有所偏废，对本土市场与文化不甚了解，无法完美诠释出外企在中国本土发展的文化内涵，无法更好地融入本土的顾客群中。复合型人才在人才本土化需求中大放异彩。知识面宽、能力强、多技能型人才日益走俏。

团队精神与企业血脉相连，现代企业要求员工有敏锐的创新意识和较强的工作技能，具备扎实的专业知识，还要懂得以恰当的方式与人合作，善于与人沟通。团队精神日益成为企业文化的一个重要因素，其主要有两层含义：一是与人合作的能力；二是与别人沟通、交流的能力。如果说个人工作能力是推动企业发展的纵向动力，团队精神则是横向动力。员工个人的工作能力和团队精神，对企业而言是同等重要的。员工应该多找适当的机会到社会上去锻炼自己，将个人目标与团队目标相融合，学会与人合作、共处，这样才会在人生的道路上无往而不胜。

三、不同国家外企

1. 欧洲企业

欧洲企业对学历背景及工作经历十分关注，十分重视员工的个人修养。面试时，不要在考官面前轻易评论别的企业，以免留下修养欠佳的坏印象。欧洲企业虽然要求员工做每件事都要严谨而规范，但在有些问题上非常放得开，比如，工作人员会主动要求应聘者，根据自己的条件为自己开价。应聘欧洲企业时，法国、意大利及德国企业内部流行笔迹测试，若你的求职信不是手写的，有些公司甚至拒绝阅读。

以法国和德国企业为代表，对欧洲企业进行阐述。

1）法国企业

跨国公司所在地的本土人才受欢迎，用人理念上，注重懂法语者优先，全球化的视野，年轻有活力。对人才的个性要求，要看从事什么行业，有的要求专业扎实，有的要求实际操作经验丰富，有的要求有创新和激情，还有的要求服务至上。管理上共性的一面是：英语和技能为基础，法语和文化为龙头；激情和勤奋，创造和奔放叠加；效率和责任，外表和内涵并重。

2）德国企业

能力重于学历。投资我国的德资企业，以制造业为主，如汽车、化工、电子、基础设施等。这些企业特别注重应聘人员的业务能力，招聘对象多为专业技术人员。即使一个售后服务工作人员，也必须有一定的专业技术背景。他们对人才主要从三个方面考察：知识、经验和能力。知识包括商务知识、专业理论知识和市场知识；经验包括本专业领域的实践经验、领导经验、项目经验和跨文化工作经验；能力包括专注能力、推动能力、影响能力和领导能力。德资企业不看重学历，比如西门子，只有在应聘者三方面考核结果都相同的情况下，学历高的才可能拥有一定优势。值得一提的是，如果本科直升硕士的话，很可能会遭到拒绝。因为德资公司认为，只有进科研单位或行政部门的人，才有必要读研究生，实践性强的岗位，经验更重要，本科学历就足够了。

态度重于能力。德国人讲究逻辑、严谨认真，在选拔本土人才时，更青睐与其有同样特质的应聘者。要拥有良好的工作态度，高度负责，如果具备较好的教育背景，相对简单的职业经历，严谨认真的工作态度，就会受到公司欢迎。

英语重于德语。懂德语并不是进入德资公司的必要条件，不管应聘哪个职位，英文的听、说、读、写都要过关，一般英语是主要交流工具。但如果想做到中高层，还是得会说德语，流利的英语不仅能让你在德企中沟通无阻碍，最重要的是在心理上能让德国人觉得更加亲切。

交流不宜拐弯抹角。德国人谈事情，从不转弯抹角地兜圈子，会直奔主题。他们更关注你所说的话，而不是手势和表情，这不是不礼貌，只是他们更强调结果。和德国人讲话应尽力避免模糊的用语，你的含蓄、委婉，在他们那里可能造成误解，误以为你在拖延解决问题的时间。面试的时候，尽可能清晰地表达薪金要求等意愿，对此，他们会很赞赏。

严格遵守工作程序。签订合同时，如果文不对题，描述不准或夸大其辞，就会失去他们的信任。德国人以精确著称，看重效率和质量。德国人时间观念极强，恪守承诺、讲究计划，严格按照日程表执行工作，因此，平时不要迟到早退。当然，过分的严谨也会造成刻板、保守、缺乏生气和冒险精神的印象。在德企工作，要做好适应这一切的心理准备。

充分发挥团队精神。专业人员的工作都相对独立，德资企业的结构特点是权力分散。每个职位该负责哪些事情是定死的，如果未尽责任，则可能会被降职或处罚，超出范围的可以拒绝做。通过有效合作完成工作任务，共同努力创造一个愉快的企业环境。正因为职责范围明确，必要时更需要发挥团队精神。

德国有一批世界级的公司，这些公司除了有驰名世界的品牌外，还有自己独特的企业文化。因为拥有众多伟大哲学家的德国，德国被赋予了冷静、严谨、内敛的标签，德资企业也具备这些特征。如果一个人到一家德国企业工作，也许会受不了那种三五年都不升职的待遇。德国人固执、传统、规范且注重过程，这种思维模式不仅渗透在人员管理的方式中，还体现在具体项目的操作上。要取得德国上司的信任，需要一个漫长的过程，不同文化取向、不同思维定势的作用在这里就很明显。他们要在这个过程中，考察员工是否真的将自己的价值体现出来了，一旦他们肯定了员工，委以重任或者给予升职皆有可能。

为保证企业兼并重组目标的实现，解决企业兼并重组中的文化冲突，保持和谐的文化氛围，他们在公司兼并、重组时，十分注重企业文化的融合。德国企业普遍重视职工参与企业决策，强调民主。德国企业的文化，还体现在员工具有很强的责任感，这种责任感包括社会责任、工作责任和家庭责任，他们就是带着这些责任感去对待自己周围事物的。企业对员工强调的主要是工作责任，尤其是每个人对所处的工作岗位或生产环节的责任。培养良好的企业文化，是德国企业管理中的重要组成部分，对内主要是培养团队精神，对外是企业的形象问题，这种形象不仅是企业的品牌、效益，使企业从上到下、从里到外展示给社会的是美好的东西，更重要的是培养企业和职工对社会的责任感。在德资企业里，一般待遇优厚，上下班不用打卡，工作压力很小。基本不加班，公司也不鼓励加班。德企里的人手，总是比实际需要的宽松很多。德国人不会把工作变成生活的全部，他们善于享受生活，德国人中出现工作狂的非常少。德国企业非常重视产品质量，强烈的质量意识已深深植根于广大员工心中，并成为企业文化的核心内容。在制度的执行上，德国公司一丝不苟，不讲情面。德国人的严谨、细致，体现在规章制度的细化上，但并不会被这些制度束缚住，这些规章制度只是恰到好处地告诉你，工作有哪些流程。德国人更重视结果，只要按照流程做，没有人会来干扰你的具体操作。德国企业文化的风格是大方、简单、逻辑性强、语言规范、节约时间、严谨、诚信、追求完美和注重实效。

德企的培训体系相当完善，员工培训计划一向很好，只要做到主管级，就能被派到德国学习。人际关系方面，在中国，关系和工作目标密不可分，关系始终是很重要的。然而，在德国，如果你不喜欢与人相处，还是可以照样拿薪水，做好自己的工作。

在德企工作时要注意：时刻记得遵守时间，做一名好的员工，不能迟到，也不要提前，德国人以近乎苛刻的守时而闻名；德国老板的原则性很强，当下属的要学会把灵活性与老板的原则性相结合，计划好的事情轻易不会改变；德国以其深邃的哲学思想而出名，他们尊敬深刻的思想；德国人大都是完美主义者，在工作时要力求做到尽善尽美，这体现在对自身和工作的要求上，而他们也会欣赏完美主义者。为更好地理解老板的思维，得到老板的赏识，不妨多涉猎一下德国的哲学，武装一下自己的头脑。

2. 美国企业

在美国企业中，领导不会枪打出头鸟，锋芒毕露被认为是有主意并且懂得坚持的员工。因此，面试的时候过分拘谨反而不好。求职者可以谈谈在过去工作中设计的方案，是如何通过自己的创造力和智谋抓住并实现了它。给出具体的例子来向面试考官证明你的才能，往往比使用单调、笼统的词汇更让人印象深刻，也更为有效。美国企业喜欢有创新精神的员工。应聘美资企业，他们更喜欢那些语言富有生气且言之有物的简历，在开头就明确求职目标。

美国企业注重员工个人素质，有远大志向、坚韧毅力和创新精神，杰出的思考和解决问题的能力，良好的沟通能力等。公司的工作方式，取决于公司文化，选择一家公司就是选择一种生活方式，因为工作是我们生活中非常重要的一部分。美国的企业文化，注重团队精神，尊重个人发展，倡导个性发挥。美国企业的工作理念、注重沟通方式、办事效率等，构成了自身的文化特色。

美国企业比较务实，首要是把工作做好，工作讲求实效。那么在这种企业就业，不需要花费很多时间做表面文章，也不要刻意去添油加醋，要适应其章法。直截了当，不拐弯抹角；开诚布公，相互尊重，营造信任环境；提倡团队合作精神；员工可放开手脚，发挥潜能，满足成就感；工作相对独立，业绩体现能力。

美国企业的用人理念：用人不拘一格，高薪揽才，唯才是用，严格考核，科学管理；入职培训详细，然后在不同部门实习，找到最适合岗位；如果有真才实学，职业发展空间好。

美国企业的企业文化：推崇创新，重视个人价值；利益共享，增加员工参与公司经营管理的权利；重视提供公平竞争环境和竞争规则，充分调动员工积极性。

在美国企业中，精力充沛、性格开朗、具有商业意识的人，在公司广受欢迎。员工需要培养自主意识，有权发表个人见解，如果正确，反倒让人佩服；在公司平台上，大家都以平等、竞争的方式行事。

3. 日企

日企的管理特点：有明显的等级管理色彩，等级制度森严，包括思想、态度层面；注重团队协同作业；经营重点侧重于企业的中长期战略目标，具有集约化产业的明显特点。日企的管理优势在于，团队忠诚度高、人均贡献值大、企业生命周期长。

日企重视细节、流程化、标准化、正规化、积极性、责任心。日企聘用员工时，强调基本素质，不看重个人的具体能力。高素质的员工，能胜任所有的工作，可以通过企业自己的培训方式来实现。日企非常注重与学校的合作，以便获得高素质的员工。日企认为，好学校的学生素质高，更加愿意优先录用。日本企业在招聘时，轻特殊技能，重个人素质。在培训新员工方面愿意花更大的工夫。员工在培训中，不仅要学习企业内部的管理制度、上下左右的关系和行为准则等很多软技能，也要熟练掌握技术方面的硬技能。这些软技能的一个特点是，只有员工继续在该企业工作时，这些知识和技能才能发挥作用，从而帮助员工提高劳动生产率。

注重内部提拔：日企里，会尽量培养已有的员工，有新的工作机会时，通过内部调节来满足需要。外部招聘来的管理人员，没有一段相当长的时间熟悉企业内部的制度和体系，以及上下左右建立起密切的工作和个人关系，无论其能力多强，都是很难开展工作的。因此，在日企中，员工的使用呈现按部就班、内部提拔的特点。员工要从企业基层进入，然后在按部就班工作的过程中熟悉情况，与上下左右建立起工作和个人关系，为以后从事管理工作创造条件。

提倡终身就业：从企业来看，在对员工进行大量的培训以后，一般不愿意员工离开，因此，日企不轻易解雇员工，即使是在经济不景气时。员工在企业终身就业，其个人利益就和企业完全捆在一起。另外，由于员工对企业的依赖，使员工更加愿意，也更加容易与企业合作，这样就形成了日企中合作性的劳资关系。

普通员工的素质和责任心，对企业的成功至关重要。日本企业人力资源管理模式的独特性，以及其对经济复苏和快速发展产生的巨大作用，引起了人们极大兴趣。这种模式的形成，有其特殊的历史文化渊源，第二次世界大战失败后的经济惨状，迫使日本企业寻求一种灵活的、大规模的生产方式，企业内部的管理制度必须相应的灵活。如何保证员工的利益，使员工忠于企业，尽最大的努力，积极地掌握技术，保证生产的顺利进行和产品的高质量等，都需要企业为员工提供，如终身就业保障等一系列的人力资源管理模式。

随着经济全球化的发展，大部分日企日益重视对所在国家本土化人才的培养，把中国市场视为必争之地，为很多人进入日企工作带来了机会。受典型日本文化的影响，日企风格表现为温和、喜欢合作、细致。日企在国内招聘，一个显著的特点便是，管理职位不多，中高职位有限，中层经理可能是最高级别，招聘职位一般以业务骨干为主，这与日企乐意培养人的方式有关。向日企投递简历，一般要求在开头写上求职者的处事能力、性格特征、社会关系、业余爱好及体育特长等，并按照时间顺序书写。近年来，随着日企本土化进程的加快，一些中小型的日企，也开始招聘部长、副总经理等人才。这给那些有一定工作经验，又想进入日企的人提供了机会。日本大型企业，如伊藤忠、丸红、三井、住友、三菱五大商社中，日本人往往占领这些企业的管理职位，招聘职位仅限于业务人员，国外人才很难进入高层。在一些中小型的日资工厂和服务类企业，则有可能提供部长类的职位。如果在欧美企业，一旦业绩不好，很快会被炒掉。但在日企不会，日企最大的好处是稳定，内部竞争不是很激烈。只要工作态度好，即使业绩停滞不前，也不会失掉目前的位置，最多升迁得慢一些。日企也不会轻易裁员，日企把裁员当成公司的一种耻辱。每个职位上的工作，都有人手把手地教你，更有前辈们的经验赖以参考。日企将员工在职期间的一部分薪水，留在退休以后再支付，这样就保证了公司员工在退休以后，仍然有生活上的保证。在欧美企业，习惯于当时的劳动全部用钱来支付。而日企会有一整套比较严格的管理模式，这种非常森严的管理制度，让不熟悉日本文化的人很不舒服。比如，员工中有先辈和后辈之分，后辈要无条件地服从命令。

日企最青睐应届生。日企看重学生的基本素质，这种素质包括学习能力、协调能力、自控能力等。每年的2~4月，是日企集中招收毕业生的旺季。公司每年都会去学校直接招聘应届生，中专、大专、本科学历都有，只要毕业生接受能力强一些，基础知识到位，基本就符合要求。没有污点的大学生更容易培养，也容易管理，日企一般不喜欢那些有工作经验的人。讲求纪律性和论资排辈的日企，需要每个员工遵从企业的法则，在这一点上，刚毕业的大学生更适合。日企乐于招收大量大学生的原因，还在于他们不是随意挖人，而是习惯自己培养人才，因此，没有工作经验的大学生，一般会慢慢积累经验，先在企业的底层做起，一般男生的方向多是销售助理一类，而女生则偏向于行政。在一些技术生产型行业中，日企还会招收一些如建筑设计、结构设计等技术专业的学生。日企的这种思维，使得很多只要具备一定日语能力的应届生，都很容易在日企找到工作。在欧美化严重的日企，工作语言大多数是英语，只有在和总部进行联络时，才经常使用日语。日企对非技术类人才的日语水平很重视，一般要求2级以上。懂得日本人心理，做事恰到好处，有一定分析和反应能力，这是日企最想要的人。而这样的人才，并非仅仅是日语流利那么简单。一些在日本待过的人，掌握了日本人做事的风格，这样的员工往往会在日企里十分吃香。除了一些特殊岗位外，日企在招聘时一般不要求应聘者有特殊技能，如果一旦进入日企，企业会系统培训员工技能。日企不喜欢有过欧美企业经验的人，原因是他们不好带，融不进日企的文化。

实际上，日企以外的外资企业，在职务配置上较少受到性别的影响。它们的工资一般并非依照性别来决定的，而是依照职种来决定的。但是，日企工资高低，男女有别。由于日企中女性多从事助理和事务职务，男性在出差和加班较多的营业职务、技术职务、IT职务和专门职务中的比例较高，因此产生了女性工资比男性工资低的结果。男性工资的平均值超过女性。伴随着年龄的增加，工资水平亦相对上扬，男女皆于45岁前达到高峰期。对于较难适应新环境的人来说，即便经验丰富，因业绩和职位的不同，工资差异也相对扩大，转职的机会也将相对减少。

学历与工资间的关系相当显著，随着学历的提升，工资水平也相对上扬。此外，不同学历的工资差异化逐渐升温，这与专业性的研究职务及专门职务的增加有关。学士以上学历，仍为日企专门职位的用人基准。相对与大专和学士间的差异，学士与硕士间的工资差异更加显著，硕士学位受到追捧。这是由于近年来，外资企业积极录用高级职位本土人才所产生的结果。特别是物流、服务等高级管理职位，要求专业性和管理性的职位，硕士的工资约为学士工资的 2 倍。另外，虽然上述职位当中，出现了高中、中专和大专的工资水平逆转的现象有半数，但工资的平均值仍低于学士。

职位薪金状况：销售职位，日企的工资水平相对较高，反映出了日企业绩的良好状况。初阶职务的跳槽比较频繁，随着职位的上升，不同行业间的跳槽现象逐渐减少。营业职务是培养各行专业营业技能的职位，经验相对重要，高级职位和经理职位的工资也相对较高。市场职位，一般而言，该职位中高级人才较多，因此工资水平也较高。由于积累了丰富经验，员工在企业间的跳槽现象增加，日企也正逐渐录用具备欧美企业经验等实战能力的人才。外语能力虽是重要的条件，但专业性与同行业的丰富经验，更加受到重视。技术职位，日企对具备日语能力的技术人才的需求十分旺盛，因此，除了技术能力和专业性，日语能力也成为决定员工工资水平极重要的因素。

在日企中，具备日语能力的复合人才备受青睐，其工资水平往往高人一等。例如，具备日语能力的财会人才，在集团融资、资金管理、内部审计等职位的需求十分旺盛。人事已作为企业经营决策层的伙伴，在日企中越来越被重视，对人事管理人才的需求也不断增加。日企对于法务人才的需求在近几年中急剧增加。同时，因为律师资格的正规化，有专业资格的人才也在增加。但希望从事企业内部法务的人才却不多。能与总公司、海外法人进行交涉的高水平外语人才及兼备实际经验的人才不足，此职位的任职年数成了决定工资的要素。此外，电子、电气、半导体行业的企业数量较大，对相关人才的需求数量也较大。有经验的人才，为了追求职业的稳定性，倾向向有实体工厂的企业转职，一些小型的商社和代理商，较难获得有经验并精通日语的人才。

日企文化及用人理念等级森严，是根深蒂固的排位意识。日本最原始的作业是捕鱼，在浩瀚的洋面上，必须听从号令，众人协助才能有所收获，与欧美企业鼓励个人发展不同，日企推崇循规蹈矩，要及时报告，及时联络，及时商谈。在日企不必主动创新，只需按部就班，及时备案，随时准备书面汇报。出了问题，通常会有上级为你分担责任；取得了成绩，也要等着上级对你表扬。这反映在求职自荐中，就得有一说一，谦恭诚恳，绝不可自我吹嘘。公司事务，人人有责。电话铃响三声，不管是不是你的，必须接听；事务性杂事要尽举手之便，不可视而不见。面试时，如果某个错误并不是你的责任，主考者常常会巧妙地考察你，上司问起你将如何回答？在表示遗憾和反省中撇清自己的干系，因为人人需要引以为训，但绝不能直截了当地说与我无关。

日本人的敬业精神是举世闻名的，工作是绝对第一，甚至需要一点献身精神。在日企，即使你只是留在办公室里吃一份便当，也不能一到时间就走人，加班加点是自觉自愿的；事先申请并获得批准，才能得到加班费。男职员下班后，都得去居酒屋应酬，面试时常被问到会不会喝酒？特别是从事营销工作的男职员，很多合作便是在杯盏之间达成。最适合在日企工作的是一般职员，极少会有被炒鱿鱼的风险，这是日企颇富人情味的一面，但要想获得晋升很难，最高层的职位更是鲜有本地职工的机会。如果你是追求个人发展的人，那么日企可能只是一所培养、锤炼的学校。崇尚忠诚与奉献的日企，当被问到为何离开旧公司时，不会喜欢你对旧公司的批评。可这样回答：原来的公司注重诚信，追求品质，而我也是个崇尚完美的人，所以希望能加入贵公司，追求更完美的成功之路。他们为人处世的原则，是不能因为自己的过错而给他人带来麻烦，日本人处处留心，时时注意。举个例子，在日企工作，如果你要请假，不仅要提前向上司报告，还要向你的同事表示歉意和感谢，因为你的空缺，你的同事不得不做原本不需要他做的事情。

日企文化潜规则：规则一，评价员工的首要标准是对企业的忠诚度。在日本企业家眼中，一个对以前公司弃若敝屣的人，绝对不值得信赖。规则二，要在一家企业中长期发展，稳居中游是最优策略。木秀于林，风必摧之。要在日本公司里长期发展，必须具有耐心。如果一个人过分热衷于自我表现，会招致同事的反感以及上司的打压。规则三，用人不疑，疑人不用。新人刚进公司，往往会做些琐碎细致的工作，这是管理层考验员工的第一步。一旦员工通过了这项考验，就可能被重用。规则四，把细节做到极致。日本企业家多是风险规避者，他们不愿意付出创新的高风险成本。规则五，女性依然难以受到重用。大多数日本企业家坚持认为，女性结婚后辞职照顾家庭，天经地义。

四、外企员工职业规划

第一个五年，是外企中的大部分员工，处于或即将处于从职业探索期向快速发展期的过渡阶段，这个阶段，也是人们能否转变成职场上精英分子的阶段。如果没有制订外企未来五年职业规划，虽然在这段时间积累了丰富的工作经验和行业经验，但是却对未来的新平台缺乏明确目标，于是在犹豫间，丧失了许多职业增值的机会。关于外企未来五年职业规划，注意一：学会挖掘工作经验的卖点。能否通过对你的聘用实现企业既定价值，这才是企业关心的，企业关注的是你的价值。对很多不能达到满意薪金的人来说，他们并不是能力不能达到企业的要求，而是不会充分挖掘以往工作中的含金点，包装自己过去的工作经验。注意二：认清职业市场的需求。充分掌握职场上的动态，进行科学的职业分析和职业定位，发掘自己核心竞争力，确定职业气质、职业特性，准确评价自己职业含金量，合理进行职业规划，了解目标行业、企业的情况，充分了解目标企业产品结构，把握行业产品信息，产品资源，企业长远发展战略目标，企业管理模式和企业文化等。最后在个人和企业间找到契合点，在个人和职位间找到匹配度，最终达到职业生涯的可持续发展，实现高薪高位目标。注意三：提高自身能力。在外企职业发展道路上，需要不断提高个人能力，补充知识，但是，补充要有针对性，制订有效的学习计划，明确自己职业进一步发展所缺的能力。内练基本功，弥补自己的能力缺陷，特别是针对心中的理想职位，从职位的要求同自身能力间的差异下手。职业人士最忌赶时髦培训，跟风学习，这样不仅对自身职业发展毫无帮助，还有可能使职业发展陷入停滞状态。

第三节　国企员工职业规划

一、国企员工的特点

国企人力资源部门具有长期性、内部化特点，强调工作需要和组织服从。国企的薪酬组成比较丰富，有很多个加号。工资+补贴+福利+年终奖+各种奖励，惊喜较多，大多数国企晋升，公开、公平、公正，知人善任。

目前，国企已经没有所谓的编制，都是劳动合同关系，一般来说，国企不会随便解除劳动合同。公司经营层领导，一般归上级组织部们管理，享受相应政治待遇。普通员工能明显感觉到工作稳定的好处，压力不像外企或私企那样大。

国企是董事长负总责，总经理负责经营，董事长一般兼任党委书记。副总、副书记能各司其职，但不会出现绝对的一言堂。

国企虽然肩负解决就业问题的社会责任，但其自身的消化能力，依然受经济形势的影响。比如，曾经有一年的经济危机，导致当年的毕业生求职时寻求安稳，更多考虑国企，导致整体就业率较上年同期下降了两个百分点，但在中央实施经济刺激计划后，国企有能力容纳更多人，就业率上升一直持续了两年。就业增加滞后于经济形势复苏，所以看清形势很重要。

二、国企员工的招聘

国企招聘有严格的政策指标，能不能拿到指标是个问题。外国市场波动，大批的留学生回国就业，导致国内人才就业的压力更大。

国企招聘喜欢优秀上进的求职者。就学历而言，本科进来很难，硕士一般要求是“985”或“211”高校的。想进国企，需要留心一些招聘信息，海投简历，也不失为一个好的策略。

国企的面试环节很严格，甚至不亚于公务员选拔。考察应聘者的硬件条件和软实力。硬件条件就是指求职者的毕业学校、性别、户籍、形象等，软实力是指求职者的思维成熟度、表达能力、知识结构、文字能力、应变能力等。笔试要考察财经宏观类知识、业务证书类知识、申论类知识和英语等，每一项都要认真准备。

国企喜欢群体面试，它是一种有效考察个人软实力的方式。国企不是养老院，需要个人创造价值，所以一样很看重求职者解决问题的思维能力，有了这种思维能力，无论你是团队中的哪种角色，都能体现出应有的价值。国企在单独面试的环节有三个要求：态度要求、能力要求、思维要求。国企重视态度上的价值表达，能力具备基础条件即可，思维上要求思虑成熟。

争取进到国企里面实习的机会，可以更好地了解行业、弄清待遇甚至尝试留用。在职业发展预热期，开始角色涉入，涉入得越深，越能发现职业和自我特质的契合度。企业最看重的是员工的工作态度，不管是国企还是外企、民企。投入地准备面试，投入地工作，在哪里都会受欢迎，个人的成就感，往往是因为自己的努力改善了环境。

三、国企文化

经济全球化，为国企文化的融合铺平了道路；管理文化的发展，为国企文化的发展提供了参考模式；中国传统文化的精髓，为国企文化的发展提供了重要源泉。长期以来，国企大多注重投资与回报，注重现实的利润，忽视了员工的个人职业生涯发展，从而使得员工职业生涯与企业总体目标不能够很好地融合。只有致力于人的发展的企业文化，才能锻造强大的企业。

国企的文化建设，很多依然停留在有理念阶段，而没有制度支撑，企业所倡导的理念或者价值观，得不到正激励性强化，导致理念是理念、制度是制度的游离现象。有时，制度执行不到位，忽视团队管理者执行力的提升、执行流程的完善和执行工具的开发。

国企文化规划，是在对企业文化各种影响因素及现状进行全面审视分析的基础上，依据公司的长远发展规划和企业文化发展的趋势，而制订的企业文化建设的战略计划，是企业未来文化建设的向导，对企业文化的建设具有重大的作用。很多国企文化建设缺少这种规划。倡导包容、共享、学习型企业文化，通过构建企业包容文化，可以帮助国有企业更好地吸纳西方先进管理文化和中国传统文化的精髓，为我所用。先进的企业文化，重在营造尊重人的工作环境，追求企业与员工价值共享。将企业文化变成员工的信念，是一项长期而复杂的工程，不是单纯宣传灌输就能解决的问题。需要帮助员工做好职业规划，使员工的发展与公司发展相一致；建立良好的激励机制；领导带头执行，树立模范典型，员工积极参与。员工的职业发展与公司发展相一致，对企业及其文化的认可度会更高，会更自觉实践企业文化理念。

成功的国企一定是一个学习型组织，即能够使各层次的所有成员全心投入，并持续不断学习的组织；企业未来唯一持久的竞争优势，就是具备比竞争对手更快、更好的学习能力。企业文化的执行力要靠制度化方式，将先进的文化理念落到实处。通过制度化将企业先进的价值观和经营理念，转变成具有可操作性的管理制度的过程，反复强化企业文化的先进理念，将其落实到员工的日常工作和行为当中，使任何一个员工都在思想上接受企业文化，行为上执行企业文化，使企业文化作为员工在思想上的制度而存在。构建一个宽松自由、民主参与、互相尊重的企业文化氛围，使员工可以积极参与到企业管理中来，为企业出谋划策，增强了企业凝聚力，把企业的每一个员工都引导到同一个方向，并使员工不断进取、不断创新、相互合作，促进企业获得更好、更快的发展。

针对目前国企文化建设中存在的问题，树立以人为本的核心价值理念，塑造形神俱佳的企业品牌形象，建立学习型组织，发挥企业家的主导作用等方面，探寻国企文化创新的有效途径，旨在树立国企员工的主人翁意识，建立员工个人全面发展与企业繁荣兴旺、协调一致的共同愿景，切实发挥企业家和普通员工的主观能动作用，促进国企改革顺利进行，实现可持续发展。

加强国企文化建设，目的就在于培养员工良好的行为规范，提高员工实现企业共同愿景的自觉性。加强企业文化建设的一个关键环节，是企业高管团队尤其是一把手，对企业所倡导的价值观念及其运用效果予以高度认同，并积极向广大员工施加影响，使他们形成对这些价值观的认同感，在企业中形成实践这些价值观的良好氛围。这就要求企业高管团队，一方面注重率先垂范，在管理过程中主动奉行这些价值观念，通过身体力行，给员工做出良好示范；另一方面，努力成为企业文化的积极传播者，通过开展企业文化活动，或者组织相关主题培训，广泛向员工传播企业文化理念。

国企文化对员工价值取向及行为方式的规范，则有更大的弹性，能够使企业保持强劲的创新动力。而基于企业文化的竞争，有助于企业摆脱低价格造成低利润，低利润导致低投入，低投入使得企业更加依赖低价格的恶性循环，使更多的企业依靠创新驱动，逐步在国际市场确立自己的差别化竞争优势，从而提高经济增长的质量和效益。根植于员工精神文化生活的土壤，接地气、合民意、善引导，把先进的企业文化理念与员工积极健康的精神文化追求有机融合，激发全体员工积极参与企业文化建设的热情，才能事半功倍，取得成效。利用优秀传统文化资源，注重与企业文化的合理对接与实践创新。优秀传统文化凝聚着中华民族自强不息的精神追求和历久弥新的精神财富，是发展社会主义先进文化的深厚基础。因此，建设中国特色国企文化，必须加强对优秀传统文化尤其是传统文化思想价值的挖掘，使优秀传统文化成为企业文化的重要基因。

四、国企员工职业规划

近年来，由于多方面原因，国企员工职业规划工作并没有得到充分的开展，国企员工的职业规划及其管理措施还存在很多问题。随着国企改革，职业规划工作的重要性也逐渐引起注意，职业规划是员工合理利用工作时间、实现自我价值的重要途径。国企员工的职业规划能力已成为企业人才策略的重要部分，运用科学的方法对员工制订符合企业发展战略的职业规划，对员工自身利益和企业总体效益的提升都有很大的裨益。

现阶段一些国企的职业规划，仍然聚焦在有限专业人才、后备干部方面，停留在文本设计和口号倡导上，而对职务体系的再设计和改造，对职业发展路线和渠道的扩宽联通，对稀缺抢手职位资源的公平分配，对成长机遇的充分开放，以及将人力资源管理体系的各个模块与职业规划的结合，还缺乏统筹思考和协同安排，职业规划和管理背后的以人为本的理念，尚未得到充分体现。

在职业规划中，只有自身特质和企业需求一致时，才能双方都满意，员工才能享受到职业幸福感，国企同样如此。求职国企需要宏观的视野，了解国企的招聘需求、政策变化、竞争者及各类国企的特点等。

第四节　医生职业规划

医生与医生也有区别，《千金要方》有言："上医医未病之病，中医医欲病之病，下医医已病之病。”那么，医生的职业规划，就要循着下医到中医再到上医的路径，从技术角度来看，这才算一个成功的医生。医学是一门以心灵温暖心灵的学科，医学大师无法克隆，但可以追求。不是所有人都可以成为大师，但是追求成为医学大师的过程，却是每个医生都可以实践的；医学大师之所以是大师，不仅体现在技术上，更体现在精神境界上。

一、医生职业特点

医生是以掌握医药知识，以治病为业的人。宋代范成大《书事》中说：“门外虽无车辙，医生卜叟犹来。”《唐六典·太医署》：“医生四十人，典学二人。”《元典章·礼部五·医学》：“各处有司广设学校，为医师者，命一。通晓经书良医主之，集后进医生讲习《素问》、《难经》、仲景、叔和脉诀之类。”

宋代以前，对医生的称呼较为复杂，一般根据其专科进行称呼，如食医、疾医、金疮医等。宋代始，北方人对医生的尊称为大夫。大夫本是官名，三代时，天子及诸侯皆设之。大夫分为上大夫、中大夫、下大夫三级。秦汉以来，有御史大夫、谏大夫、太中大夫、光禄大夫等名。清代文官，自正一品至五品，亦称大夫。旧时，太医院专称大夫。加之唐末五代以后官衔泛滥，以官名称呼逐渐形成社会风气，所以，北方人尊称医生为“大夫”。为了区别于官名，称呼医生为“大夫”的“大”读成 dài，而不读 dà。南方人对医生的尊称为郎中。郎中本是官名，即帝王侍从官的通称。其职责原为护卫、陪从，备顾问及差遣，战国始有，秦汉治置。后世遂以侍郎、郎中、员外郎为各部要职。郎中作为医生的称呼始自宋代。

坐堂医是在中药店中为患者诊脉看病的中医大夫。坐堂医源于汉。相传汉代名医张仲景，曾作过长沙太守，每月的初一和十五他坐堂行医，分文不取。为了纪念张仲景崇高的医德和高超的医术，后来许多中药店都冠以某某堂，并把坐在药铺里诊病的医师称为“坐堂医”。直至近代，医生才成为从医者的通称。日本在明治以后称呼为医师先生、医生、老师。美国对不同专业领域分别称呼为内科医生（physician）、外科医生（surgeon）。

医生职业稳定，职业生涯发展路线清晰，再极端的情况，哪怕是战乱、灾难，都不用考虑生计问题。不像企业员工要常常面对中层危机，40 岁危机等。医生职业生涯时间长，有的职业可能在 40~50 岁就力有不逮，企业员工 55 岁基本开始退居二线，一般公务员 60 岁退休，而医生干到 90 岁都行，越老越值钱。技术型行业，一分耕耘一分收获。一般医生自获得副高职称开始，收入增长。医生社会资源广，接触面大，社会地位高，成就感强，家人看病方便。

当医生前期投入极大，门槛在所有职业里面最高之一，投入产出比较低。绝大多数医学生及年轻医生都非常辛苦，工作强度大、压力大、风险高，没时间照顾家庭和孩子，所以基本上是一边倒的抱怨。

一个好的医生，成熟周期长。培养一个成熟的技术骨干，周期至少为 10 年，在这 10 年中，医务人员背井离乡进修学习，工资相对较低。10 年是医务人员的成长期，然后需要在临床上磨炼更长时间才能成熟。医学是一个持续学习和创新的过程。医学技术日新月异，从医者需要活到老学到老，不学习就跟不上技术的进步，不创新就有被淘汰的可能。众所周知，医疗行业属于高风险行业，每个医务人员都承受着巨大的精神压力，遇到危重患者时，夜不能寐，自身还有被感染的风险。工作时间无规律，无固定休息时间，当了医生就很少有节假日，甚至没有白天和黑夜。据统计，一个医生一年中有 1/3 的时间是在深夜被叫醒。无论是内科医生还是外科医生，脑力劳动与体力劳动强度远远大于其他行业，比如外科，要完成一台小型手术，需站立 2 个小时左右，一台中型手术 5 个小时左右，一台大型手术 8 个小时左右，这些还仅仅是手术时间，不包括术前的准备及手术后的观察、跟踪治疗及护理等。

二、医生职业素养

医生作为一种特殊职业，担负着维护和促进人类健康的使命，关系到人的健康和生命，其客户是有思想、有感情、有痛苦的患者，因此，医生在职业活动中，要有同情心、爱心、责任心，还要有渊博的知识、丰富的经验、敏锐的眼光和果断的决心，更需要有深厚的人文知识，善于理解患者的语言、心情和痛苦。要有主动服务的意识，要学会和客户交朋友。不仅在医疗技术上要精湛，面对患者时，还需要有亲切的语言、和蔼的态度、高度的责任感和高尚的医学道德情操，只有这样，才能使自己成为德才兼备、受人爱戴的医生。在职业生涯活动中，医生要不断提高履行医学道德基本原则和规范的自觉性和责任感，逐渐形成良好的医学道德信念，养成良好的医学道德行为、习惯和风尚。哪些是对医院有用的人才呢？就是那些既有能力又忠诚的员工，这些人是为医院创造财富的人才。德才兼备，又红又专，以德为先。正所谓有德有才是正品，有德无才是次品，有才无德是危品，无才无德是废品。

1. 原则和规范

医生的职业道德，是从事医学职业的人在医疗卫生保健工作中，应遵循的行为准则和规范的总和。医生必须要加强道德修养，提高对医学道德的基本原则的认识和理解，即不伤害原则、有利原则、尊重原则和公正原则，并用这些基本原则指导自己的职业活动；同时，要提高对医疗卫生保健实践中伦理问题的敏感性，把医疗技术和医学伦理统一起来。认真履行卫生部制定的医学道德规范，救死扶伤，发扬社会主义的人道主义精神。时刻为患者着想，千方百计为患者解除病痛；尊重患者的人格和权利，对待患者，不分民族、性别、职业、地位、财产状况等，都一视同仁；文明礼貌服务，举止端庄，语言文明，态度和蔼，同情、关心和体贴患者；廉洁奉公，自觉遵纪守法，不以医谋私；为患者保守医密，实行保护性医疗，不泄漏患者的隐私与秘密；互学互尊，团结协作，正确处理同行、同事间的关系；严谨求实，奋发进取，钻研医术，精益求精，不断更新知识，提高技术水平。

2. 沟通能力

医生在职业活动中，要与其他医务人员、管理人员、后勤人员，特别是与患者及其家属进行沟通。医患之间沟通能使双方更好地了解、理解和达成共识，有利于诊治、护理、治疗和促进患者的康复；可以消除双方的误会，缓解医患关系，减少医患纠纷，有利于建立和谐的医患关系。在医患沟通中，除要求双方要建立在平等、尊重、诚实和互信的基础上外，还要求医生做到在语言沟通时，使用科学、通俗而易于患者理解的表述，使用亲切、温暖、礼貌的语言。对那些在诊治中有疑惑的患者，使用解释性语言；对有不安、焦虑、烦躁、忧虑等不良心理因素的患者，使用安慰性语言，使患者安心地配合治疗；对那些长期住院、治疗效果不显著而着急、信心不足的患者，要使用鼓励性语言，使其树立战胜疾病的信心；对那些病情危重而预后不良的患者，要使用保护性语言等。在医患沟通时，医生切忌使用简单、生硬、粗俗、模棱两可的语言，最好不用患者难以理解的医学术语等。同时，医生还要善于集中注意力，耐心倾听患者的诉说，不要在沟通时，心不在焉或轻易打断患者的诉说，并且在患者情绪激动、语言过激时耐心劝解，不与患者发生争执。

医生要善于观察患者的非语言信息，消除患者的顾虑，鼓励其用语言表达出来，以便更准确地了解患者的真实想法；要注意自己的仪表、仪态、手势、手姿、眼神、情绪、声音等对患者的影响，即要通过无声的语言，传递对患者的关怀和照顾，使患者增强战胜疾病的信心和力量，不要引起误会而使患者多疑，甚至产生悲观失望的心理。加强医患沟通，医生要不断地提高沟通能力和沟通效果，这也是良好职业素养的重要表现之一。

3. 医学人文精神

医学起源于他人关怀、人类关怀的需要，它与人文有着天然不可分割的联系。我国古称医乃仁术，誉医生为仁爱之士。人文关怀是医学的本质特征，也是医学的核心理念。

医生要具备一定的医学人文素养，在此基础上，逐渐培养医学人文精神的理念，开展医学人文精神的实践，学习和丰富自己的医学人文知识，进一步提高医学人文素质。要树立医学人文精神的理念，对患者健康和生命权利的敬畏，关爱患者，尊重患者的人格和尊严，维护患者的自主性。要以患者为中心，时刻把患者的健康和生命利益放在首位，当患者的利益需要服从社会利益时，也要使患者利益的损失减低到最小限度。提供热诚的最优化服务，对患者采取在当时的医学科学发展水平和客观条件下痛苦最小、耗费最少、效果最好、安全度最高的方案。

三、招聘

1. 应聘对策

医学生能否顺利就业，找到一个理想的工作岗位，除了取决于医学生自身的素质、条件和社会因素外，掌握面试技巧有时也非常重要。男生要清新、整洁、干练，女生要美丽、稳重、大方。求职者提前 5~10 分钟到达面试地点，以表示诚意，给对方信任感，同时也可调整自己的心态，作一些简单的准备。进入面试现场时，不要紧张。面试前，努力全身心放松，可用深呼吸的方法保持平静，或用心理暗示的方法来使自己放松。面试时，应对自然，对用人单位的问题要逐一回答。对方在介绍情况时，要认真听，仔细观察，用心思考。为了表示已听懂并感兴趣，可以在适当的时候点头或适当提问。回答主试者的问题时，答话要清晰明白，语调得体，语速适宜，音量适中，忌用方言等。善于运用肢体语言，仔细聆听，面带微笑，文雅大方，谈吐谦虚谨慎，态度积极热情。丰富的肢体语言，恰当的语音语调，会使面试锦上添花，事半功倍。如果用人单位有两位以上主试人时，回答谁的问题，你的目光就应注视谁，并应适时地环顾其他主试人，以表示对他们的尊重。

自我介绍要力求以真实为基础，表达有逻辑性和条理性，避免冗长而没有重点的叙述。考官主要评估面试者言谈举止是否得体，个性特点、行事风格是否合意，是否具备敬业精神与自信等。语言要含蓄、机智、幽默，注意倾听者的反应。把握重点，简捷明了，条理清楚，有理有据，讲清原委，避免抽象。确认提问内容，切忌答非所问。有个人见解，有个人特色。知之为知之，不知为不知。

2. 面试问题示例

示例 1：作为急诊科值班医生，亲友有急事找你，你如何处理？

可询问亲友，了解急事的具体情况，再作出相应的判断；若是这件急事跟职业相关，比如亲戚身体不适，或者受伤等，根据当时值班时的情况，根据病情的轻重缓急来处理，先处理严重的患者，不因私人关系优先照顾亲戚；若是私人事情，跟亲戚说明，急诊值班的原则，必须坚守岗位，不得擅离职守，等下班后再帮他处理，取得亲友理解。

示例 2：红包问题。

可这样陈述自己的看法：也许有医生收红包现象，但不是普遍的，大多数医生是拒收红包的。近年来，卫生主管部门，开展行业不正之风整顿工作，收红包现象已有很大改变。患者往往有这样的观点，以为不送医生红包，医生就不会认真看病。遇到这样的情况，和患者明确表示，绝对不收红包。同时说明，患者不送红包，医生也会认真看病，医生不会拿患者的生命开玩笑，这是作为一个医生最起码的准则，打消患者顾虑。

示例 3：新录用医务人员，必须到乡镇社区卫生院服务五年，你怎么看？

国家大力发展社区卫生服务事业，这是利国利民的政策，作为新录用的医生，到基层进行锻炼是非常必要的，而且基层的工作也非常重要，因此不必抱怨，要以积极的心态去基层锻炼。到基层工作，能够丰富工作经验，提高业务水平，为以后更好地做好工作打下良好的基础。

3. 招聘方法

采用单一招聘方法，无法真正了解人才，选择到优秀的人才。目标选才主要有精准招聘六部曲：简历筛选，结构化面试，专业知识考核，实际工作情境考核，行为倾向与素质能力潜力测评，关键工作事件解码分析。招聘人才时，应该做好素质潜力行为解码。首先看这个人是否有成就动机，是否希望更好地完成工作，是否有强烈的追求成就的持续性意愿，是否敢于迎接更富挑战性的任务。还要看选拔人才的行为描述。比如，应聘者成就动机很高，具有开创性格，敢于承担一定的风险。需要在医院需求与人员能力上找到平衡点，医院的文化、科室及岗位需要，要与应聘人员的能力、态度等相契合。

四、水论医生职业规划

1. 职业路径

在中国学医，五年本科，三年左右硕士，三年博士，五年住院医生，往往十几年才能培养一个能看病的医生。一个医学院本科毕业的医学生，一般要在医院上班两年以后，才有资格考取初级职称，成为住院医师。获得初级职称五年后，才有资格考取中级职称，成为主治医生。只有成为主治医生后，才拥有处方权。正常情况下，医学院的本科毕业生，要七年以后才有可能成为主治医生，拥有处方权。此后，还要凭借优秀的科研项目和学术论文，才能评上副高职称、正高职称，成为副主任医师、主任医师。成为副主任医师大约要 12 年，成为主任医师则要 17 年左右。现在，硕士、博士数量激增，医学院学生就业难度就更大了。

救死扶伤的使命，是医生这个职业存在的理由。该行业用系统而严格的职业道德规范，来指导与约束所有从业人员的行为。在医院工作，行政上最高能当到院长这个级别，再想往上就很难了，况且一个医院就几个院长，不可能太多，好多人一辈子都当不上科室主任。因此，不要太在乎别人怎么看你和对待你，而要看自己有没有真本事和不被人小看的能力。

医生职业属于越老越吃香的行当，荣誉有时要从后半生才开始。医生压力大，一方面与职业特点有关，另一方面也与个人承受能力有关。若想从医，就要有为他人服务的心态，如果奉献精神不高，则不适合进入该行业。医学博大精深，医生的成长之路非常艰辛，但成为一名合格的医生之后，获得的社会地位和回报也是可观的。

2. 医学生职业规划

从就业角度看，医疗单位对医学毕业生学历层次要求高，提高医学生的综合素质，职业规划素质成为对医学生素质培养的关键。成就动机，就是推动个体去追求，完成自己所认为的最重要的、最有价值的工作，并设法将其达到某种理想地步的一种内在力量。成就动机影响着个体对事物的看法，以及随后所采取的行动，它对医学生职业规划的执行也有重要的影响。医学男生追求成功的动机高于医学女生，学习成绩上游医学生追求成功的动机，高于学习成绩中下游医学生。在医学生职业规划中，自我提升水平高于职业探索、自我认识、反馈修正、人际关系、目标计划五维度水平，职业探索水平显著高于人际关系和目标计划水平。医学生成就动机水平越高，其职业规划水平越高，医学生成就动机总体水平与职业规划及职业探索、目标计划、自我提升、人际关系四维度水平呈一定程度的正相关。

医学生对外语学习、基础课程学习和知识面拓展要重视，大一通识教育阶段的基础课程，这是以后工作和研究的基础，要认识到其重要性，珍惜大学的资源和学习机会，不可因眼前利益忽视长远利益。一个优秀的医学生，应该具有冷静的大脑，细致的观察力，缜密的思维，高超的技术，果断、迅速处理问题的能力。在医院里，能成为自己老师的不仅仅是大医生，有时会是护士，甚至是患者。要从小事做起，关注细节，由小积大，至善至美。

医学生职业规划，要从医学职业角色认同感及职业人文素养培养开始，针对自身和外界环境，正确理解，从而在两者之间寻找契合点。医学生应具备四大核心素质——知识、技能、品格和人生理想，以及六大核心能力——职业价值、医学基础知识、沟通技巧、临床技能、信息管理和批判性思维能力。天资与能力，工作动机和职业需要，人生态度与价值观，都是值得深思的问题。

医学生要培养批判性的思维能力，建设性的分析判断方法，逻辑思维能力。要善于用发展的眼光看问题，用系统、全面的观点处理问题。刚入门者是十分耕耘一分收获，工作多年后是一分耕耘一分收获，成才后是一分耕耘十分收获。个人成长与事业发展，是紧密相连的，要不吝努力，努力为未来发展打好基础。用科学的思维方式更好地规划未来，成竹在胸，怀志前行。

3. 医生职业规划

随着社会的不断进步和发展，人类各种突发疾病也越来越多，而且各种自然灾害经常发生。作为一名优秀的医生，需要掌握心血管、呼吸内科、外科监护室、麻醉科、神经内外科等众多知识。在很多人看来，医生只是一个负责看病、做手术的高薪职业。人们没看到的另一面却是，他们不仅要加班加点地工作，还要承受患者的误解与不信任，尤其是处于事业起步期的年轻医生。如今，许多年轻医生对自己的职业发展很困惑，不清楚应该怎么做。作为年轻医生，应该如何规划自己的职业生涯呢?

改变心态，喜欢自己正在做的工作。设身处地为患者着想，像对待朋友一样对待患者，建立信任，就很容易得到患者的理解，这样工作起来也很有成就感。年轻医生在开始工作的前几年很关键，要主动学习，随时准备好要问的东西，老师有空的时候，立即上去虚心请教，这样会提高很快。现在的学习条件好，获得信息渠道多，很多年轻医生外语基础好，也可充分利用网络平台查阅资料。有的医院，医生通常除了临床工作任务外，还有教学和科研任务，三者都很重要。做科研，视野要开阔，有使命感。假如一个医生的视野低，就很难做一个好医生；没有使命感，仅仅把看病当成一个谋生的手段，也很难有动力去做科研。很多人觉得做科研很难，其实难就难在选择做什么。要观察别人在做什么，盯着世界的前沿。临床工作可以发现很多问题，对比已有的研究，寻求解决方法。临床医生也需要注重转化研究，把新技术应用到临床上面。

第五节 军人职业规划

一、职业特点

特殊的职业，决定了军人的性格与普通人的性格有所区别。勇敢是军人性格的第一要素，是军人最可贵的品德。勇敢是一种震慑敌人的强大精神力量。有了勇敢才能在战斗中形成一股强大突击力、摧毁力，进攻时猛打猛冲，排山倒海；防御时以十当百，众志成城。军人不仅要勇敢，还要有智谋。机智就是军人的主动性、积极性和聪明才智，在军事活动中需要充分发挥。军人要遵循传统，但不因循守旧；讲究规范，但不拘泥于机械的条条框框；乐于接受新的思想观念、新的行为方式，不断适应部队建设和社会发展的需要。军事行动雷厉风行，要求军人具有果断的性格，行动紧张、迅速、干脆、利落。果断的行动可以赢得战胜敌人的主动权，而那种犹豫不决、优柔寡断的性格特征，则可能贻误战机。顽强就是一种硬劲，尤其在严峻、残酷、危急时刻，军人一定要有泰山崩于前而色不变的气概，真正冲锋在前，挺得住，过得硬。由于军队担负着特殊任务，不仅会遇到各种难以想象的困难，而且有些困难是长期存在的。困难的严重性和长期性锻造了军人坚韧不拔的意志。无论是在艰苦卓绝的战场，还是在抢险救灾的第一线，吃再大的苦，受再大的罪，军人也能够忍受。军队生活紧张艰苦，战场情况变幻莫测，险象环生，这就要求军人，既不能盲目乐观，也不能悲观泄气。无论情况多么危急，都要防止惊慌失措；无论伤残多么严重，都要克制精神上的恐惧和生理上的痛苦。军人在平时和战时的艰苦锻炼中，形成了强大的自制力。高度的组织纪律性，是军人性格的重要特征。学校有校规，工厂有厂规，农村也有乡规民约，但地方上的这些规章制度同军队的纪律相比，在要求的程度和范围上都有很大的差别。军队的纪律要严格得多，广泛得多，没有纪律就不称其为合格军队。军人经过严格的训练和熏陶，逐步养成了自觉服从纪律的性格特征。

军人作为一种特殊职业，是维护国家政权稳定、社会安宁、人民生活安康必不可少的。军人时刻受到严格的纪律约束，通常具有不同于一般人的坚定意志力，雷厉风行的作风，崇高的责任感，以及对祖国、对人民永不动摇的忠诚之心。大多数军人对待自己的婚恋问题较为慎重，一旦找到自己理想的伴侣，会用自己的一生一世，去呵护这份来之不易的感情，对自己的爱人永远忠诚。军人的正直、勇敢、无私、诚信、吃苦耐劳，都是十分可贵的品质，想养成这些品行，就要严格训练，积极参加各类教育学习，在军队大熔炉中锻造。部队的管理与地方企业管理不同，其效率更高，执行力更强。想成为优秀的军人就要做个有心人，留意其流程、方法，同时要勤于思考，总结经验。刻苦学习技术，没有一技之长很难立足，现在信息化程度越来越高，只有积极学习，肯钻研，才能掌握现代知识，与时俱进。

二、军人职业化

军人职业化制度，是国家依据军队职能和军事专业的特点与规律，通过相应的选拔、培养、激励、退役等机制，为军队保留需要的军人长期服役，并提供必要的制度保障。现代意义上的军人职业化制度，产生于近代英国、法国等资本主义国家，成熟于现代西方主要发达国家，成为世界许多国家军队的普遍选择。随着中国特色军事变革和我国军队战略转型的加速推进，已经呈现出军事技术信息化、军事职业专业化、军事任务多样化、军事活动国际化的发展趋势。这“四化”，又使军人的职业成为知识高度密集、技术高度密集、专业高度密集的特殊职业。所谓职业化，是指出于爱好、信念而为之献身的事业，不是把军人这个职业当成谋生的职业，而是作为一种为之献身的事业来对待。强调敬业精神、责任感、使命感、归属感，强调自我管理，自我完善，不以高薪等物质利益来吸引人才。

军人职业化，就是军人个人角色职业化与职业军人制度化的统一，就是通过培养职业情感形成职业意识，进而指导职业行为的过程。实施军人职业化，是信息化军队建设和信息化战争发展的需求，是社会主义市场经济条件下吸引人才、保留人才的根本措施，是我国建立一支信息化、现代化军人队伍的重要保障。

三、军人职业生涯

1. 军人职业生涯的现状

我国军人的职业生涯管理尚处于初级阶段，由于管理意识薄弱，管理人才不足，管理理论缺乏，我国军人在职业生涯管理体系方面，存在着很大的缺陷。军人的培养，军人的选拔任用，军人的培训，军人的岗位流动，军人的退役，退役后再就业，这一成长发展过程是一个整体。根据格林豪斯的职业生涯发展阶段理论，一个人的职业生涯发展不是单独进行的，职业生涯不是一个人一生中所有职业的总和，而是一个人在进入组织后，即使从事不同职业，都能反映出来的人生观、价值观、态度等的变化发展过程，这是一个持续发展的过程。但是，目前军队中，这些关键环节的管理处于相互分离的独立状态，这对于组织和军人个人的发展都是不利的。

军人退役后，缺乏相关的就业指导体系。军人退役并不等于职业生涯的结束，而是职业生涯进入一个新的阶段，由于缺乏就业指导，造成很多退役军人学无所用，资源浪费，同时也给地方机关单位增加了就业压力。因此传统的就业安置政策，弊端日益凸显。

对军人进行完善的职业生涯指导，才能保证凝聚力，才能吸引更多高素质人才进入军队，增强军队的战斗力。同时，也能保障军人在退役后的职业顺利转型，利于军队的可持续发展。

军队院校本科毕业生，即可定为中尉军衔，加之有序的军队晋升制度，使得军队院校的学生，十分清楚六年或十年后，自己可以获得什么等级的军衔，这样的未来职业期待与企业和政府机关晋升的不确定性相比，有明显的稳定人心的价值，吸引很多偏好职业稳定性的考生。参军是获得人生锻炼的极好机会，军队院校能造就坚强的意志、强大的心理、健壮的身体，这些素质一旦练就，将来无论在部队，还是去地方，都将终身受益。军队院校学生的职业规划与地方院校相比，无本质区别。唯一的区别是，军队系统的职业规划更具前瞻性和可实现性。需要一个足够好的身体，需要有很强的专业能力。技术娴熟不娴熟，能力特别不特别，将是未来成功的基础。作为一名军人，需要很好的团队合作能力，因此，既要有指挥的能力，也要有服从指挥的能力。

2. 军人职业生涯的意义

相对于企业而言，职业生涯管理理论在我国军队管理中运用欠缺。军人是社会生活中的一种特殊职业，特别是在进入全球信息化的今天，军队发展也正在进行着由机械化向信息化的巨大转变，在此背景下，人的作用在军队建设发展中日益突出，如何打造一支能够打赢信息化战争的现代化人才队伍，是我国军队建设发展必须迎接的挑战。当前，我国军队的改革，包括各大战区调整、架构的重新组合等，都给军人职业生涯发展带来新的挑战和机遇。

如何寻求既能够增强军队核心竞争力，又能够满足广大军人需要，既保障军队长期稳定性，又能实现不断发展性的管理途径，就必须要把职业生涯管理引入军队。探寻军人职业生涯管理，构建职业生涯管理体系，有利于军队革命化、现代化、信息化的发展，也有利于军队的稳定，提高战斗力，维持核心竞争力。军事人力资源是现代军队建设的核心，军事人才的较量，直接反映一个国家的综合实力。

将职业生涯与军人这一特定职业相联系，军人职业生涯是军人在整个军旅生活中的行为活动及发展变化过程，因此，军人的职业生涯受到职务、环境、待遇、自身能力因素的影响。军人职业生涯管理，包括军人自身的职业生涯管理和军队针对军人所制定的职业生涯管理措施。军队依照每个军人自身的发展特点，指导其军旅生活的发展方向，使其在服务于军队管理体制之下实现军人自身的价值，满足军队军人的共同需求。现代化军队建设，军事人力资源建设与管理是重中之重，但同时更需要确立一种科学的人才观，科学、合理、有效的军人职业生涯管理是军队人才培养的关键。

3. 军人职业生涯的重点和目的

军人职业生涯管理的重点，在于军人的自身发展与军队整体发展的紧密结合，使军人在集体的价值中实现个人的价值。军人职业生涯管理的最终目的是，通过军人的个人发展，以此来提升整个军队的发展，增强整个军队作战能力。从长远看，我国军队需在遵循现行的军队建设规律上，积极吸取和创新军人职业生涯管理理念，不断拓宽军人的职业生涯途径，着力打造一支推动军队科学发展的高素质人才队伍。目前，我国军队对军人职业生涯管理的理论研究尚未形成体系，尚处于一种经验总结和积累的阶段，因此，我国军队在走职业化道路方面，需要进一步的探索发展。

军人职业生涯管理，体现出对军事人力资源的建设与管理，最终目的是为了最大限度地发挥军队人才的作用，力求人尽其才，才尽其用。以人为本是科学发展观的核心，以军人的发展为核心，依靠其自身的自我学习、自我管理，在实践中实现自身的价值。通过军队与个人的互动，在军队目标达成的同时，促进军人的全面发展，体现军人的价值。在动态中求发展，根据军队不同时期不同阶段的发展，结合军人自身的特点，采取动态管理。

4. 军人职业生涯的设计

军人的职业生涯，基本上分为两大阶段。第一阶段，是从参军开始到转业，这一阶段的职业生涯，完全是由部队来规划的，完全按照组织上的需要，哪里需要哪里去，哪里艰苦哪安家。这个阶段在一生历程中，是职业生涯中的一个短暂阶段。有的只有几年时间，但是，就是这几年，使他们具备高尚的职业道德，吃苦耐劳的品格，严肃的组织纪律，为其一生的职业生涯奠定了良好的基础。第二阶段，是转业以后乃至一生的职业生涯阶段，这个阶段面临的是新的职业，新的岗位，而且有几十年的时间。因此，需要重新定位，重新整合，重新充电，重新寻找。早早就要为未来的职业进行打算，根据自己的实际情况，请职业顾问为自己量身打造，重新做好新的职业定位，在转业后才不会措手不及。转业后，则从容不迫地去寻找适合自己的那份工作。

对军人职业生涯管理进行设计时，要进行针对性的管理。军人的职业生涯，大体可以分为院校教育阶段、入职阶段、职业生涯初期、职业生涯中期、退役阶段。院校教育阶段是军人职业生涯开始的准备阶段，这个阶段，军人以学生的身份在军事院校接受教育。在此期间，对未来的职业还是模糊的概念，尚未形成轮廓，这个阶段职业生涯设计的主要任务，是侧重对学生心理素质、能力素质的测试，进行相应的职业倾向引导，培养职业兴趣，是引导职业规划的初步形成；入职阶段，这一阶段是学生毕业被分配到一定岗位的阶段，这个时期，工作已经确定下来，职业生涯设计的主要任务，应该从职业岗位和军人是否匹配的角度展开，侧重匹配度的研究，帮助军人转变心态，逐步适应工作；职业生涯初期阶段，这个阶段，军人一般在岗位上工作了数年，积累了一定的经验，取得了一定的成绩，逐步开始考虑自身发展。这个阶段，职业生涯设计的主要任务是帮助军人明确职业定位，建立更为长远的目标，完善职业规划；职业生涯中期阶段，这个阶段军人已经建立了长远的目标，有了明确的职业方向，职业生涯设计的主要任务，是规划实现目标的路径与方法；职业生涯后期，对于军人来说，一般是未退休或转业阶段，职业生涯设计的主要任务，是对退休或转业进行指导，为开展第二职业做好准备。

我国军队根据不同的培训目的，积极拓宽培训渠道，采取军队内部培训、军事院校培训、地方院校培训和企业培训相结合的方式；在评估体系上，为了保证培训效果，不能单纯地以考试定结果，保证培训的严进严出；在培训对象选择上，尽可能地放开范围，保证不同层次、不同阶段的军人，都能够接受相应的培训，保证培训的公平原则；在培训内容的选择上，侧重实用技能，以实用性为原则，坚持学以致用，实现退役与再就业的顺利衔接。

5. 以美军为例

美军在军人的职业生涯开发方面，建立了十分全面的管理体系，将职业生涯管理内容分为三个部分。强化军人职业生涯的设计指导。在这个过程中，将军人的职业生涯设计为尉官阶段、校官阶段、筹划未来阶段三个阶段，通过军人培养、领导者培养、作战任职、自我发展、军人考核等环节，针对不同军职人员的职业规划提供相应指导。在指导方式上，开发官方出版书籍，像《军人的专业发展与利用》《准尉的专业发展》《美国陆军军人手册》等，增强军人的自我发展与规划意识；积极搭建网络平台，建立了军人职业规划网、军人职业能力评估网，鼓励军人通过网络或直接对话等形式获得专业指导。注重军人职业能力开发，通过提供教育、训练机会或到特定岗位任职等方式进行。军人可以在离职 20 周至 18 个月到地方院校获得再教育机会，可以根据自身的职业规划，进行其他技能培训等。拓展军人职业生涯路径。为了解决军事晋升通道问题，除了完善退出机制，更重要的是提供多种职业形式，允许反复任职和多次调整的机会，增强职业的灵活性。

四、转业军人职业规划

转业军人是一个庞大的群体，转业后，如何实现再就业，关系到社会的稳定，关系到个人的发展。转业后，一定要做自己适合的工作。每个人的职业选择，主要根据个人的实际情况，找到职业切入点，否则，糊里糊涂找份工作，不适合自己，导致职业错位，使职业处于游离状态，就会一直浮而不实。锁定自己的职业目标和具体职位，在职业生涯中，有一个良好的开端，为后面的职业之路，开辟一条广阔的前景。避免转业后，面对激烈的竞争，迷茫、彷徨、无奈，站在十字路口，左右摇摆，浪费时间。

1. 转业军人的安置

良好的军人安置制度，可以解决军人的后顾之忧，增强军人职业的吸引力，吸引更多的优秀人才进入部队，也有利于保持军队的流动性和稳定性，保障军人队伍的战斗力和生命力。退役安置制度，涉及退休金、政治待遇、住房待遇、医疗保险待遇、就业安置、就业培训等多个方面。特别是军人职业化改革的推进，更需要健全军人退役安置制度。相比国外发达国家的政策，我国军队在这方面还存在着很多不足，就业安置基本上采取自谋职业和军队安排两种方式，但是大部分军人会选择军队安排，在一定程度上反映了我国军队在退役前培训上面的不足，使军人退役后迷失了方向。健全军人安置制度，就要在提高军人待遇的同时，注重军人第二技能的培养，使其能够在退役后顺利实现第二职业的衔接。另外，在政治待遇上，不同的国家，国情不同，我国需要在吸取国外经验的基础上，建立具有中国特色的军人退役安置制度。

2. 转业军人的培训

人们普遍认为，退役士兵的知识技能，军人味太浓，这是有一定道理的。要实现顺利转业，培训是必不可少的重要环节。培训可以提高退役军人的竞争能力，使其掌握适应市场经济的专业技能和知识，尤其是创业教育培训，帮助其实现从战场到市场，包含知识结构在内的学习能力变迁，以提高其市场生存能力、转化能力和责任意识。

退役军人，在经过部队的磨炼以后，一般都具有聪明好学、吃苦耐劳、敢于创新、勇争第一的优良品质。他们不管从事什么样的工作，都有上手快、创新能力强的特点，而且具有良好的组织能力和社交能力。因此，他们中不乏大量优秀人才。但是，现在几乎所有的用人单位，都很讲求实际，他们都希望对方能有一定的专业技能，最好还能拥有一定工作经验，招之即来，来之能战。这一点对有着较高综合素质的退役军人来说比较困难。因此，结合自身特点，参加某些技能培训，对促进退役军人的求职就业非常重要。由于退役军人具有良好的社交能力和坚韧不拔的毅力，因此从事业务拓展、营销的人最多，这一点也被许多用人单位看好，应聘这样的职位相对容易获得。

退役军人从事保安工作的人员较多。当然，他们从事该项工作，只需要进行简单的礼仪培训就可以上岗了。但保安的工作单调，薪酬待遇也较低，而且发展机会不多。所以做保安，对大部分退役军人来说，并非长久之计。但先做保安也有一个好处，可以向着物业管理和行政管理的方向发展。现在几乎所有的商厦、楼盘和社区，都需要保安和物业管理维护，二者密不可分。因此，先做保安，再参加物业管理或行政管理方面的职业培训，最后，就很容易从事物业管理方面的工作。

3. 选择

军人退役后一般有以下几个选择：听从分配；自学后找工作；子随父业；外地打工。很多热血青年报国从戎，退役回到社会中来的时候，却遇到很大挑战：就业得从头再来，退役了，如何开创自己新的事业？此时，有一技之长，感觉就好多了。军人是一个特殊的社会群体，军人退役需要解决的核心问题是，通过职业转换融入当地社会。妥善安置退役军人直接影响到社会稳定和军心稳定，事关改革开放大业及国防建设事业，具有战略性和基础性的作用。我国建立社会主义市场经济以来，就业方式发生了根本变化，除了政府直接派遣岗位外，还有自谋职业，自主创业等多种形式。退役士兵回到地方，存在双隐现象，即隐性失业和隐性就业并存。地方政府提供的安置岗位有限，大量退役士兵未得到安置，处于失业状态；客观上，这些退役士兵又以灵活就业形式，在社会上广泛就业，实际处于就业状态。好的就业方式，毕竟要经受市场考验，评判、抉择何种就业方式，是个体行为，不是政府职责所在。政府要做的是一视同仁地对待各种就业方式，创造起点公平的环境，发放普遍适用的就业补偿金，搭建促进就业的公共服务平台。

4. 政府辅导

政府采取辅助就业的方式，促进退役军人上岗，实现就业，退役军人享受一定的补助。退役军人根据个人的特长和志愿，通过市场选择工作单位，这是市场经济发展的一种趋势。这种安置形式，要求建立退役军人劳务信息市场，形成用人单位和退役军人之间双向选择、合理流动的就业体制。严密规范供需见面程序，要求用工单位进入劳务市场设摊招聘；退役军人带有关证件进入市场挑选单位；劳动、保险等有关部门派人进入现场，办理招工、投保、续保等有关手续。把择业权交给退役军人本人，把用工权交给各接收单位，真正达到双向选择的目的。

在竞争激烈的劳动力市场，退役军人与其他就业人员相比，在思想品德、身体素质、纪律观念、吃苦实干精神方面，具有很大优势，但这些优势只是就业的充分条件，只是用人单位考核的条件之一。用人单位需要掌握一定专业技能和知识的劳动者。政府应根据地方经济建设发展需要，深入了解劳动力市场用工需求信息，把安置工作前移。引导军人在军事训练的同时，学习社会公用科目，加强就业技能培训，为部队人才培养当好导航员；把安置工作做实，以提高针对性为中心，把培训内容定位于职业技能，目标定位于企业中等技工，该定位回避与大中专毕业生的直接竞争，又可以获得比一般求职者更多的优势。2004 年，国务院办公厅转发了民政部等九部门的《关于扶持城镇退役士兵自谋职业优惠政策的意见》，从享受优惠政策的资格、就业服务和社会保障、普通高等教育和成人教育、从事个体经济、税收、贷款、户籍七个方面规定，对自谋职业的退役士兵提供优惠。优惠内容包含就业优先权、培训经费补助、高考投档加分、免交五项涉及个体经营的费用、服务性企业和零售企业免税等。

5. 转业初期

转业后的第一个五年，是职业规划的职业重新选择、职业适应、跨入职业稳定的初始阶段。在职业的起步点锁定自己的职业方向、具体职位，必须要在充分、透彻、正确认识自身条件的基础上，科学地与就业形势、企业具体要求相结合，这是做好职业规划的前提。在拟订计划之前，先要自我反思、自我了解、自我评估、自我定位，包括自己的兴趣、特长、性格、学识、技能、智商、情商、欠缺、思维方式等。弄清自己想干什么、能干什么、应该干什么？理性、科学地选择行业，选择职位。制订相应的培训和教育计划，按照长期性、挑战性、清晰性、可行性、适时性、适应性、持续性的原则，为自己定下事业大计，筹划未来，根据主客观条件，设计出合理且可行的职业生涯发展方向。

培养管理、沟通与合作的能力，达到逐步提升自我的目标。逐步向中、高端人才目标迈进，随着经济和产业的快速发展，人才特别是中高层次专业人才的需求，会呈现出相应的快速发展趋势。那些具备管理、语言、技术及沟通等综合素质的人才，已经成为市场上的抢手货。对于自主择业的军人，在择业中要从个人的实际出发，最适合自己的位置，才是最有发展前途的。

铁打的营盘流水的兵。每年，部队都有大批军人转业到地方工作。转业既是人生的一次重大转折，也是人生的一个新起点。对于转业军人来说，要尽快实现从过去部队领导到现在普通单位员工的转变，实现从过去部队业务骨干到现在小学生的转变，实现从过去部队建设功臣到现在经济建设新兵的转变。从零出发，轻装上阵。

第六节　科研人员职业规划

一、科研人员的特点

科研人员是具备一定的科学理论知识，并从事科学研究工作的一类人。研究可以是调查研究或实验，也可以是工程技术开发、生命科学研究、社会调查研究等。从广义上来说，科研人员是掌握一项相关技术的人才，可以是具有农、林、电、工、理、医、法、经济等各个学科领域相关技术的人才。科学研究工作是要由人来参与的，在科学研究过程中，人的因素排第一。

二、科研人员的能力素质

1. 研究能力

一个优秀的科研工作者，应当具有丰富的知识，且知识面要宽，专业知识扎实、精通，要钻研得深、透，要能够做到百问不倒。科研工作者所具有的知识，应当是博大精深的。科研工作者的知识不但要广博，而且其知识结构还应当合理。比如，研究哲学的人，他首先应当具备广博的哲学知识，其次还应当具备外语知识、中文知识、自然科学知识、数学知识、逻辑知识、历史知识等。一个素质良好的科研人员，除了知识渊博和具有良好的知识结构之外，还应当具备扎实的科研能力。

2. 科研态度

科学研究必须有科学的态度、正确的动机和目的、严谨的治学学风。人们投身科学研究，会抱有各种各样的动机和目的，可能是为了个人的，也可能是为了集体、民族、国家或全人类的利益；可能是为了眼前的利益，也可能是为了长远的利益。个人的局部动机和目的是可以理解的，但作为从事科学工作的人来说，放在首要地位的动机和目的，应当是为了推动科学和社会的发展，克服科研道路上的重重困难，取得最大成果。

科学研究是在追求真理，真理来不得半点虚假，必须坚持从实际出发，实事求是，不弄虚作假，不虚夸乱造，严谨治学，一步一个脚印前进。科学研究是创造性的劳动，这就要求科研人员具有勇于探索的心理和精神状态，对新事物具有极强的好奇心和敏感性，保持着探知自然界和社会之谜的强烈志趣和心情；在发现真理的道路上不怕犯错误；不迷信权威，有敢于怀疑一切的勇气和精神，发现问题，不断创新。

科学研究费力劳神，要收集材料，消化理解，归纳总结，想出创新点，实为不易。科学实验会多次失败，真理的确立、传播，有时还要同保守、错误的势力进行殊死的斗争，有时要经历失败、挫折、打击甚至迫害。如果没有坚强的意志和毅力，就会在挫折失败面前气馁妥协，甚至失去前进的勇气。要有刻苦钻研的精神，勤奋努力，在科学研究上没有平坦的大道，只有不畏艰苦沿着陡峭小路攀登的人，才有希望达到光辉的顶点。

3. 协作

科学研究有时需要进行合作。一本巨著，一个科研课题，往往要许多人协作才能完成。这就要求科研人员要善于与他人合作，而合作得好坏，一个重要的因素是，合作者们能否正确对待自己，正确对待别人。谦逊好学，虚怀若谷，不图名利是最为重要的。科学研究又要求每一个研究人员，能够独立工作，独立完成自己的那份任务。要求有独立思考、独立操作和写作的能力。

要保持诚实、高尚、协作的精神，追求和维护科学真理。对待真理的态度，就是科学家的良心、义务和节操之所在，是科学家作为自我约束、自我价值评价的首要原则，也是科学家取得社会信任的首要标准。倡导创作精神，追求真理，就要支持创新，就要尊重发明权，要尊重他人的劳动，关心科学对社会的影响和贡献。

三、科研

1. 现状

大量科研机构缺乏系统高效的创新管理能力。各类产学研机构，普遍对科研工作的创造性活动规律认识不足，突出表现在科研组织的专业化分工与合作管理能力偏弱，惯于用行政管理和工程管理的手段管理科研人员，对真正有价值的创造性工作，配套支持不足，使得大批科研人员的工作精力，消耗在低层次、重复性的日常琐事中，出现了一方面科研人员频繁加班，另一方面七成左右科研人员直接从事科研活动的时间，一周达不到 40 个小时的状况。科技经费投入和配置到人的针对性不强。

近年来，我国科研经费投入快速增长，目前已成为世界上第三大科技投入国家。这些大幅增加的科技经费，在改善科研基础条件等硬件设施方面成效显著，但在投入到人，特别是投入到更具创新活力的中青年科研人员等方面存在不足。

科研人员的层次越高，占据的科技资源越多，同时对科研环境的要求也更高。拥有留学经历，处于科研人员群体顶层的正高级科研人员，在科研基础条件、科研经费、成果发表和学术交流机会等方面，显著优于其他科研人员，在团队合作中也多处于主导地位，同时他们对团队合作规范非常重视，对所在单位科研管理水平的要求也更高。这一情况显示出创新管理和文化问题正在取代科技投入不足，成为制约我国当前科研环境改善的主要问题，要求政府管理部门和各类科研机构，探索更加符合科技创新活动规律的宏观和微观管理机制。

外部过多行政力量的干预，使科研人员、科研机构和科研共同体三个层面自主管理的程度不够，既降低了科研和管理工作的效率，同时也影响了作为知识型工作者的科研人员的积极性和成就感。特别是一些科研机构和管理部门缺乏对科研创新活动规律的重视，管理手段重计划、偏行政，对于创造性活动的管理能力与科研人员的实际需求差距较大，在一定程度上导致了管理方式简单，科研人员重复劳动，大量工作劳而无功的现象出现。此外，科技资源配置机制的公共参与机制不健全，导致科研共同体和公众对公共科技事务的参与不足，科研人员对政府配置资源的公平和公正性认同度较低，也是影响科研人员对科研环境给予正面评价的一个重要原因。

近年来随着中央和地方政府科研经费投入总量的持续增加，我国科研工作基础条件得到较大改善，科研人员工作任务普遍较为饱满，特别是留学人员、高学历人员、高职称人员等群体，对所在单位科研基础条件的认可度较高。科研合作和专业化分工程度明显加强，科研人员总体认可团队合作规范。机构配有专职、高水平的科研辅助人员，科研人员之间形成较为紧密的合作伙伴网络，是提高科研工作效率和层次的重要影响因素。调查结果显示，科研人员间的合作和专业化分工状况已有一定程度的改善。工作环境较好，有个人发展空间，工作稳定，学习机会较多，是大多数科研人员选择留在当前工作单位的主要原因。

2. 措施

充分释放科研院所、高校、企业等创新主体活力，最大限度支持、鼓励和服务科技人员创新创造，让一切劳动、知识、技术、管理、资本的活力竞相迸发，形成全社会参与和支持科技创新的良好局面。加大对公共科研机构的稳定支持力度，简化科研管理和考核评价机制，缩减科研人员参与行政事务和其他社会事务活动时间；支持科研人员专心科研工作，引导一线科研人员逐步将直接从事科研活动的时间大幅度提升。积极探索新时期公共科研机构治理模式，选择部分科研水平较高的基础类和公益类科研院所，开展综合配套体制改革试点。试点工作以理顺科研机构人、财、物、活动、综合管理等方面的运行机制为核心，建立人员—岗位—经费—活动—评估协调一致的科研管理体系；在充分调动科研人员主动性和积极性的同时，增强各层级科研工作的自主管理力度，激发科研人员创造力的充分发挥。

充分发挥科研共同体学术规范和价值导引功能。逐步减少政府主导的各类科技评奖；加大专业学会、行业协会等各类专业团体和社会组织，在院士评选、科技奖励与评价、抑制学术不端、创办学术期刊、科技新闻传播等方面的主导作用；在科研组织评估、项目评审、人才招聘等事务中，加大同行评议的力度；放手由科研共同体重建学术规范和创新价值观。改革公共科技资源配置机制，通过网络技术和监督控制建设，提高科学家和社会公众在公共科技决策和项目组织实施过程中的参与程度，减少政府部门对科技项目组织和实施过程中的直接干预。加强社会监督管理机制建设，推进公共财政支持的各类科技项目研发成果和科技条件基础设施向全社会开放。

3. 交流

实施科研人员走出去战略，快速提升科研人员研究视野和国际交流能力。大幅增加国家留学基金委员会、中国科学院等部门的国际科技合作和交流基金额度，在搭建高水平国际学术交流平台的同时，加大对一线科研人员和中青年科研管理骨干学术出访的支持，派出人员规模实现快速增长。把鼓励、激发全社会创造力的充分迸发，作为创新型城市建设的重要内容，不以创新主体的资质论高低，探索实施面向各类企事业单位和社会公众的普惠性全员创新工程；形成社会各主体多元、包容的大众创新文化氛围。

四、科研人员的职业发展

1. 科研人员的现状

大多数技术类人员对自己的职业定位和职业规划，都非常迷茫和困惑，他们虽然从事着非常重要、烦琐的技术性工作，但更多的是扮演着幕后英雄的角色。在社会地位、经济收入方面，与风光无限的各级管理者普遍存在很大的差距，这一现实造就了技术人员的巨大心理落差。另外，造成职业规划困惑的原因是部分技术性工作的局限性。比如 IT 行业，由于技术和知识更新的速度太快，谁学习得更快，精力更旺盛，谁就更有竞争力，因为这时经验已经不再重要。

研发人员的职业发展规划，是激励并留住研发人员的首要因素。管理咨询数据表明，规划职业发展并实施配套激励措施，是打造一流研发队伍的关键。核心研发人才流失严重，薪酬激励已经孤掌难鸣；职业发展没有与激励措施有效对接，研发人员的职业发展规划实现有难度；研发业绩短期内难以衡量，输出成果不易量化，致使研发人员的能力难以评价。

科研院所作为科学技术高端单位，在员工的构成上，存在着人员学历水平和基本素质高的特点。科研院所如何吸引、留住和激励骨干科研人员，并且充分调动他们的积极性和创造性，使他们研究出更多的科研成果，为科技发展创造出更大的价值，这是长期以来科研院所人力资源工作中亟待解决的一个问题。

2. 科研人员的职业发展目标

科学合理的科研人员职业生涯管理，是实现员工与企业的协同发展。对于以技术研发为支撑的科研院所而言，科研人员的职业生涯管理更是重中之重。对科研人员职业生涯管理的研究与探索，有助于帮助研究所建立科学合理的职业生涯管理工作体系，增强科研人才队伍的稳定性；有助于激发科研人员的创造力，从而建设一支能力强、素质高、富有创造力的科研人才队伍；有助于构建一套使优秀科研人才脱颖而出的选人用人机制，增强科研院所的竞争实力；有助于促进员工发展与研究所发展的有机融合，最终实现员工与研究所的互利共赢。科研人员的职业发展目标一般有以下几种：

项目经理：对于很多从事技术方面工作的人员来说，发展成为项目经理是一个相当好的选择。项目管理工作既需要扎实的技术背景支持，又涉及多方面的管理工作，最适合那些技术出身但又不甘于只做技术工作的人员。成为项目经理，可以充分发挥技术人员的专业优势，同时又可在团队管理、协调各方资源、内外部沟通等工作中，体验和发挥作为管理者的角色和作用，使自身价值得到更为充分的实现。优秀的项目管理人才，也是今后很长时期内的一个热门职业方向。

行业资深专家：如果的确非常喜爱技术工作，而又不擅长和不喜欢与人沟通，则可以完全专注于自身的技术领域，以发展成为行业资深专家为方向和目标。当然，这一发展过程可能会比较漫长，任何一个领域的顶尖技术人才，都需要长期的经验积累和孜孜不倦的投入。不过，这类人才的一个优势是越老越吃香，当别人随着年龄的逐步增长而开始担心饭碗问题时，他们则渐入佳境，开始进入职业发展的黄金时期。

研发经理或技术总监：在某些行业和企业，技术研发人员的地位是非常高的。譬如在微软、华为等 IT 行业，技术的支持和研发的速度，成为企业利润增长的最主要来源，在这些行业中，技术研发部门就是企业的主战场。不少国企和政府部门，也非常重视科技工作，在一个尊重和重视技术工作的行业和企业中，发展成为研发经理、技术总监或总工程师都是一个很好的选择。

技术型销售服务工程师或经理：技术工作的领域其实非常广泛，如果感觉纯技术工作发展潜力不大，可以考虑转向做销售或技术支持方面的工作。这类高价值、高科技的产品销售推广，非常需要具有丰富技术经验的销售人员。技术人员转向售后服务，也是非常有前途的。

管理岗位：有些人从事着技术岗位工作，但是具有管理天赋，在工作中逐步显现出管理潜质和优秀的领导能力，他们往往更喜欢跟人打交道，更喜欢与外界沟通。在这种条件下，以技术经验为基础和依托，适当补充学习一些管理方面的知识，从而成长为一名出色的职业经理人。

3. 科研人员的职业发展路径

依据双重职业发展通道中职级设置和任职资格标准，在培训评估中强调技术人员职业发展能力提升效果的评估，具体方式包括通过培训前的职业发展能力评估，培训后职业发展能力提升效果的评估，以及与双重职业发展通道中职级评估相结合。这种基于双重职业发展通道的评估模式，是培训评估方面的一个新思路和新视角，克服了传统培训评估模式的不足之处。

探究职业发展规划和职业需求之间的缺口，以及对研发人员工作满意度的影响。在各个不同职业时期的不同职业需求，在不同的职业阶段，工作满意度都有不同的表现。因此，应根据职业需求，做出相应的职业发展规划。职业发展机遇是导致研发人员流失的主要因素。现实中，研发人员碰到技术发展瓶颈，影响工作和个人职业生涯发展时，工作满意度降低。需要了解研发人员的职业需求，针对性地做出职业发展规划，提高其工作满意度。

事业发展，提高收入，始终是青年科技人员最关心的问题。调查发现，科研人员在生活中最关心的问题排序依次是：事业发展、婚姻恋爱家庭、收入、住房等。在研究所里，技术人员的发展一般都是从专业技术往上走：初级、中级、高级，也有一些可以中途转成管理岗位。但是，管理岗位没那么多，如果自己这方面意向不是很强烈，就认真做研究好了。不过，像研究所这样的单位，如果技术不行，做管理也很难。

如果有机会，也可选择高水平大学和科研机构，争取出国进修机会；技术上，可考虑选择那些仍处于上升期的学者作为合作伙伴。科研人员年轻时最好亲历亲为，亲自做项目、写程序、写论文。等评上高级职称之后，作为学术带头人，可以考虑指导学生进行研究。大多数人往往既要做研究，又要参与实验室管理等事务性工作，还要照顾家庭，高效使用时间，在多项工作中合理分配。很多人跟随项目走，科研项目需要什么，自己就做什么，这是不够的，需要主动做自己的职业规划，明确研究方向。研究方向不能太宽泛，若研究方向太宽泛，就会造成自己在学术圈里的面目模糊，别人无法第一时间想到你是做什么的，从而影响在学术界的形象。有以做具体实践项目为主的团队，与企业打交道，侧重生产性研究；有以基础研究为主的团队，侧重开展理论方面的研究。密切关注国际学术界的发展动向，及时发现新的趋势，提前做好研究积累工作；当国内开始兴起该方向的研究时，你已经成为该领域的先行者，就很容易得到圈内的认可。科研人员要多交流，尤其是不同学科之间的交流，相互促进，不断创新。

拓展阅读

郭子仪——中唐中流砥柱①

郭子仪，华州郑县（今陕西华县）人，唐代政治家、军事家，文武全才，平定安史之乱，收复长安、洛阳；抵御吐蕃入侵。职位为太尉、中书令、副元帅。爵位为代国公，后进封汾阳郡王，被尊为尚父，追赠太师。

郭子仪是中唐一代枭雄，降生于华州郑县，七岁虎口脱险，立志学习英雄，18 岁时已是文武兼备，教场与众将比武，十八般武艺皆精。一生历经武则天、唐中宗、唐睿宗、唐玄宗、唐肃宗、唐代宗、唐德宗七位皇帝。福寿双全，名满天下。做臣子，忠贯日月，此心无二，用之则行，舍之则藏；做统帅，恩威并施，将士爱戴；做同僚，洞悉世情，汾阳王府大门洞开；做军人，戎马一生，屡建奇功；做父亲，严格教导，子女人品端方，才华出众；做敌手，一身虎胆，不战而屈人之兵，藩镇悍将也对他鞠躬如仪。位极人臣而众不嫉，穷奢极欲而人不非。人臣典范，军人楷模，福禄寿考，几近完美。他就是汾阳郡王——郭子仪。

一、职业智慧——诚感鱼朝恩

郭子仪抵御吐蕃时，鱼朝恩指使人挖掘其父坟墓，大臣都担心他举兵造反。郭子仪入朝后，唐代宗将此事告诉他，他流泪道："我长期带兵，不能禁止士兵损坏百姓的坟墓，别人挖我父亲的坟墓，这是上天惩罚，不是有人和我过不去。"后来，鱼朝恩请郭子仪赴宴，宰相元载派人对他说，鱼朝恩将对他不利，部下也要求跟随前往。郭子仪没有同意，只带十几个家僮前去。鱼朝恩问道："您的随从怎么这么少？"郭子仪把听到的话告诉了他。鱼朝恩感动得哭道："若非您是长者，能不起疑心吗？"

二、职业决策——恳辞尚书令

唐代宗任命郭子仪为尚书令，他恳辞不受，又命五百骑兵持戟护卫，催促他到官署就职，郭子仪仍不肯接受任命，道："太宗皇帝曾任此职，因此历代皇帝都不任命，皇太子任雍王，平定关东，才授此官，怎能偏爱我，违背重要规定。而且平叛以后，冒领赏赐的人很多，甚至一人兼任几职，贪图升官不顾廉耻。现在叛贼基本平定，正是端正法纪审查官员的时机，应从我开始。"唐代宗无奈，只得应允，并将他辞谢的事迹交给史官，记入国史。

三、职业发展之一——单骑退回纥

仆固怀恩引回纥、吐蕃入侵，郭子仪率兵屯驻泾阳。敌军围城，郭子仪亲自上阵。回纥兵奇怪地问："这个人是谁？"得知是郭令公后，吃惊地说道："郭令公还在吗？仆

---

① 郭恩德．2010．郭子仪．太原：山西人民出版社．

固怀恩说大唐天子驾崩，郭令公去世，朝政无人主持，所以才入侵。郭令公如今健在，大唐天子还在吗？”得知皇帝健在后，道：“我们被仆固怀恩给骗了。”郭子仪派人对回纥人道：“过去你们不远万里，帮助我们平定叛贼，收复长安、洛阳，我曾和你们共过患难。现在你们却抛弃旧友，帮助叛变臣子，对你们有什么好处？”回纥人回答道：“我们本来以为郭令公去世了，不然怎么会来这里。如果令公活着，我们能见他一面吗？”郭子仪便要出城相见，部下纷纷劝阻。郭子仪道：“敌军是我们的几十倍，我们无法抵挡，我要用诚意感动他们。”命人喊道：“郭令公来了！”郭子仪率几十名骑兵出城，面见回纥首领道：“我们曾一起共患难，怎么如今把这交情给忘了？”于是，回纥人都放下兵器下马跪拜，并道：“果然是我们的父辈。”郭子仪就喊他们一起喝酒，送绸缎结交，发誓和以前一样友好，接着说道：“吐蕃本是与大唐和亲的国家，无端侵略，是不认亲人。吐蕃的马牛布满几百里地，诸位如果反戈攻击吐蕃，就如同拾取一样，这是上天的恩赐，不能失去良机。况且逐走异族，获取实利，和我国继续友好，不是一举两得吗？”回纥人听后，答应退兵。

四、职业发展之二——纳俸充马价

回纥人请求卖给唐朝一万匹马，而朝廷因开支不足，准备只买一千匹。郭子仪道：“回纥人立有大功，应报答他们的支持，而且国内也需要马，我请求缴纳一年的俸禄，帮助国家出买马的钱。”此事虽然唐代宗没有同意，但仍得到众人的称赞。

五、职业发展之三——不徇私情

郭子仪曾严令禁止军营内无故骑马。郭子仪的妻子南阳夫人奶妈的儿子，触犯禁令，被都虞候乱棍打死。郭子仪的几个儿子到他面前哭诉，指责都虞候骄横，郭子仪将他们斥退。次日，郭子仪将此事告诉幕僚们，并叹道：“我的几个儿子，都是当奴才的料。他们不赞赏父亲的都虞候，反而痛惜母亲奶妈的儿子，不是当奴才的料，又是什么！”

六、职业发展之四——囚子请罪

郭子仪之子郭暧曾和升平公主发生了口角，骂道：“你仗着父亲是皇帝吗？我父亲不稀罕当皇帝！”公主大怒，回宫告诉父亲。唐代宗道：“他说得没有错，郭令公要是想当皇帝的话，天下就不是我们家的了。”并命公主回家。郭子仪得知后，将郭暧关起来，自己去向皇帝请罪。唐代宗道：“俗话说不痴不聋，不做阿家阿翁，子女夫妻间的事，不用理他。”郭子仪回来后，将郭暧杖打数十。

七、职业发展之五——强藩畏服

田承嗣割据魏州时，骄横无礼。但郭子仪遣使至魏州，田承嗣却向西跪拜，并指着膝盖对使者道：“这个膝盖很久没向人下拜了，今天拜一拜郭令公。”李灵耀占据汴州，不管公私财物，只要经过汴州，一律扣押。而郭子仪的财物经过他的辖区时，李灵耀非但不敢扣留，还命人护送过境。

八、职业发展之六——得势不欺人

郭子仪与李光弼同为安思顺的麾下将领时，两人关系不融洽，即使坐在一起也不交谈。后来子仪代替思顺当上将军后，害怕郭子仪杀了自己，并诛其九族，于是（对子仪）下跪请罪说："我甘愿一死，只希望（你）放过我的妻子和儿子。"子仪走下堂来，握住他的手说："如今国家动乱，主人受人侮辱，不是您不能平定，我子仪又怎能心怀私怨呢！"于是一边流着涕泪，一边（对李光弼）用忠义之道加以勉励，并立即推荐他为节度使，两人一起攻破乱贼，没有丝毫猜忌。

九、职业决策智慧——向皇帝示弱无反心

郭子仪一生处处示弱，做人低调，才没有落到兔死狗烹的下场。就像庄子寓言中的那棵参天大树，最后终其天年，寿终正寝。

唐德宗即位后，因为郭子仪战功赫赫，又德高望重，赐他尚父，进位太尉。但郭子仪并没有因此而忘乎所以，处处仍是谦虚谨慎，进退有节。郭子仪爵封汾阳王，王府建在首都长安的亲仁里。汾阳王府自落成后，每天都是府门大开，任凭人们进出，郭子仪不准府中人干涉。有一天，郭子仪帐下的一名将官要调到外地任职，特来王府辞行，他知道郭子仪府中百无禁忌，就一直走进了内宅。恰巧看见郭子仪的夫人和他的爱女俩人正在梳洗打扮，而王爷郭子仪正在侍奉她们。她们一会儿要王爷递手巾，一会儿要他去端水，使唤王爷就好像使唤奴仆一样。这位将官当时不敢讥笑，回去后，把这情景讲给他的家人听。于是一传十，十传百，没几天，整个京城的人都把这件事当成笑话谈论。

郭子仪听了倒没有什么，他的几个儿子听了都觉得王爷的面子丢大了。他们相约，一齐来找父亲，要他下命令，像别的王府一样，关起大门，不让闲杂人等出入。郭子仪听了哈哈大笑，几个儿子哭着跪地求他。其中一个儿子说："父王您功业显赫，普天下的人都尊敬您，可是您自己却不尊敬自己，不管什么人，您都让他们随意进入内宅。孩子们认为，即使商朝的贤相伊尹，汉朝的大将霍光也无法做到您这样。"郭子仪收敛了笑容，叫儿子们起来，语重心长地说："我敞开府门，任人进出，不是为了追求浮名虚誉，而是为了自保，为了保全我们全家性命啊。"

参考文献

埃德加·施恩．2004．职业锚．北京：中国财政经济出版社
陈建民．2006．外国军人队伍职业化建设的历史经验．外国军事学术，（7）：1-7
陈雅琴．2009．试论职业信息应用．中国科教创新导刊，（4）：191-192
戴良铁，刘颖．2001．职业生涯管理简析．中国劳动，（8）：29
邓国均．2007．孔门五大弟子与孔子关系析论．杭州：浙江大学出版社
段炜，张光旭．2006．职业生涯不同阶段的规划与管理．科技与管理，（1）：52-55
范军．2006．德军退役制度简介．中国人才，（24）：40
方克立．1994．中国哲学大辞典．北京：中国社会科学出版社
付婧一．2011．美军军人职业化历程．军队政工理论研究，（3）：117-118
胡于进，凌玲．2006．决策支持系统的开发与应用．北京：机械工业出版社
黄超．2014．西方职业生涯理论的最新发展．经营管理者，（3）：169
姜真真，刘琴．2006．职业生涯管理系统的设计．青岛科技大学学报（社会科学版），（3）：50-53
李晋．2009．推进中国特色军人职业化的几点思考．领导科学，（25）：48-49
李黎媚．2009．我国公务员职业生涯管理模式研究．中共成都市委党校学报，（3）：77-79
李文婧．2012．基于 SWOT 分析法的教师职业生涯管理．教学与管理，（33）：68-69
李媛，李黎媚．2009．公务员职业生涯管理现状调查．决策，（9）：38-39
廖泉文．2003．人力资源管理．北京：高等教育出版社
刘延明，黎志键，唐小勇．2009．大学生职业规划与创业指导．武汉：武汉理工大学出版社
卢璟，磨玉峰．2008．“玻璃天花板效应”研究综述．企业管理，34：58-59
鲁金华．2001．浅谈孔子修辞艺术与成就．当代修辞学，（6）：24-25
吕少卿，龚波．2005．美军军人退役制度简介．中国人才，（4）：38
马少平，朱小燕．2004．职业规划师．北京：清华大学出版社
马月章，吴建卫．2006．职业生涯管理初探．山东省青年管理干部学院学报，（2）：102-104
孟波．2001．职业决策科学分析．武汉：武汉大学出版社
倪仁华．2012．职业生涯发展理论对人力资源开发实践的启示．现代经济信息，（10）：46-49
裴芳芳，李东花．2012．霍兰德职业选择理论述评．职业技术，（2）：57-59
彭文军，丁三伏．2005．大学生职业规划与就业指导教程．北京：科学出版社
任国杰．2013．童子问易．北京：人民出版社
尚晋，杨有．2009．关键成功因素法在电脑选购方面的应用研究．重庆航天职业技术学院学报，（2）：23
尚勇．2012．军人职业化——培育军人核心价值观的制度基点．职业，（12）：181-182
沈鸿，赵永乐．2009．论我国民营企业职业生涯管理系统的构建．江西社会科学，（2）：185-188
宋斌，闵军．2009．国外职业生涯发展理论综述．求实，（6）：35-38
宋剑祥，曾娴．2013．职业性向理论与基本要素探析．北京财贸职业学院报，（5）：66-68
宋锦洲，阮柏荣．2012 企业员工职业发展通道设计研究．湖南工业大学学报（社会科学版），17（4）：49-56
宋君卿，王鉴忠．2008．职业生涯管理理论历史演进和发展趋势．企业管理，（23）：129-131
孙京波，杨明．2005．英军军人退役制度分析．中国人才，（8）：41
王瑞，王琮瑶，张琳．2009．职业信息在高职毕业生就业等方面应用的现状及建议．辽宁教育行政学院学报，（6）：20-21
翁清雄，张存禄．2006．论我军开展干部生涯职业管理的意义．长江论坛，（5）：64-68
谢守成，郎东鹏，等．2009．大学生职业生涯发展与规划．武汉：华中师范大学出版社

徐亚男．2009“职业锚”理论在人力资源管理中的应用．商场现代化，1：311-312
闫雪坤，史宜星．2012．我军职业生涯管理里中的几个问题．南京政治学院学报，（6）：131-133
杨伯峻．1980．试论孔子．东岳论丛，（2）：91-100
昝新明．2008．基于关键因素分析法的财务战略绩效评价体系设计．财会通讯（综合版），（10）：56
张爱民．2009．关键成功因素法在决策者信息需求识别中的应用．晋图学刊，（6）：27-28
张大海，李江帆．2005．美国军人培养之道．领导文萃，（10）：61-64
张利，李灵．2009．个人职业生涯规划咨询案例分析．管理观察，（4）：41-45
赵凤彪．2008．职业锚理论研究概述．科教文汇（下旬刊），1：205
郑桂年，贺湘辉，洪源洲．2006．职业规划与成功就业．广州：广东经济出版社
周明星，咸桂彩．2007．现代职业生涯设计．北京：清华大学出版社
周巍巍，王秀梅．2007．近二十年国外职业生涯决策理论新进展．职业时空，3（22）：48-49
Deer C．B．1986．Managing the New Careerists—The Diverse Career Success Orientations of Today's Workers．Ohio：SWCP：198-211
Peretti J．-M．1990．Resources Humaines．Paira：Vuibert：223
Sherman A．1996．Managing Human Resource．Ohio：SWCP：262